C·H·Beck
PAPERBACK

Das Christentum ist eine Buchreligion – und doch oder gerade deshalb verbrennt es Bücher: die Heilige Schrift genauso wie medizinische, juristische, naturwissenschaftliche, belletristische, klassische, theologische und philosophische Literatur. Das Medium Buch ist so gefährlich, daß sich die kirchliche Autorität lange nur mit Bücherverboten zu helfen wußte. Im Vatikan lagert dazu eine Fülle von höchst aufschlußreichem Material: ein einmaliges Archiv neuzeitlicher Wissenskultur mit negativem Vorzeichen. Hubert Wolf bietet einen Überblick über Entstehung, Geschichte und Arbeitsweise der Indexkongregation und beschreibt, wie Bücher in ihr Visier gerieten, wer die Zensoren waren, die die «gefährlichen» Bücher lasen, und welche Folgen eine Verurteilung hatte. Nicht zuletzt erzählt er von überraschenden Prozessen und Urteilen, etwa gegen den «Knigge» und «Onkel Toms Hütte», gegen Leopold von Rankes Papstgeschichte oder Werke von Heinrich Heine und Karl May. Die höchst anschaulich erzählten Beispielfälle vermitteln einen lebendigen Eindruck von der Arbeit der Zensoren, die die freigeistigen, erotischen, kirchenfeindlichen oder umstürzlerischen Bücher lesen mußten, die für andere tabu waren.

Hubert Wolf, geb. 1959, ist Professor für Kirchengeschichte an der Universität Münster. Er wurde 2003 mit dem Leibnizpreis der Deutschen Forschungsgemeinschaft und 2004 mit dem Communicator-Preis ausgezeichnet. Einem großen Publikum ist er durch zahlreiche Artikel, Interviews und Vorträge bekannt.

Hubert Wolf

INDEX

Der Vatikan und die verbotenen Bücher

Verlag C. H. Beck

Mit zehn Abbildungen

Dieses Buch erschien erstmals 2006 in gebundener Form im Verlag C. H. Beck.
2., durchgesehene Auflage 2006
1., durchgesehene Auflage in der Beck'schen Reihe 2007

2. Auflage in C.H.Beck Paperback 2017
Unveränderter Nachdruck

Wilhelmstraße 9, 80801 München, info@beck.de

www.chbeck.de
Satz: Janß GmbH, Pfungstadt
Druck und Bindung: Druckerei C.H.Beck, Nördlingen
Umschlagentwurf: +malsy, Willich
nach einem Entwurf von roland angst, Berlin + stefan vogt, München
Gedruckt auf säurefreiem und alterungsbeständigem Papier
Printed in Germany
ISBN 978 3 406 54778 2

verantwortungsbewusst produziert
www.chbeck.de/nachhaltig
produktsicherheit.beck.de

Inhalt

ANHANG

Prolog: Der Papst macht Reklame

«Meine *Geschichte der Stadt Rom im Mittelalter* ist auf den Index der verbotenen Bücher gesetzt worden.» So vertraute der bekannte Historiker Ferdinand Gregorovius, der lange Jahre in der Stadt am Tiber verbracht hatte, seinem Tagebuch am 1. März 1874 an. Publik geworden war diese Tatsache durch ein Bando, eines jener großformatigen Urteilsplakate, mit denen die Indexkongregation ihre Bücherverbote zu verkünden pflegte. Diese wurden an den Portalen der römischen Hauptkirchen angeschlagen – dem Petersdom, San Giovanni in Laterano oder Santa Maria Maggiore, und bis zur Besetzung Roms durch italienische Truppen 1870 auch am Campo de' Fiori – und im Kleinformat an kirchliche Stellen in der ganzen Welt versandt. Auf dem Dekret stand das Datum des 5. Februar; zusammen mit Gregorovius wurden fünf weitere Werke verdammt. Der Bannstrahl der römischen Zensur scheint den preußischen Geschichtsschreiber allerdings weitgehend unbeeindruckt gelassen zu haben. Offenbar hatte er die Indizierung längst erwartet, seitdem in Rom das Gerücht umging, die Jesuiten hätten sein Werk bei der Indexkongregation denunziert. Voll freudiger Erwartung ging Gregorovius zum Petersplatz, «wo ich das Dekret an der Marmorsäule des ersten Eingangs angeheftet sah. Der ehrwürdige Dom bekam plötzlich ein persönliches Verhältnis zu mir. Noch nie zuvor durchwandelte ich ihn mit so erhobener Stimmung ... Mein Werk ist vollendet und breitet sich in der Welt aus; der Papst macht ihm jetzt Reklame.»[1]

So gelassen wie der protestantische Historiker konnten längst nicht alle Autoren mit einer Indizierung umgehen. Zwar ist das Verbotene immer auch das Interessante, und ein römisches Buchverbot konnte durchaus auch zu einer Werbeaktion werden. Aber: Wer als Katholik auf dem «Index librorum prohibitorum» landete, dem wurde die Rechtgläubigkeit abgesprochen. Wer als Theologieprofessor indiziert wurde, für den bedeutete dies nicht selten das Ende der akademischen Karriere. Wer ein Buch las, das auf der «schwarzen Liste» stand, verfiel der Strafe der Exkommunikation und riskierte damit sein ewiges Seelenheil. Wer ein solches Buch druckte, verkaufte oder erwarb, ohne auch nur einen Blick hineinzuwerfen, den traf dieselbe Sanktion. Nicht umsonst galt der Index als «Friedhof katholischen Geisteslebens»[2] und «Schädelstätte der Geistesgrößen». Katholische Gläubige wurden – so lautete ein weit verbreiteter Vorwurf – vom Papst und seinen Behörden als unmündige Kinder angesehen, die nicht selber entscheiden konnten, geschweige denn durften, welche Lektüre für sie gut und welche schlecht war. Diese Entscheidung nahm der oberste Hirte seinen Schafen ab.

Bis heute gilt der Index der verbotenen Bücher im kollektiven Gedächtnis als schrecklicher Katalog geistiger Verknechtung, mit dem eine reaktionäre Institution wie die katholische Kirche, die sich im alleinigen Besitz der Wahrheit dünkte, die Freiheit des Geistes unterdrückte und durch rigide Zensur den literarischen und wissenschaftlichen Fortschritt hemmte. Das vornehmste Medium neuzeitlicher Wissenskultur, das Buch, suchte man so in Rom einer Totalkontrolle zu unterwerfen.

Mehr noch: Man verbindet mit dem Index neben der Indexkongregation immer sofort auch die zweite in Rom für Buchzensur zuständige Behörde, die Inquisition, die schlechthin als Chiffre für das Böse in Kirche und Welt gilt. Bei diesem Begriff entsteht in den Köpfen sofort ein Amalgam aus dem schrecklichen, psychopathischen mittelalterlichen Inquisitor Bernardo Guy, wie ihn Umberto Eco im *Namen der Rose* entworfen hat, den Autodafés mit Tausenden verbrannter Juden durch den spanischen Inquisitor Niño de Guevara, wie ihn El Greco in seinem unnachahmlichen Portrait verewigt hat, und den brennenden Scheiterhaufen von Ketzern und ihren Büchern. Die Inquisition fasziniert heutige Menschen fast so sehr wie die Mysterien des Hexenwahns. Der römische Index der verbotenen Bücher wird dabei zumeist mit diesen schaurig-schönen Inquisitionsbildern vermischt.

Das hängt nicht zuletzt damit zusammen, daß die Archive von Indexkongregation und Römischer Inquisition jahrhundertelang nicht zugänglich waren. Das berühmt-berüchtigte «Secretum Sancti Officii», das Geheimnis der Inquisition, verlor seine Wirkmacht auch nach Ende dieser Institution im Jahr 1966 nicht. Und wo man keine Quellen hat, kann man eben keine Geschichte schreiben, sondern muß Geschichten erfinden, ist auf Spekulationen und abenteuerliche Konstruktionen angewiesen. Romanhafte Historienschinken und pseudohistorische Schauergeschichten beherrschten demzufolge das Bild. Wenn sich Historiker ernsthaft den Themen «Index» und «Inquisition» zuwandten, konnten sie meistens nur Opfergeschichten schreiben, weil die Sphäre der Täter hinter den dicken Mauern des Vatikans verborgen blieb.

Im Grunde ging es ihnen nicht anders als den Betroffenen selbst, den indizierten Autoren, ihren Verlegern und den Buchhändlern. Man erfuhr nur etwas von der *Tatsache* eines Verbots, zunächst durch die angeschlagenen Urteilsplakate, dann durch die meist Jahre später erfolgte Aufnahme dieser Entscheidung in den eigentlichen Index der verbotenen Bücher. Die Hintergründe eines solchen Zensurverfahrens und der Prozeßverlauf, die Ankläger und Denunzianten sowie ihre Absichten, die beteiligten Gutachter und ihre Voten, die internen Diskussionen der Konsultoren und Kardinäle, die eigentlichen Urteilsgründe und die Rolle des Papstes blieben dagegen meist völlig im Unklaren. Und weiter: Da in Rom nur tatsächlich erfolgte Bücherverbote publiziert wurden, nicht aber Freisprüche von Werken, die an der Kurie zwar angezeigt und untersucht, aber letztlich nicht für gefährlich oder häretisch angesehen wurden, drang von diesen Prozessen kaum einmal etwas an die Öffentlichkeit. Nicht wenige Autoren hatten in Rom ein Verfahren am Hals, ohne davon etwas mitbekommen zu haben. Wieder andere waren zwar faktisch in Rom nie denunziert worden, aber nicht selten konnte allein aus dem Gerücht einer Anzeige vor der Inquisition von Gegnern eines Verfassers politisches Kapital geschlagen werden.

Erst die Öffnung der Archive der Römischen Inquisition und der Indexkongregation im Frühjahr 1998, die sich heute in der Obhut der Kongregation für die Glaubenslehre befinden und nicht an das Vatikanische Geheimarchiv abgegeben wurden, brachte der historischen Forschung ganz neue Möglichkeiten. Jetzt können die Zensurverfahren erstmals auf der Basis der eigentlichen Prozeßakten untersucht und vor allem die Hintergründe und Drahtzieher aufgedeckt werden.

Insgesamt landeten viele tausend Autoren mit ihren Werken auf dem Index. Die Bandbreite reicht von Honoré de Balzac, George Sand, Alexandre Dumas, Gustave Flaubert, Victor Hugo und Heinrich Heine über Hugo Grotius, Johannes Scotus Eriugena, Giordano

Bruno, René Descartes, Auguste Comte, Immanuel Kant, Blaise Pascal und Friedrich den Großen bis John Stewart Mill, Jean-Jacques Rousseau, Voltaire, Montesquieu, Thomas Hobbes, Moses Maimonides, Simone de Beauvoir und Jean-Paul Sartre. Diderots *Enzyklopädie* fehlt genausowenig wie das große Wörterbuch von Pierre Larousse, von Martin Luther, Ulrich Zwingli, Johannes Calvin oder dem *Book of Common Prayer* ganz zu schweigen. Charles Darwin sucht man hingegen vergeblich, dafür gerieten zahlreiche katholische Darwinisten in Konflikt mit Rom, wie zum Beispiel John Zahm. Sein Werk *Evolution and Dogma* wurde verboten, die Indizierung jedoch aus Rücksicht auf den Autor und die politische Situation in den USA nicht veröffentlicht. Zahlreiche andere Werke wurden in Rom zwar denunziert und untersucht, aber nicht verboten.

Aus der Vielzahl römischer Zensuren werden hier neun Fälle aus ganz unterschiedlichen Bereichen des Buchsortiments ausgewählt. Neben den drei Literaten Heinrich Heine, Harriet Beecher Stowe und Karl May stehen mit Johann Sebastian Drey, Johann Michael Sailer und Augustin Theiner drei im katholischen Deutschland des 19. Jahrhunderts sehr prominente Theologen. Dazu kommen mit Leopold von Ranke ein evangelischer und mit Franz Heinrich Reusch ein katholischer Historiker, die sich mit römischen Themen beschäftigt haben: der eine mit den Päpsten, der andere mit dem Index der verbotenen Bücher selbst. Der Knigge als Benimmbuch steht stellvertretend für die Gattung der «Ratgeber». Außer *Onkel Toms Hütte* haben alle in diesem Band behandelten Werke deutsche Autoren. Nur von dreien, nämlich von Heine, Ranke und Theiner, wußte man bisher, daß gegen sie in Rom ein Indizierungsverfahren anhängig war, weil nur sie auf dem Index landeten. Da die übrigen sechs Fälle nicht mit einem Buchverbot endeten, war von ihnen bislang nichts bekannt. Freisprüche wurden in Rom nämlich nie publiziert. Und für die internen Beratungen galt die Vorschrift der striktesten Geheimhaltung!

Erster Teil

HINTER DEN MAUERN DES VATIKANS

Die Erfindung der Bücherverbote

Der Begriff «Zensur» ist heute eindeutig negativ besetzt: Presse- und Meinungsfreiheit gelten als unhinterfragbare Grundrechte und unverzichtbare Menschenrechte. Die entsprechenden Formulierungen in den modernen europäischen Verfassungen sind eindeutig. Nicht umsonst gipfelt die einschlägige Bestimmung im Grundgesetz der Bundesrepublik Deutschland, in der es um Meinungs-, Informations- und Pressefreiheit geht, in dem schlichten Satz: «Eine Zensur findet nicht statt.»[3]

Nicht selten wird dieses moderne Verständnis auf frühere Zeiten zurückprojiziert. Zensur wird dann meistens moralisierend und mit erhobenem Zeigefinger generell verurteilt; Zensoren sind eindeutig die bösen «Täter», während ihre «Opfer», die indizierten Autoren, aber auch Drucker und Buchhändler zu Helden einer Geschichte des Kampfes für Freiheit und Menschenrechte stilisiert werden. Diese Sichtweise wird der historischen Wirklichkeit kaum gerecht.

Im 16. und 17. Jahrhundert, als der Index der verbotenen Bücher erfunden und die römischen Zensurkongregationen gegründet wurden, gehörte Zensur als «geplante und vollzogene, autoritäre Kontrolle von allen denkbaren Kommunikationsformen mit dem Ziel, eine öffentliche Wirkung unerwünschter Meinungen zu verhindern»,[4] zu den selbstverständlichen und kaum hinterfragten Instrumentarien staatlicher und kirchlicher Ordnungspolitik. Der französische König nahm dieses Recht genauso anstandslos für sich in Anspruch wie der Kaiser des Heiligen Römischen Reiches, die Fakultäten der Universitäten wie evangelische Kirchenbehörden, katholische Bischöfe genauso wie die Römische Kurie. In den europäischen Gesellschaften der Frühen Neuzeit wurde Zensur auch von Intellektuellen «überwiegend positiv» beurteilt, da sie durchaus auch die «notwendige moralische Korrektur eines irregeleiteten Autors»[5] bedeuten konnte. Zensur stellte im frühneuzeitlichen Europa somit den «Normalzustand»[6] dar.

Erst im Kontext der Aufklärung bekam Zensur einen eindeutig

negativen Klang. Gegen eine kirchliche und staatliche Kontrolle des Wissens im Interesse einer Systemstabilisierung ging es jetzt um Presse- und Meinungsfreiheit als Grundrecht der einzelnen Bürger. So formulierte etwa Johann Wolfgang von Goethe in *Wilhelm Meisters Wanderjahren*: «Zensur und Pressefreiheit werden immerfort miteinander kämpfen. Zensur fordert und übt der Mächtige, Pressefreiheit verlangt der Mindere. Jener will weder in seinen Plänen noch in seiner Tätigkeit durch vorlautes widersprechendes Wesen gehindert, sondern gehorcht sein; diese wollen ihre Gründe aussprechen, den Ungehorsam zu legitimieren.»[7] Und in der Tat dauerte es in Mitteleuropa bis weit in die zweite Hälfte des 20. Jahrhunderts, bis Zensur schließlich allgemein abgeschafft wurde. Die Bücherverbrennungen der Nationalsozialisten sind nur ein Beispiel für viele. Und in vielen totalitären Regimen der Welt gehört Zensur nach wie vor zur täglich geübten Praxis. Angesichts der Darstellung von Enthauptungen von Geiseln durch Terroristen im Internet wird derzeit in den westlichen Demokratien über eine rigidere Zensur dieses neuen Mediums nachgedacht. Damit steht das Thema Zensur wieder auf der Agenda.

Das Phänomen der Zensur ist älter als die Schrift selbst. Selbstredend wurden bereits in schriftlosen Gesellschaften abweichende Meinungen bekämpft. Schriftlichkeit führte jedoch unbestritten auch zu einer neuen Qualität von Zensur. Das frühe Christentum kannte Zensur schon von Anfang an. Die sukzessive Herausbildung des Kanons des Neuen Testaments etwa führte dazu, daß bestimmte Bücher von der Kirche angenommen, andere jedoch verworfen wurden. Die Verfolgung der Häresie, die sich nicht selten in schriftlichen Zeugnissen niederschlug, gehört zu den Hauptthemen der alten Kirchengeschichte. So versuchte man, wenn auch mit mäßigem Erfolg, die Verbreitung der Schriften Markions zu unterbinden, der einseitig an Paulus orientiert eine eigene Kirche gegründet hatte. Mit der Verurteilung des Arius, der die Wesensgleichheit Jesu Christi mit Gott dem Vater in Frage gestellt hatte, wurde auf dem Konzil von Nizäa im Jahr 325 auch dessen Werk, die *Thalia*, verboten. Das «Decretum Gelasianum» von 494 bietet erstmals so etwas wie einen Index verbotener Bücher, eine Liste von rund sechzig apokryphen und häretischen Werken – allerdings noch ohne die Androhung von Sanktionen.

Auch die mittelalterliche Kirche verurteilte Irrlehrer und ihre Werke. Ihre Zahl blieb allerdings überschaubar. Genannt seien hier nur Berengar von Tours (1050), der wegen seiner Affäre mit Heloisa berühmt gewordene Pariser Universitätslehrer Petrus Abaelard (1120), Johannes Scotus Eriugena (1225), Marsilius von Padua (1327), John Wyclif (1387, 1413) oder Jan Hus (1415), der auf dem Konstanzer Konzil mit seinen Werken auf dem Scheiterhaufen landete. Auch der jüdische Talmud wurde mehrfach verboten und verbrannt, so in Paris 1242. Die Werke des Aristoteles waren von der Sorbonne 1210 und 1230 verboten worden, seine Bücher wurden jedoch nicht verbrannt, sondern von Dominikanern und Franziskanern konfisziert. Mehrfach wurde im Verlauf des Mittelalters zur Abwehr ketzerischer Bestrebungen festgelegt, Laien sollten keine Bücher des Alten und Neuen Testaments lesen – namentlich nicht in der Volkssprache. Allenfalls sollten die Psalmen auf Latein erlaubt sein.

Die Erfindung des Buchdrucks und sein gezielter medienpolitischer Einsatz in der Reformation verlieh der Kontrolle des Buchmarktes jedoch eine ganz neue Dimension. Gutenbergs bewegliche Lettern ermöglichten die rasche Verschriftlichung aller Arten von Wissen und machten dieses zugleich beinahe unbegrenzt reproduzierbar. Man brauchte nicht mehr Jahre, um im Skriptorium eines Klosters auch nur eine einzige Kopie eines Werkes durch mühsames Abschreiben von Hand herzustellen. Ideen und Gedanken, aktuelle Streitfragen und uralte Traktate, Postillen und die Heilige Schrift selbst waren plötzlich hunderttausendfach verfügbar. Die Reformation als medienpolitische Revolution bedeutete zugleich eine neue Qualität von Schriftlichkeit für das Christentum als Buchreligion. Sie wurde zum entscheidenden Katalysator für die Zensur, denn die nun entstehende literarisch-publizistische Öffentlichkeit und die damit verbundene grenzüberschreitende Kommunikation der «Intelligenz» provozierte ein existentielles Kontrollbedürfnis der alten Autoritäten.

So stellte die Reformation für Kaiser Karl V. eine entscheidende Bedrohung dar. Aufgrund seines Selbstverständnisses als «Schutzvogt der universalen Kirche» mußte er gegen den «ketzerischen» Neuerer Martin Luther und die von ihm angestoßene reformatorische Bewegung vorgehen. Schnell verquickte sich zudem die Glaubensfrage mit der Tagespolitik, die von Spannungen zwischen Kaiser und Reichsständen geprägt war, welche den Zusammenhalt des Reiches bedrohten. Angesichts der massenhaften Verbreitung von Luthers Schriften verwundert es kaum, daß bereits im Wormser Edikt 1521 ihre Produktion, ihr Verkauf, ihre Lektüre und ihr Besitz unter Androhung harter Strafen verboten wurden. Der Kaiser folgte hier den römischen Vorgaben, denn mit der Bulle «Exsurge Domine» waren 1520 Luthers Werke vom Papst verdammt worden. Karl V. ordnete ebenfalls 1521 für das ganze Reich eine Vorzensur («censura praevia») aller antikirchlichen und antipäpstlichen Schriften an. Weitere Maßnahmen folgten, die jedoch aufgrund der sich verfestigenden Spaltung des Reiches in katholische, lutherische und calvinistische Stände nicht im Sinn der kaiserlich-katholischen Religionspolitik durchgesetzt werden konnten.

Im Zuge der Konfessionalisierung, der Herausbildung von miteinander konkurrierenden christlichen Konfessionen, wurde das Instrumentarium der Zensur deutlich ausgeweitet. Es entwickelte sich ein ausgedehntes Netz staatlicher und kirchlicher Zensur(en), welche die Kontrolle über das neue Massenmedium garantieren sollten. Obwohl die Zensurbestimmungen auf der Ebene des Reiches konfessionell neutral angelegt waren, führte die Verpflichtung der Reichsstände zur Bücherkontrolle zu einer konfessionspolitischen Instrumentalisierung der Buchzensur. Philipp von Hessen etwa handhabte sie zum Schutz des Schmalkaldischen Bundes. Die bayerischen Wittelsbacher dagegen nutzten im Bündnis mit dem päpstlichen Legaten das Instrumentarium der Zensur, um gegen religiöse Neuerungen vorzugehen. Als sich die konfessionelle Aufteilung der deutschen Territorien verfestigte, wandelte sich – spätestens mit dem Westfälischen Frieden von 1648 – das Selbstverständnis des Reiches und des Kaisers vom «Schutzherrn der katholischen Kirche» zum «Bewahrer des Religionsfriedens». Zu Konflikten kam es trotzdem wiederholt, da ungeklärt blieb, wie weit die Zuständigkeit des Kaisers in die landesherrlichen Zensurbehörden hineinreichte. Die landesherrliche Zensur entwickelte sich in den verschiedenen Territorien trotz konfessionell unterschiedlicher Ausrichtung weitgehend parallel.

Allgemein üblich wurde es, an den Universitäten eine Vorzensur durchführen zu lassen: so 1522 in Ingolstadt (Bayern) und in Wittenberg, 1543 in Leipzig (Kursachsen) und 1527 in Marburg (Kurhessen). Historisch gesehen hat sich Bücherzensur ohnehin zunächst an den Universitäten institutionalisiert. Hier wurde Wissen «produziert», hier wurden Bücher geschrieben; Druckereien waren von universitären Aufträgen abhängig, hatten zeitweise das akademische Bürgerrecht inne, waren landesherrlich privilegiert. Die Universitäten besaßen seit dem Mittelalter das unbestrittene Recht, über Thesen zu urteilen, diese zu approbieren oder zu verwerfen. Teilweise wurden sie dafür ausdrücklich mit päpstlichen Privilegien ausgestattet und traten als «mit apostolischer Autorität ausgestattete Ketzerverfolger»[8] auf, wie es etwa in einem päpstlichen Privileg für die Universität Wien von 1452 heißt. In ähnlicher Weise erhielt 1479 die Kölner Universität das päpstliche Recht, gegen Drucker, Käufer und Leser verwerflicher Schriften vorzugehen. Die interne Regelung der universitären Zensur selbst variierte. Teils übte die Theologische Fakultät die Zensur für alle Fakultäten aus, teils übernahm jede Fakultät diese Aufgabe für ihre je eigenen Publikationen.

Nach der Mitte des 16. Jahrhunderts, in der heißen Phase der Konfessionalisierung, entstanden bis zu Beginn des 17. Jahrhunderts in den einzelnen Territorien des Reiches neue Institutionen zur Bücheraufsicht. An der Spitze der Zensur stand in der Regel eine Kommission innerhalb der landesherrlichen Regierung, der die Oberaufsicht über den Buchdruck oblag. Sie regelte die Zensur für die unteren Ebenen. Eine wichtige Rolle spielten nach wie vor die Universitäten. Die Gesamtaufsicht lag beim jeweiligen Rektor; die Dekane der vier Fakultäten (Artes liberales, Theologie, Medizin und Jura) waren mit der Aufsicht für ihr jeweiliges Fachgebiet betraut. Die Zensurtätigkeit beschränkte sich allerdings nicht nur auf Schriften von Universitätsmitgliedern, sondern wurde auch auf Bücher anderer Verfasser und Druckorte ausgeweitet. Das Miteinander von Universität und frühmodernem Staat dauerte trotz mancher Konflikte und Kompetenzstreitigkeiten bis zur Aufklärung. Die primär staatlich verstandene Zensur sollte die Religion und ihre Institutionen, die politische Ordnung, die guten Sitten und die Ehre des einzelnen als fundamentale Rechtsgüter schützen. Doch gehörten auch die Ausräumung wissenschaftlicher Irrtümer, grammatikalischer und orthographischer Fehler sowie die Korrektur unsachgemäß ausgeführter amtlicher Druckschriften zu ihrem Aufgabengebiet.

War schon die landesherrliche Zensur protestantischer Staaten – etwa Kursachsens – zugleich auch eine konfessionelle, das heißt lutherische Zensur, so entfaltete sich die katholische Zensur im Reich noch sehr viel stärker konfessionell. Denn in katholischen Gebieten sah man sich in einer durch den Protestantismus hervorgerufenen Defensivposition, während die Stoßrichtung der kursächsischen Zensur zunächst nicht der Katholizismus, sondern der (Krypto-)Calvinismus war, der abgewehrt werden sollte. Bayern leitete 1522 mit einem Religionsmandat die Gegenreformation ein. Als im April 1524 die Zensurhoheit reichsweit an die Landesherren ging, schlossen sich Anfang Juli desselben Jahres mehrere katholische Fürsten und Bischöfe, unter ihnen auch die bayerischen Herzöge, mit dem päpstlichen Legaten in der sogenannten «Regensburger Einung» zu einem Bündnis gegen die religiösen Neuerungen zusammen. Man verabredete die Einführung der Vorzensur, die in Bayern von einer staatlichen Kommission ausgeübt wurde. Bevor ein Buch überhaupt gedruckt werden durfte, wurde das Manuskript einer kritischen Durchsicht unterzogen und die kirchliche beziehungsweise staatliche Druckerlaubnis – das Imprimatur, «es darf gedruckt werden» – erteilt oder verweigert.

Im katholischen Bereich trat in den folgenden Jahren neben die Tätigkeit der staatlichen Institutionen die Zensur durch den Papst, die Bischöfe und die Orden. Trotz Überschneidungen und einer gewissen Arbeitsteilung – die bischöflichen Ordinariate und Mitglieder des Jesuitenordens wurden nicht selten für staatliche Stellen als Gutachter tätig – kam es dadurch zu einer Verschärfung literarischer Kontrolle.

Die landesherrliche Zensur wurde allerdings aus der Sicht des Kaisers keineswegs immer zufriedenstellend ausgeübt. So sah man sich wiederholt gezwungen, auf Reichstagen und in Reichspolizeiordnungen schärfere Bestimmungen zu erlassen. Mit der Überwachung der landesherrlichen Zensurtätigkeit wurden verschiedene kaiserliche Organe betraut: Der Fiskal beim Reichskammergericht hatte die säumigen Landesherren anzuzeigen und durch das Reichskammergericht bestrafen zu lassen. Eine ähnliche Aufgabe übernahm beim Reichshofrat der Reichshoffiskal. Dieses höchste Gremium übte wiederum Druck auf einen Landesherrn oder eine Reichsstadt aus, gegen eine bestimmte Schrift oder einen Autor vorzugehen. 1577 erhielten die kaiserlichen Organe das Recht, sich unmittelbar eines Falles anzunehmen, wenn sie der Meinung waren, es liege ein Verstoß gegen die

Reichsgesetze vor, weil der zuständige Landesherr nicht eingegriffen habe. Seit 1663 überwachte auch eine Polizeikommission des Reichstags das Schrifttum.

Einen Sonderfall bildete die Kontrolle der Frankfurter Buchmesse. Hier wurde Ende des 16. Jahrhunderts eine Kaiserliche Bücherkommission eingerichtet, die bis zum Ende des Alten Reiches eine bedeutende Rolle spielte. Ihr unterstand die Kontrolle über die Vorzensur, über Buchdruckereien, Stände und Händler. Sie mußte ferner die Nachzensur ausüben, also bereits im Druck erschienene Bücher überprüfen und gegebenenfalls konfiszieren. Sie hatte für die Abgabe der Pflichtexemplare durch die Buchdrucker und für die Aufnahme aller auf der Messe feilgebotenen Schriften in den Messekatalog zu sorgen. Der kaiserliche Bücherkommissar nahm insofern eine Sonderstellung ein, als er einerseits Beauftragter des Reiches und somit kaiserlicher Beamter, zugleich aber auch katholischer Domherr des Frankfurter Bartholomäusstifts war. Darüber hinaus wurde der Bücherkommissar von der Römischen Kurie meist auch zum Apostolischen Bücherkommissar ernannt. Das heißt, er stand in einem zumindest doppelten, für alle Seiten nicht unproblematischen Abhängigkeitsverhältnis.

In England erließ Heinrich VIII. mehrfach strenge Vorschriften für religiöse Bücher. 1526 publizierte er eine Liste mit 18 verbotenen Werken, darunter fünf von Luther. Drei Jahre später war der Katalog bereits auf 85 Titel angewachsen, darunter 22 von Luther und elf von Zwingli. Damit hatte der englische König, der vom Papst wegen seines anfänglichen literarischen Engagements gegen Luther mit dem Ehrentitel «Verteidiger des Glaubens» ausgezeichnet worden war, einen Index verbotener Bücher vorgelegt, lange bevor die Römische Inquisition gegründet war, geschweige denn an eine «schwarze Liste» denken konnte. In Frankreich richtete Franz I. 1521 die Zensur theologischer Werke ein und übertrug diese Aufgabe der Sorbonne. 1542 wurde die staatliche Buchzensur auf alle medizinischen, juristischen, literarischen, historischen und geographischen Werke ausgeweitet und staatlichen Beamten übertragen. Die Überwachung des französischen Buchmarktes wurde ziemlich rigide ausgeübt. Um ein Beispiel zu nennen: Allein in den fünf Jahrzehnten von 1723 bis 1774 ergingen 661 Bücherverbote!

Kurzum: Zensur gehörte in der Frühen Neuzeit bis zur Aufklärungsepoche und der Französischen Revolution von 1789 mit ihrer Erklärung der Menschenrechte zu den selbstverständlichen und zumeist unhinterfragten Instrumentarien staatlicher und kirchlicher Ordnungspolitik. Druckerlaubnisse als Vorzensur, Bücherverbote oder Indizierungen als Nachzensur waren sozusagen der «Normalzustand», im Frankreich des Sonnenkönigs Ludwig XIV. und im England Heinrichs VIII. genauso wie in den verschiedenen Territorien des Heiligen Römischen Reiches Deutscher Nation. Universitäten und Fakultäten unterzogen Druckwerke einem genauso strengen Examen wie evangelische Konsistorien und Oberkirchenräte oder katholische Bischöfe und ihre Ordinariate. Verbote als gefährlich angesehener Bücher gehörten zum Alltag von der Reformationszeit bis weit ins 19. Jahrhundert hinein, wie die berüchtigten «Karlsbader Beschlüsse» und das Zensursystem Metternichs klar belegen. Angesichts dieser Tatsache braucht es nicht zu verwundern, daß auch der Papst als Oberhaupt der katholischen Kirche Bücher, die den katholischen Glauben – von welcher Seite auch immer – gefährdeten oder auch nur zu gefährden schienen, verbieten ließ und die Übertretung eines solchen Leseverbots mit Sanktionen belegte, bis hin zur Strafe der Exkommunikation. Diese bedeutete nicht nur einen Ausschluß von den Sakramenten und namentlich der «Kommunion», sondern im konfessionellen Zeitalter zugleich eine gesellschaftliche und politische Stigmatisierung. Wer sich diese Kirchenstrafe zuzog, riskierte also nicht nur sein ewiges Seelenheil, sondern setzte durchaus auch sein weltliches Glück aufs Spiel.

Buchzensur als heilige Pflicht

Inquisition und Inquisitionen

Wenn man den Begriff «Inquisition» im Singular verwendet, dann ist damit formal ein juristisches Ermittlungsverfahren bezeichnet, das in der Rechtsgeschichte als enormer Fortschritt gefeiert wird, weil damit das Amt des Staatsanwaltes erfunden wurde. Jetzt ging es nicht mehr nur um ein Verfahren nach Anzeige, sondern um eine Untersuchung von Amts wegen. Ursprünglich fand das neue Inquisitionsverfahren fast ausschließlich in Disziplinarprozessen gegen höhere Kleriker Anwendung. An die Stelle des noch aus fränkischer Zeit stammenden Verfahrens mit Reinigungseid, durch den sich Angeklagte, ohne Beweise für ihre Unschuld vorlegen zu müssen, von unterschiedlichen Vorwürfen selbst befreien konnten, setzte Papst Innozenz III. (1198–1216) eine Untersuchung – eine «inquisitio». Diese diente der Ermittlung der faktischen Wahrheit und arbeitete bereits mit Beweisen und Zeugenbefragungen. Erst nach und nach wurde diese Prozeßform auch auf die Ketzerverfolgung übertragen, für die sie ursprünglich nicht vorgesehen war.

Institutionengeschichtlich gesehen gab es im wesentlichen drei unterschiedliche Typen von Inquisitionen, die Gemeinsamkeiten, aber auch Unterschiede aufweisen. Zunächst ist die hoch- und spätmittelalterliche päpstliche Ketzerinquisition zu nennen. Ursprünglich war die Verfolgung von Ketzern die Aufgabe der Ortsbischöfe. Gregor IX. (1227–1241) setzte jedoch mit der Konstitution «Excommunicamus» im Jahr 1231 eine Anzahl örtlicher Inquisitoren ein, die ihre Vollmacht auf den Papst zurückführen sollten. Er delegierte überall in Europa, wo im Kontext der mittelalterlichen Armutsbewegungen Ketzereien – insbesondere Katharer beziehungsweise Albigenser, Beginen oder Waldenser – auftraten, Mitglieder der Bettelorden und Weltgeistliche, die von Ort zu Ort reisten, mit der «inquisitio haereticorum», dem Aufspüren der Häretiker und ihrer gefährlichen Schriften. Bei der mittelalterlichen Inquisition handelte es sich aber noch nicht um eine einheitliche, von Rom koordinierte Behörde. Klare Verfahrensregeln sucht man genauso vergeblich wie eine einheitliche Prozeßordnung. Innozenz IV. (1243–1254) erlaubte 1252 die Anwendung der Folter durch die weltliche Obrigkeit zur Erlangung von Geständnissen und errichtete eine eigene Behörde zur Ketzerverfolgung. Allen Vorurteilen zum Trotz konnte die neuere Forschung zeigen, daß die Inquisitoren von der Todesstrafe nur zurückhaltend Gebrauch gemacht haben. Selbst der «schlimme» Bernardo Guy, als Inquisitor tätig in Südfrankreich in den Jahren 1308 bis 1322, hat in seinen knapp 1000 überlieferten Urteilen offenbar «nur» 42 Hinrichtungen angeordnet. Die übrigen Urteile lauteten: 132mal Tragen von Bußgewändern, 9 Wallfahrten, 143mal Dienst im Heiligen Land, 307 Fälle von Kerkerhaft, 69 Ausgrabungen schon verstorbener Ketzer, 22 Verwüstungen des Hauses und 139 Freisprüche.

Als zweiter Typ ist die Spanische Inquisition anzuführen, die im Kontext der Abschüttelung der maurischen Herrschaft auf der iberischen Halbinsel, der Reconquista, 1482/84 entstand. Zwar leitete sie ihre Jurisdiktionsvollmacht letztlich auch vom Papst ab, die Ernennung ihrer Mitglieder und ihre Finanzierung standen jedoch völlig unter der Kontrolle der spanischen Krone. Deshalb kann man sagen, auch wenn es paradox klingen mag: Bei der Spanischen Inquisition handelt es sich zwar in kirchenrechtlicher Hinsicht um ein kirchliches Gericht, faktisch aber um eine staatliche Institution, der es nach der Vertreibung der Mauren von der Iberischen Halbinsel um eine Stabilisierung der neugewonnenen staatlichen Einheit Spaniens auf der Basis der einheitlichen katholischen Religion ging. Nicht nur die Überwachung der Rechtgläubigkeit der zum Christentum übergetretenen Juden («Conversos») und Muslime («Moriscos»), sondern eine umfassende Sozialdisziplinierung, die alle Bereiche des öffentlichen und privaten Lebens bis hin zur Kontrolle des Buchmarktes umfaßte, gehörte zu ihren Aufgaben. Der Einfluß der Kirche oder gar des Papstes in Rom auf diese Institution war gering. Die spanischen Inquisitoren mußten nicht einmal mehr – wie bei der mittelalterlichen Inquisition selbstverständlich – Geistliche sein. Nicht selten waren es Juristen. Der spanische Staat ging mit Hilfe seiner Inquisition sehr rigide gegen Abweichler vor. So haben die Inquisitionstribunale allein in den achtziger Jahren des 15. Jahrhunderts mehr als 2000 Menschen, vor allem Juden, verbrannt. Die Grausamkeiten der Spanischen Inquisition, hauptsächlich die feierliche Verkündigung der Todesurteile und ihre öffentliche Vollstreckung in den sogenannten Autodafés, prägen als «schwarze Legende» bis heute das allgemeine Bewußtsein von Inquisition.

Die Römische Inquisition, der dritte Typ, gehört dagegen in den Kontext der (verspäteten) Reaktion der katholischen Kirche und speziell der Römischen Kurie auf die protestantische Reformation. Zwar hatte man bereits 1501 die Gefahren des Buchdrucks für das kirchliche Wissensmonopol erkannt und von Rom aus die deutschen Bischöfe zur Kontrolle des sich entwickelnden Buchmarktes durch Präventivzensur mittels Imprimatur und nachträgliche Verdammung bereits gedruckter Bücher aufgefordert und diese Vorschrift schließlich auch auf dem Fünften Laterankonzil (1512–1517) auf die Gesamtkirche ausgedehnt. Zwar hatte man nach langem Taktieren wegen der anstehenden Kaiserwahl in der Bulle «Exsurge Domine» vom 15. Juni 1520 das Urteil gefällt, Luthers Schriften in gewohnter Weise dem Feuer zu übergeben und die Durchführung dem weltlichen Arm überlassen – aber die Umsetzung funktionierte nicht mehr. Luthers Ideen wie der Buchdruck überhaupt breiteten sich weiter unkontrolliert aus. Erst Anfang der vierziger Jahre scheint man in Rom das Medium Buch als das eigentliche Erfolgsgeheimnis der Reformation, die inzwischen die Existenz der katholischen Kirche selbst bedrohte, entdeckt zu haben. Zwischen den «Tauben» und den «Falken» innerhalb der sogenannten Reformpartei in Rom wurde darüber gestritten, ob eine Einigung mit den Protestanten auf dem Weg von Religionsgesprächen zu erreichen sei, oder ob nur strikte Repression einen ausreichenden Schutz der katholischen Bevölkerung biete. Die Kardinäle, die aus dem italienischen «Evangelismo», einer bibelhumanistisch geprägten Bewegung kamen, votierten für den Weg des Dialogs. Als aber das letzte Religionsgespräch auf dem Regensburger Reichstag 1541 scheiterte, obwohl Kardinal Gasparo Contarini (1483–1542) den Protestanten in zentralen theologischen Streitpunkten wie der Rechtfertigungslehre weit entgegengekommen war, konnten sich die auf Abgrenzung konzentrierten Hardliner an der Kurie durchsetzen.

Konsequenterweise gründete Paul III. (1534–1549) am 21. Juli 1542 mit der Bulle «Licet ab initio» die «Heilige Römische und Universale Inquisition». Neben der Sorge für die Reinerhaltung des Glaubens und der Bestrafung von Glaubensvergehen aller Art war eine der Hauptaufgaben des Kollegiums von sechs Kardinälen die Bekämpfung der Häresie und die konsequente Überwachung ihres Haupttransportmittels Buch. In der Bulle selbst ist nicht ausdrücklich von häretischen Büchern die Rede, doch macht ein am 12. Juli 1543 erlassenes Edikt an die Generalinquisitoren deutlich, daß die Unterdrückung häretischer Bücher ganz selbstverständlich zum Tätigkeitsfeld der Inquisition gehörte. Im Gegensatz zur mittelalterlichen päpstlichen Ketzerinquisition handelte es sich hier um eine bürokratische, neuzeitliche Behörde mit einem festen Stamm an Kardinalsmitgliedern und Mitarbeitern, die vom Haushalt der Kurie finanziell unabhängig war. Bezeichnenderweise stand mit Kardinal Gian Pietro Carafa (1476–1559) der Mann an der Spitze der Inquisition, der, als er schließlich 1555 zum Papst Paul IV. gewählt wurde, den ersten päpstlichen Index der verbotenen Bücher publizieren sollte.

Die Geburt des Index

Im Kontext des Buchdrucks hatte der Begriff «Index» zunächst eine doppelte Bedeutung. Einerseits wurde das Register eines Werkes als «Verweissystem auf das interne Wissen eines Buches» Index genannt. Indices erschließen den Inhalt durch ein oder mehrere geordnete Stichwortverzeichnisse (Namens-, Orts- und Sachregister). Andererseits hießen im 16. Jahrhundert auch «Verweissysteme auf Bücher und ihr Wissen» Indices. Konrad Gessner (1516–1565) etwa hat seine berühmte *Bibliotheca universalis* – erschienen 1545 – ausdrücklich als «Index» bezeichnet. Hier handelt es sich im Grunde um eine Bibliographie, also eine Liste mit Büchern, die angesichts einer ständigen Flut von Neuerscheinungen dem «Prinzip der Vorläufigkeit und Unabgeschlossenheit» folgen mußte. Gessner und seine Nachfolger nahmen bewußt keine Beurteilungen der von ihnen aufgelisteten Bücher vor. Es ging nur um möglichst genaue bibliographische Angaben zur Identifikation der einzelnen Werke und um eine erste Inhaltsübersicht.[9]

Auch die von der katholischen Kirche im 16. Jahrhundert veröffentlichten Kataloge mit verbotenen Büchern erhielten bald den Titel «Index». Freilich wurde die Gattung einer gedruckten Liste mit verbotenen Büchern keineswegs von der Römischen Kurie oder gar der Römischen Inquisition erfunden. Überhaupt wurde ein solcher Katalog erst nach der Erfindung des Buchdrucks notwendig. Denn erst jetzt war man in der Lage, gefährliche Gedanken binnen kurzer Zeit tausendfach zu verbreiten. Früher hatte man einfach das handschriftliche Original und die wenigen, zumeist in Klosterbibliotheken vorhandenen Abschriften eines Werkes verbrannt und so das Problem beseitigt. Anders als bei Gessners Liste, die neutral alles aufzählte, ging es in den römischen Indices um die gezielte Unterscheidung von «gutem» und «schlechtem» Wissen. Es ging um Kontrolle des Wissens durch das Verbot von Büchern nach mehr oder weniger präziser Prüfung durch kirchliche Instanzen. Das entscheidende Kriterium war dabei die Rechtgläubigkeit.

Da die Aufgabe des Lehramtes in der katholischen Kirche und infolgedessen auch das Amt der Reinerhaltung der Lehre damals noch bei den theologischen Fakultäten und namentlich bei der Sorbonne in Paris lag, veranlaßte diese folgerichtig im Jahr 1544 erstmals die Publikation eines Verzeichnisses mit 230 gefährlichen Büchern in lateinischer und französischer Sprache. In rascher Folge kamen in den Jahren 1545, 1547, 1549, 1551 und 1556 erweiterte Neuauflagen des Katalogs auf den Markt. Sie umfaßten schließlich gut 530 Bücher, 278 lateinische und 258 französische. Zumeist handelte es sich um theologische Traktate, Polemiken und andere Werke der Reformatoren und ihrer Anhänger. Es taucht aber auch schon Erasmus von Rotterdam als «lauer Katholik» und Anhänger eines «dritten Weges» zwischen den Konfessionen in den Listen auf. Dem Sorbonner Vorbild folgte in den Jahren 1546, 1550 und 1558 der Index der Universität von Löwen. Er umfaßte schließlich 450 Bücher, darunter 60 Ausgaben der Heiligen Schrift und des Neuen Testaments.

Der erste italienische Index kam 1549 in Venedig heraus. Er enthielt 149 Bücherverbote in drei Gruppen: zunächst Autoren, deren ganzes Œuvre verboten war, dann einzelne Werke bestimmter Verfasser und schließlich anonyme Schriften. 1554 erschien in Mailand, Venedig und Florenz eine neue Aufstellung verbotener Bücher mit rund 600 Titeln. Im Jahr 1547 hatte bereits die Portugiesische Inquisition einen ersten Katalog mit 160 Bücherverboten zusammengestellt, der zumindest zum Teil die Sorbonner Liste rezipierte. Diesem noch nicht gedruckten portugiesischen Index folgte 1551 eine gedruckte «schwarze Liste» mit rund 500 Verdammungen, die überwiegend auf den Löwener Katalog zurückgingen. Der erste Index der Spanischen Inquisition wurde ebenfalls 1551 gedruckt. Eine erweiterte Ausgabe erschien 1559 mit 698 Bücherverboten, darunter immerhin 15 deutsche Werke protestantischer Autoren.

Nach dieser universitären sowie portugiesisch- und spanisch-inquisitorischen Vorgeschichte kam es im Pontifikat Pauls IV. (1555–1559) schließlich auch zum ersten römisch-päpstlichen Index. Als Kardinal Carafa hatte dieser sich bereits als Chef der Inquisition für die Ausarbeitung einer Liste mit verbotenen Büchern stark gemacht. Eine erste Fassung dieses Katalogs war 1557 gedruckt worden, durfte aber auf Weisung des Papstes nicht veröffentlicht werden, wahrscheinlich, weil sich Paul IV. selbst mit seinem *Liber inscriptus Consilium de emédanda Ecclesia* auf dem Index wiederfand. Bei diesem Werk handelt es sich um ein recht offenmütiges Reformgutachten zur Reorganisation der Römischen Kurie angesichts der reformatorischen Angriffe. Vom Index von 1557 hat sich nur ein einziges Exemplar in der British Library in London erhalten, weshalb manche Forscher davon ausgehen, es habe sich dabei lediglich um ein Arbeitsinstrument für die vom Papst eingesetzte Indexkommission gehandelt.

Dem ersten tatsächlich publizierten päpstlichen Index von Anfang 1559 war ein Dekret der Römischen Inquisition vorangestellt, das bei Strafe der Exkommunikation vorschrieb, «daß niemand fortan es wage, zu schreiben, herauszugeben, zu drucken oder drucken zu lassen, zu verkaufen, zu kaufen, leihweise, geschenkweise, oder unter irgendeinem anderen Vorwand öffentlich oder heimlich zu geben, anzunehmen, bei sich zu behalten oder sonst irgendwie aufzubewahren oder aufbewahren zu lassen irgendeines der Bücher oder Schriften, die in diesem Index des Heiligen Offiziums verzeichnet sind.»[10] Diese Liste war alphabetisch geordnet und bei jedem Buchstaben wiederum in drei Klassen unterteilt.

In der ersten Klasse stehen entsprechend der Vorbemerkung des Index selbst Vor- oder Familiennamen der Autoren, die «mehr als alle übrigen und gleichsam ex professo geirrt haben und darum mit ihren sämtlichen Schriften, worüber auch immer sie handeln mögen, grundsätzlich verboten»[11] sind. In der eigentlichen Überschrift zur ersten Klasse erfährt diese Vorschrift sogar noch eine deutliche Verschärfung: Jetzt werden auch alle zukünftig erscheinenden Bücher dieser Autoren generell mit verboten, selbst wenn sie gar nichts gegen die Religion enthalten sollten. In dieser Rubrik stehen 603 Namen, und zwar ohne jede Angabe von konkreten Buchtiteln. So findet sich zum Beispiel unter «L» «Lutherus», unter «M» derselbe noch einmal unter «Martinus Lutherus», dort ferner «Martinus Bucer», «Melanchton» und «Melchior Hofmannus». Unter «E» fällt «Erasmus Roterodamus» ins Auge.

In der zweiten Klasse stehen die Namen von «gewissen Schriftstellern, von denen einige Bücher verworfen werden», weil sie nach allgemeiner Erfahrung entweder zur Ketzerei, zu zauberischer Gottlosigkeit (etwa Astrologie, Alchemie, Wahrsagerei) oder grundsätzlich zu abzulehnenden Irrtümern «verlocken». 126 Titel von 117 Autoren werden hier aufgelistet, unter anderem auch ein Werk von Papst Pius II. (1458–1464) über das Basler Reformkonzil, das unter der bibliographischen Angabe seines Vornamens Aeneas Silvius (Piccolomini) erscheint. Der päpstliche Index verschonte also auch Päpste nicht, wenn sie Häretisches geschrieben hatten.

In der dritten Klasse stehen anonym erschienene Werke von Ketzern, die nach Meinung der Inquisition generell verderbliche Lehren verbreiten. Die 332 Traktate führen zum Beispiel im Buchstaben «G» die *Geografia Universalis*, die *Geomantiae libri omnes* oder die *Germanicae nationis Lamentationes* auf, also neben einem Werk mit Weltkarten alle Bücher zur Wahrsagerei aus Linien und Figuren im Sand und die Beschwerden der deutschen Nation.

Im Anhang werden unter der Überschrift «verbotene Bibeln» über 30 lateinische Gesamtausgaben der Heiligen Schrift sowie zehn Ausgaben des Neuen Testaments verboten, ferner alle Bibeln in der Volkssprache, namentlich sämtliche deutsche, französische, spanische, italienische, englische und flandrische Übersetzungen.

Schließlich folgt ein Katalog von 61 Druckern, bei denen bereits Werke verschiedener Ketzer erschienen sind. Alle Bücher, die aus deren Druckerpressen kommen, unabhängig davon, ob sie etwas mit Religion zu tun haben oder nicht, in welcher Sprache, von welchem Verfasser sie auch immer stammen, sind grundsätzlich verboten. Neben Adamus Petri aus Basel, Christianus Egenolfus aus Marburg und Frankfurt, Petrus Frentz aus Schwäbisch Hall und Ulricus Morhardus aus Tübingen wurden zahlreiche Offizinen in Genf, Leipzig,

BIBLIA PROHIBITA.

IBLIA Antuerpiæ impressa per Antonium Goinum 1540.
Biblia Antuerpiæ per Ioannẽ Steelsiũ 1538 1541. 1542.
Biblia Antuerpiæ per Martinũ Cæsarẽ 1534
Biblia Argentorati apud Ioannem Schottum 1535.
Biblia Argentorati Græca, apud Vuolfium Cephalæum 1526. cum præfationibus Io. Loniceri, & inscriptionibus, ac partitionibus libris Bibliorum præfixis.
Biblia Basileæ per Andream Cratandrum 1526.
Biblia Basileæ per Forbennium 1522. 1530. 1538.
Biblia Basileæ cum annotationibus Sebastiani Munsteri.
Biblia Basileæ apud Nicolaum Brylingerum 1544.
Biblia Lugduni apud Antonium Vincentium 1545. 1555.
Biblia Lugduni per Gulielmum Boule 1537. 1542.
Biblia Lugduni per Henricum Sauoret 1536.
Biblia Lugduni apud Hugonem, a Porta 1538. 1542. 1544.
Biblia Lugduni apud Iacobum Iunctam 1546. 1548.
Biblia Lugduni apud hæredes Iacobi Iunctæ 1549.
Biblia Lugduni apud Ioannem Frellonium 1551.
Biblia Lugduni apud Ioannem Iunctam 1544. 1546.
Biblia Lugduni per Scipionem de Gabiano 1536.
Biblia Lugduni per Sebastianum Gryphium 1542.
Biblia Lugduni per Theobaldum Paganum 1542.
Biblia Parisijs per Franciscum Gryphium 1541. 1542.
Biblia Parisijs per Petrum Reynauld 1540.
Biblia Parisijs per Robertum Stephanum 1528. 1532. 1534. 1540. 1545. 1546.
Biblia Sebastiani Castellionis.
Biblia Tiguri per C. Froscouerum 1539. 1543.
Biblia Venetijs ad signum Spei 1544. 1548.
Biblia Venetijs Isidori Clarij.
Biblia cum recognitione Martini Luteri.

I

Im Index von 1559 werden verbotene Bibelausgaben aufgelistet. In der letzten Zeile findet sich natürlich auch die Bibel in der Übersetzung von Martin Luther.

Nürnberg, Straßburg, Wittenberg und Zürich vom Bannstrahl des Index getroffen. Damit ist die eigentliche Zielrichtung, die Verleger deutschsprachiger protestantischer Autoren zu desavouieren, eindeutig erkennbar.

Auch wenn der Index von 1559 noch keine allgemeinen Indexregeln im strengen Wortsinn enthielt, finden sich diese der Sache nach schon. Denn generell, ohne eigens im Index als Einzeltitel aufgeführt zu sein, waren verboten: alle Bibelübersetzungen in die «Vulgärsprachen» sowie alle nicht von Rom autorisierten lateinischen Ausgaben; ferner alle Kommentare und Anmerkungen zur Heiligen Schrift protestantischer Provenienz; alle von «Häretikern», also Protestanten, besorgten Kirchenväterausgaben und Übersetzungen, auch wenn sie ohne Namen des evangelischen Bearbeiters erschienen sein sollten; alle Bücher katholischer Autoren, die von einem Drucker publiziert wurden, der – wenn auch nur ein einziges Mal – ein häretisches Werk gedruckt hatte; alle rechtgläubigen Bücher, wenn sie anonym, ohne Erscheinungsjahr oder Angabe des Druckers, erschienen waren.

Die meisten der in dieser römischen Liste im einzelnen verbotenen Autoren und Bücher sind aus den Indices von Venedig und Löwen sowie aus Gessners *Bibliotheca* einfach übernommen worden. Weitere «häretische» Namen und Titel fügte man schlicht aus dem Briefwechsel zwischen den Reformatoren Oekolampad und Zwingli sowie aus den Schriften des Cochläus über seine Diskussion mit Luther auf dem Wormser Reichstag hinzu, indem man beide als Steinbruch benutzte. Man hat sich in Rom nicht der Mühe unterzogen, die einzelnen Werke oder gar das Gesamtwerk eines Autors zu lesen, geschweige denn einer differenzierten Begutachtung zu unterziehen. Es wurde also sehr pauschal und summarisch – nicht selten nur aufgrund von antiprotestantischen Vorurteilen – indiziert.

Der Index Pauls IV. führte unter den Buchhändlern und Druckern des Kirchenstaates, aber auch unter Autoren und Intellektuellen, wegen seiner drakonischen Strenge und Kompromißlosigkeit zu Panik. Ein italienischer Gelehrter faßte die Wirkung des Index unmittelbar nach seinem Erscheinen in die Worte: «Bei uns wird, denke ich, viele Jahre niemand etwas anderes zu schreiben wagen als Briefe.» Es seien unzählige, vor allem in Deutschland gedruckte Bücher «bei Strafe der Exkommunikation» indiziert worden, so «daß uns nur sehr wenige übrig sind».[12] Als der Carafa-Papst im Jahr des Erscheinens seines Index starb, gab sein Nachfolger Pius IV. (1559–1565) aus dem Hause Medici daher umgehend eine Milderung der Liste in Auftrag, die am 14. Juli 1561 erschien. Gleichzeitig wurde die Buchzensur aber auch zu einem Thema auf der dritten und letzten Sitzungsperiode des Konzils von Trient (1561–1563).

Die Trienter Indexregeln

Am 26. Februar 1562 beschlossen die Konzilsväter, nachdem «die Anzahl der verdächtigen und verderblichen Bücher, in denen eine unreine Lehre enthalten ist, und so weit verbreitet wird, übergroß geworden ist», eine Kommission einzusetzen, die den Auftrag erhielt, zu prüfen, «was im Hinblick auf die Buchzensur zu unternehmen» sei.[13] Diesem Ausschuß gehörten zunächst 18 Mitglieder an. Später wurde er um weitere neun Bischöfe und Theologen ergänzt. Die Grundfrage war: Sollten die Werke häretischer Autoren in Einzelverfahren untersucht und gegebenenfalls einzeln unter Angabe des genauen Titels indiziert werden? Oder sollten durch allgemeine Regeln generell all die Werke verdammt werden, die sich gegen den katholischen Glauben, die Sakramente der Kirche, die Überlieferung der Väter und kirchliche Gebräuche und Zeremonien richteten? Das Konzil einigte sich schließlich auf einen Kompromiß: Die Arbeit an einem neuen Index wurde in Trient zwar begonnen, konnte aber wegen der Vielzahl der Autoren und Werke nicht abgeschlossen werden. Den Abschluß der Arbeiten an einer neuen Liste verbotener Bücher übertrug das Tridentinum schließlich dem Papst, der die Arbeiten der Konzilskommission in Rom von der Inquisition weiterführen ließ, die schließlich in den Index Pius' IV. von 1564 mündeten. Gleichzeitig erarbeitete die Trienter Deputation aber auch zehn allgemeine Indexregeln, die bis zur großen Reform Leos XIII. (1878–1903) im Jahr 1896 gültig blieben und daher in jeder Indexausgabe abgedruckt wurden. Zahlreiche Autoren und Titel, die man in der Liste der verbotenen Bücher vergebens sucht, sind durch diese Grundsätze automatisch indiziert, mußten also nicht eigens angeführt werden.

Die Themen der zehn Regeln und ihre Bestimmungen lauten:

1. *Umgang mit alten Bücherverboten:*
   Alle Bücher, die vor 1515 von Päpsten und Ökumenischen Konzilien verdammt wurden und nicht auf dem Index stehen, bleiben weiter ohne Abstriche verboten.
2. *Häresiarchen und andere Ketzer (Protestanten):*
   Von den Häresiarchen, also denjenigen, die seit 1515 neue Ketzereien erfunden hatten oder Anführer der Ketzer waren, wie Luther, Zwingli, Calvin, Schwenckfeld und dergleichen, sind alle Bücher grundsätzlich verboten, egal unter welchem Namen oder Titel sie erschienen sind oder über welches Thema sie auch immer handeln. Von den anderen Ketzern sind nur die Werke, die ausdrücklich religiöse Themen behandeln, verboten. Ihre übrigen Veröffentlichungen müssen einzeln untersucht werden.
3. *Ausgaben von Kirchenvätern und lateinische Bibelübersetzungen:*
   Die von Autoren, die im Index in der ersten Klasse stehen, herausgegebenen Übersetzungen von Kirchenvätern und dergleichen sollen erlaubt sein, sofern sie nichts gegen die gesunde Lehre enthalten. Die Lektüre ihrer Übersetzungen des Alten Testaments darf gelehrten und frommen Männern von Bischöfen gestattet werden, aber nur als Kommentare zu einem besseren Verständnis der Heiligen Schrift, nicht als Bibeltext selber. Zur authentischen Version der Bibel war vom Trienter Konzil die lateinische Vulgata und nicht etwa der griechische oder hebräische Urtext erklärt worden. Alle lateinischen Übersetzungen des Neuen Testaments von Autoren der ersten Klasse sind dagegen grundsätzlich verboten.
4. *Bibelverbot für Laien:*
   Die Lektüre der Heiligen Schrift in modernen Übersetzungen ist für Laien generell verboten. Denn es steht aus Erfahrung fest, daß, wenn man das Lesen der Heiligen Schrift in den Volkssprachen jedermann erlaubt, daraus wegen der Verwegenheit der Menschen mehr Schaden als Nutzen entsteht. Nur in genau geregelten Ausnahmefällen können Bischöfe und Inquisitoren von dieser Vorschrift dispensieren. Auch Drucker soll eine Sanktion treffen.

   Diese Regel hat eine immense Wirkung gehabt. Fast bei jeder neuen Ausgabe des Index kam es beim Thema Bibel zu Modifikationen. Teilweise wurde das Dispensrecht der Bischöfe so stark eingeschränkt, daß faktisch nur noch der Papst selbst oder die Inquisition die Erlaubnis zum Lesen von Bibelübersetzungen für Laien und zum Teil auch für Ordensleute geben konnten. Alexander VII. (1655–1667) ließ in seinem Index von 1664 die vierte Regel bestehen und setzte zusätzlich alle Bibelübersetzungen – in welcher Sprache auch immer – auf den Index. Später wurden auch alle Paraphrasen, Zusammenfassungen und «Biblische Geschichten» in den Volkssprachen verboten. Im 18. Jahrhundert versuchte man dann, von der Einzeldispens abzurücken. Jetzt sollte jede von der Inquisition oder einer sonst zuständigen kirchlichen Obrigkeit aus konkretem Anlaß genehmigte Bibelübersetzung generell für alle Laien als erlaubt angesehen werden. Benedikt XIV. (1740–1758) jedenfalls schloß sich 1757 dieser weiten Interpretation der vierten Indexregel an. Gregor XVI. (1831–1846) nahm diese Milderung aber 1836 wieder zurück. Erst Leo XIII. bestimmte 1897, daß Bibelübersetzungen in einer Volkssprache dann erlaubt sein sollten, «wenn sie die Gutheißung des Apostolischen Stuhles haben» oder unter Aufsicht der Bischöfe herausgegeben wurden.

5. *Von Protestanten herausgegebene Nachschlagewerke:*
Bücher von Häretikern, in denen sie nur Beiträge anderer Autoren zusammenstellen, selbst aber so gut wie nichts beitragen, wie Konkordanzen, Lexika, Verzeichnisse, Wörterbücher oder Thesauri, sollen erlaubt sein. Später wurde allerdings teilweise verlangt, den Namen des protestantischen Herausgebers zu tilgen.

6. *Kontroverstheologie in der Volkssprache:*
Werke, die in einer anderen Sprache als Latein von den Streitfragen zwischen Katholiken und Protestanten handeln, sollen wie die Bibelübersetzungen für Laien nach Regel vier behandelt werden – sind also grundsätzlich verboten und nur in Ausnahmefällen konsultierbar.

7. *Obszöne Bücher:*
Bücher, die schlüpfrige und unzüchtige Dinge behandeln, sind schon deswegen verboten, weil sie nicht nur gegen den Glauben, sondern auch gegen die guten Sitten verstoßen. Die «alten von Heiden geschriebenen Bücher», also die Klassikerausgaben von Ovid bis Cicero, sollen «wegen der Eleganz und Schönheit ihrer

Sprache» erlaubt sein, dürfen allerdings in keinem Fall im Schulunterricht für die Knaben Verwendung finden.

8. *Expurgation (Buchreinigung):*
Werke, deren hauptsächlicher Inhalt gut ist, in die aber nebenbei einiges eingeflossen ist, was auf Ketzerei, Gottlosigkeit oder Wahrsagerei hindeutet, können dann erlaubt werden, wenn sie von der Römischen Inquisition «gereinigt» – sprich: von diesen Stellen befreit – wurden und in einer entsprechenden Neuauflage erschienen sind.

9. *Magie, Astrologie, Wahrsagerei:*
Alle Schriften, die magische Beschwörungen, Zaubereien und Wahrsagereien enthalten, insbesondere Werke über Geomantie, Hydromantie, Aeromantie, Pyromantie, Nekromantie, Chiromantie, Oneiromantie – also Zukunftsdeutungen und Prophezeiungen aus Phänomenen der vier Elemente Erde, Wasser, Luft und Feuer sowie Geister- und Totenbeschwörungen, Handlesekunst und Traumdeutung – sind grundsätzlich verboten. Ein besonderes Augenmerk sollen die Bischöfe auf astrologische Bücher haben, in denen die Zukunft vorhergesagt wird. Bezeichnenderweise werden «Urteile und natürliche Beobachtungen, die zur Förderung von Schiffahrt, Ackerbau oder Heilkunde geschrieben sind», erlaubt.

10. *Imprimatur und Präventivzensur:*
Für die Mitglieder der Trienter Kommission war klar: Am besten wäre es, wenn schlechte Bücher überhaupt nicht gedruckt würden, wenn also statt einer nachfolgenden Repressivzensur eine vorausgehende Präventivzensur stattfinden würde. Deshalb schärfte man eine Vorschrift des Fünften Laterankonzils vom 3. Mai 1515 erneut ein, wonach die Bischöfe des jeweiligen Druckortes alle Manuskripte vor dem Druck überprüfen und gegebenenfalls mit einer Druckerlaubnis (Imprimatur) versehen sollten. Ferner waren alle Druckereien regelmäßig zu überprüfen. Für die Stadt Rom stand diese Aufgabe dem Magister Sacri Palatii, dem päpstlichen Hoftheologen, zu. Selbstverständlich konnte eine derartige Präventivzensur nur in katholischen Gebieten und bei katholischen Autoren und Druckern greifen.

Die Geschichte des Imprimatur vor allem des 20. Jahrhunderts harrt noch der Aufarbeitung. Erste Untersuchungen zeigen allerdings bereits, daß dieses Instrument nicht nur zur Abwehr protestantischer Schriften, sondern vor allem zur Disziplinierung innerkatholischer Abweichler eingesetzt wurde.

Der Index des Konzils von Trient erschien im März 1564 unter dem Titel *Index librorum prohibitorum, cum Regulis confectis per Patres a Tridentina Synodo delectos, auctoritate Sanctiss. D. N. Pii IV, Pont. Max. comprobatus*, dem «Verzeichnis der verbotenen Bücher, mit den Regeln, die die vom Konzil von Trient dazu bestimmten Väter zusammengestellt haben, anerkannt durch die Autorität unseres Heiligsten Vaters, des Papstes Pius IV.». Vor den Indexregeln und der eigentlichen Liste mit verbotenen Büchern wurde die päpstliche Bulle «Dominici gregis custodiae» vom 24. März 1564 abgedruckt, die in allen Indexausgaben bis zur Reform Benedikts XIV. von 1758 stets erneut zu finden sein sollte. Darin führte Pius IV. aus, die Beschlüsse des Konzils von Trient hätten es jedermann leicht gemacht, «die gesunde katholische Lehre von der falschen zu unterscheiden. Weil aber das Lesen der von Häretikern herausgegebenen Bücher nicht nur die einfältigeren Menschen zu verderben pflegt, sondern oft auch gelehrte und gebildete zu verschiedenen Irrtümern und von der Wahrheit des katholischen Glaubens abweichenden Meinungen verführt», vertrat der Papst die Ansicht, «das geeignetste Mittel gegen dieses Übel» sei die Anfertigung eines «Index sive Catalogus», also eines Verzeichnisses der Bücher, die «entweder ketzerisch oder der Ketzerei verdächtig oder für die Sitten und die Frömmigkeit» schädlich seien. Alle bislang – auch Klerikern und Ordensleuten – erteilten Erlaubnisse, solche Bücher zu lesen, wurden widerrufen.[14]

Der Aufbau des tridentinischen Index folgt weitgehend dem von 1559 mit der schon genannten Einteilung in drei Klassen. Dieser Index ist in der Tat nur eine verbesserte Ausgabe des Katalogs Pauls IV. Freilich sind die Listen mit verbotenen Bibelausgaben und geächteten Buchdruckern entfallen. Bei einigen Titeln findet sich erstmals die Formel «quousque expurgatus fuerit», das heißt, das Buch sollte nur so lange als Ganzes verboten bleiben, bis es von den anstößigen Stellen gereinigt worden war. Hier handelt es sich um eine Vorwegnahme der später üblich werdenden milderen Form der Buchverbote «donec corrigatur» (solange verboten, bis das Werk korrigiert ist).

Zu den Anfängen der Indexkongregation

Dem Konzil von Trient war es neben den allgemeinen Indexregeln vor allem um die Erstellung einer Liste verbotener Bücher im Sinne einer Festschreibung gegangen. An weitere Indizierungsverfahren für Einzeltitel dachten die Konzilsväter nicht. Der Buchmarkt stand aber nicht still, ganz im Gegenteil: Er explodierte in den folgenden Jahren geradezu. Letztlich hätte hier nur ein absolutes Verbot des Buchdrucks Abhilfe schaffen können. Das war natürlich illusorisch. Deshalb mußte die Kontrolle des Buchmarktes der Realität immer hinterherhinken, wenn man sie denn überhaupt wollte.

Diese Absicht setzte sich an der Römischen Kurie jedoch immer mehr durch. Der Index als statische Liste war zu unflexibel, um auf gefährliche Neuerscheinungen reagieren zu können, die auch durch die Trienter Indexregeln nicht ausreichend und eindeutig genug erfaßt waren. Daher ging man sukzessive zu einer laufenden Kontrolle des Buchmarktes über. Zuständig war zunächst das Heilige Offizium. Nicht umsonst war dieses bereits mit der Ausarbeitung des Index Pauls IV. beauftragt worden. Im ersten Band der «Decreta» mit den Sitzungsprotokollen der Römischen Inquisition von 1548 bis 1558 tauchen das Thema Buchzensur im allgemeinen und Kataloge verbotener Bücher im speziellen dann auch wiederholt auf.

Der tridentinische Index Pius' IV. mit seinen Indexregeln hatte den Bischöfen und den lokalen Inquisitoren in den unterschiedlichen Ländern entscheidende Rechte bei der Anwendung der gesamtkirchlichen Vorgaben vor Ort eingeräumt. Besonders hervorzuheben sind hier die Kompetenzen im Hinblick auf die Expurgation, also die «Reinigung» gefährlicher Bücher von Irrtümern. Als in den spanischen Niederlanden 1570/71 in Antwerpen ein eigener *Index expurgatorius* publiziert wurde, versuchte der Dominikaner-Papst Pius V. (1566–1572), der als Michele Ghislieri unter Paul IV. 1557 zum Kardinal und 1558 zum Großinquisitor ernannt worden war, die Expurgation in Rom zu zentralisieren und damit in der ganzen Kirche zu einheitlichen Korrekturvorgaben zu kommen. Die Tatsache, daß Zensoren in Venedig ganz andere Stellen eines Buches für tadelnswert hielten als ihre Kollegen in Paris, stellte in der Tat ein großes Problem dar. Ghislieri, unter Pius IV. in Ungnade gefallen, wollte dessen mildes Regiment beenden und wieder zur harten Linie des Index von 1559 zurückkehren.

Nicht zuletzt durch diese Absicht des Papstes kam es zur Errichtung der Indexkongregation. Zunächst wurde der Magister Sacri Palatii am 19. November 1570 angewiesen, die Korrektur bestimmter Bücher ausschließlich in seine Hand zu nehmen. Die Aufgabe der Expurgation übertrug Pius V. im Geheimen Konsistorium am 5. März des folgenden Jahres dann aber einer Kardinalsdeputation mit sechs Mitgliedern. Diese wurde mit der Revision und Zensur der *Magdeburger Zenturien* beauftragt, einer wichtigen Publikation des lutherischen Theologen Matthias Flacius (1520–1575), der in polemischer Weise die Wahrheit des Protestantismus und die Verderbtheit des Katholizismus «historisch» nachzuweisen suchte, sowie der Bücher Augsburgischer Konfession (also aller Protestanten, die hinter der «Confessio Augustana» von 1530 standen). Ferner sollte sie einen neuen strengeren Index ausarbeiten. Am 27. März traf sich die Kongregation der Kardinäle erstmals im Haus des Kardinals Hieronymus Souchier (1508–1571), nachdem der Franziskaner Antonio Posius am 22. März zum Sekretär ernannt worden war. Schließlich kam es am 4. April 1571 zur Gründung der Indexkongregation.

Aus dieser, mit speziellem Auftrag eingerichteten Kardinalskongregation machte Gregor XIII. (1572–1585) am 13. September 1572 eine ständige Einrichtung. Sieben Kardinäle unter der Leitung von Guglielmo Sirleto (1514–1585) und eine nicht näher bestimmte Zahl von Konsultoren aus dem Stand der Welt- und Ordensgeistlichen sollten dafür sorgen, den «Index der verbotenen Bücher möglichst bald in die Form» zu bringen, damit jedem Katholiken unmittelbar klar sei, welche Bücher er lesen dürfe und welche nicht. «Alle Dunkelheiten und Schwierigkeiten, die im Index selbst oder seinen Regeln entstanden sind», sollten umgehend beseitigt werden. Die Indexkongregation bekam neben der alleinigen Kompetenz der Expurgation von Druckschriften aller Art nicht nur das Recht, neue Bücher auf den Index zu setzen, sondern auch die Vollmacht, bereits indizierte Werke gegebenenfalls «wieder daraus zu entfernen» und deren «Lektüre zu erlauben».[15]

Die erste Arbeitsphase der Indexkongregation in den Jahren 1572 bis 1584 stand ganz im Zeichen Sirletos, der allerdings gleichzeitig an zahlreichen anderen nachtridentinischen Reformprojekten wie der Kalenderreform und der Revision von Brevier, Meßbuch und Katechismus beteiligt war. Die Indexkongregation hatte sich ein gigantisches «Reinigungsprogramm» von Büchern vorgenommen, wie sich aus den unterschiedlichen Expurgationslisten ergibt. Betroffen waren unter anderem: die kritischen Ausgaben der Kirchenväter von Ambrosius und Tertullian bis Thomas von Aquin; die medizinischen Standardwerke von Hippokrates, Galenos, Avicenna und Paracelsus; in der philosophischen Sektion selbstredend neben vielen anderen Aristoteles und Platon; im Bereich der Geschichtsschreibung neben zahlreichen Chronologien Theodoret, Philon, Herodot, Thukydides, Eusebius von Caesarea und die *Cosmographia* Sebastian Münsters; sämtliche mathematischen Standardwerke, von Euklid angefangen; im Bereich der Klassikerausgaben Cicero, Ovid, Vergil, Horaz, Sallust, Livius, Plutarch, Plinius, Xenophon, Sokrates, Homer, Tacitus, Cato, Plautus und die Aesop-Fabeln, um nur einige zu nennen.[16]

Die ersten 15 bis 20 Bände der «Protocolli», der eigentlichen Akten der Indexkongregation, belegen, daß es nicht nur bei diesem Programm einer Totalkontrolle des Buchmarktes blieb. Hier finden sich nämlich unzählige Zensuren zur Expurgation der genannten Werke. Heilige, Kirchenväter, Kardinäle und sogar Päpste waren von dieser Überwachung keineswegs ausgeschlossen. Man diskutierte ausführlich über die bei der «Reinigung» von Büchern anzuwendenden Kriterien, stellte immer wieder neue Regeln auf – und verwarf sie wieder. Das Problem war, zu definieren, was nun genau noch katholisch war und was nicht mehr, was in einem Buch stehen bleiben durfte und was nicht. Die allgemeine Norm sollten die Beschlüsse des Konzils von Trient sein, darin war man sich schnell einig, aber was dies in der konkreten Zensurpraxis hieß, im Kleingedruckten sozusagen, darüber gingen die Meinungen weit auseinander. Um die Arbeit besser bewältigen zu können, wurden die Zensoren in bis zu zwölf «Klassen», also Arbeitsgruppen mit vier bis sechs Mitgliedern eingeteilt, die jeweils bestimmte Typen von Büchern zur Expurgation zugewiesen erhielten.

Diese erste Phase der Tätigkeit der Indexkongregation zeichnet sich durch relative Härte bei den Bücherverboten und durch Ineffizienz bei den Expurgationen aus. Kaum eine der vielen angefangenen Bücherreinigungen wurde wirklich zum Abschluß gebracht.

Eine Ausnahme, die fast sprichwörtlich die Regel bestätigt, ist die postume Expurgation der Werke von Kardinal Contarini, der als Vertreter des sogenannten «Evangelismo» galt, einer reformkatholischen bibelhumanistischen Bewegung in Italien, der man Sympathien für das Luthertum nachsagte.

Mit dem Tod Sirletos 1584 kam die Tätigkeit der Indexkongregation, die mehr und mehr zu dessen Privatveranstaltung geworden war, weitgehend zum Erliegen. Einen neuen Anlauf nahm Sixtus V. (1585–1590) im Zuge seiner großen Kurienreform von 1587/88, die zur Erhöhung der Zahl der Kardinäle von gut 25 auf 70 und zur Einrichtung von 15 ständigen Kardinalskongregationen führte, unter ihnen Inquisition und Indexkongregation. Diese Reform sollte einerseits die Effizienz der päpstlichen Verwaltung steigern und andererseits zugleich das Kardinalskollegium entmachten, das sich bisher im Konsistorium als Senat und Mitregent des Papstes gesehen hatte. Sixtus V. reorganisierte das Verfahren der Zensurbehörden und ernannte neben den Kardinälen zugleich einen festen Stamm von Mitarbeitern, zu denen auch der Jesuit Robert Bellarmin (1542–1621) gehörte. Die Indexkongregation bekam die Vollmacht, die bisher existierenden «Kataloge und Indices verbotener Bücher und die Indexregeln zu revidieren» und bislang verbotene Bücher gegebenenfalls wieder zuzulassen, die seit 1564 erschienenen Werke zu überprüfen, Expurgationen vorzunehmen und entsprechende Kataloge zu veröffentlichen sowie Druckerlaubnisse zu erteilen.[17] Die Universitäten von Paris, Bologna, Salamanca und Löwen wurden zur Unterstützung dieses Vorhabens aufgefordert – allerdings mit nur mäßigem Erfolg.

Diese zweite Phase der Indexkongregation reichte bis zum Jahr 1607. Zwar gelang 1596 die Veröffentlichung eines neuen Index der verbotenen Bücher, jedoch erst nach den vergeblichen Versuchen von 1590 und 1593 und zahlreichen Eingriffen Sixtus' V. und Clemens' VIII. sowie der Inquisition, die sich das Recht auf Buchzensur nicht einfach von ihrer «kleinen Schwester» abnehmen lassen wollte.

Ein erstes Problem, das sich der reorganisierten Behörde stellte, war der Fall des katholisch gebliebenen Humanisten Erasmus von Rotterdam. Dieser befand sich nämlich gleich zweimal im Trienter Index von 1564, einmal unter «E» wie Erasmus in der ersten Klasse, in der Ketzer stehen, deren gesamte Werke verboten sind, und einmal unter «D» wie Desiderius Erasmus in der zweiten Klasse, wo nur einzelne seiner Bücher als verboten aufgelistet werden. Soll der Katholik Erasmus generell zu den Ketzern gezählt werden? In welcher Klasse soll er bleiben? Und: Soll man seine Bücher, die religiöse Themen behandeln, reinigen? Diese Fragen wurden auf der Sitzung der Kongregation am 25. April 1587 angesprochen und nicht weniger als sieben Gutachter mit ihrer Beantwortung beauftragt. Schließlich setzte sich Robert Bellarmin mit seiner Ansicht durch: «Erasmus irrt zwar in vielen Punkten schwer ..., ein Ketzer scheint er jedoch nicht zu sein. Daher sollten seine Werke nur in der zweiten Indexklasse aufgenommen werden, zumal Trient eine Reihe seiner Bücher unbehelligt gelassen» habe. Ferner solle man die Publikationen religiösen Inhalts expurgieren, denn «keines seiner Werke ist so schlimm, daß es sich nicht lohnen würde, sie zu verbessern, aber nicht durch das Feuer.»[18] Dieser Vorschlag wurde von den Kardinälen der Kongregation in ihrer Sitzung vom 30. April 1587 eins zu eins umgesetzt. Sixtus V. nahm auf den Beschluß der Indexkongregation freilich keine Rücksicht. In dem 1590 erschienenen, aber nach seinem Tod wieder eingestampften Index blieb Erasmus Roterodamus als Erzketzer in der ersten Klasse stehen und wurde nur aus der zweiten gestrichen. In den Fassungen der Indices von 1593 und 1596 steht er zwar immer noch in der ersten Klasse, hier heißt es aber: «Siehe unten unter Buchstabe D», wo er dann mit einzelnen Werken in der zweiten Klasse steht: ein mehr als fauler Kompromiß!

Ein weiteres Thema, das die Indexkongregation in jenen Jahren beschäftigte, war der Umgang mit dem jüdischen Talmud, der aus der Mischna, der Kodifizierung des jüdischen Gesetzes, und der Gemara, den rabbinischen Kommentaren dazu, besteht. Nachdem der Talmud 1553 unter Julius III. (1550–1555) in Rom verbrannt worden war, sollten die Juden nach dem Konzil von Trient ihn wenigstens in gereinigter Form wieder lesen dürfen. Man stellte Regeln für die Expurgation des Talmuds auf: Alles, was in offenem Widerspruch zur Heiligen Schrift stehe, «alle Schmähungen und Blasphemien gegen die katholische Kirche» sowie «alles Obszöne» und nicht den guten Sitten Entsprechende sollte entfernt werden. Ferner wurden drei Arbeitsgruppen von Konsultoren gebildet, die sich mit dem Talmud beschäftigen sollten. Schließlich mußte man aber in der Sitzung der

Kongregation vom 24. August 1590 resigniert feststellen, daß «eine Reinigung des Talmuds durch die äußerst genaue Art und Weise des Vorgehens regelrecht unmöglich geworden ist».[19]

Ein anderes Problem stellte Bellarmin selbst dar. Der Konsultor der Indexkongregation und spätere Kardinal fand sich nämlich 1590 überraschend mit seiner Kontroverstheologie auf dem Index Sixtus' V. wieder, weil er dort die Gewalt des Papstes in weltlichen Dingen geringer veranschlagt hatte als der Pontifex maximus selbst. Diesen Skandal machte Urban VII. (1521–1590) in seinem nur knapp zwei Wochen dauernden Pontifikat vom September 1590 wieder gut, indem er den Index Sixtus' V. außer Kraft setzte. In den folgenden Listen der verbotenen Bücher taucht der zensurierte Zensor dann nicht mehr auf, während Pius II. unter seinem bürgerlichen Namen Aeneas Silvius Piccolomini mit seinem Werk über das Basler Reformkonzil für Jahrhunderte auf dem römischen Index stehen bleiben sollte. Eine weitere Neuerung des Index Sixtus' V. wurde allerdings umgehend wieder aufgegeben. Dieser enthält als einziger einen alphabetischen Katalog mit 87 Namen der «Häresiarchen», also der Erzketzer, von denen allerdings manche doppelt vorkommen wie etwa Zwingli unter Huldricus Zuinglius Toggius und Ulricus Zuinglis oder Johannes Brenz unter Brentius und Johannes Brentius, Luther dagegen jetzt nur noch einmal unter Martinus Lutherus.

Die Indexkongregation nahm ihre Arbeiten zur Reform des Index im April 1592 wieder auf. Das Ergebnis der Indexreform von 1593 befriedigte Clemens VIII. (1592–1605) jedoch erneut nicht, weshalb er eine weitere Überarbeitung in Auftrag gab. Auf besondere Kritik war ein umfangreicher Anhang mit verbotenen «Libri volgari italiani», also auf Italienisch erschienenen Büchern gestoßen, zu denen so bedeutende Werke wie Boccaccios *Decamerone*, Dantes *Monarchia* und verschiedene Dichtungen Petrarcas oder die italienischen Fassungen von Johannes Taulers *Nachfolgung des armen Lebens Christi* oder der *Metamorphosen* des Ovid gehörten. Auch Machiavelli fand sich hier mit seinen sämtlichen Werken. Diese Liste wurde im endgültigen, 1596 erschienenen Index Clemens' VIII. wieder aufgegeben. Im Grunde wiederholt dieser zunächst den Index von 1564, bietet aber in einem Appendix zu jedem Buchstaben und jeder Klasse die seither neu verbotenen Bücher. Nur in Ausnahmefällen sind Werke und Autoren aus der Trienter Liste gestrichen oder in eine harmlosere Klasse wie zum Beispiel im Fall des Erasmus versetzt worden.

Auf ihrem zweiten Arbeitsfeld, der Expurgation von Büchern, konnte die Indexkongregation kaum Erfolge verzeichnen. Das Projekt eines «Index expurgatorius» mit Korrekturanweisungen für vorläufig verbotene, aber im Grunde nützliche Bücher wurde sogar zu einem völligen Fehlschlag. Weil die Indexkongregation nicht recht vorankam, wurde diese Aufgabe 1604 dem Magister Sacri Palatii übertragen. Dieses Amt hatte seinerzeit Giovanni Maria Guangelli da Brisighella (um 1557–1619) inne. Er legte 1607 den ersten und einzigen römischen *Index expurgatorius* zu etwa fünfzig Werken vor, der allerdings bereits 1612 von der Römischen Inquisition suspendiert wurde. Das Vorhaben eines solchen Katalogs wurde damit in Rom endgültig ad acta gelegt, genauso wie Pläne, «gereinigte» Kirchenväter- und Klassikerausgaben in Rom erstellen zu lassen.

Die Entwicklung des Zensurverfahrens

Nach der erfolgreichen Publikation des Index von 1596 und dem Scheitern der Expurgationsprogramme trat in den folgenden Jahrzehnten die Untersuchung und Indizierung einzelner Bücher in den Mittelpunkt des Interesses. Diese Buchverbote wurden nicht unmittelbar in den Index übernommen, weil man sonst jedes Jahr eine Neuauflage hätte publizieren müssen. Daher kristallisierten sich als die originäre Publikationsform von Buchverboten der Indexkongregation und Inquisition die Bandi heraus, Plakate, auf denen die Buchverbote jeweils einer einzelnen Sitzung aufgelistet und öffentlich ausgehängt wurden. Alle paar Jahrzehnte wurden diese dann in alphabetischer Reihenfolge in die Liste des Index übernommen.

Während die Indexkongregation über keinen festen Sitzungstermin verfügte, traf sich die Inquisition zweimal in der Woche; am Mittwoch ohne den Papst und am Donnerstag in Anwesenheit des Papstes. Mittwochs versammelte man sich in den Privatgemächern der Kardinäle, die Donnerstags-Sitzungen fanden stets in den Apostolischen Palästen, dem Quirinal oder dem Vatikan, statt. Zu zahlreichen Werken wurden im 16. und 17. Jahrhundert offensichtlich gar keine eigenen Gutachten verfaßt. Vielmehr wurden sie, weil sie in Frankfurter Buchmessekatalogen als von protestantischen Autoren verfaßt angeführt worden waren, allein aufgrund dieses Umstandes auf den Index gesetzt. Daß ein solches Verfahren Kritik innerhalb und außerhalb der Römischen Kurie hervorrufen mußte, liegt auf der Hand.

In der Indexkongregation, die sich ausschließlich mit Buchzensur beschäftigte, läßt sich zunächst nur schwer ein geregeltes Verfahren für die Zensur einzelner Werke erkennen. Einen gewissen Wendepunkt markiert aber der Abschluß der Arbeiten am Index Clemens' VIII. im Jahr 1596. In diesem ging es noch um eine recht summarische Buchzensur, was angesichts der Vielzahl der zur Disposition stehenden Titel nicht verwundert. Danach scheint man vermehrt zur Einzelprüfung von Büchern übergegangen zu sein. Gleichzeitig verfestigten sich die Strukturen der Kongregation. Die Zahl der Sitzungen, die im Gründungsjahr 1571 bei zwölf gelegen hatte und 1585/86 auf Null zurückgegangen war, schnellte nach der Wiedergründung 1587 auf 34 hoch und pendelte sich nach Abschluß der Arbeiten am Index von 1596 auf fünf bis zehn jährlich ein.

Bei den wöchentlichen Sitzungen des Heiligen Offiziums machte die Buchzensur dagegen nur einen Bruchteil der Agenda aus. Die Inquisition als oberstes Glaubenstribunal war grundsätzlich für alle Fragen des Glaubens und der Sitten zuständig. Sie hatte alle Zweifelsfälle in der Sakramententheologie zu entscheiden, das Zusammenleben von Juden und Christen zu organisieren, Fälle von «angemaßter Heiligkeit» und von eingebildeten Erscheinungen der «Armen Seelen» oder der Heiligen zu untersuchen, Homosexualität – in den Akten stets mit «il pessimo», das Schlimmste, umschrieben – zu verfolgen, den Kontakt zwischen Katholiken und Protestanten zu unterbinden, sich mit dem Phänomen der Hexen zu beschäftigen – wobei es in Rom im Gegensatz zu Deutschland nur zu wenigen Hexenverbrennungen kam – und als Appellationsinstanz für untergeordnete Kirchengerichte zu dienen. Das heikle Thema «Verführung im Beichtstuhl» beschäftigte das Heilige Offizium genauso wie die Frage, ob es mit den katholischen Fastenvorschriften, die den Verzehr von tierischem Fett untersagten, vereinbar sei, daß die katholischen Ostfriesen ihren Tee in der Fastenzeit mit Milch trinken. Zwangstaufen jüdischer Kinder durch übereifrige Hebammen fielen genauso in ihre

Kompetenz wie die Überwachung des Fernhandels oder die Konversion von Muslimen und Protestanten zum Katholizismus.

Die Frage nach der geeigneten Form eines Zensurverfahrens wurde weder in der Inquisition noch in der Indexkongregation im Verlauf des 17. Jahrhunderts zum Gegenstand gründlicher Überlegungen. In den allgemeinen Handbüchern des Heiligen Offiziums etwa gibt es kaum Abschnitte zur Buchzensur, die über allgemeine, für das Verfahren selbst irrelevante Anweisungen hinausgehen. Auch in der Indexkongregation fehlen theoretische Überlegungen zum Zensurverfahren fast völlig. Daher kann man den Ablauf einer Buchzensur nur aus dem konkreten Tun der Behörde rekonstruieren. Das hängt aber entscheidend von der Quellenlage und der ganz unterschiedlichen Archivierungspraxis der jeweiligen Sekretäre ab. Die meisten scheinen viel Material einfach in den Papierkorb geworfen zu haben. Andere dagegen haben alles minutiös gesammelt, so daß sich Geschichte wieder einmal als Geschichte der Überlieferung erweist.

Meistens findet sich im 17. und 18. Jahrhundert ein Denunziationsschreiben bei den Akten, das von sehr unterschiedlichen Personengruppen stammen konnte. Vorwiegend aber waren es Adelige, gebildete katholische Bürger und natürlich Kleriker, die ein Buch in Rom zur Anzeige brachten. Grundvoraussetzung für eine schriftliche Anklage war selbstredend, daß der Denunziant lesen und schreiben konnte und Bücher als entscheidende Medien der Wissensvermittlung in seiner Lebenswelt überhaupt eine Rolle spielten. Diese Voraussetzungen waren im 17. Jahrhundert in Mitteleuropa meist nur bei den höheren Gesellschaftsschichten gegeben.

In der Indexkongregation wurde das angezeigte Werk zunächst durch den Sekretär kursorisch geprüft und gegebenenfalls an einen Konsultor zur ersten Lektüre weitergegeben. Auf dieser Basis entschied man dann, ob das Buch überhaupt zur eingehenderen Untersuchung angenommen werden sollte oder nicht. Wurde es grundsätzlich für zensurierungswürdig angesehen, arbeitete ein Konsultor ein Gutachten aus, das er in einer der Sitzungen der Kardinäle der Kongregation mündlich vortrug. Erst später erhielt der Sekretär das Handexemplar des Gutachters für die Akten. Meistens nahm auch der Magister Sacri Palatii als Ohr und Mund des Papstes an der Sitzung teil. Im Heiligen Offizium hingegen erhielten die Kardinäle vor der Sitzung offenbar eine handschriftliche Abschrift des Votums, um sich besser vorbereiten zu können. Die Kardinäle fällten aufgrund des Gutachtens oder der Zensur des Konsultors ihr Urteil. Teilweise hat der Sekretär in seinen Handakten sogar die Abstimmungsergebnisse notiert, aber das ist eher die Ausnahme. Mit diesem Beschluß ging der Sekretär zum Papst, ohne dessen Bestätigung kein Akt der Indexkongregation und der Inquisition Rechtskraft erlangen konnte. Meistens billigte der Pontifex das Urteil der Kardinäle, teilweise änderte er es aber auch ab.

Im Verlauf des ausgehenden 17. und beginnenden 18. Jahrhunderts wurde die Kritik an der Zensur im allgemeinen und am römischen Index der verbotenen Bücher im besonderen immer stärker. Im Zuge der Aufklärung wurden Meinungs- und Pressefreiheit als Menschenrecht eingefordert und damit die Zensur von Druckwerken grundsätzlich in Frage gestellt. Besonders verhaßt waren aber die Undurchsichtigkeit römischer Buchzensur, das mangelnde Verteidigungsrecht der Angezeigten und die dort herrschende Geheimniskrämerei. Auf Wissenssteuerung durch Buchzensur wollte man in Rom jedoch trotz aller Kritik nicht verzichten. Immerhin war Benedikt XIV. (1740–1758), der hochgebildete Jurist auf dem Papstthron, entschlossen, neben einer Reform des Index, bei der manche Autoren von der «schwarzen Liste» heruntergenommen werden sollten, auch das Zensurverfahren selbst zu modifizieren. Das Reformprojekt stagnierte aber wohl wegen des Widerstands verschiedener kurialer Gruppierungen, die mit Benedikts offenerem Kurs nicht einverstanden waren.

Erst um 1750 kam der Papst auf das Projekt zurück. Dazu ließ er verschiedene Vorschläge schriftlich ausarbeiten. Am wichtigsten wurden dabei die Überlegungen, die der damalige Indexsekretär Tommaso Agostini Ricchini (gest. 1779) vorlegte. Die wesentlichen Forderungen dieser Denkschriften waren: Die Gutachten sollen allen Sitzungsteilnehmern vorab schriftlich vorliegen; eine eigene Konsultorensitzung ohne die Kardinäle («congregatio particularis») soll der eigentlichen Kongregationssitzung vorgeschaltet werden. Ferner wurde die Einführung eines Amtseides auch für Konsultoren der Indexkongregation nach dem Vorbild des Heiligen Offiziums, eine Verteidigungsmöglichkeit für Autoren vor der Verurteilung, notfalls durch einen «Pflichtverteidiger», und die Trennung von Häretikern und katholischen Autoren auf dem Index in zwei separate

Abteilungen verlangt. Bei verdienten katholischen Persönlichkeiten sollte gegebenenfalls der Name im Index verschwiegen werden. Künftig sollten für jedes Werk mindestens zwei Gutachten erstellt und in besonders strittigen Fällen externe Gutachter hinzugezogen werden. Einen weiteren Schwerpunkt der Reformforderung bildeten die verschärften ethischen Anforderungen an die Gutachter: Sie hatten sich durch breite Bildung sowie durch unparteiliches und gerechtes Urteil auszuzeichnen. Ihr Tun sollte vom Grundsatz der christlichen Nächstenliebe geleitet sein.

Alles muß seine Ordnung haben

Das Zensurverfahren im 19. Jahrhundert

Viele dieser Vorschläge wurden in die Konstitution «Sollicita ac provida» vom 9. Juli 1753 übernommen. Die Vorschriften schildern einen idealtypischen Verfahrensverlauf, der zumindest im 19. Jahrhundert hätte eingehalten werden müssen.[20] Wieweit das tatsächlich geschah, wird anhand der einzelnen Fallbeispiele deutlich werden. Ausdrücklich griff der Papst mehrfach die Anregungen des Sekretärs der Indexkongregation Ricchini auf. Um 1820 wurden die Zensuren dann sogar vermehrt gedruckt, so daß man sich – Ironie der Geschichte – in den Kongregationen, die ehedem den Buchdruck als Teufelswerk angesehen hatten, die Segnungen eben dieser Erfindung Gutenbergs, wenn auch spät, zunutze machte, wie schon beim Druck der Indices der verbotenen Bücher.

Allerdings gab es beim Setzen der handschriftlichen Gutachten für den kurieninternen Geheimdruck in der vatikanischen Druckerei wie auch beim handschriftlichen Kopieren nicht selten Probleme. Die Setzer verstanden meist nur Italienisch und hatten deshalb mit fremdsprachigen Titeln Schwierigkeiten, wie die zahlreichen Fehler auf den gedruckten Fassungen zeigen. Nicht selten fehlen auch ganze Zeilen oder Abschnitte, einzelne Wörter sind doppelt gesetzt – Fehler, die selbst heute im Computerzeitalter beim Abtippen von Vorlagen noch passieren. Allerdings kam es auch zu sinnentstellenden «Druckfehlern», wenn die Handschrift eines Gutachters wirklich kaum zu entziffern war. Ein besonders krasses Beispiel stammt aus den Akten des Heiligen Offiziums im Jahr 1834: Der Konsultor Luigi Antonio Togni (1779–1849) übersandte den handschriftlichen Entwurf seines Votums und bat darum, «davon eine erste Abschrift machen zu lassen und dann den Kopisten zu mir zu schicken, damit er sie mir bringt, und damit ich sie korrigieren kann, da es immer viele (in Anbetracht meiner besonders schönen Handschrift)» – was nur ironisch gemeint sein kann – «dumme Fehler gibt». Unter ande-

Le prego farne fare la prima Copia, e poi mandarmi
il Copista, che me la porti, onde possa correggerla,
essendovi sempre /attesa il mio bel Carattere/ molti
spropositi, fra quali in quello per Moriconi mi
aveva scritto Sperma per Spema: che le
pare? Robba da S. Offizio!

Beim Setzen der handschriftlich abgefaßten Gutachten in der Römischen Kurie gab es viele Fehler. Der Konsultor Togni sandte dem Sekretär der Indexkongregation sein Votum über das Werk von Hermes mit den Worten: «Ich bitte Sie darum, davon eine erste Abschrift machen zu lassen und dann den Kopisten zu mir zu schicken, damit er sie mir bringt, und damit ich sie korrigieren kann, da es immer viele (in Anbetracht meiner besonders schönen Handschrift) dumme Fehler gibt, unter anderem hatte [er] im letzten Gutachten für Moriconi geschrieben: *Sperma* anstatt Spema [= Hoffnung]. Was halten Sie davon? Das ist doch eine Sache für das Heilige Offizium!»

rem hatte der Kopist im letzten Gutachten «*Sperma* anstatt Spema [= Hoffnung]» geschrieben. Nicht ohne Witz fügte der Konsultor hinzu: «Was halten Sie davon? Das ist doch eine Sache für das Heilige Offizium!»[21]

Die neue Verfahrensordnung scheint im 18. Jahrhundert zunächst nur sehr zögerlich rezipiert worden zu sein. Erst nach der Wiederaufnahme der Arbeit nach dem Ende der Napoleonischen Besetzung des Kirchenstaates im Jahr 1815 wurde «Sollicita ac provida» definitiv zur Norm für die päpstliche Buchzensur in Indexkongregation und Inquisition. Folgender Ablauf eines Verfahrens war vorgeschrieben:

Wenn ein Buch oder sonstiges Druckwerk in Rom als gefährlich angezeigt werden sollte, konnte dies auf verschiedenen Wegen und von ganz unterschiedlichen Seiten geschehen: etwa durch eine kirchliche Behörde, einen päpstlichen Nuntius, einen Ordensoberen oder einen Diözesanbischof. Selbstverständlich konnten auch andere Absender wie katholische Laien oder Buchhändler ein solches Opus nach Rom schicken. Besonderes Gewicht erhielt eine Denunziation, wenn sie auf diplomatischem Wege von einem katholischen Souverän über dessen Botschafter beim Heiligen Stuhl vorgebracht wurde.

Grundsätzlich waren ganz unterschiedliche Adressaten einer solchen Anzeige an der Kurie möglich: Eine fromme Adelige etwa schrieb direkt an den Heiligen Vater, ein beim Heiligen Stuhl akkreditierter Gesandter wandte sich an seinen natürlichen Ansprechpartner in der Kurie, den Kardinalstaatssekretär, genauso auch die päpstlichen Nuntien. Manchmal wurde ein gefährliches Buch direkt an die zuständige Indexkongregation gesandt, oder, falls man es für theologisch bedeutsamer hielt, an die Römische Inquisition. Bisweilen stellte sich die Frage einer Buchzensur auch im Zusammenhang mit kirchenpolitischen Themen, etwa dem Verhältnis von Kirche und Staat oder der Besetzung eines Bischofsstuhles. Hier konnte die Indizierung durchaus zur Verhinderung eines der Kurie unliebsamen Bischofskandidaten, den der Staat protegierte, eingesetzt werden. Derartige Verfahren nahmen ihren Anfang nicht selten in der Kongregation für die Außerordentlichen Kirchlichen Angelegenheiten, einer dem Staatssekretariat zugeordneten Behörde, die für das Verhältnis der Kurie zu den Staaten zuständig war und gerade im 19. Jahrhundert eine zentrale Rolle spielte. In Rom wurde nach Eingang der Anzeige entschieden, welcher Kongregation die Sache zur Prüfung übergeben werden sollte. In der Regel war dies die Indexkongregation, seltener das Heilige Offizium, das nicht wenige bei ihm eingegangene Denunziationen einfach an die Indexkongregation zur weiteren Behandlung überstellte. Selten waren auch andere Dikasterien wie etwa die Riten- und die Studienkongregation mit Buchzensurmaßnahmen betraut.

War die Anzeige der Indexkongregation oder der Inquisition überstellt worden, erfolgte eine erste Vorprüfung, in der die Kongregationen – im Fall der Indexkongregation der Sekretär – zwei Konsultoren benannten, mit denen über Annahme oder Ablehnung des Verfahrens beraten wurde. Kam es zu einem negativen Ergebnis, war die Causa – bevor sie zum eigentlichen Fall wurde – schon an ihrem Ende. Wurde jedoch ein bestimmtes Werk vom Papst selbst oder einer hochgestellten Persönlichkeit der Kurie den Kongregationen zur Prüfung übergeben, war die Ablehnung eines Verfahrens so gut wie ausgeschlossen. Quellen für dieses Vorverfahren haben sich nur äußerst selten erhalten. Wahrscheinlich erfolgte es häufig mündlich.

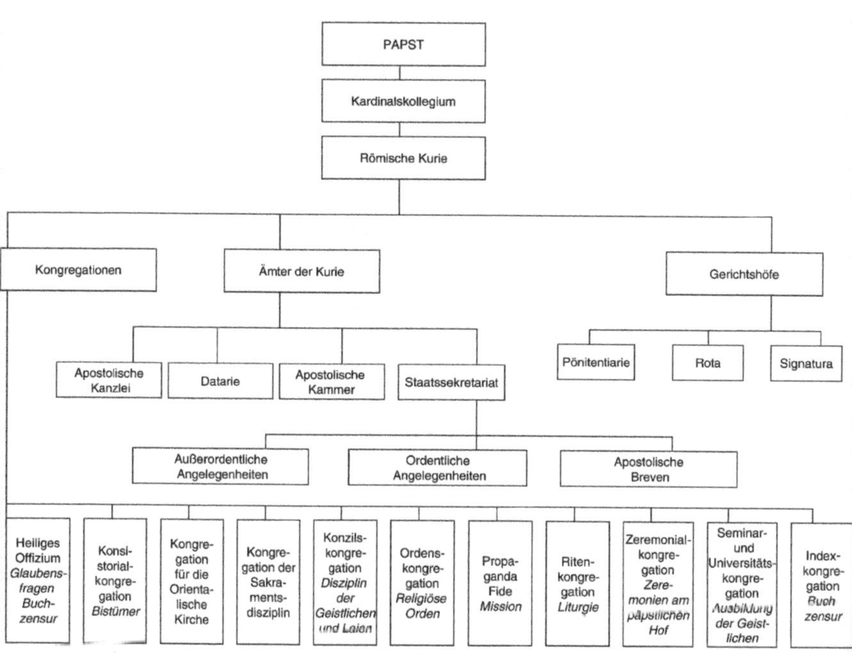

Übersicht über die Behörden der Römischen Kurie im 19. Jahrhundert.

Eines der seltenen Beispiele, in denen eine solche Vorprüfung auch schriftlich dokumentiert ist, ist der Fall Knigge.

Hielt man ein Werk für grundsätzlich «zensurwürdig», sollte mindestens ein Gutachter, bei bislang unbescholtenen katholischen Autoren zwei Gutachter, mit einer schriftlichen Zensur beauftragt werden. Die Gutachter wurden in der Regel aus dem Kreis der sogenannten Konsultoren bestimmt. Diese Gruppe von Theologen, Philosophen, Juristen und sonstigen mehr oder weniger kompetenten Fachleuten konnte im 19. Jahrhundert bis zu fünfzig Personen umfassen. Stand aus diesem Kreis kein geeigneter Zensor zur Verfügung, konnte im Falle des Heiligen Offiziums auf eine feste Gruppe freier Mitarbeiter, sogenannte Qualifikatoren, zurückgegriffen werden. Teilweise wurden auch Gutachter von außen beauftragt, zum Beispiel kompetente Ortsbischöfe. Die Gutachten wurden entweder durch Abschrift oder durch internen Geheimdruck für die Konsultoren und Kardinäle der jeweils zuständigen Kongregation vervielfältigt. Ein Exemplar dieser Geheimgutachten hat sich in fast jedem Fall im Archiv erhalten. An die Auswahl der Gutachter stellte Benedikt XIV. höchste Ansprüche. Für jeden Fall sollten geeignete Zensoren zur Verfügung stehen. Daher wurde ihre Zahl nicht genau festgelegt, damit bei Bedarf neue «Fachleute» berufen werden konnten. Jedenfalls sollten darunter ausreichend «Welt- und Ordensgeistliche, Theologen, Juristen sowie in den heiligen und profanen Wissenschaften ausgewiesene Männer» sein. Ihr Auftrag war es nicht, ein angezeigtes Buch um jeden Preis auf den Index zu setzen. Vielmehr ging es um eine «sorgfältige und ruhige Prüfung» für ein reifes Urteil, das natürlich auch auf Freispruch lauten konnte. Ein Werk durfte außerdem nur an einen Zensor gegeben werden, der «in dem betreffenden Fach bewandert» war, also an keinen fachfremden Gutachter. Die Zensoren wurden ausdrücklich ermahnt, die Werke «vorurteilsfrei» zu prüfen und «sich nicht von den Meinungen einer Nation, einer Schule oder eines Ordens beeinflussen zu lassen und vor jeder Parteilichkeit Acht zu nehmen». Ferner hatten sie ein Buch «vollständig» zu lesen und sollten «nicht einzelne Sätze aus dem Zusammenhang reißen», sondern den Gesamtzusammenhang und die Architektur eines Werkes stets vor Augen haben.[22]

Angesehenen katholischen Autoren wurde grundsätzlich die Möglichkeit der Verteidigung ihres Werkes vor der Kongregation eingeräumt, außerdem sollte einer der Konsultoren als Pflichtverteidiger bestellt werden. «Wenn einem katholischen Autor, der im Ruf eines gelehrten und frommen Mannes steht, Formulierungen entschlüpft sein sollten, die eine positive und eine negative Interpretation zulassen, so fordert die Verhältnismäßigkeit, sie – soweit irgend möglich – im ersteren Sinne auszulegen.»[23] Diese Vorschrift wurde allerdings kaum einmal beachtet.

Im Heiligen Offizium wurde immer dann, wenn ein Gutachten vorlag, dieses auf einer der wöchentlich am Montag stattfindenden Konsultorenversammlungen behandelt. Anders bei der Indexkongregation: Hatte sich hier eine Reihe von Fällen angesammelt und lagen die entsprechenden schriftlichen Zensuren vor, berief der Sekretär eine Versammlung der Konsultoren ein, die zumeist in den Räumlichkeiten des Dominikanerkonvents von Santa Maria sopra Minerva stattfand, wo der Sekretär der Indexkongregation – stets ein

Mitglied des Predigerordens – seinen Sitz hatte. In den Konsultorenversammlungen beider Kongregationen wurden die einzelnen Fälle auf der Basis der vorgelegten Gutachten beraten. Nach ausgiebiger Diskussion unterbreitete man den Kardinälen zu jedem Buch einen Beschlußvorschlag. Er lautete entweder einfach «prohibeatur» (das Buch ist zu verbieten), «dilata» (Vertagung des Falls), «scribat-alter» (ein anderer soll schreiben, also Einholung eines weiteren Gutachtens) oder Freispruch. Der Beschlußvorschlag der Konsultorenversammlungen von Inquisition und Indexkongregation besaß freilich nur empfehlenden Charakter. Wenn man sich nicht auf ein einheitliches Urteil einigen konnte, gab man abweichende Meinungen zu Protokoll, legte zum Teil Minderheitenvoten und Gegengutachten vor, überließ aber selbstredend – «den Saum des Purpurs küssend», wie eine beliebte Schlußformel in den Gutachten lautete – die Entscheidung den Kardinälen.

Mit den Voten der Konsultorenversammlung begab sich im Falle der Indexkongregation der Sekretär und im Falle des Heiligen Offiziums der Assessor in die jeweilige Kardinalsversammlung, die eigentliche Kongregation («congregatio generalis»). In der Regel folgte sie dem Vorschlag der Konsultoren. Freilich kam es gelegentlich auch zu abweichenden Entscheidungen, insbesondere dann, wenn ein Kardinal oder Konsultor sich für einen Fall besonders interessierte – etwa als «Schutzengel» eines Autors. Der Beschluß der Sitzung wurde in beiden Kongregationen – meistens recht kurz – protokolliert.

Falls die Beratungen der Kardinäle nicht in Anwesenheit des Papstes stattfanden, was bei der Indexkongregation stets der Fall war, hatte der Sekretär beziehungsweise der Präfekt (im Fall der Inquisition der Assessor) dem Papst in Privataudienz die Beschlüsse der Kardinalsversammlung zu erläutern, da diesem das letzte Urteil zustand. Hierzu liegen für das 19. Jahrhundert oft ausformulierte «Relationen» vor, die als Vorlage für die Audienz dienten. Beim Heiligen Offizium wurde ein mittwochs ohne den Papst gefällter Beschluß diesem nicht selten in der Sitzung des folgenden Tages vorgelegt. Normalerweise bestätigte der Pontifex maximus die Beschlüsse der Kardinalsplenaria, die erst dadurch Rechtsverbindlichkeit erlangten. Er konnte aber durchaus Modifikationen vornehmen, die ganze Angelegenheit zum Zwecke einer erneuten Behandlung an die Kongre-

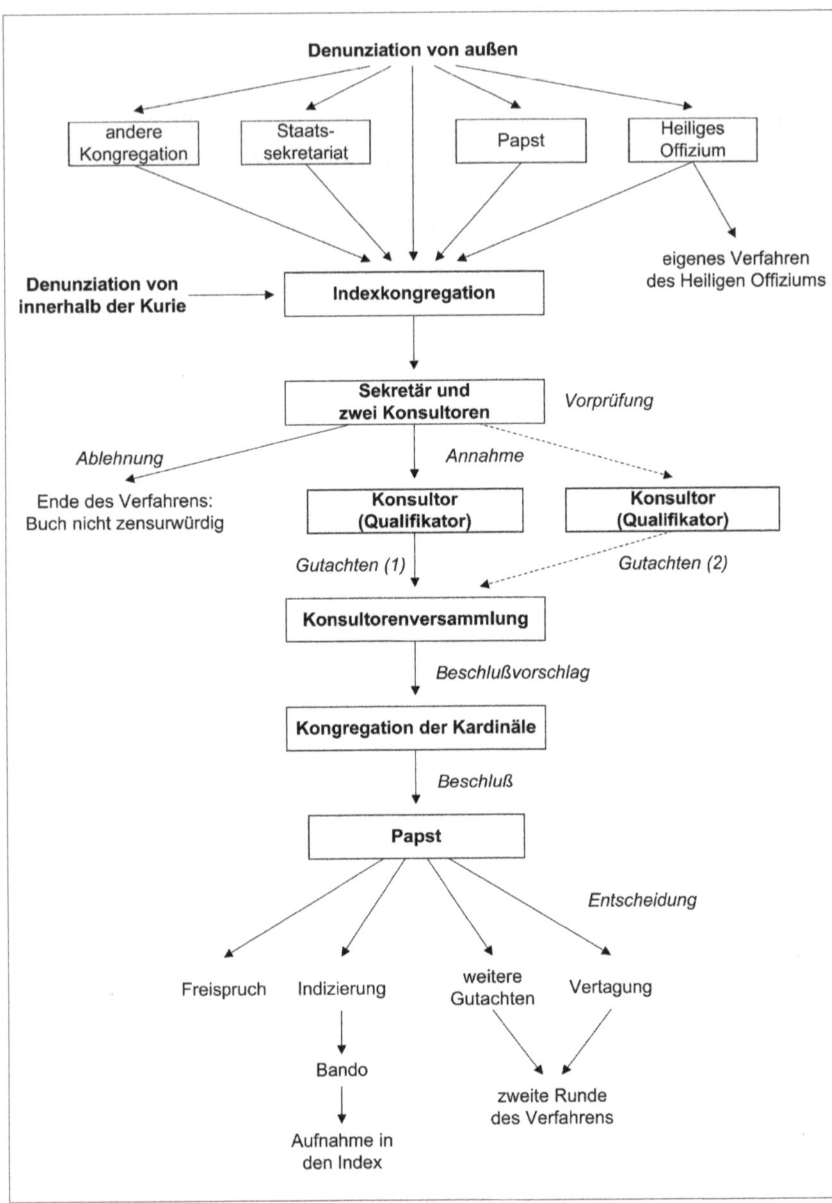

Schematische Darstellung eines Verfahrens vor der Indexkongregation.

gation zurückverweisen, Verboten die Bestätigung verweigern oder, falls er mit dem Vorgehen der einen Zensurbehörde (also etwa der Indexkongregation) nicht zufrieden war, die andere (hier dann die Inquisition) mit der Neuverhandlung der Causa beauftragen.

Schließlich wurden die Buchverbote, nicht aber die Freisprüche, Vertagungen und anderen Entscheidungen auf einem Bando publiziert. Ein Bando der Indexkongregation zeigt oben in der Mitte jeweils das Wappen des regierenden Papstes, durch dessen Autorität die Zensur der im folgenden aufgelisteten verbotenen Bücher geschah, flankiert von Petrus und Paulus mit ihren typischen Attributen Schlüssel und Schwert. Damit wurde bildhaft verdeutlicht, wer eigentlich hinter den Buchverboten stand: niemand anderes als die Apostelfürsten selbst. Dann folgen die Datumsangabe und ein standardisierter Einleitungstext, der die feierliche päpstliche Beauftragung der Kongregation, gefährliche Bücher zu verdammen und zu verbieten, wiedergibt. Daran schließt sich die Liste mit den auf dieser Sitzung verbotenen Werken an. Ein Schlußtext stellt das Lesen, Herstellen und Vertreiben der indizierten Werke für jedermann, welchen Standes auch immer, unter Strafe. Zuletzt folgen die Namen von Präfekt und Sekretär der Kongregation, bevor das Dokument mit dem Hinweis auf das Datum des Aushangs schließt. Ähnlich sahen die Dekrete der Inquisition aus. Die Bandi wurden durch öffentlichen Aushang und Versand an päpstliche Nuntien, betroffene Bischöfe und katholische Regierungen bekanntgemacht. Bei angesehenen katholischen Autoren sollte das Dekret mit dem Zusatz «donec corrigatur» (bis es korrigiert ist) oder «donec expurgatur» (bis es gereinigt ist) versehen und erst später publiziert werden, um so dem Autor zu ermöglichen, sein Werk zu korrigieren. Die Urteile der Inquisition wurden nur selten auf einem eigenen Bando veröffentlicht. Meistens erhielt die Indexkongregation den Auftrag, die Buchverbote des Heiligen Offiziums auf ihren Urteilsplakaten mit zu publizieren.

Im Interesse der besseren Dokumentation, größeren Übersichtlichkeit und leichteren Verbreitung der römischen Buchverbote wurden die auf den Bandi stehenden Titel alle paar Jahrzehnte in alphabetischer Reihenfolge in den Index librorum prohibitorum aufgenommen – nicht selten jedoch in verstümmelter Form. Solche auf dem Index stehenden Bücher durften bei Strafe der Exkommunika-

19 febbraro 1834

DECRETUM

Feria IV. die 19. Februarii 1834.

Sacra Congregatio Eminentissimorum, ac Reverendissimorum S. Romanæ Ecclesiæ Cardinalium in tota Christiana Republica contra hæreticam pravitatem Inquisitorum Generalium, cum delati ad eam fuerint tamquam censura digni duo Libelli Gallico idiomate impressi, quorum uni titulus est = *Des usurpations Sacerdotales, ou le Clergé en opposition avec les principes actuels de la societé, e du besoin de ramener le culte Catholique a la religion primitive, precedé du recit ec., par l'Abbé Cerati ex-Regent des humanités au College d'Ajaccio. Paris* 1828. *in* 8. = et alteri ejusdem Auctoris nomen præseferenti = *Des dangers du Celibat, e de la necessité du mariage des Preters. Paris* 1831. *in* 8. = licet ipsa libellorum inscriptio eorum perversitatem satis aperiat, attamen præmissis omnibus de jure, et consuetudine præmittendis, quæ in examine, et censura librorum a Sacra Congregatione servantur, Eadem censuit, et decrevit (si SSmus Dominus Noster judicaverit) ambos Libellos, quoad materiem ipsam valde reprobandos, utpote deprомptam, et descriptam ex veteribus falsis, impiis, et calumniosis hæreticorum, ac præsertim Protestantium dictis, ac scriptis pluries jam a Sancta Sede Apostolica damnatis, refertos esse propositionibus, et sententiis respective scandalosis, et temerariis, male sonantibus, laxis, et seductivis, falsis, et calumniosis, erroneis, schismaticis, hæresi proximis, hæresim sapientibus, atque etiam hæreticis. Idcirco S. Congregatio eosdem Libellos damnavit et damnat, proscripsit, et proscribit, et in Indicem Librorum prohibitorum referri mandavit, et mandat. Itaque nemo cujusque gradus, et conditionis audeat, seu præsumat prædictos Libellos damnatos, atque proscriptos quocumque loco, aut quocumque idiomate, sive in posterum edere, sive edita legere vel retinere, sed Locorum Ordinariis, vel hæreticæ pravitatis Inquisitoribus eos tradere teneatur sub pæna excommunicationis ipso facto incurrendæ, aliisque pænis in jure statutis.

Eadem Die, et Feria.

Facta per R.P.D. Assessorem S.Officii de præmissis relatione SSmo D. N. GREGORIO PP. XVI. Sanctitas Sua omnia et singula approbavit, et præsens Decretum promulgari mandavit.

Angelus Argenti S. Rom. et Universalis Inquis. Notarius.

Loco ✠ Sigilli.

ROMÆ 1834. Ex Typographia Reverendæ Cam. Apost.

Die Urteilsplakate im DIN-A2-Format mit den aktuellen Buchverboten wurden an den Türen der römischen Hauptkirchen und am Campo de' Fiori angeschlagen und so publiziert. Hier handelt es sich um Bandi der Inquisition aus dem Jahr 1834. Unter der Überschrift «Decretum» (Urteil) findet sich das Wap-

26 9mbre 1834

Feria IV. Die 26. Novembris 1834.

Sacra Congregatio Eminentissimorum ac Reverendissimorum Sanctæ Romanæ Ecclesiæ Cardinalium in tota Christiana Republica contra hæreticam pravitatem Inquisitorum Generalium, cum delatus ad eam fuerit tamquam censura dignus Libellus italico idiomate impressus, cui titulus est: *Nuovo Piano d'istruzione d'Ideologia sperimentale di Giovanni Regulèas Dottor di Filosofia etc. Catania* 1833. *in* 8., præmissis omnibus de jure, et consuetudine præmittendis quæ in examine, et Censura Librorum a Sacra Congregatione servantur; Eadem Sacra Congregatio censuit, et decrevit, prædictum Libellum valde reprobandum esse, atque damnandum, prout præsenti Decreto (cui Auctor laudabiliter se subjecit) illum damnat, et prohibet.

Itaque nemo, cujuscumque gradus et conditionis, prædictum Libellum sic damnatum atque proscriptum, quocumque loco, aut quocumque idiomate, et versione vulgatum, seu in posterum vulgandum, audeat, seu præsumat ullo modo, et sub quocumque prætextu transcribere, vel imprimere, aut transcribi, vel imprimi facere, neque apud se retinere, aut legere; sed locorum Ordinariis, vel hæreticæ pravitatis Inquisitoribus eum tradere teneantur, sub pœnis in Indice Librorum prohibitorum contentis.

Quibus SANCTISSIMO DOMINO NOSTRO GREGORIO XVI. per R. P. D. Assessorem Sancti Officii relatis, SANCTITAS SUA Decretum probavit, et promulgari præcepit.

Angelus Argenti S. Romanæ, et Universalis
Inquisitionis Notarius.

Loco ✠ Sigilli

Die 18 *Maij supradictum Decretum affixum, et publicatum fuit ad valvas Basilicæ Principis Apostolorum, Conventus S. Mariæ super Minervam, Palatii S. Officii, Curiæ Innocentianæ, in acie Campi Floræ, ac in aliis locis solitis, et consuetis Urbis per me Josephum Cherubini S. Inquisitionis Cursorem.*

ROMÆ 1835)(Ex Typographia Reverendæ Cameræ Apostolicæ

pen Gregors XVI., flankiert von den Apostelfürsten Petrus mit Schlüssel und Paulus mit Schwert. Nach der Datumsangabe folgt ein lateinischer Text mit den verbotenen Titeln. Unterschrieben sind die Dekrete jeweils vom Notar der Inquisition, Angelo Argenti. Den Druck besorgte die Apostolische Kammer.

tion von Katholiken nicht gelesen und besessen, von katholischen Buchdruckern nicht gedruckt und von katholischen Buchhändlern nicht vertrieben werden. Ausnahmen von diesem Verbot waren möglich.

Das hehre Selbstbewußtsein der römischen Zensurbehörden und ihrer Mitarbeiter, das schon aus den Bandi spricht, sollte durch die Gestaltung der Indexausgaben selbst noch gesteigert werden. Denn im 18. und 19. Jahrhundert, als Ketzerverbrennungen in Rom längst kein Thema mehr waren, rückten zumindest die Titelkupfer der römischen Indices der verbotenen Bücher das Verbrennen von gefährlichen Werken in den Mittelpunkt. Ikonographisch wurde hier die Autorität der Konsultoren und Kardinäle auf dem Feld der Buchzensur treffend veranschaulicht, das Programm einer umfassenden Kontrolle des Wissens und seines vornehmsten Mediums, des Buches, bildhaft in Szene gesetzt. Selbstverständlich ging es in Rom im 19. Jahrhundert nicht mehr um das faktische Verbrennen gefährlicher Bücher, sondern um den symbolischen Vollzug, gefährliche Bücher unschädlich zu machen. Im Laufe der Zeit läßt sich im Bildprogramm des Index – analog zum Verständnis von Zensur – ein gewisser Wandel erkennen.

Der weitestgehende Anspruch kommt zweifelsohne auf dem Titelkupfer der Ausgabe des *Index librorum prohibitorum* von 1711[24] zum Ausdruck und veranschaulicht die Souveränität der katholischen Kirche über alle Formen verschriftlichten Wissens. Die Heilige Schrift wird in ihren hebräischen und griechischen Originalausgaben sowie ihren vulgärsprachlichen Übersetzungen genauso wie medizinische, juristische, naturwissenschaftliche, belletristische, klassische, philosophische und theologische Literatur von einem alles versengenden Bannstrahl getroffen. Das Medium Buch ist so gefährlich, daß der brennende Scheiterhaufen die einzig adäquate Reaktion der kirchlichen Autorität zu sein scheint. Die Instanz, die hier über ganze Bibliotheken richtet und damit Wissenskultur insgesamt kontrollieren will, ist die römische Kirche, repräsentiert durch die Apostelfürsten Petrus und Paulus. Eine solche «Superkompetenz» einer religiösen Elite auf allen Wissensgebieten will gerechtfertigt sein. Daher steht hinter den Institutionen der römischen Zensur dem Titelkupfer zufolge kein geringerer als der Heilige Geist selbst, die dritte Person der göttlichen Dreifaltigkeit, die ewige göttliche Wahrheit, die ihren

Im Titelkupfer des Index aus dem Jahr 1711 kommt das hehre Selbstbewußtsein der römischen Zensurbehörden zum Ausdruck. Bücher brennen im Auftrag der Apostelfürsten Petrus und Paulus, jedoch letztlich durch die Autorität des Heiligen Geistes.

Niederschlag im Glaubensschatz der römisch-katholischen Kirche findet. Index und Inquisition als Organe der Römischen Kurie handeln natürlich im Namen und Auftrag des Papstes und damit in der Autorität der Apostelfürsten. Letztlich reflektieren deren Herzen aber lediglich den Strahl der ewigen göttlichen Wahrheit, lenken ihn auf das in Buchform geronnene Wissen und verzehren so die falschen gedruckten Wahrheiten. Mit der Ableitung seiner Zensurkompetenz aus der Autorität des Heiligen Geistes geht der Index deutlich über die Aussage der Urteilsplakate hinaus, wo die Bezugspunkte «nur» Petrus und Paulus sind.

Auf anderen Titelkupfern, vor allem seit der Ausgabe Benedikts XIV. von 1758, wurde freilich der Heilige Geist nicht mehr unmittelbar bemüht, sondern eine Szene aus der Apostelgeschichte abgebildet (Apg 19,11–20), in der Paulus in Ephesus das Evangelium verkündigt und Wunder tut.[25] Das Bild zeigt, wie Juden und Griechen aus Ephesus zu Paulus kamen, um ihre Bücher, vor allem solche, die sich mit Zauberei beschäftigten, selber ins Feuer zu werfen. Indem Paulus in der Kraft Christi Zeichen tat, wurde offenbar, daß die Wahrheit auf seiner Seite war. Von diesem Argument des Wunderbeweises überzeugt, verbrennen die einsichtigen Menschen die falschen und gefährlichen Schriften selbst. Dieser Vorgang wird durch ein Zitat aus der Apostelgeschichte, das als Bildunterschrift dient, erläutert: «Viele von denen, die Zauberei getrieben hatten, brachten ihre Bücher herbei, und verbrannten sie in aller Öffentlichkeit.» Offenbar steht hier ein «aufgeklärteres» Menschenbild im Hintergrund, das darauf setzt, daß Argumente und Wunderbeweise die Menschen zur höheren Einsicht und Erkenntnis der katholischen Wahrheit führen können. Diese Ikonographie blieb zunächst auch im 19. Jahrhundert in Kraft, bis man schließlich in späteren Indexausgaben ganz auf ein Titelkupfer verzichtete.

Von Denunzianten und Zensoren

Das Verfahren verlief bei Inquisition und Indexkongregation weitgehend parallel. Die Wertigkeit der beiden Behörden im kurialen Macht- und Organisationsgefüge konnte jedoch unterschiedlicher nicht sein. Zwischen der personellen und finanziellen Ausstattung der «Suprema Congregatio», der obersten Kongregation der Inquisition, die eine «heilige» Pflicht vollzog und daher auch «Heiliges Offizium» genannt wurde, und der Indexkongregation, die in den päpstlichen Staatshandbüchern einen der letzten Plätze einnahm, lagen Welten.

Die Heilige Römische und Universale Inquisition war einerseits das ordentliche Inquisitionstribunal für die Stadt Rom selbst und andererseits die Zentrale eines theoretisch weltweiten Netzwerkes lokaler Inquisitionen, das faktisch jedoch nur in Italien bestand. In jeder Bischofsstadt amtierte ein Inquisitor, der sich als Agent der römischen Zentrale vor Ort begriff und in ständigem Kontakt mit dem Kommissar des Heiligen Offiziums in Rom stand, der, unterstützt von zwei Assistenten, dem ersten und zweiten Sozius, als Generalbevollmächtigter der Römischen Inquisition amtierte. Der

Wie sich das Selbstverständnis der römischen Zensurbehörden wandelte, läßt sich an diesem Titelkupfer ablesen: Die zur Einsicht gekommenen Menschen übergeben ihre gefährlichen Bücher selbst dem Feuer.

eigentliche «Präfekt», also Leiter der Suprema, war der Papst selbst, deshalb hieß der Kardinal, der die Geschäfte leitete, im Falle der Inquisition ausnahmsweise Sekretär. Neben dem Kardinalstaatssekretär war dieses Amt das bedeutendste in der kurialen Hierarchie. Die interne Arbeit des Heiligen Offiziums, vor allem die Sitzungen und die vorbereitenden Konsultorentreffen jeden Montag, koordinierte der Assessor, der als Geschäftsführer oder Innenleiter auch für Personalmanagement und allgemeine Verwaltung zuständig war. Die eigentliche Kongregation bildete ein gutes Dutzend von Kardinälen, die in den wöchentlichen Sitzungen die Beschlüsse vorbereiteten, welche dann dem Papst zur Entscheidung vorgelegt wurden. Die gutachterliche Tätigkeit nahmen die etwa dreißig Konsultoren und Relatoren vor. Die Relatoren waren sozusagen Gutachter auf Probe, die noch nicht an der Konsultorenversammlung teilnehmen durften und erst nach einigen erfolgreichen Voten zu Konsultoren befördert werden konnten. War von den Relatoren und Konsultoren keiner für die Bearbeitung eines bestimmten Falles geeignet, konnte der Assessor zusätzlich auf einen Kreis von zwei bis drei Dutzend freier Mitarbeiter, die sogenannten Qualifikatoren, zurückgreifen. Zur Not konnten auch externe Gutachter herangezogen werden, die wie alle Mitarbeiter der Inquisition bei Amtsantritt einen Eid ablegen mußten, der sie zur strikten Geheimhaltung verpflichtete. Dazu kamen Advokaten, Notare und Schreiber. Nicht zu vergessen ist der Magister Sacri Palatii, der Meister des Heiligen Palastes, der als Theologe des Papstes Mitglied der Inquisition und der Indexkongregation zugleich war und kraft eigenen Rechtes in der Stadt Rom Buchverbote aussprechen konnte. Zu seinen Aufgaben gehörte auch die Überwachung des römischen Buchmarktes, namentlich der dortigen Druckereien. Mitarbeiter bei der Römischen Inquisition zu sein war nicht nur wegen des hohen Ansehens dieser Behörde, sondern auch finanziell attraktiv, da diese über einen eigenen Haushalt und Einkünfte aus Gütern in Latium und darüber hinaus verfügte.

Ganz anders die «kleine Schwester» der Inquisition, die Indexkongregation. Sie war im Grunde genommen ein Ein-Mann-Unternehmen, denn der einzige Hauptamtliche war der Sekretär, der stets aus dem Dominikanerorden stammte. Er organisierte die Arbeit, vergab die Gutachten, entschied, ob Bücher zur Zensur angenommen wurden, schrieb die Protokolle der Sitzungen und trug den Beschlußvorschlag der Kardinäle dem Papst vor. Offiziell war freilich stets ein Kardinal als Präfekt der Chef der Indexkongregation, die aus einem knappen Dutzend von Kardinälen bestand. Wie das Heilige Offizium wurden sie von Relatoren und Konsultoren unterstützt, die die Gutachten verfaßten, aber keinen Amtseid ablegen mußten – auch wenn man im 18. und 19. Jahrhundert mehrfach über einen solchen nachdachte. Über Qualifikatoren und andere Amtsträger wie Notare verfügte die Indexkongregation nicht. Da sie auch keinen eigenen Haushalt hatte, verwundert es nicht, daß eine Vielzahl ihrer Mitarbeiter auf Konsultorenebene Mitglieder von Orden waren, die in Rom über Niederlassungen verfügten und so ihren Lebensunterhalt sicherten. Während die Sekretäre der Indexkongregation im 18. Jahrhundert meistens noch zur Würde des päpstlichen Hoftheologen aufstiegen, erwies sich dieses Amt im 19. und 20. Jahrhundert zumeist als Sackgasse beziehungsweise Endstation einer kurialen Karriere. Fast alle Sekretäre starben im Amt oder traten aus Altersgründen zurück, was zum Teil recht lange Amtszeiten von bis zu 21 Jahren zur Folge hatte.

Wesentlich erfolgreicher verlief dagegen die Karriere des Pendants zum Sekretär der Indexkongregation, des Assessors und eigentlichen Geschäftsführers der Römischen Inquisition. Die Assessoren wurden nach einer durchschnittlichen Amtsdauer von einem bis höchstens neun Jahren in den Kardinalsrang erhoben. Auch dieser Umstand belegt noch einmal anschaulich das ganz unterschiedliche Renommee von Inquisition und Indexkongregation und ihrer Mitarbeiter innerhalb der Römischen Kurie. Allerdings gab es sowohl bei den Kardinälen als auch bei den Konsultoren eine ganze Reihe von Doppelmitgliedschaften in beiden Zensurbehörden, so daß bei aller institutioneller Konkurrenz eine personelle Verzahnung gegeben war, die der Magister des päpstlichen Hauses ohnehin qua Amt gewährleistete.

Die geheimen Archive öffnen sich

Um einen Indizierungsfall sachgerecht rekonstruieren zu können, benötigt man neben dem Wissen über den behandelten Autor und sein Werk dreierlei: zunächst eine Vertrautheit mit dem Personal der Zensurbehörden, vor allem den Gutachtern, ihrem Habitus, ihrer Bildung und Mentalität, sowie mit dem kirchenpolitischen und theologischen Koordinatensystem, in dem diese wirkten. Ohne diesen Hintergrund kann man viele Aussagen in den Zensuren, die oft nur verschlüsselt gemacht wurden, kaum verstehen. Ein bloßer Abdruck von Indexgutachten führt daher nicht zu einem wirklichen Verständnis eines Falls. Zum zweiten ist eine genaue Kenntnis der Geschäftsordnung erforderlich, die die präzise Überprüfung des Grades ihrer Anwendung ermöglicht und den Bearbeiter erst in den Stand versetzt, nach Zeugnissen der eigentlich vorgeschriebenen Verfahrensschritte suchen zu können. Und drittens geht nichts ohne die genaue Kenntnis der Bestände der Archive der römischen Glaubenskongregation und des Vatikanischen Geheimarchives, um wirklich alle einschlägigen Quellen zu einem Fall aufspüren zu können.

Dabei sind die Archive von Indexkongregation und Römischer Inquisition, die sich in der Obhut der heutigen Kongregation für die Glaubenslehre befinden, erst seit 1998 der Forschung zugänglich. Nur in Einzelfällen wurde zuvor eine Ausnahmegenehmigung erteilt. Das Archiv befindet sich heute im Palazzo del Sant'Uffizio, links vom Petersplatz, und hat ein sehr wechselvolles Schicksal hinter sich. Trotz der Verschleppung nach Paris unter Napoleon in den Jahren 1810/11 und ihres komplizierten Rücktransportes haben die Archivbestände, die sich auf die Buchzensur beziehen, kaum gelitten. Das größte Handicap bei der Konsultation dieser Archive ist das fast vollständige Fehlen von verläßlichen und heutigen Ansprüchen genügenden Bestandsverzeichnissen, sogenannten Repertorien, die eine genaue Übersicht über das vorhandene Material bieten. So muß man sich häufig auf seine «Spürnase» verlassen und darf sich bei der Suche nicht entmutigen lassen.

Inzwischen haben sich einige einschlägige Serien herauskristallisiert, welche die Zensurverfahren archivalisch dokumentieren. Zunächst zu den Beständen des Archivs der Indexkongregation, die weitgehend erhalten sind:

Die «Diarien» bieten in 24 Bänden in chronologischer Reihenfolge von 1571, dem Jahr der Gründung der Indexkongregation, bis 1917, dem Jahr ihrer Eingliederung als Abteilung in das Heilige Offizium, die Daten der Sitzungen der Kongregation (sowohl der Konsultoren- als auch der Kardinalsversammlungen), die Namen der anwesenden Konsultoren und Kardinäle, eine Liste der verhandelten Bücher sowie eine Kurzfassung der Urteile. Je nach Arbeitsstil des Sekretärs fielen die Einträge lakonisch kurz oder recht ausführlich aus. Daneben enthalten sie zum Teil auch andere wichtige Informationen, wie etwa Hinweise auf den Eingang von Denunziationsschreiben, andere Schriftwechsel, Besprechungen zur Vorprüfung angezeigter Bücher beziehungsweise Reflexionen und Randglossen des Sekretärs.

In den 143 Bänden der «Protocolli», dem «offiziellen» Material der Kongregation, ist – ebenfalls chronologisch geordnet – die eigentliche Arbeit der Zensoren an Tausenden von Fällen dokumentiert. Dabei sind zu jedem untersuchten Buch meist folgende Dokumente vorhanden: das oder die Gutachten der Relatoren beziehungsweise Konsultoren; im 19. Jahrhundert das sogenannte «Foglio informativo» (Informationsübersicht), das einerseits die Ergebnisse der Konsultorenversammlung protokolliert und andererseits eine Einladung zur Sitzung der Kardinäle jeweils mit einer Liste der traktierten Bücher bietet; kurzgefaßte Sitzungsprotokolle mit den Voten der Konsultoren und Kardinäle; die «Relazione alla Santità di Nostro Signore», in der das Urteil und eine kurze Urteilsbegründung in einem Bericht für den Papst, dem die letzte Entscheidung oblag, formuliert wurde; und schließlich die verschiedenen Entwürfe und die Druckfassung des Urteilsdekrets, auf dem alle Verbote einer Sitzung zusammengefaßt wurden. Briefwechsel, Denunziationsschreiben, interne Diskussionspapiere und ähnliches Material findet sich jedoch nur selten in den Protocolli-Bänden.

Ergänzendes, hochinteressantes Material für das 19. Jahrhundert wurde durch die Umsicht des letzten Indexsekretärs Thomas Esser (1850–1926) Anfang des 20. Jahrhunderts als «Atti e Documenti» gesichert. Hier handelt es sich um ein achtbändiges Sammelsurium aller möglichen Unterlagen, von Schriftwechseln über Ernennungsschreiben von Konsultoren bis hin zu Gutachten und Sitzungseinladungen sowie Denunziationen.

In einer aus neun Bänden bestehenden Serie werden die sogenannten «Causes célèbres» dokumentiert. Hier wurden umfangreiche Aktenbündel für große Indexfälle wie Hugo-Félicité-Robert de Lamennais (1782–1854), Antonio Rosmini (1797–1855), Anton Günther (1783–1863) oder – thematisch geordnet – zu Dauerbrennern wie etwa «Bibelübersetzungen in Volkssprachen» gebildet.

In der Serie «Duplicati delle Posizioni» ist eine Sammlung der Sitzungseinladungen und Gutachten für den Zeitraum von 1815 bis 1917 in 21 Bänden als Abschriften erhalten. Schließlich sind nicht wenige der untersuchten Bücher in der ebenfalls komplett erhaltenen Bibliothek vorhanden – teils mit Anstreichungen und Bemerkungen des jeweiligen Gutachters. Es handelt sich dabei oft, aber eben nicht immer, um die von der Kongregation in einem Verfahren verwendete Ausgabe.

Um einen Fall vollständig zu erfassen, müssen jeweils alle genannten Serien konsultiert werden, die dann zum Teil Hinweise auf andere Fundstellen im Vatikanischen Geheimarchiv, insbesondere in den Beständen der Nuntiaturen und des Staatssekretariates, geben. Zumindest auf den ersten Blick einfacher zu benutzen sind die Bestände der Inquisition, für die die Buchzensur nur *eine* neben zahlreichen anderen Aufgaben war. Auch diese haben jedoch ihre Tücken:

Heranzuziehen sind auf jeden Fall die «Decreta Sancti Officii», die nach Art eines Ergebnisprotokolls die Dekrete seit 1548 in Jahresbänden festhalten. Hier handelt es sich um alle Beschlüsse der wöchentlichen Mittwochs- und Donnerstags-Sitzungen der Inquisition. Ferner existiert ein Bestand, der – analog zu den Decreta, die die Kardinalsbeschlüsse protokollieren – die Entscheidungen der Konsultorenversammlungen dokumentieren, die sogenannten «Acta Congregationis Particularis».

Schließlich kommen Buchzensurfälle auch in einer Reihe von Bänden aus der «Stanza Storica» vor. Hier sind – aus welchen Gründen auch immer – beispielsweise große theologische Zensurfälle, aber auch umfangreiche Nachhutgefechte zu den Fällen Kopernikus und Galilei aus dem ersten Viertel des 19. Jahrhunderts archiviert worden. Auch in andere Bestände wie etwa «Rerum Variarum», «Dubia Varia» und «Diversorum», die allesamt vermischte Angelegenheiten aller Art behandeln, haben sich vereinzelt Zensurfälle «verirrt», etwa dann, wenn die Untersuchung eines Buches in eine Frage von grundsätzlicherer Bedeutung einmündete oder wenn sie im Kontext eines Strafverfahrens stand. Dies konnte der Fall sein, wenn in einem Buch ein Dogma der katholischen Kirche in Frage gestellt wurde oder es prinzipiell um die Gültigkeit der Spendung von Sakramenten ging.

Die wichtigste Serie trägt den vielversprechenden Namen «Censurae librorum» und beginnt mit Akten aus dem Jahr 1570. Die zugänglichen Bände dokumentieren in der Regel jeweils etwa zehn bis zwanzig Fälle, wobei alle eine Causa betreffenden Akten in einem Faszikel zusammengebunden oder zumindest zusammengelegt sind. Auf den Umschlägen der einzelnen Faszikel finden sich häufig Hinweise auf die Sitzung(en), in der beziehungsweise denen das betreffende Werk verhandelt wurde, sowie auf den dort gefaßten Beschluß und ein Vermerk der Bestätigung dieses Urteils durch den Papst. Diese Serie wurde aus unterschiedlichen Provenienzen bei der großen Archivreform Ende des 18. Jahrhunderts neu geschaffen und bis zur Aufhebung des Index durch Paul VI. im Jahr 1966 fortgeführt.

Zweiter Teil

IM VISIER DER GLAUBENSWÄCHTER

Der Knigge: Ein Verstoß gegen die guten Manieren?

Der Knigge auf der «schwarzen Liste» gefährlicher Bücher? Der Verkünder von Etikette und Wohlverhalten vor den Schranken eines römischen Glaubenstribunals? Die Regeln für Sitte, Anstand und gute Manieren indiziert und daher für Katholiken bei Strafe der Exkommunikation und Verlust des ewigen Seelenheils zu lesen und anzuwenden verboten? Für uns Heutige unvorstellbar, und dennoch – auch wenn bislang niemand eine Ahnung davon hatte: Der gesellschaftsethische Traktat *Über den Umgang mit Menschen* des «Benimmpapstes» Adolph Freiherr von Knigge (1751–1796), der Knigge eben, war zwei Jahrzehnte nach dessen Tod tatsächlich bei den obersten römischen Zensurbehörden denunziert worden. Er sollte als gefährliches Produkt der Aufklärungszeit auf den Index der verbotenen Bücher gesetzt werden. Zuvor aber sollte sein Name auf den großen Plakaten prangen, mit denen Inquisition und Indexkongregation ihre Buchverbote zu publizieren pflegten, auf daß die römische Etikette und das kuriale Zeremoniell, die Regeln symbolischer Kommunikation der römischen Zensur mithin, genau eingehalten würden und Knigge sich hier nicht wegen eines Verstoßes gegen die guten römischen Sitten im Grabe umdrehen müßte.

Aber nicht nur für uns Heutige, auch für Zeitgenossen des Freiherrn und die Generation nach ihm war eine Indizierung des Knigge als Ratgeber guten Benehmens kaum vorstellbar. Ganz anders stand es freilich mit der Person des Adolph Freiherrn von Knigge – diesen konnten sich zumindest die Katholiken um die Wende vom 18. zum 19. Jahrhundert durchaus vor den Schranken des Tribunals der Römischen Inquisition vorstellen. Denn Knigge war nicht nur der Benimmpapst, als der er im kollektiven Gedächtnis allgemein gilt, er war nicht nur der Autor des 1788 erstmals erschienenen Anstandsbuches *Über den Umgang mit Menschen*, als den man ihn heute allgemein kennt. Der Freiherr bot den obersten römischen Glaubenswächtern wahrlich ganz andere offene Flanken und Angriffspunkte. Er war nicht nur Mitglied einer geheimen Sekte, sondern auch Vordenker der von Staat und Kirche gleichermaßen als äußerst gefährlich angesehenen Illuminaten – eine Tatsache, die mit Knigge, außer von Spezialisten, heute kaum noch in Verbindung gebracht wird. Immerhin sind aber seit Dan Browns gleichnamigem Thriller die «Illuminati» wieder in aller Munde.

Dieser an freimaurerischen Idealen orientierte Geheimbund war 1776 von dem Ingolstädter Professor für katholisches Kirchenrecht Adam Weishaupt (1748–1830) gegründet worden und vertrat ein radikal aufklärerisches Programm. Daher wurde er bereits 1785 durch die bayerische und die österreichische Regierung als subversiv verboten. Hauptziel des antikatholischen und vor allem antijesuitischen «Illuminaten-Ordens» war die systematische geheime Unterwanderung der wichtigsten Institutionen in Staat, Gesellschaft und Kirche und schließlich die Übernahme der Macht durch eine streng kontrollierte aufgeklärte Elite. Diese sollte ordensähnlich organisiert sein und nach strengen Auswahlkriterien rekrutiert werden. Die Mitglieder mußten die Wahrung des Geheimnisses der Illuminaten, absolutes Schweigen, strikten Gehorsam und bedingungslose Unterordnung feierlich geloben. Dazu kam ein umfangreiches System von Kontroll- und Belohnungstechniken. Diese «Psychotechnik der Menschenführung» (Reinhart Koselleck), die dem den Aufklärern verhaßten Jesuitenorden durchaus verwandt war, ging maßgeblich auf Knigge als Reorganisator der Illuminaten zurück.

Geheimgesellschaften aller Art und namentlich Freimaurer riefen seit der Aufklärungszeit das kirchliche Lehramt mit schöner Regelmäßigkeit auf den Plan. Hier sah man nicht nur den kirchlichen Offenbarungsglauben, sondern auch die gesellschaftliche Ordnung und das Gottesgnadentum der staatlichen Obrigkeit in Gefahr. Die Aktenserien der «Dubia Varia» (Anfragen und Zweifel) und «Rerum Variarum» (Vermischte Angelegenheiten) des Heiligen Offiziums in Rom sind voll von Fällen geheimer Zirkel, die von Priestergruppen über Gewerkschaften bis zum Thema Katholizismus und Rotary-Clubs in den zwanziger und dreißiger Jahren des 20. Jahrhunderts reichen.

Während Knigge heutzutage zumeist nur noch als der Verfechter von Anstand, Lebensart, Manieren und guter Kinderstube präsent ist, galt er zumindest den Katholiken auch noch Jahrzehnte nach seinem Tod als gefährlicher Illuminat und daher als entschiedener

Feind der einzig wahren Kirche. So konnte man – um nur ein Beispiel zu nennen – in den von Joseph Görres (1776–1848) herausgegebenen *Historisch-politischen Blättern für das katholische Deutschland* noch 1845, also ein rundes halbes Jahrhundert nach Knigges Tod, lesen, der Freiherr sei «einer von jenen Charakteren» gewesen, in denen sich «eben wegen ihrer Flachheit und ihres Mangels an tieferer Eigentümlichkeit und wirklicher Originalität die ganze Misere ihrer Zeit» – der Aufklärungsepoche – spiegle. Und was das Ende vom Lied der angeblich so lichten und hell machenden Epoche der Aufklärung war, die vor allem das kirchliche Dunkel durch das Licht der Vernunft hatte vertreiben wollen, stand jedem Katholiken in der Mitte des 19. Jahrhunderts klar vor Augen: Es war der «terreur», der Schrecken der Französischen Revolution, das Blutbad, das im Namen von Vernunft und Aufklärung angerichtet worden war. Damit waren auch die Ideen der Aufklärer und ihre Vertreter für Katholiken nicht zuletzt im Kontext der aufkommenden Romantik endgültig diskreditiert. Der Beitrag in den *Historisch-politischen Blättern* bringt dann die typische Biographie eines modernen Ketzers: Schon im Elternhaus voll «Enthusiasmus von Freimaurerei und geheimen Wissenschaften» angesteckt, führte Knigges Weg über das Studium direkt zu den «Geheimbünden seiner Zeit». Er ließ sich für «Theosophie, Magie und Alchemie» begeistern. Knigge habe zunächst eine «neue allgemeine Volksreligion» zu stiften versucht, sich schließlich jedoch als «Reformator des Freimaurerordens» und Reorganisator der Illuminaten gesehen.[26]

Aber gerade nicht als Verkünder radikal aufgeklärter Ideen und Mitglied einer verbotenen Geheimgesellschaft, wie man erwarten könnte, sondern als Apostel des Anstands und Prediger von Etikette und Wohlverhalten wurde der Freiherr vor die Schranken des römischen Tribunals zitiert. Der Fall Knigge wurde jedoch erst zwei Jahrzehnte nach dessen Tod bei der Indexkongregation anhängig. Es war nicht die deutsche Originalausgabe, sondern eine italienische Übersetzung, die in Rom angezeigt wurde, weil sie auch für die Katholiken Italiens und des Kirchenstaates lesbar war. Leider verraten die Quellen nicht, woher die Denunziation kam.

Jedenfalls lag der römischen Indexkongregation die Ausgabe *Della condotta da tenersi nella societá. Opera del Sig. Adolfo Knigge* … Milano presso A. F. Stella 1816 (Über das Benehmen, das in der Gesellschaft zu wahren sei, Werk des Herrn Adolph Knigge. Gedruckt in Mailand bei A. F. Stella 1816) zur Begutachtung vor. Die italienische Fassung selbst macht keinen Hehl aus der recht freien Übertragung. Auf dem Titelblatt heißt es nicht umsonst «Traduzione libera dal Tedesco di R. A. corredata di Note d'un Italiano» (Freie Übersetzung aus dem Deutschen von R. A., versehen mit Anmerkungen eines Italieners). Das Kürzel R. A. kann aufgelöst werden. Dahinter verbirgt sich Renato Arrigoni, ein Mitglied des Athenäums, also der Akademie von Treviso, wie sich aus einem in der dortigen Kommunalbibliothek erhaltenen Widmungsexemplar des Werkes ergibt. Arrigonis Interesse konzentrierte sich auf populärwissenschaftliche Werke und Bücher von praktischem Nutzen, zu denen er offensichtlich auch den Knigge zählte. Die beiden im Oktavformat 160 und 180 Seiten umfassenden Bände verkauften sich in Norditalien offenbar leidlich, so daß 1823 bei Stella eine unveränderte zweite Auflage erscheinen konnte.[27]

Aber nicht nur der Denunziant bleibt im Dunkeln, vielmehr steht auch der genaue Zeitpunkt des Eingangs der Anzeige des Knigge bei der Indexkongregation nicht eindeutig fest. Das hängt mit der in diesem Fall recht komplizierten Quellenlage zusammen. Denn weder in den Bänden der «Protocolli» mit den einschlägigen Unterlagen zu einem untersuchten Buch noch im «Diarium», das Teilnehmer, Tagesordnungspunkte und Beschlüsse der Sitzungen der Konsultoren und Kardinäle verzeichnet, findet sich ein Hinweis auf diese Causa. Vielmehr haben sich lediglich im ersten Band des zu Beginn des 20. Jahrhunderts vom damaligen Sekretär Thomas Esser aus Überlieferungsresten des 19. Jahrhunderts gebildeten Sammelbestandes «Atti e Documenti» Spuren einer Untersuchung Knigges durch die Indexkongregation erhalten.[28] Es handelt sich um zwei kurze handschriftliche Voten zur Mailänder Ausgabe von 1816 aus der Feder von Luigi Maria Grati (1753–1849) und Prospero Piatti (1768–1838). Verschiedene Passagen der Zensur Piattis sind überdies anonym von dritter Hand mit kommentierenden Randglossen versehen worden. Beide Dokumente tragen zwar eine Unterschrift, so daß sie sich eindeutig Grati und Piatti zuordnen lassen, sind aber leider nicht datiert.

Dennoch kann der Zeitpunkt, zu dem das Verfahren bei der Indexkongregation anhängig wurde, durch verschiedene Indizien, die sich aus den Akten und den entsprechenden Amtszeiten der Mitarbeiter beider römischer Zensurbehörden erheben lassen, weitgehend eingegrenzt werden. Zum ersten finden sich die beiden Gutachten in Band 1 der «Atti e Documenti», in dem verstreute Materialien aus den Jahren 1802 bis 1820 gesammelt sind. Band 2 beginnt mit Quellen ab Januar 1821. Damit steht der Dezember 1820 als der spätestmögliche Zeitpunkt, an dem man sich an der Kurie mit Knigge beschäftigt hat, fest. Das Erscheinungsjahr der italienischen Übersetzung von Knigges Werk im Verlag Stella in Mailand 1816 markiert dagegen den frühestmöglichen Termin einer Untersuchung des Buches. Somit läßt sich der in Frage kommende Zeitraum auf knapp fünf Jahre beschränken. Zum zweiten beginnt Grati sein Votum mit dem Hinweis, der Sekretär der Indexkongregation habe ihn angewiesen, den Knigge zu lesen. Dabei muß es sich um Alessandro Angelico Bardani (1761–1832) handeln, der bereits seit April 1818 als Pro-Sekretär die Geschäfte für den kranken Sekretär der Indexkongregation, Tommaso Maria Mancini (um 1735–1819) – ebenfalls ein Dominikaner –, führte, und nach dessen Tod am 26. Mai 1819 zum Sekretär ernannt wurde, denn die beiden Gutachter, Grati und Piatti, waren erst seit 1819 in der Indexkongregation tätig. Dadurch reduziert sich die Zeitspanne noch einmal auf runde anderthalb Jahre. Luigi Grati – zum dritten – unterzeichnete seine nicht datierte Stellungnahme mit «Relator der Heiligen Kongregation». Diese Funktion hatte er 1819 für ein knappes Jahr inne, bevor er am 30. Januar 1820 zum Konsultor der Indexkongregation ernannt wurde. Hiermit kämen nur noch die Monate von Juli 1819 (Ernennung Bardanis zum Sekretär) bis Januar 1820 (Ernennung Gratis zum Konsultor) als Datum der Beschäftigung der kleinen Zensurkongregation mit Knigge in Frage. Da Mancini seit 1818 amtsunfähig war, hätte ein Auftrag an die Gutachter, wenn er vor Juni 1819 erfolgt wäre, von Pro-Sekretär Bardani ausgehen müssen. Dann hätte Grati das auch geschrieben.

Zu diesem Befund will jedoch die Unterschrift von Prospero Piatti nicht recht passen, der sich in seinem Votum als «Konsultor der Heiligen Indexkongregation» bezeichnet. In dieses Amt wurde er aber erst am 18. Dezember 1820 berufen, als Grati schon fast ein Jahr nicht mehr nur Relator, sondern ebenfalls bereits Konsultor der Indexkongregation war. Entweder unterschrieb Grati also aus alter Gewohnheit als Relator, weil er seinen neuen Titel Konsultor noch nicht internalisiert hatte, dann wäre der Knigge unmittelbar zum Jahresende 1820 in Rom behandelt worden. Oder aber Piatti unterschied nicht genau zwischen dem Titel eines Konsultors und dem eines Relators. Ein Relator, den man durchaus einen Konsultor auf Probe nennen könnte, wurde meistens nach ein oder zwei Jahren, nachdem er sich in einigen Fällen als Gutachter bewährt hatte, zum Konsultor ernannt. Allerdings existieren für diese Probephase kaum Ernennungsdekrete. Piatti dürfte aber im Lauf des Jahres 1819 Relator geworden sein, so daß dann die dem Amtsantritt des neuen Indexsekretärs Bardani im Juli 1819 folgenden anderthalb Jahre als Zeitraum, innerhalb dessen der Knigge in Rom untersucht wurde, in Frage kämen.

Die zweite Lesart erscheint jedoch angesichts der an der Römischen Kurie weit verbreiteten Demutskultur eher unwahrscheinlich zu sein. Ein Relator, also ein Zensor in Ausbildung, mit anderen Worten ein «Stift der Indexkongregation auf Zeit», der Konsultor werden wollte und somit ein Amt auf Lebenszeit anstrebte, würde sich kaum diesen Titel zulegen, bevor er die Ernennungsurkunde in Händen hielt. Das wäre nichts anderes als Amtsanmaßung und nicht gerade der Karriere förderlich. Andersherum ist ein seit kaum einem Jahr ernannter Konsultor, der noch weiter als Relator unterzeichnet, im römischen Milieu durchaus vorstellbar, gleichgültig ob er es aus Gewohnheit oder aus Bescheidenheit tat. Daher scheint es am plausibelsten zu sein, daß der Knigge in den letzten beiden Wochen des Jahres 1820 in der Indexkongregation behandelt wurde.

Man könnte einwenden, vierzehn Tage reichten für ein Zensurverfahren in der Indexkongregation mit Gutachten, Konsultorenversammlung, Sitzung der Kardinäle und Bestätigung durch den Papst nicht aus. Dieses Argument träfe dann zu, wenn es im Fall Knigge überhaupt zu einem eigentlichen Verfahren gekommen wäre. Dann aber müßten sich entsprechende Quellen in den «Protocolli», den offiziellen Akten der Kongregation, und im «Diarium» finden. Dies ist aber nicht der Fall. *Über den Umgang mit Menschen* taucht nur in dem Sammelsurium der «Atti e Documenti» auf. Daher spricht alles dafür, daß hier die quellenmäßig äußerst selten dokumentierbare Phase eines sogenannten Vorverfahrens vorliegt, in dem darüber entschieden wurde, ob ein denunziertes Buch überhaupt zur Verhandlung angenommen wurde oder nicht, etwa weil man es für harmlos hielt.

Im Gegensatz zur Römischen Inquisition, die wöchentlich tagte und daher unmittelbar auf Buchanzeigen reagieren konnte, brachte es die Indexkongregation im 19. Jahrhundert in der Regel auf nur drei bis fünf Sitzungen jährlich. Deshalb sah die Geschäftsordnung für alle bei der Indexkongregation denunzierten Werke seit 1753 verpflichtend ein solches Vorverfahren vor. Papst Benedikt XIV. hatte bestimmt: «Die Indexkongregation hält nicht so regelmäßig Sitzungen ab wie die Inquisition. Daher soll der Sekretär des Index wie bisher die Anzeige von Büchern entgegennehmen. Er soll jedoch die Denunzianten zur genauen Angabe der Gründe auffordern, weshalb sie das Verbot eines bestimmten Werkes verlangen. Dann soll er das Buch selbst sorgfältig lesen und dazu zwei mit Genehmigung des Papstes oder des Kardinalpräfekten auszuwählende Konsultoren hinzuziehen.» Erst wenn diese zu der Meinung gelangten, das Buch sei überhaupt zensurierungswürdig, sollte ein sachkundiger Gutachter bestellt werden.[29]

Sekretär Bardani beauftragte zwei Mitarbeiter der Kongregation – Grati und Piatti – mit einer ersten Lektüre des Buches und beschäftigte sich auch selbst eingehend mit dem Werk, wie die kommentierenden Randglossen zu Piattis Stellungnahme belegen, die aller Wahrscheinlichkeit nach von ihm stammen. Denn wer außer dem Sekretär, der allein die Akten führte, hätte sich erlauben können, zum Teil recht bissige schriftliche Kommentare zur Arbeit eines Konsultors abzugeben? Diese Voten mit den ersten Leseeindrücken haben sich in den Akten der Indexkongregation kaum einmal erhalten, da sie zumeist mündlich bei einem Treffen des Sekretärs mit den beiden Konsultoren beziehungsweise Relatoren abgegeben wurden. Der Quellenfund zum Knigge im Archiv der römischen Glaubenskongregation ist auch aus diesem Grund eine kleine Sensation. Anhand des Knigge läßt sich erstmals ein Vorverfahren bei der Indexkongregation dokumentieren, weil hier die Voten – aus welchen Gründen auch immer – schriftlich abgefaßt wurden und sich glücklicherweise auch noch erhalten haben.

Wie sahen nun die Voten der beauftragten Gutachter aus? Lohnte es sich, ein Hauptverfahren gegen den Knigge zu eröffnen? Oder handelte es sich um eine jener zahlreichen Denunziationen von angeblich gefährlichen Büchern durch besorgte Laien und Kleriker von außerhalb, die in Rom selbst nicht selten als harmlos und ungefährlich angesehen und deshalb rasch ad acta gelegt wurden? Luigi Gratis Stellungnahme fiel kurz und eindeutig aus.[30] Auf gerade einmal dreieinhalb einspaltig beschriebenen Seiten brachte er seine Meinung zu Papier und fiel gleich im ersten Satz sozusagen mit der Tür ins Haus. Nach der Lektüre der recht freien italienischen Übersetzung glaubte er «sagen zu können, daß das Werk in seiner Gesamtanlage und unter Berücksichtigung des Zwecks, den der Autor verfolgt – nämlich demjenigen eine Handreichung zu geben, der aus Gründen der Pflicht, von Amts wegen, aus Zufall, unentbehrlichem Anstand oder Not mit Personen ganz unterschiedlicher gesellschaftlicher Klassen in Kontakt treten muß – nicht zensurwürdig ist.»

Der Konsultor gesteht zwar zu, leider ohne Beispiele zu nennen, daß einzelne von Knigge vorgeschlagene Regeln für eine «schickliche Konversation» auf den ersten Blick «gegen die gesunde Moral zu verstoßen scheinen.» Grati wehrt sich aber gegen die unter den römischen Zensoren offenbar weit verbreitete Praxis, einzelne Sätze aus ihrem Zusammenhang zu reißen und sie so vorschnell als häretisch zu qualifizieren. Er plädiert statt dessen mit Nachdruck dafür, den Kontext und die Absicht einer Aussage genau zu analysieren. Tue man das, dann könne man auch zunächst anstößig erscheinenden Benimmratschlägen Knigges durchaus einen positiven Sinn abgewinnen. Damit spielt Grati deutlich auf die Vorschriften der Verfahrensordnung der Indexkongregation an, die von den Zensoren verlangte, «daß man über den wahren Sinn der Aussagen eines Autors nicht korrekt urteilen kann, wenn man nicht sein Buch vollständig liest, ferner die Aussagen verschiedener Stellen sorgfältig miteinander vergleicht und den allgemeinen Zweck des Werkes beachtet, und daß man über ein Buch nicht auf der Grundlage einzelner aus dem Zusammenhang gerissener und ohne Rücksicht auf andere in demselben Werk enthaltene Sätze» urteilen dürfe.[31] Der Ratschlag Knigges: «Man scherze nie über die Religion, über kirchliche Konstitutionen oder über Dogmen des Glaubens, auch nicht über kirchliche Zeremonien»,[32] den Grati wörtlich zitiert, vermag nach Ansicht des Gutachters überdies auch skeptische Geister in Rom zu beruhigen: Der Freiherr verfolgt mit seinem Benimmbuch definitiv keine kirchenfeindlichen Absichten!

Daß ein Zensor das 19. Kapitel des Knigge behandelt, in dem es um das Benehmen geht, das man Kirchenleuten entgegenzubringen habe, verwundert in einem römischen Indexverfahren nicht.[33] Hier hält Grati denn auch einige Formulierungen des Freiherrn beziehungsweise des Übersetzers für durchaus problematisch, die man im Falle einer Neuausgabe auch korrigieren sollte. Zwar hebe der Autor zu Recht hervor, «wie lehrreich und angenehm es sei, mit Kirchenleuten Konversation zu pflegen.» Einige von ihnen seien laut Knigge allerdings «ohne positive Eigenschaften und gute Erziehung». Das Charakterbild, das Knigge von diesen Klerikern entwirft – er nennt besonders kirchlichen Hochmut, Intoleranz und Habgier[34] –, gereiche ihnen «nicht zum Vorteil» – wie Grati eingesteht. «Dann geht der Verfasser dazu über, einige Regeln festzulegen, die man im Umgang mit der Geistlichkeit beachten sollte.» Für den Sekretär der Indexkongregation Bardani bietet der Gutachter abschließend eine Blütenlese dieser Grundsätze: sich mit Vertretern des Klerus grundsätzlich nie auf ein Gespräch über religiöse Themen einlassen; nie ein Wort fallen lassen, das – falsch ausgelegt – als Widerspruch zu einem Dogma oder kirchlichen Gebräuchen und Zeremonien angesehen werden könnte; zwar pünktlich den Kirchenzehnten zahlen, aber der Geistlichkeit gegenüber nie zu großzügig sein, weil diese aus einem einmaligen Geschenk umgehend neue prinzipielle finanzielle Ansprüche abzuleiten pflege; gastfreundlich sein gegenüber Kirchenleuten, «die eine üppige Tafel und volle Flasche» schätzten. Was den Umgang mit Prälaten und Mönchen angeht, mit dem Ziel, sich bei ihnen beliebt zu machen, gibt der Knigge nach Ansicht Gratis Ratschläge, die «eher das Laster als eine Besserung anregen». Er hält diese Passagen daher für problematisch. Gleiches trifft auch auf die Tips für eine angemessene Unterhaltung mit Nonnen zu, wo es heißt, man solle ihnen mit einer zwar herzlichen, aber gemessenen Vertraulichkeit begegnen und könne mit einer Vielzahl von «Geschichtchen» und «Tratsch» aller Art das Wohlwollen dieser sonst in ihren Klöstern isolierten Frauen gewinnen.

Trotz dieser Kritikpunkte am Klerus-Kapitel des Knigge, die er mit Blick auf das Gesamtwerk als marginal betrachtet, unterstreicht Grati am Schluß seines Votums noch einmal eindeutig seine Meinung. Er hält das Buch für ungefährlich, ein Zensurverfahren ist daher unnötig. «Dies ist meine Ansicht, die ich freilich gänzlich dem

Urteil und der Entscheidung anderer hoch bedeutender Relatoren und dieser Heiligen Kongregation überlasse» – ein selbstbewußtes Votum, jedoch nicht ohne den damals an der Kurie üblichen Demutsgestus!

Ganz anders fällt das Urteil von Prospero Piatti aus, der als zweiter Mitarbeiter der Indexkongregation vom Sekretär mit einer Vorprüfung des Knigge beauftragt wurde.[35] So eindeutig Grati den Knigge für ungefährlich hält und deshalb die Eröffnung eines Indexverfahrens ablehnt, so eindeutig plädiert Piatti für eine Zensur: «Das Buch verdient verboten zu werden, weil der Zweck, den es verfolgt, böse ist und weil es Maximen propagiert, die der gesunden katholischen Moral widersprechen.» Für den Zweitleser geht es dem Knigge nur um das zeitliche, innerweltliche Wohl der Menschen. Dabei verliert er das ewige Seelenheil völlig aus dem Blick und bildet daher nur «Egoisten» heran. Die in diesem Benimmbuch aufgestellten Anstandsregeln sind nur auf den Nutzen im Hier und Heute angelegt – rein utilitaristisch – und erweisen sich daher als «der Moral der Evangelien» gänzlich entgegengesetzt. Damit deutet Piatti wenigstens zwischen den Zeilen an, worum es ihm bei der Auseinandersetzung mit Knigge eigentlich geht, und was der Hauptgegenstand eines gegen dieses Buch zu eröffnenden Zensurverfahrens sein muß: die Auseinandersetzung mit einer autonomen, rein vernünftig begründeten Moral der Aufklärung, die der theonomen Ethik von Christentum und Katholizismus entgegengesetzt ist. Die Frage für Piatti lautete: Beruhen Normen auf menschlichen Erfahrungen und einem entsprechenden gesellschaftlichen Konsens, oder sind sie im Sinne von ewigen Geboten von Gott offenbart und somit dem Zugriff von Menschen und der Veränderbarkeit grundsätzlich entzogen?

Solche falschen, rein innerweltlich gewonnenen ethischen Grundsätze, die der katholischen Moraltheologie eindeutig widersprechen, versucht Piatti in seinem siebenseitigen handschriftlichen Votum anhand einer kritischen Diskussion zahlreicher einzelner Verhaltensregeln des Knigge herauszuarbeiten und damit die Eröffnung eines Zensurverfahrens mit dem Ziel eines Buchverbotes zu rechtfertigen. Der Sekretär der Indexkongregation selbst, Bardani, scheint dagegen von einer Ungefährlichkeit des Werkes, wie sie Grati bereits festgestellt hatte, überzeugt gewesen zu sein. Daher kommentierte er Piattis Ausführungen mit teils zynischen Randglossen, um dessen Interpretation als engstirnig und den Zensor selbst als Kleingeist erscheinen zu lassen. Welche schlimmen Knigge-Regeln spießte Piatti auf? Und wie versuchte Bardani ihn zu entkräften? Hier eine Auswahl aus dem ersten Band:

Knigge sagt: «Es ziemt sich nicht, dem Mitmenschen gegenüber allzu zuvorkommend oder zu engagiert zu sein, weil man den großzügigen Wohltäter meidet wie den Gläubiger im Unvermögen ihn bezahlen zu können.»[36] Piattis Kommentar zu dieser Verhaltensregel lautet: «Sowohl der Grundsatz als auch die Begründung sind böse. Jener, weil er die Wohltätigkeit, die so sehr vom Evangelium eingeschärft wird, einschränkt; diese, weil sie beim Erweisen von Wohltaten den weltlichen Zweck der Dankbarkeit voraussetzt.» Hier wird das Vorgehen des Zweitgutachters exemplarisch deutlich. Kriterium seiner Beurteilung ist nicht irgendein moraltheologischer Traktat, sondern ganz allgemein das Evangelium, die Botschaft Jesu Christi selbst. Für dieses ist Wohltätigkeit als solche ein Wert an sich, ohne jede Nützlichkeitserwägung. Knigge hingegen instrumentalisiert Mildtätigkeit und verzweckt sie zur Erreichung innerweltlicher Ziele. Einem Christen jedoch geht es nicht um «zeitliche» Vorteile, er sammelt Schätze für die Ewigkeit im Himmel. Damit ist für Piatti die Unvereinbarkeit der Kniggeschen Maximen mit den Grundsätzen des katholischen Glaubens eindeutig erwiesen.

Der Autor – so der Konsultor weiter – «billigt die Satire».[37] Diese aber widerspricht – so Piattis Standardargument – der von den Evangelien propagierten Nächstenliebe und muß daher verboten werden. Der bissige Kommentar des Indexsekretärs zu dieser Schlußfolgerung Piattis spricht für sich: Eine «spitzfindige Satire» ist im Kampf gegen das Laster nicht selten viel «wirksamer» als eine Moralpredigt nach Holzhammermethode, wie jeder halbwegs lebenserfahrene Mensch weiß. Also durchaus Pädagogik statt reiner Lehre!

Nach Piatti propagiert Knigge umfassende Religionsfreiheit, zumindest jedoch verlange er, jedem Menschen bezüglich der Religion seine Freiheit zu lassen. Ferner dürfe man nie über religiöse Überzeugungen, Dogmen oder kirchliche Zeremonien Späße machen. Während er letzteres bejaht, kritisiert der Zweitgutachter ersteres mit allem Nachdruck. Daß jeder «in der Materie des Glaubens die volle Freiheit seiner eigenen Meinung haben soll» ist falsch, denn «die christliche Nächstenliebe lehrt das schiere Gegenteil.» Daher ist jeder «Tolerantismus» in Glaubensdingen[38], wie er sich aus Knigges Grundsatz «Jedem seinen Glauben» ergibt, strikt abzulehnen. Erneut werden hier aufgeklärte Prinzipien als mit dem katholischen Glauben unvereinbar kritisiert. Der Indexsekretär konnte natürlich eine umfassende religiöse Toleranz nicht gutheißen. Denn nach der katholischen Lehre, die in dem viel zitierten Satz «Außerhalb der katholischen Kirche kein Heil» gipfelte, kam Religionsfreiheit schon deshalb nicht in Frage, weil nicht alle Religionen als Heilsweg betrachtet wurden. Vielmehr mußte es Aufgabe der Kirche sein, alle Menschen zum einzig wahren Glauben an Gott und Jesus Christus zu bekehren. Deshalb wirft der Sekretär spitzfindig Piatti in seiner Randglosse einen falschen grammatikalischen Bezug vor. Für ihn redet Knigge nicht von einer Glaubensfreiheit des einzelnen im Hinblick auf unterschiedliche Religionen oder Konfessionen, vielmehr betone er, jeder habe in seiner persönlichen Beziehung zu Gott, seinem personalen Glauben also, volle Freiheit. Und diese Ansicht sei mit katholischer Lehre durchaus vereinbar.

Ferner kritisiert Piatti die Aussage Knigges, wer sich «nicht von der Wahrheit der christlichen Religion überzeugen läßt, verdient Mitleid», man müsse ihm aber Hochachtung und Liebe entgegenbringen, «wenn er trotzdem die bürgerlichen und menschlichen Pflichten erfüllt».[39] Für Piatti ist es einfach falsch, ja sogar unmöglich, daß jemand ohne den christlichen Glauben seine bürgerlichen Pflichten sachgerecht erfüllen könne. Das Vorgehen des Gutachters, dadurch diese Aussage Knigges als gefährlich zu qualifizieren, ist für Bardani geradezu lächerlich, wie seine Randglosse belegt: «Es scheint nicht verwerflich zu behaupten, daß ein Mensch ohne christliche Religion auf irgendeine Weise dennoch die Pflichten eines Menschen und Bürgers erfüllen könne und daher eine gewisse Hochachtung verdiene.»

«Es scheint, daß er die Vorsehung in Zweifel zieht», weil er (göttliche) Vorsehung und (blind wütendes) Schicksal mehrfach synonym verwendet und überhaupt häufiger vom Schicksal als von der Vorsehung des Allmächtigen redet – so räsoniert Piatti und zieht daraus die Schlußfolgerung, Knigge sei ein Anhänger des Deismus. Er akzeptiert Gott zwar als Schöpfer der Welt, begreift ihn aber sonst als ein «außerhalb der Welt hockendes Wesen», das in die Abläufe von Mensch und Welt nicht mehr eingreift, sondern sie einfach ihrem

Schicksal überläßt.[40] Dann gibt es natürlich auch keine gütig waltende göttliche Vorsehung mehr. Hier läßt sich der Indexsekretär nicht einmal mehr auf eine Diskussion mit seinem Gutachter ein. Statt dessen schreibt er lapidar als Kommentar zu dessen Interpretation an den Rand: «Das soll wohl ein fauler Witz sein!»

Weiter wirft Piatti Knigge vor, den Eheleuten «zuviel Zwanglosigkeit» zuzugestehen, indem er formuliert, es sei keine Verletzung der ehelichen Treue, wenn ein Ehepartner bei einer Unterhaltung mit einer dritten Person «Wärme und Zärtlichkeit zeigt». Und wenn in einer ungleichen oder gar unglücklichen Ehe ein Partner «in Freundesarme fällt», um Trost und Kraft für das Durchstehen der Leiden in seiner Ehe zu finden, «dann muß der andere Ehepartner dafür dankbar sein».[41] Piatti zieht aus diesen Formulierungen den lapidaren Schluß: «Diese Worte können einen bösen Sinn haben und verdienen deshalb die Zensur.» Bardani kommentiert: Die Reden Knigges zum Thema Ehemoral scheinen in der Tat ziemlich fortschrittlich und liberal zu sein, aber «sie bleiben doch ausreichend geläutert», weil der Freiherr hinzufügt, der andere Ehepartner solle den unglücklichen Teil nicht mit Vorwürfen überhäufen oder ein «verrücktes» Benehmen an den Tag legen, damit «dieser nicht aus Verzweiflung zu wirklichen Taten getrieben wird». Für den Indexsekretär ist klar: Knigge setzt voraus, «daß in der mutmaßlichen Freundschaft kein wirklicher Fehltritt begangen wird, namentlich gegen die Ehrbarkeit». Gespräche mit guten Freunden über die Probleme in der Ehe stabilisieren diese eher und sind daher auch kirchlicherseits – zumal wenn man von der Unauflöslichkeit der sakramentalen Ehe ausgeht – zu begrüßen.

Auch das hohe Lob, das Knigge für die gepflegte Konversation mit Frauen «wegen des Guten, das er daraus gewonnen haben will», übrig hat,[42] ist Piatti ein Dorn im Auge. Als Kleriker ist ihm jeglicher Umgang mit dem weiblichen Geschlecht suspekt. Eva als große Verführerin, die dem Bösen in der Welt Tür und Tor öffnete, steht hier im Hintergrund. Dazu kommt die ständige Gefährdung des Zölibatsversprechens beziehungsweise Keuschheitsgebots eines Geistlichen durch die Frauen. «Deshalb haben die Heiligen Väter» – so der Gutachter – «das genaue Gegenteil [von Knigge] geraten, um die Gefahren irgendwelcher Sünden abzuwenden.» Also: Meide das Weib um jeden Preis! Hier muß auch Bardani zugeben: «In der Tat hält sich unser Autor ein wenig zu lange damit auf, die Männer zu ermuntern, vertraulich mit Frauen umzugehen.»

In ähnlicher Weise führt Prospero Piatti auch aus dem zweiten Band des Knigge Verhaltensregeln als zensurwürdig an, die zwar der menschlichen Klugheit und dem aufgeklärten Prinzip der Nützlichkeit entsprechen, aber nach seiner Ansicht jeweils der christlichen Moral widersprechen. So ist es für den Gutachter unchristlich, dem besiegten Feind erst dann Schonung zu gewähren, wenn er definitiv nicht mehr in der Lage ist, einem zu schaden.[43] Ferner verbiete Knigge, zwischen zwei Feinden zu vermitteln,[44] beim Besuch Schwerkranker vom Tod zu reden[45] oder bei den Bessergestellten der Oberschichten für die Armen Geld zu sammeln.[46] Auch seinen Rat zum geziemenden Umgang mit Künstlern und Literaten – «Hör dir mit Geduld ihre Ungereimtheiten an» und sei manchmal bereit, «die Feigheit zu begehen, sie für ihr Geschwätz zu loben und zu bestätigen»[47] – lehnt Piatti mit der Begründung ab: «Diese Maxime steht im Widerspruch zur Einfachheit der Evangelien»: Euer Ja sei ein Ja, euer Nein ein Nein! Zu diesen Beobachtungen kann der Indexsekretär nur bemerken, daß Knigges Regeln hier in der Tat nicht der «christlichen Demut, die das Evangelium vorschreibt, entsprechen».

Auch Piattis kritischer Einschätzung von Kapitel 19 des Knigge als «unaufhörlicher Satire gegen Kirchenleute», und zwar sowohl gegen «Weltgeistliche als auch Ordensleute», muß Bardani weitgehend folgen. Er gesteht ein, daß der Autor hier maßlos übertreibe und die Fehler der Kleriker so weitschweifig darstelle, als ob sie bei einem Großteil derselben anzutreffen seien. Was natürlich in Wirklichkeit nicht zutrifft.

Nach diesem Durchgang durch die italienische Ausgabe von 1816 unterstreicht Piatti selbstbewußt seine eingangs gegebene Feststellung: Der Knigge muß unbedingt verboten werden. Dabei war er sich voll bewußt, daß sein Votum «dem Urteil, das von einem anderen hochachtungswürdigen Konsultor abgegeben wurde, den ich im übrigen sehr schätze, diametral entgegengesetzt» ist. Daher endet Piatti: «Nun liegt es an der Heiligen Kongregation zu entscheiden.»

Und die Indexkongregation hat entschieden, daß es nichts zu entscheiden gab. Ein Zensurverfahren im eigentlichen Sinn fand gegen Knigge nicht statt. Der Sekretär hat offensichtlich, auch wenn über diesen Entschluß kein schriftliches Zeugnis vorliegt, den Fall nach dem Vorverfahren zu den Akten gelegt. Er schloß sich dem Votum Gratis an, der das Werk in seiner Gesamtheit und unter Berücksichtigung seines Zwecks für nicht zensurwürdig hielt, und lehnte Piattis Ausführungen als zu kleinkariert ab, wie seine Randglossen zu dessen Votum deutlich belegen. Zahlreichen vom Zweitgutachter inkriminierten Sätzen Knigges kann er eine durchaus positive Bedeutung abgewinnen, wenn man sie in den Gesamtzusammenhang des Werkes stellt. Manche von Piattis überzogenen Schlußfolgerungen hält er schlicht für einen faulen Witz. Andere Verhaltensanweisungen Knigges entsprechen auch für Bardani nicht den Idealvorstellungen christlicher Moral. Aber Piattis allzu platte Hermeneutik, die den schlechten menschlichen Prinzipien des Kniggeschen gesellschaftsethischen Traktats einfach die guten Maximen des Evangeliums entgegenstellt, verfängt beim Sekretär der Indexkongregation nicht. Der Dominikaner war offenbar über Piattis Elaborat so verärgert, daß er den neuernannten Konsultor nach seinem Gutachten über Knigge sieben Jahre lang mit keiner weiteren Zensur mehr beauftragte. Erst im September 1827 sollte dieser das Votum über die 1825 ins Italienische übersetzte und in Mailand erschienene dreibändige *Geschichte Englands* von David Hume (1711–1776) verfassen. In den fast 18 Jahren seiner Konsultorentätigkeit bei der Indexkongregation brachte er es nur auf magere vier Gutachten. Das zeigt: Nach der Erfahrung im Knigge-Fall hat Bardani Piatti offenbar weitgehend außen vor gelassen.

Ein eigentliches Zensurverfahren gegen den Benimmpapst wurde also gar nicht erst eröffnet. Bardani stoppte die weitere Beschäftigung mit Sitte, Anstand und Manieren schon nach dem Vorverfahren. Der Knigge findet sich daher auch nicht auf dem Index der verbotenen Bücher, ja bis heute wußte man nicht einmal, daß er in Rom denunziert worden war. Aber: Wäre Knigge indiziert worden, dann wäre dies auf der Basis der recht freien italienischen Übertragung seines Werkes geschehen. Und damit wären alle Ausgaben und Übersetzungen, auch das deutsche Original, mitverboten worden.

Johann Sebastian Drey: Karriereknick durch Gerüchte?

Es ist eine Binsenwahrheit: Wer die Rekrutierung und Ausbildung des Nachwuchses und die Besetzung der Leitungsfunktionen kontrolliert, sitzt an den entscheidenden Schlüsselstellen. Das gilt für ein erfolgreiches Unternehmen genauso wie für Staat, Gesellschaft und Religion. Die katholische Kirche macht hier keine Ausnahme. Auf die Auswahl und Ausbildung der Priesteramtskandidaten sowie vor allem auf die Besetzung der Bischofsstühle hat sie daher stets größten Wert gelegt. Beide Themen waren dann besonders umstritten, wenn die Kirche anders als heutzutage in diesen Bereichen nicht autonom agieren konnte, sondern sich mit Dritten um ihren Einfluß streiten mußte. Naturgemäß hatten insbesondere die Staaten, deren weltanschauliche Grundlage das Christentum in seiner katholischen und evangelischen Form war, höchstes Interesse daran, Kirchendiener zu bekommen, die loyal zum Gemeinwesen standen. Vor allem in evangelischen Ländern mit einer starken katholischen Minderheit war die Obrigkeit an kirchlichem Leitungspersonal interessiert, das nicht antiprotestantisch eingestellt war.

Nach der Säkularisation zu Beginn des 19. Jahrhunderts und dem Ende der deutschen Reichskirche mit Bischöfen, die zugleich Fürsten und somit weltliche Herrscher über einen eigenen Staat sowie geistliche Oberhirten einer Diözese waren, wurden die Katholiken in Deutschland mit Ausnahme Bayerns weitgehend Untertanen evangelischer Landesherren. In der Tradition des Absolutismus und des protestantischen Summepiskopats, nach dem der protestantische Fürst zugleich oberster Bischof seiner Landeskirche war, beabsichtigten diese, auch ihre katholischen Landeskirchen einem rigiden evangelischen Staatskirchenregiment zu unterstellen. Deshalb wollten die protestantischen Landesherren auch das Studium der angehenden Theologen an Universitäten und die Ausbildung der Pfarrer bestimmen und die katholischen Bischöfe, die keinerlei rechtliche Vollmacht hatten, sondern lediglich als «Weiher und Salber» agieren sollten, selbst einsetzen. Daß dies zu heftigen Konflikten mit der katholischen Kirche und mit den Päpsten in Rom führte, liegt auf der Hand, da diese genau dieselben Rechte für sich beanspruchten.

In den Vereinbarungen zwischen Staat und Kirche wurde auf beiden Feldern ein Kompromiß zwischen den Ansprüchen Roms und der evangelischen Staaten in Deutschland geschlossen. Zwar wurde das Studium des Priesternachwuchses an staatlichen Katholisch-Theologischen Fakultäten an zumeist evangelisch dominierten Universitäten die Regel, zusätzlich mußten die Kandidaten vor der Weihe aber noch ein Jahr zur unmittelbaren Vorbereitung in ein bischöfliches Priesterseminar. Bei der Besetzung der Bischofsstühle erhielten die Domkapitel zwar das Wahlrecht, gewählt werden konnte aber nur ein Kandidat, der dem evangelischen Landesherren «nicht minder genehm» war. Dem Papst blieb meist nur übrig, den Gewählten zu bestätigen, es sei denn, er konnte gegen diesen schwere Einwände wegen unmoralischem Lebenswandel oder häretischer Lehre vorbringen, die nach Kirchenrecht die Übernahme des Bischofsamtes unmöglich machten. Dazu war er auf die Mitwirkung von Denunzianten aus dem Umfeld des jeweiligen Bischofskandidaten angewiesen. Im ersten Fall ging es darum nachzuweisen, daß ein Kandidat mit einer Frau zusammenlebte, möglichst mehrere uneheliche Kinder mit ihr hatte oder homosexuell war, oder zumindest entsprechende Gerüchte zu streuen. Im zweiten Fall mußten gefährliche Schriften des Bischofskandidaten aufgespürt, in Rom angezeigt und möglichst auf den Index der verbotenen Bücher gesetzt werden.

Da die evangelischen Staaten in der ersten Hälfte des 19. Jahrhunderts mit schöner Regelmäßigkeit liberale, fortschrittliche, aufgeschlossene, staatsfreundliche, ökumenisch orientierte Bischofskandidaten nominierten, die Römische Kurie diese im selben Takt aus eben diesen Gründen als unkirchlich zurückwies, die protestantische Regierung aber ebenso ablehnend mit den römischen Kandidatenvorschlägen umging, wurden nicht wenige Besetzungen von Bischofsstühlen in diesen Jahrzehnten zu Hängepartien, bei denen zahlreiche Kandidaten auf der Strecke blieben.

Insbesondere die strengkirchlichen Gruppen in Deutschland nutzten immer wieder die Möglichkeit, mißliebige, weil zu «modern» eingestellte Bischofskandidaten in Rom anzuzeigen und deren gefährliche Publikationen gleich mitzuschicken. Und nicht selten hatten sie Erfolg: Ignaz Heinrich von Wessenberg, Johann Baptist Hirscher, Urban von Ströbele, Leopold Schmid und viele andere – teils bereits erwählte Bischöfe – wurden auf diesem Weg von Rom verworfen. Insbesondere in Südwestdeutschland, in Hessen-Darmstadt, Baden und Württemberg, fand dieses Vorgehen wiederholt Anwendung.

Und wenn es nicht gelang, das eine oder andere Werk eines Bischofskandidaten tatsächlich auf den Index der verbotenen Bücher zu befördern, dann wurde mit Gerüchten operiert. Man erfand nicht nur Kinder und Lebenspartnerinnen katholischer Geistlicher, sondern setzte auch gerne die Fama in Umlauf, die Werke eines möglichen Prätendenten auf einen Bischofsstuhl würden gerade durch die Indexkongregation oder noch besser die Römische Inquisition überprüft, oder man wußte zumindest zu berichten, daß früher ein Verfahren dort eröffnet worden und vielleicht noch immer anhängig sei.

Ein solches Szenario spielte sich auch im Fall von Johann Sebastian Drey (1777–1853) ab, dem führenden Theologen der Ellwanger und später Tübinger Katholisch-Theologischen Fakultät. Jedenfalls berichtete sein Schüler und Fakultätskollege Carl Joseph von Hefele (1809–1893) rund drei Jahrzehnte nach Dreys Tod in einem biographischen Artikel, dieser habe in den zwanziger Jahren des 19. Jahrhunderts nicht zum ersten Bischof der neugegründeten württembergischen Diözese Rottenburg werden können, weil einst ein Werk von ihm in Rom denunziert worden sei. Obwohl es schließlich nicht auf dem Index der verbotenen Bücher landete, habe man im Kontext der Bischofswahl dieses Schriftchen «zu seinen Ungunsten wieder in Erinnerung gebracht».[48] Also: Die bloße Fama einer angeblichen Untersuchung Dreys durch die Zensurbehörde in Rom hat offensichtlich ausgereicht, ihn als Bischofskandidaten zu desavouieren. Auch Drey selbst ist – wie es scheint – im Kontext seiner Kandidatur für den Rottenburger Bischofsstuhl davon ausgegangen, daß an der Römischen Kurie gegen ihn ein Verfahren anhängig gewesen sei. Aber was ist dran an diesem vermeintlichen Zensurverfahren gegen den Kopf der Tübinger Theologie und einen der berühmtesten katholischen Denker des 19. Jahrhunderts? An Mutmaßungen und Spekulationen fehlt es nicht. Gab es dieses Verfahren überhaupt?

Ausgangspunkt der ganzen Affäre war eine 1815 in Ellwangen erschienene kleine lateinische Schrift zum Thema Ohrenbeichte *(Dissertatio historico-theologica originem ac vicissitudines exomologeseos in ecclesia catholica ex documentis ecclesiasticis illustrans)*. Kardinalstaatssekretär Ercole Consalvi (1757–1824) hatte dem Rottenburger Provikar Johann Baptist von Keller (1774–1845) im Frühjahr 1817 mitgeteilt, in Rom sei man über die «Verderbtheit» der Lehre an der Ellwanger Friedrichs-Universität höchst besorgt; namentlich Professor Drey habe «verschiedene Irrtümer gegen die Ohrenbeichte»[49] vertreten. Damit steht immerhin fest: In Rom war man über Dreys Beichtschrift von 1815, oder genauer, über die Disputation, die unter seinem Vorsitz im September diesen Jahres in Ellwangen zum Thema Ohrenbeichte stattgefunden hatte, informiert – und man hielt sie für heterodox. Von einem tatsächlich anhängigen Indizierungsverfahren schrieb der Kardinalstaatssekretär jedoch nichts.

Die nun zugänglichen Akten im Archiv der Kongregation für die Glaubenslehre erlauben zumindest teilweise eine Antwort auf die oben gestellten Fragen. Offenbar hat man im Sommer 1816 in Rom tatsächlich ein Verfahren gegen die Beichtschrift des Ellwanger Theologen geplant; allerdings sollte Drey nicht vor der Indexkongregation, sondern vor der Inquisition angeklagt werden. Die Tatsache, daß der Prozeß vor der höchsten Kongregation stattfand, zeigt, wie wichtig man die Vorgänge an der Ellwanger Friedrichs-Universität in der tiefen schwäbischen Provinz an der Römischen Kurie nahm. Man beauftragte Maurizio Benedetto Olivieri (1769–1845), für die Inquisition ein Gutachten über eine Abhandlung des Ellwanger Professors für Kirchengeschichte und Kirchenrecht Karl Wachter (1764–1822) zu verfassen.[50] In einer ausführlichen, über vierzig Seiten umfassenden Zensur unterzog der Gutachter die einzelnen Aussagen Wachters – etwa zum kirchlichen Eherecht – einer strengen Kritik. Olivieri kam zu dem eindeutigen Ergebnis, Wachters Werk sei unter allen Umständen zu verbieten, weil es nicht nur falsche, sondern auch ausdrücklich häretische Thesen enthalte. Gleichzeitig schlug er vor, der Heilige Vater möge den Ellwanger Generalvikar Franz Karl von Hohenlohe (1745–1819) über die Zensurierung Wachters wie über die irrige Lehre der übrigen Ellwanger Professoren informieren und zu raschem und konsequentem Einschreiten auffordern. Tatsächlich hat sich Pius VII. (1800–1823) mit einem

Breve vom 26. März 1817 bei Hohenlohe über die irrigen Lehren seiner Theologieprofessoren beschwert. Von einem in Rom anhängigen Indizierungsverfahren steht darin aber ebenfalls nichts.

Dabei ist es besonders interessant, daß der Zensor am Anfang seines Wachter-Gutachtens zumindest einen indirekten Hinweis auf Drey gibt. Er schreibt, das Werk des Ellwanger Kanonisten sei dem Heiligen Offizium «auf Befehl» des Heiligen Vaters und des Kardinalstaatssekretärs durch Monsignore Mazio aus der Kongregation für die Außerordentlichen Kirchlichen Angelegenheiten, einer dem Staatssekretariat zugeordneten Behörde, zusammen mit einem anderen Buch über die Beichte, dessen Zensurierung man auf ein andermal «verschoben» habe, zur Überprüfung übergeben worden. Tatsächlich hatte Raffaele Mazio (1765–1832) mit Schreiben vom 23. Juni 1817 die beiden Werke Wachters und Dreys an den Kommissar der Inquisition Pater Angelo Maria Merenda (1755–1820) mit der Bitte um gründliche Überprüfung und Zensur übersandt.[51] Daraus resultiert: Dreys Beichtschrift wurde nicht nur in Rom denunziert, sie ist auch tatsächlich im Heiligen Offizium angekommen, und es wurde auch eine Überprüfung des «Werkchens» angeordnet. Diese wurde jedoch nie durchgeführt, das «Ein andermal» war faktisch ein «Keinmal». Über Wachters Werk wurde immerhin das bereits erwähnte umfangreiche Gutachten erstellt. Im Gegensatz zu allen übrigen in dem einschlägigen Band der «Censurae librorum 1816/17» dokumentierten Fälle kam es im Fall Wachter wie auch im Fall Drey offenbar weder zu einer Beratung im Konsult noch in der Kongregation der Kardinäle.

Für diese Lesart sprechen vor allem zwei Gründe: Einerseits sind die entsprechenden Sitzungsunterlagen nicht vorhanden. Die Akten der Serie «Censurae librorum» des Heiligen Offiziums bilden jeweils Sachfaszikel zu einem bestimmten Buch beziehungsweise Autor. Auf dem Umschlag dieses Faszikels vermerkt der Assessor jeweils die Daten der vorbereitenden Konsultorensitzung und der Beratung der Kardinalskongregation sowie meist auch die Kurzergebnisse der Beratungen. Dies ist bei den übrigen im Konvolut «Censurae librorum 1816/17» gesammelten Zensurfällen auch stets der Fall, nur nicht bei den Nummern 2 und 13, welche die Fälle Drey und Wachter dokumentieren. Auch in den eigentlichen Sitzungsprotokollen der Römischen Inquisition, den sogenannten «Decreti», jener Jahre findet sich kein Hinweis auf eine Behandlung der inkriminierten Schriften der beiden Ellwanger Theologieprofessoren.

Andererseits befindet sich die Zensur Olivieris zu Wachter noch in neun handschriftlichen Exemplaren bei den Akten. Daraus ergibt sich: Das Gutachten wurde zwar verfaßt und kopiert, in diesem Falle mehrfach abgeschrieben, aber offensichtlich nicht an die Konsultoren und Kardinäle verteilt. Für Drey fehlt auch dieses. Der Fall Drey hatte somit zwar den Sprung in die Inquisition geschafft, er versandete dort jedoch in einem noch früheren Stadium als die parallele Affäre seines Ellwanger Kollegen Wachter. Beide Theologen wurden nicht indiziert. Welche Umstände beziehungsweise Personen dafür sorgten, daß die Ellwanger Fälle in der Inquisition nicht weiterbehandelt wurden, darüber schweigen die einschlägigen Akten.

Die Dokumente des Heiligen Offiziums machen jedoch nicht nur präzisere Angaben über den Fall Drey innerhalb der Kongregation selbst möglich, sondern sie geben auch wichtige Hinweise zur Beantwortung einer anderen Frage. Der Gutachter Olivieri verrät in seiner Zensur Wachters, «die Beschwerde gegen die perversen Thesen», wie sie an der Ellwanger Friedrichs-Universität vorgetragen wurden, seien von einem «zelante Ecclesiastico», also von einem eifrigen Geistlichen ausgegangen. Da die inkriminierten Werke auf Weisung des Papstes von Monsignore Mazio an die Inquisition übersandt wurden, ist zu vermuten, daß dieser der Empfänger der Denunziation gewesen sein dürfte. Damit ist eine interessante Fährte entdeckt, denn Monsignore Raffaele Mazio galt damals als einer der fähigsten Prälaten der Römischen Kurie und war vor allem mit den kirchlichen Angelegenheiten im deutschen Südwesten beschäftigt. Bei der Suche nach Spuren der Denunziation halfen die Akten der Kongregation für die Glaubenslehre jedoch nicht mehr weiter. Auch ein Blick in die offiziellen Akten der Kongregation für die Außerordentlichen Kirchlichen Angelegenheiten, als deren Mitarbeiter Mazio an das Heilige Offizium geschrieben und die Bücher beigelegt hatte, blieb ohne Ergebnis. Erst der «private» Nachlaß des Prälaten, die sogenannte «Carte Mazio», die im Vatikanischen Geheimarchiv aufbewahrt wird, erwies sich im Fall Drey als äußerst aufschlußreich.

Demnach läßt sich als Denunziant Dreys der katholische Pfarrer von Leinzell bei Schwäbisch Gmünd, gerade einmal vierzig Kilometer von Ellwangen entfernt gelegen, Christoph Mayer (1743–1818), identifizieren. Dieser wandte sich am 7. August 1816 in einem lateinischen, mit zahlreichen Beilagen versehenen Schreiben direkt an Papst Pius VII.[52] Neben Mayers persönlicher Situation und Auseinandersetzungen eher privaten Charakters geht es in seinem Brief um schwere kirchliche Mißstände im Königreich Württemberg im allgemeinen und die verderbte Lehre der Ellwanger Theologieprofessoren, namentlich Johann Sebastian Dreys, im besonderen.

In einer ebenfalls lateinischen, bereits auf den 20. Dezember 1815 datierten Anlage mit dem Titel «Thesen, die im September 1815 an der katholischen Universität Württemberg in Ellwangen unter Vorsitz des Theologieprofessors Drey verteidigt wurden», übersandte Mayer im Sommer 1816 eine Abschrift der sechs Thesen, welche als Kurzresümee den Abschluß der Beichtschrift bildeten und aus deren Druckfassung wörtlich übernommen worden waren.[53] In deutscher Übersetzung lauten diese Thesen wie folgt: «Da aus den heiligen Schriften über den zu erhellenden Ursprung der Beichte zu wenig an Sicherheit und Klarheit entnommen werden kann, leiten wir eben denselben Ursprung aus der öffentlichen Bußpraxis ab, die schon zur Zeit der Apostel sündigen Menschen, die aus der Kirche ausgeschlossen wurden, zur Wiedergutmachung entweder auferlegt, oder von diesen freiwillig übernommen wurde. Man mußte jenes Schuldbekenntnis, wie auch die Buße selbst, öffentlich nur für sehr schwere Vergehen ablegen, gleichgültig, ob diese unter den Gläubigen allgemein bekannt waren oder nicht – einerseits, um die Aussöhnung mit der Kirche zu erlangen, andererseits, um die Gottheit zu besänftigen. In dem Moment freilich, als man begann, die Autorität der Kirche für eine göttliche zu halten, erschien auch die Notwendigkeit eines Bekenntnisses als gottgefälliger, obwohl sie ohne Beweisgründe von den Heiligen Vätern angeraten war, die doch die verpflichtende Instanz irgendeiner göttlichen oder kirchlichen Vorschrift nicht anführten. Ungeachtet dessen, daß durch die Zeugnisse derselben Väter feststeht, daß das Schuldbekenntnis nicht allein der Kirche gegenüber abgelegt wurde, sondern zugleich Gott gegenüber üblich war, behielten sie die Vergebung der Sünden durchweg Gott vor. Gleichwohl kann nicht bestritten werden, daß schon im 2. Jahrhundert die Formel, die Kirche lasse Sünden nach, gebräuchlich gewesen ist. Die Buße und das Bekenntnis der Sünden, die bereits zu Zeiten des Cyprian nach gewissen Regeln verliefen, ist nicht sehr viel später in bemerkenswerter Weise umgestaltet worden; aufgrund dieser Veränderung geschah es, daß die Beichte, die bislang öffentlich vor der versammelten Gemeinde und den Priestern abgelegt wurde, nun aufgrund einer kirchlichen Einrichtung ins Private überging, wobei ein Bußpriester eingesetzt wurde, bei dem jeder, der Buße tat, privat seine Sünden bekannte. Zwar blieb die Bußpraxis öffentlich, doch bekannte seit jener Zeit kaum jemand öffentlich seine Sünden.» Dem Zitat aus der *Dissertatio* Dreys fügt Mayer die Bemerkung bei, diese vor den Augen des Ellwanger Generalvikars öffentlich verteidigten Thesen – für den Leinzeller Pfarrer allesamt heterodox – habe der Professor Drey dadurch zu rechtfertigen versucht, daß er sie ausschließlich historisch – also nicht dogmatisch – abgehandelt habe.

An der Kurie übernahm dann nach Auskunft der «Carte Mazio» Abbé Paul Dumont (1762–1820), ein mit den süddeutschen Verhältnissen bestens vertrauter Diplomat aus dem Umfeld Annibale della Gengas (1760–1829), welcher 1823 als Kandidat der Hardliner zum Papst Leo XII. gewählt werden sollte, die inhaltliche Aufbereitung der umfangreichen Sendung aus Leinzell vom 7. August 1816. In einer Denkschrift,[54] die er am 19. März 1817 an Mazio übersandte, faßte er die bereits oben angeführten Anliegen Mayers zusammen: Neben privaten Streitigkeiten des Leinzeller Pfarrers und zahlreichen kirchlichen Mißständen im Königreich Württemberg wie etwa der Einführung der Landessprache in der Liturgie, der Vorbereitung deutscher Bibelübersetzungen oder Eheschließungen trotz vorliegender Ehehindernisse ohne Dispens geht es vor allem um Dreys Thesen. Dieser Punkt betrifft – so Dumont – die im vorvergangenen Jahr, im September 1815, in Ellwangen von Professor Drey vertretenen Thesen, in denen es um das Sakrament der Buße und Beichte geht. Sie sind für den Abbé der Irrlehre, wie sie Wyclif und Calvin vertraten, sehr ähnlich. Dann folgt eine ausführliche Diskussion der einzelnen Thesen.

Diese Denkschrift Dumonts, die Mazio in einer Notiz für den Kardinalstaatssekretär als «ausgezeichnetes Votum»[55] bezeichnete, nahm dieser als Grundlage für sein weiteres Vorgehen im Fall Drey. Einerseits griff er den Vorschlag Dumonts auf, die Angelegenheit des Ellwanger Professors nicht nur aufgrund eines kurzen Zitats in einer handschriftlichen Denunziation zu untersuchen, sondern aufgrund der gedruckten Fassung der Beichtschrift selbst. Nachdem

Dumont diese über einen deutschen Bekannten hatte besorgen lassen, übersandte Mazio die *Dissertatio* Dreys zusammen mit Wachters Opus der Inquisition zur Überprüfung. Andererseits lieferte Dumonts Votum die für die öffentliche Reaktion der Kurie notwendige Munition.

Noch einmal kam Mazio in einem Entwurf eines Briefes für den Kardinalstaatssekretär an den Ellwanger Provikar Keller vom 29. März 1817 auf den Fall Drey zurück. Schon im vergangenen Jahr – so Mazio – habe es «Hinweise auf die Verderbtheit, die bekanntermaßen an der Universität Ellwangen herrscht», gegeben, «wo unter anderem Professor Drey beschuldigt wird, verschiedene Irrtümer über die Ohrenbeichte geäußert zu haben, und andere Professoren auf ihren jeweiligen Gebieten falsche Lehren verbreiten.»[56] Diese Formulierungen übernahm Kardinalstaatssekretär Ercole Consalvi fast wörtlich in seinem an Keller abgesandten Brief vom 27. März 1817.

Kellers Antwort vom 19. Juni 1817 befriedigte Mazio offensichtlich nicht. In einem nicht datierten Entwurf für ein Antwortschreiben vom Sommer 1817[57] monierte er, Provikar Keller habe sich darauf beschränkt, zu schreiben, er habe gemeinsam mit Generalvikar Hohenlohe die Ellwanger Professoren mit Nachdruck zu größter Zuverlässigkeit in der Lehre ermahnt. «All dies ist hervorragend» – so Mazio –, «aber wenn die schlechten Professoren nicht aufgehört haben, schlechte Lehren zu verbreiten», liege auf der Hand, daß Ermahnungen nicht ausreichten, sondern schärfere Maßnahmen notwendig seien.

«Was Professor Drey betrifft, so sagt Ihr, dieser habe erklärt, zum Beweis der Rechtgläubigkeit seiner Schrift über die Ohrenbeichte den Regeln des Konzils von Trient entsprechende Thesen beigefügt zu haben. Aber was hilft das, wenn seine eigenen Thesen in völligem Gegensatz zu diesem Konzil stehen und offensichtlich falsch sind? Diese im September 1815 in Ellwangen vertretenen Thesen befinden sich in den Händen des Heiligen Vaters, und Seine Heiligkeit hat erkannt, daß sie im Gegensatz zur katholischen Lehre stehen und der Irrlehre Wyclifs, Calvins … sehr ähnlich sind.»

Mazio, ganz auf der Spur Dumonts, wiederholt im folgenden fast wörtlich dessen Beurteilung der sechs Thesen Dreys und fährt dann fort: «Außer den Dingen, die in der erwähnten These Professor Dreys der kirchlichen Lehre von der Ohrenbeichte widersprechen, findet man dort auch verschiedene andere Grundsätze, die im Gegensatz zum offenbarten Glauben stehen. An all dem erkennt Ihr, wie schwach die Begründung ist, mit der Ihr diesen Professor zu entschuldigen glaubtet. Seid überzeugt, daß es nicht obskure Denunziationen oder Verleumdungen verärgerter und boshafter Menschen sind, durch welche, wie Ihr anzunehmen scheint, gegen die Lehren dieses Professors ungerechterweise Anklage erhoben wurde; es handelt sich vielmehr um eifrige Katholiken, denen, wie es sein muß, die Reinheit der Lehre am Herzen liegt, und der Heilige Vater hat sichere und echte Beweise für die schlechte Lehre in der Hand. Meine bisherigen Äußerungen müssen Euch davon überzeugen, daß ich Euch nicht zu Unrecht in meinem letzten Brief über die Beschwerden Seiner Heiligkeit bezüglich der Lehre einiger Ellwanger Professoren in Kenntnis gesetzt habe, und die gegen Professor Drey vorgebrachten Beweise werden Euch versichern, daß Seine Heiligkeit auch über das Unrecht einiger anderer informiert ist.»

In einem internen Votum[58] faßte Mazio schließlich seine Ansicht zu den Antwortschreiben Hohenlohes und Kellers vom 19. Juni 1817 für den Kardinalstaatssekretär noch einmal zusammen: «Ich bin in keiner Weise mit den Briefen der zwei Bischöfe zufrieden, und ich finde ihre Entschuldigungen nicht überzeugend.» Namentlich im Hinblick auf die schlimme Lehre an der Universität Ellwangen durch Drey und andere Theologieprofessoren sei keine Abhilfe geschaffen worden: «Als Antwort auf den bezüglich der Lehre gemachten Vorwurf», sagte Hohenlohe, «daß er von seinen Professoren den Glaubensschwur verlangt hat, daß er mit seinen Beratern an den öffentlichen Prüfungen teilnimmt und dabei nie etwas im Gegensatz zur Glaubenslehre Stehendes entdeckt hat, daß er den Professoren nochmals eingeschärft hat, sich jeder Neuerung zu enthalten, und daß er ihnen den sie betreffenden Paragraph des päpstlichen Breves vorgelesen hat. Diese Entschuldigungen reichen nicht. Wir haben die Beweise für die irrgläubige Lehre an der Universität Ellwangen in Händen. Habt die Güte, die Abhandlung von Professor Drey, die ich Euch vor circa einem Jahr überließ, nochmals zu prüfen, in dieser Abhandlung finden sich nicht nur Dinge gegen die Ohrenbeichte, sondern auch andere im Widerspruch zur offenbarten Religion stehende Grundsätze ... Man darf sich nicht wundern, wenn Keller versucht, die irrgläubige Ellwanger Universität zu entschuldigen, denn sie hat ihm und seinem treuen Freund Werkmeister ein Doktordiplom verliehen.»

Es hat also tatsächlich eine Denunziation der Beichtschrift Dreys gegeben. Sie kam aus dem unmittelbaren Umfeld des Betroffenen, aus seinem Heimatbistum Rottenburg selbst. Adressat der Anzeige in Rom waren nicht die für die Buchzensur zuständigen Kongregationen von Inquisition und Index, sondern der Heilige Vater selbst – ein für Denunziationen der damaligen Zeit keineswegs ungewöhnliches Vorgehen. Der Papst gab die Sache über den Kardinalstaatssekretär an die Kongregation für die Außerordentlichen Kirchlichen Angelegenheiten weiter. Diese wurde immer dann eingeschaltet, wenn ein Fall politische Implikationen hatte, was beim Fall Drey, der in die komplizierte Entstehungsgeschichte des Bistums Rottenburg im Spannungsfeld von Kirche und Staat hineingehört, auf der Hand lag. Die beiden Hauptakteure in dieser Angelegenheit, Mazio und Dumont, waren bezeichnenderweise Mitarbeiter dieser Kongregation.

Wie meist bei Indizierungsverfahren mit kirchenpolitischem Hintergrund kam es an der Kurie zu einem doppelten Vorgehen: Einerseits die Überweisung der eigentlichen Buchzensur an eine der zuständigen Kongregationen; in diesem Fall die Inquisition, weil die Indexkongregation nach Ausweis des entsprechenden «Diarium» in der unmittelbaren Zeit nach Ende der Napoleonischen Besetzung des Kirchenstaates offenbar noch nicht wieder voll funktionsfähig war. Ein Verfahren wurde gegen beide Ellwanger Professoren dann doch nicht durchgeführt, für Drey nicht einmal ein Gutachten erstellt. Über die Gründe darf weiter spekuliert werden. Andererseits die politische Reaktion nach außen: Sie erfolgte durch Beschwerden des Kardinalstaatssekretärs beziehungsweise des Papstes bei den für den katholischen Autor zuständigen kirchlichen Oberen, Provikar Keller und Generalvikar Hohenlohe.

Vielleicht haben die Verlegung von Fakultät, Priesterseminar und Generalvikariat von Ellwangen, dem Ort katholischer «Finsternis und Beschränktheit», nach Rottenburg und Tübingen in die größere Nähe zur protestantischen Landeshauptstadt Stuttgart im Jahre 1817 den Fall Drey zu einer unbedeutenden Nebensache werden lassen, da es jetzt für die Kurie ans Eingemachte ging. Neben der großen Politik war ein kleiner Theologieprofessor dann eben doch nicht wichtig genug. Erst als die Suche nach einem geeigneten ersten Bischof für das Bistum Rottenburg im Gefolge der Errichtung der Oberrheinischen Kirchenprovinz und der Diözese Rottenburg 1821 begann, wurde die Frage nach dem römischen Schicksal der Dreyschen Beichtschrift neuerlich zu einem Thema. Das bloße Gerücht eines gegen ihn in Rom anhängigen Zensurverfahrens reichte offensichtlich aus, um den Tübinger Professor als Bischofskandidaten endgültig zu desavouieren. Eine wirkliche Indizierung war dazu gar nicht nötig.

Heinrich Heine: Gegen die Religion der Freiheit?

«Dekret vom 5. Tag der Woche, den 22. September 1836.

Die Heilige Kongregation der Eminenzen und hochwürdigsten Kardinäle der heiligen Römischen Kirche, die von UNSEREM HEILIGSTEN HERRN, PAPST GREGOR XVI., und dem Heiligen Apostolischen Stuhl mit dem Index der Bücher mit verkehrter Lehre und ihrem Verbot … im ganzen christlichen Gemeinwesen betraut sind, und ihrer Vertreter, die im Apostolischen Palast auf dem Quirinal abgehalten wurde, hat verdammt und verdammt, hat verboten und verbietet, folgende – eventuell auch anderweitig bereits verurteilte und verdammte – Werke und hat sie in den Index der verbotenen Bücher aufgenommen und nimmt sie auf:

De la France par Heinrich Heine. Durch das Dekret [der Indexkongregation] vom 22. September 1836.

Œuvres de Henri Heine: Reisebilder Tableaux de Voyage. Durch dasselbe Dekret Œuvres de Henri Heine: De l'Allemagne. Durch dasselbe Dekret …

Deshalb wage es niemand, gleich welchen Ranges und Standes, die genannten verdammten und geächteten Werke an egal welchem Ort und in egal welcher Sprache weder hinfort herauszugeben noch die bereits herausgegebenen zu lesen oder aufzubewahren. Vielmehr ist jedermann gehalten, unter Androhung der im Index der verbotenen Bücher genannten Strafen, diese Bücher den zuständigen Ortsbischöfen oder den gegen häretische Schlechtigkeit eingesetzten Inquisitoren zu übergeben.»[59]

Mit diesen feierlichen Worten verbot die römische Indexkongregation neben zehn anderen Büchern auf einen Streich drei Werke Heinrich Heines (1797–1856). Wer sich Anfang Oktober 1836 in Rom aufhielt, konnte den Wortlaut dieses Dekrets auf den großformatigen Plakaten lesen, die an den Türen aller Hauptkirchen der Stadt angeschlagen waren. Das Verbot Heines wurde bald darauf in den Index der verbotenen Bücher aufgenommen, in dem sein Name auch über die große Reform von 1897 hinaus, die zahlreiche Schriftsteller aus der «schwarzen Liste» entfernte, bis 1966 stehenblieb. Heine hätte damit von Katholiken nicht gelesen werden dürfen.

Wie kam es, daß man sich im fernen Rom um einen deutschen Schriftsteller kümmerte, der überdies nicht einmal Katholik, sondern «nur» protestantisch getaufter Jude war? Wer wollte drei in französischer Sprache erschienene literarische Werke dieses Autors unbedingt auf dem römischen Index der verbotenen Bücher sehen? Und vor allem: Wodurch genau sah sich die Kurie zu diesem Verbot veranlaßt? Welche Absicht verfolgte sie mit dieser Verurteilung? Fragen, die sich verschärft stellen, wenn man zugleich das bekannte Verbot des Jungen Deutschland, zu dem auch Heine gehörte, durch die Frankfurter Bundesversammlung berücksichtigt.

Das erste Indexverfahren

Das Zensurverfahren gegen Heinrich Heine ist gut dokumentiert, die Geheimgutachten, die Einladungen und Protokolle der Sitzungen der Konsultoren und Kardinäle, die Urteilsbegründung für den Papst und das Dekret mit der Indizierung der drei Heine-Werke sind in den römischen Akten vorhanden. Da die Gutachter zumeist mündlich beauftragt wurden, liegen keine schriftlichen Zeugnisse über den genauen Beginn des Heine-Prozesses in der Indexkongregation vor. Vermutlich kam das Verfahren, in dem drei Werke des Dichters, *De la France* (Paris 1833), *Tableaux de Voyage* (Paris 1834) und *De l'Allemagne* (Paris 1836) einzeln untersucht wurden, im Sommer 1836 in Gang.

Präfekt der Indexkongregation war damals Kardinal Giacomo Giustiniani (1769–1843), der dieser Behörde von 1834 an bis zu seinem Tode vorstand. Giustiniani galt als Hardliner an der Römischen Kurie. Als Präsident des Staatsrats von Rom hatte er die Besetzung des Kirchenstaats durch napoleonische Truppen erlebt. Seither haßte er alles, was aus Frankreich kam, namentlich alle revolutionären Ideen. Giustiniani, der im Konklave 1830/31 fast zum Papst gewählt worden wäre und nur am spanischen Veto gescheitert war, sollte – so wünschte es der neue Pontifex Gregor XVI. – die Kongregation auf Vordermann bringen. Nach seinem Amtsantritt erließ er umgehend ein scharfes Rundschreiben an alle Nuntien mit der Anweisung, wesentlich eifriger als bislang gefährliche Bücher in Rom zu denunzieren. Der eigentliche starke Mann der Kongregation war aber ihr Sekretär, der Dominikaner Tommaso Antonio Degola (1776–1856), der dieses Amt 1832 übernommen und die Alltagsgeschäfte zu führen hatte. Aus den rund 30 zur Verfügung stehenden Konsultoren der Indexkongregation wählte der Dominikaner drei Gutachter für die Heine-Schriften aus: Pio Bighi, Giovanni Battista Palma und Giuseppe Maria Graziosi.

Pio Bighi (1780–1854) hatte Heines *De la France* einem strengen Examen zu unterziehen.[60] Der Moraltheologe war seit 1822 Konsultor der Indexkongregation. Bereits im zweiten Satz seiner Ausführungen nannte er den eigentlichen Grund des römischen Indexverfahrens gegen Heine als «Chef einer Sekte, die sich Junges Deutschland nennt». Frankreich, die Prophetin des Freiheitsevangeliums, diene Heine nicht nur als Exil und Zufluchtsstätte, sondern auch als Ort «des Komplotts und der Verschwörung». Als Sohn eines zum Protestantismus übergetretenen Juden sei er «voller Hass gegen das Christentum und speziell den Katholizismus» und strebe nichts anderes als die Weltrevolution an. Entsprechend könne man sein Werk «mit vollem Recht als ein Gewebe von gottlosen, antireligiösen und revolutionären Grundsätzen bezeichnen».

Vor allem, daß Heine die Freiheit als neue Religion auffaßte und Paris zum «neuen Rom» und zur Hauptstadt der Freiheit ausrief, belegte für Bighi das «teuflische Vorhaben» einer «antireligiösen und antisozialen Revolution». Heines ganzes Streben richte sich darauf, «mit allen Mitteln die Erneuerung des Menschengeschlechtes, genauer gesagt, die gegen Religion und soziale Ordnung gerichtete Revolution vorzubereiten, zu planen und herbeizuführen». Ein abgrundtiefer «Haß auf die bestehende Ordnung, vor allem aber den katholischen Klerus und den Adel» spreche aus jeder Zeile von *De la France*. «Er sagt voraus, was den Fürsten widerfahren wird, nämlich Vernichtung, Tod oder bestenfalls Exilierung.» Und ganz im Sinne der «unreifen Verteidiger der sogenannten Menschenrechte» propagiert der Dichter, daß Deutschland und Frankreich dabei seien, große Republiken zu werden, deren «*Religion die Freiheit sein wird*». Die Mittel, das zu erreichen, seien aber «Terrorismus und Schlächterei». Was früher nur in «finsteren Konventikeln» hinter vorgehaltener

Hand geflüstert wurde, posaunt Heine in seinem Buch lauthals hinaus – so der Gutachter.

In Bighis Augen ruft Heine nicht nur zu Aufruhr, Umsturz und Revolution auf, sondern lästert katholische Dogmen, speziell durch die Umdeutung Jesu Christi zum Propheten der Gleichheit und Freiheit, und vertritt eine schamlose und perverse Moral. Besonders ärgert sich der Gutachter über den Passus, in dem Heine darüber spottet, daß in Spanien und Süddeutschland «die katholische Priesterschaft» die Heilige Allianz von Thron und Altar segne. «Die Lästerungen sind erschreckend, die der Autor gegen die heiligen Dogmen der Christlichen Religion vorbringt, zugleich aber mißbraucht er sie. Er beleidigt auch diese Religion selbst ... *Denn sie urteilen sehr richtig: wer sich frevelhaft seiner Vernunft bedient und die Vorrechte der adeligen Geburt leugnet, der zweifelt am Ende auch an den heiligsten Lehren der Religion und glaubt nicht mehr an Erbsünde, an den Satan, an die Erlösung, an die Himmelfahrt, er geht nicht mehr nach dem Tisch des Herrn und gibt auch dann den Dienern des Herrn keine Abendmahlstrinkgelder oder sonstige Gebühr, wovon ihre Subsistenz und also das Heil der Welt abhängt. Die Aristokraten aber haben ihrerseits eingesehen, daß das Christentum eine sehr nützliche Religion ist, daß derjenige, der an die Erbsünde glaubt, auch die Erbprivilegien nicht leugnen wird, daß die Hölle eine sehr gute Anstalt ist, die Menschen in Furcht zu halten, und daß jemand, der seinen Gott frißt, sehr viel vertragen kann.*»[61] Diese Verunglimpfung der Heiligen Kommunion durch Heine ist für Bighi pure Blasphemie. Überdies propagiere Heine eindeutig das Ende des Christentums, wenn er schreibt, «*die alte Religion ist gründlich tot, sie ist bereits in Verwesung übergegangen*». Man müsse sich das «*Schnupftuch vor die Nase halten, wenn vom Katholizismus die Rede*» ist.[62]

Bighi interpretiert Heines Ausführungen kaum. Er sieht seine Aufgabe vor allem darin, besonders anstößige Zitate für die Kardinäle zusammenzustellen als Nachweise für sein Urteil, das bereits von vornherein feststand. «Auch wenn weitere Belege fehlten» – so schreibt er in seinem Gutachten –, «so würden diese wenigen Worte schon genügen, die nichts anderes sind als Unflätigkeiten und Lästerungen, um eine Vorstellung davon zu geben, wie dieser verruchte Mensch über Moral und Glauben denkt.» Von «Ekel und Schrekken» geschüttelt, kann Bighi nicht anders, als von der Indexkongregation das rasche Verbot des Buches zu fordern.

Giovanni Battista Palma (1791–1848) erhielt den Auftrag, *De l'Allemagne* unter die Lupe zu nehmen.[63] Der gebürtige Römer und Kirchenhistoriker war seit 1835 Konsultor der Indexkongregation und fürchtete die Revolution wie der Teufel das Weihwasser. Er galt schon zu Lebzeiten als Heiliger. Die von ihm so gefürchtete und bekämpfte Revolution sollte ihn 1848 im Zusammenhang mit der römischen Revolution zum Märtyrer der alten Ordnung machen. Eine Kugel traf ihn durch ein Fenster tödlich, als er im Quirinalpalast, der päpstlichen Residenz, weilte.

Palma sah seine Aufgabe ebenfalls nicht darin, mit Heine in einen kritischen Dialog einzutreten oder eine würdigende Rezension zu schreiben. Das Buch ist schlecht und muß indiziert werden – das steht fest. Es geht nur darum, den Grad der Verderbtheit herauszuarbeiten, besonders schlimme Formulierungen herauszusuchen und aufzuspießen, wie der zweite Abschnitt seines Votums klar belegt.

«Ich glaube» – so schreibt er –, «daß die Absicht des hochwürdigsten Paters» – gemeint ist der Sekretär der Indexkongregation, Dominikanerpater Degola – «nicht etwa darin bestand, zu erfahren, ob die genannten Bücher eine falsche Lehre enthalten und Anlaß geben, sie zu verdammen, sondern darin, zu erfahren, wie verderbt sie sind und ob es möglich ist, ihre Bosheit zu bewerten. Ich glaube, es war ihm auch nicht daran gelegen, daß in einer eingehenden Darlegung bewiesen würde, daß ein Verbot der Lektüre gerechtfertigt ist. Man braucht nur zu wissen, daß man den Namen Gottes und den Namen Christi nicht verächtlich machen, daß man die Katholische Kirche und alle Heiligen Dinge nicht schmähen darf und daß es nicht erlaubt ist, die gefährlichsten Gegner der Kirche und des guten Anstands gerade als solche begeistert zu loben, daß man die Völker nicht zur Revolution aufreizen oder diese als den Anbruch einer allgemeinen Befreiung propagieren darf, um sofort zu erkennen, daß *De l'Allemagne* verboten werden muß.» Ausgehend von dieser Prämisse ist für Palma auch seine Aufgabe als Zensor klar: «Daher werde ich mich darauf beschränken, auf einige Züge des Werks aufmerksam zu machen, die zeigen, von welchem Geist es erfüllt ist und von welcher Art die Grundsätze sind, die es nicht etwa nur hier und da verstreut enthält, sondern die es energisch anpreist.»

Palma konzediert Heine einen «lebendigen und geistreichen» Stil, was das Werk um so «gefährlicher macht – und verführerisch», vor allem für die Jugend. Treffsicher notierte er das eigentliche Thema der beiden Bände, nämlich die Entwicklung von Philosophie und Religion in Deutschland seit der Reformation. Mit Luther, den Heine «aufs Höchste preist», beginnt für Palma der Anfang vom Ende, eine Geschichte des Verfalls in Deutschland, die gekennzeichnet ist durch die Kausalkette Reformation – Pantheismus – Rationalismus – Unglauben. Daß Heine überdies mit Immanuel Kants gottloser und verabscheuungswürdiger *Kritik der reinen Vernunft* in Deutschland die intellektuelle Revolution beginnen läßt, diskreditiert ihn in Rom völlig. Der Name des Königsberger Philosophen stand für die Kurialen als Synonym für all die verhaßten Werte von Moderne und Revolution und war 1827 selbst auf dem Index gelandet, nachdem eine italienische Übersetzung seiner *Kritik* erschienen war.

Darüber hinaus leugnet Heine nach Meinung Palmas die Existenz Gottes, und dies voller Sarkasmus und Spottlust. «*Unsere Brust ist voll von entsetzlichem Mitleid – es ist der alte Jehova selbst, der sich zum Tode bereitet. Wir haben ihn so gut gekannt, von seiner Wiege an ..., wie er ... in Palästina, bei einem armen Hirtenvölkchen, ein kleiner Gott-König wurde ... Wir sahen ihn auswandern nach Rom, der Hauptstadt, wo er aller Nationalvorurteile entsagte, und die himmlische Gleichheit aller Völker proklamierte, und mit solchen schönen Phrasen gegen den alten Jupiter Opposition bildete, und so lange intrigierte, bis er zur Herrschaft gelangte und vom Kapitole herab die Stadt und die Welt, urbem et orbem, regierte – Wir sahen, wie er sich noch mehr vergeistigte, wie er sanftselig wimmerte, wie er liebevoller Vater wurde, ein allgemeiner Menschenfreund, ein Weltbeglücker, ein Philanthrop – Es konnte ihm alles nicht helfen. – Hört Ihr das Glöckchen klingeln? Kniet nieder – Man bringt die Sakramente einem sterbenden Gott.*»[64] Hier wird der Tod Gottes propagiert und Atheismus gepredigt – das bedarf für Palma keiner weiteren Worte.

Ferner spricht Heine ohne Ehrfurcht von Jesus Christus und kümmert sich laut Palma weder um dessen Wundertaten, noch seine Lehre. Nach Gott und Christus sind vor allem die katholische Kirche, namentlich die Priester und Bischöfe sowie nicht zuletzt der Papst Gegenstand von Heines Spott. Auch hier zitiert Palma für die Kardinäle ausführlich einen einschlägigen Passus aus *De l'Allemagne*: «*Der arme Rabbi von Nazareth, über dessen sterbendes Haupt der heidnische Römer die hämischen Worte schrieb: König der Juden, – eben dieser dornengekrönte, mit dem ironischen Purpur behängte Spottkönig der Ju-*

den wurde am Ende der Gott der Römer, und sie mußten vor ihm niederknien! Wie das heidnische Rom wurde auch das christliche Rom besiegt, und dieses wurde sogar tributär.»[65] Der Papst als Nachfolger des armen Rabbi ist laut Heine finanziell äußerst potent und treibt überall erfolgreich Kirchensteuern ein. Damit sind nach den politischen Häresien auch die wesentlichen theologischen Ketzereien des Dichters aufgezählt.

Die philosophische und intellektuelle Revolution, die mit Kant in Deutschland ihren Höhepunkt erreicht hat, entspreche – so Palma – bei Heine dem politischen und sozialen Umbruch der Französischen Revolution von 1789. Entchristlichung und Umsturz, Gotteslästerung und Aufruhr, Kirchenkampf und Königsmord sind für den Gutachter nur zwei Seiten ein und derselben Medaille. Für ihn ist die «Bosheit des Werkes» bewiesen, es widerspricht den fundamentalen katholischen Wahrheiten und ruft zur Revolution auf. «Deswegen bin ich im Innersten überzeugt, daß das Werk verdient, verboten zu werden» – schließt Palma sein Votum.

Giuseppe Maria Graziosi (1793–1847) bekam es mit den *Reisebildern* zu tun.[66] Der Dogmatikprofessor war erst seit Anfang 1836 Konsultor der Indexkongregation. Auch er bescheinigte Heine «lebhafte Phantasie» und «poetisches Genie», wenn er den Dichter auch als vom «Stil und Geschmack der Romantik verdorben» betrachtet, der einen Großteil der «Literatur unserer Zeit verseucht». Er sah sich aber außerstande, eine vernünftige Zusammenfassung oder gar Inhaltsangabe des Werks zu bieten; alles sei «verworren und undeutlich» formuliert – typisch für einen Autor, der der «verabscheuungswürdigen Sekte» des Jungen Deutschland angehört. «Gott sei Dank» – so der Zensor weiter – «bin ich aber in die abstrusen Mysterien der heutigen Geheimgesellschaften nicht eingeweiht, und deshalb für die suggestive Wirkung gewisser Anspielungen sowie für die symbolische und chiffrierte Sprache des Verfassers nicht empfänglich.»

Für Graziosi ist klar: Heine vertritt ungläubige und gottlose Grundsätze, verletzt die guten Sitten, verleumdet die Regierenden und stachelt zur Revolution auf. Und wieder findet sich ein ähnliches Vorgehen wie bei seinen Kollegen Bighi und Palma, wenn Graziosi den Kardinälen versichert, er werde für die Interpretation «nur einige wenige Beweise beibringen» – in Form von Heine-Zitaten. Das ganze Denken des Dichters sei getragen von den verwerflichen

«Prinzipien des Liberalismus». Wer «Emanzipation» von den Souveränen und damit abscheuliche «Demokratie» predigt, rüttele an den Grundfesten der göttlichen Ordnung wie an den Grundlagen von Kirche und Staat.

Als Beweis für Heines Verachtung der katholischen Religion zitiert Graziosi treffsicher die Stelle aus den *Reisebildern*, die einen glühend heißen Sommertag in Trient schildert. Der Reisende flüchtet aus der Hitze in den kühlen Dom mit seinen bunten Kirchenfenstern. Heine bringt dann «einen Vergleich mit den Kirchen der Protestanten, in die *das Licht so frech durch die unbemalten Vernunftscheiben* eindringt. Und er schließt: *Man mag sagen, was man will, der Katholizismus ist eine gute Sommerreligion. Es läßt sich gut liegen auf den Bänken dieser alten Dome, man genießt dort die kühle Andacht, ein heiliges Dolce far niente* ... Und dann zieht er Bilder [der Heiligen und der Gottesmutter] ins Lächerliche und ebenso den Beichtstuhl, den er als *Häuschen aus braunem Holz für die Notdurft des Gewissens* bezeichnet, und mischt eine liederliche Beschreibung einer beichtenden Frau mit ein, deren Hand er verstohlen geküßt habe.»[67]

Ferner verspotte Heine Christus, als er die heidnischen Götter bei einem Festbankett im Himmel darstellt – was Graziosi ebenfalls als Beleg der grundsätzlichen Verderbtheit des Literaten ausgiebig zitiert: *«Da plötzlich keuchte heran ein bleicher, bluttriefender Jude, mit einer Dornenkrone auf dem Haupte, und mit einem großen Holzkreuz auf der Schulter; und er warf das Kreuz auf den hohen Göttertisch, daß die goldnen Pokale zitterten, und die Götter verstummten und erblichen, und immer bleicher wurden, bis sie endlich ganz im Nebel zerrannen.* Seitdem habe sich der Olymp in ein Lazarett für geschundene, verletzte und gebratene Götter verwandelt. *Die Religion gewährte keine Freude mehr, sondern Trost; es war eine trübselige, blutrünstige Delinquentenreligion.*»[68]

Schließlich polemisiere Heine auch noch gegen die katholische «Geistlichkeit, von der er behauptet, daß sie aus Ägypten stamme, dem *Vaterland der Krokodile und des Priestertums*, eines *Priestertums, das als erstes die Menschheit betrogen hat*».[69] Diese Verunglimpfung seines eigenen Standes brachte den Gutachter besonders gegen den deutschen Literaten Heine auf.

Graziosi weigert sich im weiteren Verlauf seines Votums, all die «liederlichen und unmoralischen Stellen» des Werkes anzuführen. Namentlich die «lasterhaften und gottlosen» Beschreibungen körperlicher Liebe sowie die entsprechende Schilderung von Frauen könne er nicht wiedergeben. Aber neben der religiösen Blasphemie ginge es Heine vor allem um Politik. «Der Hauptzweck des Werkes tritt klar zutage», nämlich – so Graziosi – «die Völker zur Revolution aufzuwiegeln.» Vor allem Heines Hinweis auf *«das arme geknechtete Italien»*[70] machte den Gutachter hellhörig. Die Begeisterung der Italiener für die Freiheit, ihre Erinnerung an die einstige Größe des römischen Imperiums, ihre Hoffnung auf Befreiung von Despoten, von denen Heine schreibt, sind für den Gutachter – auch wenn er es nicht explizit sagt – zumindest indirekt auf den Kirchenstaat und die Beseitigung der weltlichen Herrschaft des Papstes gemünzt.

Graziosis Votum ist eindeutig: Heine muß umgehend unschädlich gemacht werden. Seine Werke voller Irrtümer, Lästerungen, Obszönitäten und Prinzipien des Liberalismus verdienen unbedingt eine Indizierung. «Man muß hinzufügen, daß sie wegen der Anmut des Stils, wegen des Schwungs der poetischen Phantasie, wegen der lügenhaften, aber sehr kühn und kunstvoll mit dem Anschein der Wahrheit versehenen Behauptungen sehr geeignet erscheinen, unvorsichtige oder schlecht gesinnte Leser zu verführen» – ein um so stärkerer Beweggrund, die Lektüre zu verbieten.

Die Gutachten der drei Konsultoren wurden Anfang September in Geheimdruck für die anderen Konsultoren vervielfältigt. Am 12. September 1836 fand traditionsgemäß im Dominikanerkonvent von Santa Maria sopra Minerva in der Nähe des Pantheons die Konsultorenversammlung statt, in der außer den drei Werken Heines weitere Schriften behandelt wurden. Sieben Konsultoren waren anwesend, Bighi, der das Gutachten über Heines *De la France* verfaßt hatte, fehlte. Bei den Schriften Heines war man sich rasch einig: Verbot![71]

Mit diesem Beschlußvorschlag ging der Sekretär in die Versammlung der Kardinäle, die am 22. September im Apostolischen Palast auf dem Quirinal stattfand.[72] Die Kardinäle stimmten dem Vorschlag der Konsultoren einmütig zu. Die Urteilsbegründung, die dem Papst schließlich vorgetragen wurde, lautete: «Verfasser dieser drei in den Jahren 1833–34–36 in Paris gedruckten Werke ist Heinrich Heine, ein preußischer Untertan, der vom Deutschen Bund als Anführer der neuen *Das Junge Deutschland* genannten Sekte geächtet wurde. Als Schriftsteller mit großer Vorstellungskraft und äußerst lebhafter

Phantasie sind seine Werke trotz der Anmut des Stils von so unklarer und verworrener Machart, daß es fast unmöglich ist, eine verständliche Zusammenfassung zu geben. Alle sind sie jedoch die würdige Ausgeburt eines Autors, der als Anführer einer verabscheuenswürdigen Sekte gefeiert wird, alle strotzen vor religionsfeindlichen und gottlosen Grundsätzen und in allen wird das Christentum verspottet, die katholische Religion diskreditiert. In allen triumphiert der Deismus, in allen findet man Stellen, die gegen die guten Sitten verstoßen. Schließlich trachten alle danach, die Regierungen in Verruf zu bringen und die Völker zur Revolution aufzustacheln und diese als Anbruch der allgemeinen Befreiung auszugeben. Die Heilige Kongregation hat befunden, daß alle drei das Verbot unbedingt verdienen, denn alle drei Werke sind voller Irrtümer, Gotteslästerungen, Unanständigkeiten und Grundsätze, die den Umsturz der sozialen Ordnung beabsichtigen.»[73] Die Approbation des Papstes erfolgte am 3. Oktober 1836. Das Dekret ging in die Druckerei und wurde umgehend am 7. Oktober veröffentlicht.

Soweit der Prozeßverlauf in der Indexkongregation selbst, wie er sich nach deren Akten nachzeichnen läßt. Aber: Damit ist der Fall Heine noch nicht zu den Akten zu legen, denn weder die Hintergründe – warum wurde Heine vor dem Tribunal der Indexkongregation angezeigt? – noch die Drahtzieher – wer hatte ein Interesse an seiner Verurteilung? – lassen sich anhand der Akten der römischen Glaubenskongregation ausfindig machen.

Hintergründe und Drahtzieher

Die Beantwortung der Frage nach den Drahtziehern und Hintergründen der Anzeige Heines gleicht einem Puzzle-Spiel mit Hypothesen, Indizienketten, heißen Spuren, die sich als kalt erweisen können, einem erneuten Aufrollen der römischen Akten, weil man vielleicht doch eine Kleinigkeit übersehen hat – mithin allem, was man sich in einem guten Historienkrimi wünscht.

Eine erste Spur führt nach Frankreich. Denn es wurden ja die französischen Ausgaben der drei Heine-Werke in der Indexkongregation verhandelt. Was lag näher, als daß der päpstliche Nuntius in Paris sich die Ermahnung des Indexpräfekten Kardinal Giustiniani von 1834 zu Herzen genommen hatte, eifriger als bisher gefährliche Bücher zu denunzieren, und daher die gerade erschienenen Bücher Heines in Rom anzeigte? Auf eine ähnliche Idee hätte aber auch der Erzbischof von Paris kommen können, der von dem Dichter mit beißendem Spott überzogen worden war. Eine Recherche in den einschlägigen kirchlichen Archiven in Paris blieb genauso erfolglos wie eine Sichtung der Materialien der Pariser Nuntiatur im Vatikanischen Geheimarchiv. Eine heiße Spur, gestützt auf das Sprachargument, löste sich dadurch in nichts auf.

Eine erneute Durchsicht der Quellen im Archiv der Indexkongregation eröffnete eine neue Perspektive. Verschiedene Hinweise in den Gutachten und eine Wendung im Text der Urteilsbegründung wiesen in Richtung Deutschland. In diesen Texten war nämlich mehrfach die Rede davon, Heine sei vom Deutschen Bund als Anführer einer neuen, Junges Deutschland genannten Sekte geächtet worden. Daher drängte sich die Frage auf: Hatte die römische Indizierung etwas mit dem Bundestagsbeschluß gegen das Junge Deutschland zu tun? Konnte die Frankfurter Bundesversammlung hinter dem Vorgehen der Kurie gegen Heinrich Heine stecken? Gab es gar konkrete Auftraggeber, oder imitierte man in Rom einfach nur, was der Deutsche Bund vorexerziert hatte?

Aufgrund einer gemeinsamen Initiative Preußens und Österreichs hatte der Deutsche Bund am 10. Dezember 1835 gegen den Widerstand kleinerer Bundesstaaten wie Bayern und Württemberg zwar kein generelles Verbot der jungdeutschen Literatur, namentlich der Schriften Karl Gutzkows, Heinrich Laubes, Ludolf Wienbargs und Heinrich Heines erlassen, aber doch die einzelnen Regierungen ermahnt, mit aller Härte gegen diese Schriften vorzugehen. Österreich und Preußen hatten diesen Beschluß umgehend durch das Verbot der genannten Autoren umgesetzt. Drei Wege, auf denen das Vorgehen des Deutschen Bundes der Indexkongregation mitgeteilt wurde, sind denkbar.

Zum ersten erschien im Mai/Juni 1836 in den *Annali delle Scienze Religiose*, einer in Rom vielgelesenen theologischen Zeitschrift, ein ausführlicher Artikel über «Die neue irreligiöse Sekte, die Junges Deutschland genannt wird» und deren «Capo» Heinrich Heine, dessen Werk *De l'Allemagne* überall unglaubliches Entsetzen hervorgerufen habe. Der neue «Verkünder des Unglaubens» habe dem jüdischen Glauben abgeschworen, sei ganz im Unglauben aufgewachsen und sammle nun eine «Schar junger Flegel» um sich, die den Umsturz der religiösen und gesellschaftlichen Ordnung in Deutschland predigten. Daher sei der Deutsche Bund mit Nachdruck gegen diese literarische Sekte eingeschritten.[74] Ob dieser Artikel unmittelbar zur Eröffnung des Indexverfahrens gegen Heine beitrug, läßt sich nicht mit letzter Sicherheit klären. Immerhin war seit Mai 1836 die Verurteilung Heines und des Jungen Deutschland durch den Bundestag in Rom öffentlich bekannt. Überdies weiß man von einer Reihe von Mitarbeitern der Indexkongregation, daß sie diese Zeitschrift bezogen und lasen. In diesem Fall wäre die Denunziation aus dem klerikalen Milieu Roms oder aus den Zensurbehörden selbst, also von innerhalb, gekommen. Dies würde erklären, warum keine schriftliche Anzeige bei den Akten liegt.

Zweite Möglichkeit: Nach dem Willen des Papstes sollten die Nuntiaturen gefährlich erscheinende Bücher in Rom eifrig denunzieren. Die Überprüfung des Archivs der Nuntiatur Wien ergab, daß der dortige Nuntius Ende 1835 tatsächlich mehrfach über das Junge Deutschland und dessen literarische Produktionen berichtet hatte. In diesem Zusammenhang wurden in erster Linie Gutzkow und Heine genannt. Damit wußte der Kardinalstaatssekretär als Chef aller Nuntien spätestens um die Jahreswende 1835/36 über die «gefährliche Sekte» Bescheid. In diesem Fall hätte er die Denunziation seines Nuntius einfach an die zuständige Zensurbehörde der Kurie weitergeleitet – ein Routinevorgang, der in den Quellen regelmäßig gut belegt ist. Aber – so muß man einwenden – warum hat sich dann ausgerechnet im Fall Heine kein Niederschlag der Überstellung der Causa vom Staatssekretariat zur Indexkongregation in den Akten erhalten?

Eine dritte Möglichkeit, hinter die eigentlichen Initiatoren des Heine-Prozesses zu kommen, ergibt sich aus einer grundlegenden, bislang in der Forschung zu wenig beachteten kirchenpolitischen Konstante während des Pontifikats Gregors XVI.: der vielfach bewährten Achse Wien–Rom beziehungsweise der Entente Metternich–Papst im Kampf gegen die Revolution und ihre Kinder.

Schon ein oberflächlicher Vergleich der Politik der Kurie mit der Österreichs nach dem Ende des Wiener Kongresses zeigt auffällige Parallelen. Nicht umsonst werden die Jahre zwischen 1815 und 1848 in beiden Fällen als Epoche der Restauration bezeichnet. In der Tat entsprechen sich die Argumente der Verurteilung der Meinungs- und Pressefreiheit durch den Papst 1832 und die Begründung der Karlsbader Beschlüsse von 1819 zur Einführung der Präventivzensur bei Zeitungen – um nur ein Beispiel zu nennen – weitgehend. Das Informationssystem, über das die Römische Kurie nicht zuletzt durch ihre Nuntiaturen (von manchen Spöttern «Denuntiaturen» genannt) verfügte, stand dem Polizei- und Bespitzelungssystem des Wiener Staatskanzlers in nichts nach. Besonders zwischen Staatskanzler Clemens Wenzel Fürst von Metternich (1773–1859) und Gregor XVI. dürfte eine Geistesverwandtschaft bestanden haben. Sie resultierte aus einer beiden eigenen, geradezu krankhaften Angst vor der Revolution, vor einer Wiederkehr der Ereignisse von 1789, die für sie Umsturz der gottgewollten Ordnung, Chaos und Entwurzelung der Menschen in politischer und religiöser Hinsicht bedeuteten.

Daher ist der Gedanke naheliegend, daß nicht nur jeder für sich – Gregor XVI. in Kirchenstaat und Kirche, Metternich in Österreichs Staat und Gesellschaft – die Revolution und die sie tragenden Ideen und Kräfte bekämpfte, sondern daß sie ihre antirevolutionären Aktionen aufeinander abstimmten, sei es in Form einer geschlossenen Schlachtenreihe, sei es in Form des Getrennt-Marschierens, aber Vereint-Schlagens. Der gemeinsame Vorsatz, die Gegner durch Unterdrückung und Ausrottung revolutionärer Ideen mit Stumpf und Stiel zu vernichten, statt sie durch Integration ins System zu zähmen, drängte beiden Seiten eine antirevolutionäre Koalition, eine reaktionäre Achse Wien–Rom, geradezu auf. Dies lag nicht zuletzt auch nahe, weil Gregor XVI. militärisch von Österreich abhängig war, um die revolutionären Umtriebe im Kirchenstaat niederzuschlagen.

Die 1815 begründete Kooperation zwischen Wien und Rom erreichte im Pontifikat Gregors XVI. ihre größte Wirksamkeit. Der österreichische Staatskanzler «inspirierte» lehramtliche Äußerungen des Papstes und wurde im Gegenzug von der Kurie als ehrlicher Makler immer dann eingeschaltet, wenn es Probleme zwischen dem Heiligen Stuhl und den protestantischen Regierungen des Deutschen Bundes in Kirchenfragen gab. So dürften die beiden Schlüsselenzykliken dieses Pontifikats, «Mirari vos» (1832) und «Singulari nos» (1834), von Metternich mit angeregt worden sein. Mit beiden

Verlautbarungen, die sich wesentlich gegen Hugo Félicité Lamennais' Programm einer Annäherung von Kirche und Freiheit, von Demokratie und Glauben richteten, wurde der Geist der Karlsbader Beschlüsse auch von der Kirche rezipiert. Die Verurteilung der Gewissens- und Pressefreiheit und die Verteidigung der Zensur in den päpstlichen Lehrschreiben stellen im Grunde lediglich eine andere, nämlich kirchlich-kuriale Lesart der zuvor erlassenen staatlichen Verordnungen dar. Während das Faktum der «Mitwirkung» Metternichs an den genannten Enzykliken in der Forschung unbestritten ist, gehen die Meinungen über die Reichweite der «Inspiration» Gregors XVI. durch den österreichischen Staatskanzler auseinander. Metternichs maßgeblicher Einfluß zeigt sich auch in der größten theologischen Auseinandersetzung dieses Pontifikats, dem Streit um den Bonner Professor Georg Hermes (1775–1831).

Hermes' Werke waren im Oktober 1832 vom Düsseldorfer Pfarrer Anton Joseph Binterim (1779–1855) beim Münchener Nuntius denunziert worden. Von entscheidender Bedeutung für den Fortgang des Falls Hermes wurde jedoch eine Intervention Metternichs im Sommer 1833. Gregor XVI. hängte diese freilich nicht an die große Glocke, denn «der Papst wußte um seinen Ruf als angeblicher ‹Untertan des Kaisers›, er wußte von dem Wort: ‹Metternich regiert Rom›, und er wußte schließlich von der Kritik der angeblichen Österreichhörigkeit, die aus den Reihen selbst derjenigen Kardinäle kam, die keineswegs im Sinne der alten ‹politisierenden› Linie Consalvis dachten. Der Papst mußte also die Intervention Metternichs gegen den Bonner Theologen, wenn er sie als solche verstand, möglichst verschweigen. Im päpstlichen Verurteilungsbreve sind jedenfalls nur erfundene Theologen und Bischöfe als Denunzianten erwähnt, nicht jedoch Wiens Staatskanzler, tatsächlicher Ankläger.»[75] Metternich hat das Hermes-Verfahren von Anfang an begleitet. Er schaltete sich auch in dessen späterem Verlauf immer wieder in Rom ein. Die Verurteilung des Bonner Theologen und die Verfolgung seiner Schüler, der sogenannten Hermesianer, paßte in sein kirchenpolitisches Konzept wie in das Gregors XVI. Antirevolutionäre Politik in Wien und antirevolutionäre Theologie in Rom erwiesen sich auch im Fall Hermes als natürliche Bündnispartner.

War es Zufall, Schicksal oder Fügung? Nur kurze Zeit, nachdem Metternich seinen Angriff gegen Heine und das Junge Deutschland auf dem Bundestag vorgetragen hatte, landete der Dichter auch auf dem päpstlichen Index. Das römische Indexverfahren gegen Heinrich Heine paßt jedenfalls genau in die skizzierte kirchenpolitische Großwetterlage, denn Gregor XVI. hatte immer ein offenes Ohr, wenn Metternich ihn um einen antirevolutionären Gefallen bat. Falls also von Wien im Fall Heine ein entsprechender Wunsch an die Römische Kurie herangetragen wurde, durfte man erwarten, daß der Papst und die zuständigen Kongregationen alles tun würden, um einem solchen Wunsch zu entsprechen.

Für diese dritte Möglichkeit, die Metternich als eigentlichen Drahtzieher des Heine-Falles sieht, sprechen vor allem zwei wichtige Indizien. Zum einen ist man aus den einschlägigen Nuntiaturberichten, die sich als Entwürfe im Archiv der Wiener Nuntiatur und in Ausfertigung in der österreichischen Abteilung des päpstlichen Staatssekretariats finden, über zahlreiche politische Gespräche zwischen dem Wiener Nuntius Pietro Ostini (1775–1849) und Staatskanzler Metternich informiert. So berichtete Ostini dem Kardinalstaatssekretär Tommaso Bernetti (1779–1852) am 13. November 1835: «Ich führe häufig vertrauliche Gespräche mit Metternich, bei denen oft über die gegenwärtige deutsche Literatur ... gesprochen wird. Dabei haben wir über die in diesem Jahr erschienenen Werke gesprochen, die teils in französischer Sprache (meist von ungläubigen Deutschen, die nach Frankreich geflohen sind), teils ... in deutscher Sprache geschrieben sind. Zu ersteren gehört ein wirklich gottloses Werk ... eines gewissen Heine in mehreren Bänden, besonders die beiden *Deutschland* genannten Bände. Beide Werke wenden sich nicht nur gegen die katholische und christliche, sondern gegen jede offenbarte oder natürliche Religion und leugnen sogar die Existenz Gottes. Die gleichen Prinzipien finden sich ... auch in einem Roman, der gerade in Mannheim unter dem Titel *Wally, die Zweiflerin* erschienen ist. Der Fürst war entsetzt über soviel Gottlosigkeit und hat mir gesagt, daß er in den vergangenen Tagen an den Präsidenten des Deutschen Bundestages und an den König von Preußen geschrieben hat, damit Maßnahmen zur Beschlagnahmung aller auffindbaren Exemplare solcher Werke ergriffen werden und anschließend ihre Veröffentlichung verhindert wird ... Der Fürst teilt dem König von Preußen mit, daß er genauso wie Österreich an dieser Sache interessiert sein sollte, weil hier nicht nur der Katholizismus, sondern auch das Christentum und jede andere Religion vernichtet werden sollen.»[76] Die Tatsache, daß Metternich und Nuntius Ostini sich ausgiebig über das Junge Deutschland unterhielten, ist von großer Bedeutung. Denn der österreichische Staatskanzler stand als treibende Kraft hinter dem Bundestagsbeschluß vom Dezember 1835 und wollte offenbar, daß der Papst über seinen Geschäftsträger unmittelbar davon erfuhr.

Zum zweiten beweisen Funde in den Akten der österreichischen Gesandtschaft in Rom sowie im Haus-, Hof- und Staatsarchiv in Wien, daß sich Metternich nicht damit begnügte, nur den Wiener Nuntius auf das Junge Deutschland hinzuweisen. Vielmehr ließ er dieselbe Angelegenheit auch durch seinen außerordentlichen Gesandten beim Heiligen Stuhl, Rudolf Graf Lützow (1780–1858), vor Ort betreiben. Am 23. Januar 1836 teilte der Staatskanzler dem Gesandten den Bundestagsbeschluß vom 10. Dezember mit und übersandte zugleich eine gedruckte Fassung des Protokolls. Der päpstlichen Regierung könne – so Metternich in seinem Begleitschreiben – dieses für den Deutschen Bund bemerkenswerte Übereinkommen wegen der religiösen und moralischen Implikationen der Werke jener «neuen gottlosen Sekte» nicht gleichgültig sein. Für den Fall, daß Rom Wert darauf lege, über alle Einzelheiten des Bundestagsbeschlusses unterrichtet zu werden, wurde Lützow ermächtigt, das Protokoll mitzuteilen beziehungsweise wegen der mangelnden Deutschkenntnisse an der Kurie eine beglaubigte Übersetzung ins Italienische anfertigen zu lassen.[77]

Lützow erledigte seinen Auftrag umgehend und übergab Kardinalstaatssekretär Luigi Lambruschini (1776–1854), der am 20. Januar 1836 den kranken Bernetti abgelöst hatte, die einschlägigen Frankfurter Unterlagen. Dabei führte er aus: «Zu lange hat der deutsche Boden geduldet, daß er von einer Vereinigung beschmutzt wurde, die nur aus milchbärtigen atheistischen Literaten besteht, deren Gehilfen diese Schöngeister aus Norddeutschland sind, die dem Talmud abgeschworen haben, ermutigt durch die Hoffnung, sich eine soziale Stellung schaffen zu können nach dem Vorbild einiger ihrer Glaubensgenossen.»[78]

Lambruschini dankte Lützow fast überschwenglich und lobte ausdrücklich die Klugheit und gute Gesinnung Österreichs in dieser Angelegenheit. Außerdem versprach er, alles sofort dem Papst zu unterbreiten, der das Verdienst des Deutschen Bundes für die Religion und sein Festhalten an guten Grundsätzen sehr zu schätzen wisse. In seinem offiziellen Antwortschreiben an Metternich heißt es: «Ich konnte nicht umhin, größte Bewunderung zu empfinden angesichts der Weisheit des Beschlusses des Deutschen Bundestags, durch den die gottlosen Produkte jener Gesellschaft, die sich unter dem Namen Junges Deutschland und Junge Literatur gegründet hat, verurteilt werden, um soweit möglich das Unheil zu verhindern, das den Unvorsichtigen drohte, denen das Unglück widerfahren wäre, diese Produkte zu lesen. Man kann nicht umhin zu erschaudern beim Lesen der teuflischen Themen, die die Gesellschaft sich zu behandeln anschickte, und man muß entsetzt sein angesichts der allgemeinen Verderbtheit des Geistes und des Herzens, nach der sie strebte und vielleicht noch immer strebt.»[79] Des weiteren versicherte Lambruschini, alles Notwendige zu veranlassen, um die Einführung und den Umlauf der Schriften des Jungen Deutschland in den Gebieten des Kirchenstaates zu verhindern.

Bereits drei Tage nach der Unterredung mit Lützow erließ der Kardinalstaatssekretär ein Rundschreiben an die zuständigen Apostolischen Delegaten in den verschiedenen Bezirken des Kirchenstaates sowie den Magister Sacri Palatii.[80] Die strikte Beobachtung des Buchmarktes im päpstlichen Staat und der Hauptstadt selbst war somit die erste schnell greifende Maßnahme des Kardinalstaatssekretärs. Selbst wenn Lambruschini zu diesem Zeitpunkt schon an eine Indizierung der Werke gedacht haben sollte, mußte ihm klar sein, daß ein solches Verfahren in der Indexkongregation Wochen, wenn nicht Monate in Anspruch nehmen würde. Bis dahin wollte er wenigstens mit administrativen Maßnahmen gegensteuern. Die erste Reaktion in Rom auf Metternichs Übermittlung des Bundestagsbeschlusses war somit eine politische. Erst in einem zweiten Schritt kam es dann zu einer «theologischen», lehramtlichen Reaktion im engeren Sinne: Die Werke Heines wurden auch der Indexkongregation überstellt.

Sicher scheint zumindest: Heine wurde nicht – wie üblich – durch einen Nuntius direkt bei der zuständigen «theologischen» Behörde, der Indexkongregation, angezeigt. In den in Frage kommenden Nuntiaturarchiven von Paris, Wien, München und Luzern fanden sich jedenfalls keine Hinweise darauf. Vielmehr kam die Sache über die «politische» Schaltstelle der Kurie, den Kardinalstaatssekretär nach Rom, der auch zunächst politisch reagierte. Was bei der Rekonstruktion des Falles jedoch immer noch Probleme bereitet, ist das fehlende Bindeglied zwischen dieser «politischen» Intervention und dem «theologischen» Verfahren. Wieder eine falsche Fährte?

Nachdem Metternich im Vorfeld des Bundestagsbeschlusses so energisch darauf bestanden hatte, Heinrich Heine mit auf die Liste der jungdeutschen Autoren zu setzen, weil er in ihm den gefährlichsten Vertreter jener «Sekte» sah, stand zu vermuten, daß sich in den Beständen des Vatikanischen Geheimarchivs eine direkte Bitte Metternichs an die Kurie finden würde, Heines Werk auch kirchlicherseits zu verbieten. Die Suche blieb allerdings erfolglos. Es fehlt nicht nur der schriftliche Beweis für eine direkte Indizierungsbitte Metternichs, sondern auch für den Weg, den der Heine-Fall vom Staatssekretariat zur Indexkongregation nahm, wo er im August 1836 – also nach mehr als einem halben Jahr – sicher angekommen war.

Entweder ist das Indizierungsverfahren gegen Heine letztlich also doch nicht auf Metternichs Initiative zurückzuführen. In diesem Fall müßte eine weitere Denunziation des Dichters an die Kurie gelangt sein. Eine solche ließ sich aber nicht finden. Oder man muß davon ausgehen, daß das Verfahren gegen die Schriften Heines letztlich doch auf den durch Metternich mitgeteilten Bundestagsbeschluß zurückging. Da jedoch auch hierfür bislang kein Beleg gefunden werden konnte, kann man in diesem Fall nur mit Indizien arbeiten. Zunächst ist zu klären, warum es nur gegen Heine, aber nicht auch gegen die übrigen Autoren des Jungen Deutschland zum Indexverfahren kam. Schließlich hatte Metternich den ganzen Bundestagsbeschluß mit Nennung von Heine, Gutzkow, Wienbarg, Mundt, Laube (wenngleich in dieser Reihenfolge!) nach Rom übersandt, und Gutzkows Roman *Wally, die Zweiflerin* hatte den Ausschlag für die Bundestagsinitiative gegeben. Auch Metternich scheint – zumindest noch im November 1835 – Gutzkow für den gefährlichsten Schriftsteller gehalten zu haben. Und hier ging es nun wirklich um theologische Themen. Aber nichts dergleichen: Gutzkow blieb von der römischen Indexkongregation trotz expliziter Denunziation Ende 1835 durch den Wiener Nuntius unbehelligt!

Angesichts der Tatsache, daß im Kirchenstaat nach Gutzkows gefährlicher *Wally* zwar gefahndet, jedoch kein Indizierungsverfahren eingeleitet wurde, stellt sich die Frage nach den Motiven für die Indizierung Heinrich Heines verschärft. Der Magister Sacri Palatii war Anfang Januar 1836 ebenso wie die päpstlichen Legaten durch Kardinalstaatssekretär Lambruschini deshalb über den Bundestagsbeschluß und die «Verderblichkeit» der neuen deutschen Literatur informiert worden, weil er für das römische Imprimatur sowie den römischen Buchdruck und Buchhandel zuständig war. Die Funktion eines «Chefs» des päpstlichen Hauses war traditionsgemäß einem Dominikaner übertragen. Qua Amt saß der Magister Sacri Palatii jedoch zugleich in der Indexkongregation und dem Heiligen Offizium. Der Sekretär der Indexkongregation, Tommaso Antonio Degola, war ebenso wie der Magister Sacri Palatii Dominikaner. Beide gehörten zum Konvent von Santa Maria sopra Minerva. Zwischen den beiden Ordensbrüdern dürften – so die plausibelste Erklärung – auch amtliche Dinge teils mündlich geregelt worden sein, so daß ein direkter schriftlicher Beweis für die Einleitung eines Indexprozesses gegen Heinrich Heine unwahrscheinlich ist. Man darf also davon ausgehen, daß der Auftrag zur Untersuchung von Heines Schriften entweder vom Kardinalstaatssekretär über den Magister Sacri Palatii an den Sekretär der Indexkongregation gelangte oder – weniger wahrscheinlich – daß sich Lambruschini, der seit November 1835 und vor allem seit Januar 1836 durch Metternich über die jungdeutsche Literatur informiert war, direkt an den Sekretär des Index wandte.

Gesetzt den Fall, der Kardinalstaatssekretär selbst hätte die Indizierung gegen Heine eingeleitet, so dürfte dieser Auftrag nicht schon im Januar 1836 – unmittelbar nach Metternichs Denunziation – erteilt worden sein. Denn zuerst wartete Lambruschini sicherlich die Berichte seiner Legaten über eine eventuelle Verbreitung der jungdeutschen Schriften im Kirchenstaat ab. Sein Interesse mußte sich erst in dem Augenblick auf Heine konzentrieren, in dem die Schriften in einer für ihn lesbaren Sprache – also auf italienisch oder französisch – vorlagen. Dies war im Januar noch nicht der Fall, wie entsprechende Äußerungen Lambruschinis gegenüber Lützow zeigen: «Obwohl mir nicht bekannt ist, daß irgendein Frevler in anderen Ländern sich angeschickt hat, sie [die jungdeutschen Schriften] in andere, den meisten Europäern bekanntere Sprachen zu übersetzen, werde ich – da ich meine, daß die Feinde der Ordnung und der Religion dies nicht unterlassen werden – alles Notwendige veranlassen, um die Einführung und den Umlauf solcher Schriften in den Gebieten seiner Heiligkeit zu verhindern, sowohl im deutschen Original als auch in Übersetzungen, die unglückseligerweise in anderen Sprachen angefertigt werden könnten.»[81] Diese Äußerung Lambruschinis verdient besonderes Interesse, lag dem Staatssekretariat doch bereits seit November 1835 von Ostini die Anzeige vor, Heines Werke erschienen gerade in einer französischen Ausgabe. Offenbar hatte sich Lambruschini noch nicht mit den unter seinem Amtsvorgänger eingelaufenen Akten vertraut gemacht beziehungsweise den Wiener Nuntiaturberichten zu wenig Interesse geschenkt.

Dadurch wird deutlich, welch große Bedeutung dem Sprachenargument – unabhängig von den Personen – beigemessen werden muß: Was nicht in den «Kultursprachen» Französisch und Italienisch vorlag, war in den Augen der Römischen Kurie weniger gefährlich. Dafür sprechen auch einige andere Beobachtungen. So liegen zahlreiche Indizierungen französischer und italienischer Literaten vor, wohingegen nur wenig deutsche Belletristik – Lessing und Lenau bilden die Ausnahme von der Regel – auf den Index kam.

Das hatte zum einen politische Gründe. In romanischen Sprachen abgefaßte Literatur konnte dem Kirchenstaat und der «katholischen Welt» eher gefährlich werden, da sie dort gelesen und verstanden werden konnte – England und Deutschland waren ohnehin größtenteils vom «wahren Glauben» abgefallen, ihre «Barbarensprachen» verstand Gott sei Dank kein «gebildeter» katholischer, sprich: romanischer Mensch. Zum anderen konnte – und das war ein «inneres» Problem der kurialen Behörde – die Indexkongregation nur dann deutsche Bücher indizieren, wenn in der Kongregation ein Deutscher oder zumindest ein Deutsch lesender Gutachter saß. Dies war keineswegs immer der Fall. Ferner wurde in Rom der offiziellen Intervention Metternichs beim Heiligen Stuhl eine größere Bedeutung beigemessen als der Denunziation eines Werkes durch den eigenen «untergebenen» päpstlichen Nuntius.

Obwohl keine schriftlichen Belege für eine direkte Beauftragung der Indexkongregation durch den Papst oder seinen Staatssekretär vorliegen, wird man in der Metternichschen Anzeige und den präventiven Maßnahmen des römischen Staatssekretariats den Ausgangspunkt der Indizierung Heines sehen müssen. Hätte der Kardinalstaatssekretär den Fall selbst der Indexkongregation überstellt, so hätte dies wahrscheinlich Niederschlag in den Akten gefunden. Da dies nicht der Fall ist, liegt es nahe, den Magister Sacri Palatii als Mittelsmann oder eigenständigen Akteur anzunehmen. Da er seinen Ordensbruder Degola, den Sekretär des Index, täglich sah und selbst der Kongregation angehörte, verfügte er über die besten Drähte, gleichgültig, ob er beim Essen mit seinem Mitbruder nicht nur übers Wetter, sondern auch über gefährliche Literatur sprach, oder ihn bei einer Kongregationssitzung offiziös auf den «famoso Heine» hinwies – eine Hypothese, die allerdings wegen des immer noch verschollenen Archivs dieses Amtsträgers derzeit nicht bewiesen werden kann.

Nachhutgefechte: Die zweite Indizierung

1845 kam es zu einer zweiten Indizierung Heinrich Heines. Dieses Mal ging es um die im Vorjahr erschienenen *Neuen Gedichte*. Im Unterschied zu 1836 verlief 1845 jedoch alles in «normalen» Bahnen. Der Wiener Nuntius Ludovico Altieri (1805–1867) war offenbar durch die Indizierung Heines im Jahr 1836 so sensibilisiert, daß er die *Neuen Gedichte* umgehend selbst in Rom anzeigte. Am 15. November 1844 richtete er ein Schreiben direkt an den Präfekten der Indexkongregation. Dort hatte nach dem Tod Giustinianis seit einem Jahr der gelehrte Kardinal Angelo Mai (1782–1854) das Steuer übernommen.

Offenbar nahm Altieri seine Aufgabe sehr ernst, denn er schickte im November 1844 zum wiederholten Male gefährliche Bücher nach Rom. In seinem Begleitbrief schrieb er: «Diejenigen Werke, die in Roman- oder Gedichtform erscheinen, verursachen größeren Schaden, weil sie mit größerer Begierde gesucht und gelesen werden. Dazu gehören der *Proselyt* genannte Roman (dessen letzter Band noch nicht erschienen ist), die in Versform geschriebenen Geschichten über *Savonarola* und die *Albigenser* sowie die *Neuen Gedichte* des berühmt-berüchtigten Heine. Besonders in letzterem finden sich widerwärtige Gottlosigkeiten.»[82]

Trotz dieser klaren Worte des Nuntius dauerte es acht Monate, bis Heines neue Publikation in der Indexkongregation beraten wurde. Zum Zensor wurde der Jesuit Augustinus Delacroix (1791–1873) bestimmt, der die zur Beurteilung der deutschsprachigen Gedichte

Heines nötige Sprachkenntnis mitbrachte. In Belgien geboren, hatte er in Deutschland studiert und in den Jahren 1820 und 1821 als Missionar in den «Nordischen Missionen» in Hamburg gelebt. Seit April 1838 wirkte Delacroix als Konsultor für die Indexkongregation, wo er unter anderem über mehrere deutsche Werke Voten schrieb. Obwohl gerade im religiösen Bereich von maßvollem Urteil und gegenüber «Überspannten» distanziert, nahm Delacroix dem Modernen gegenüber eine reservierte Haltung ein: «Alles Überstürzen, alles Gewaltsame war ihm vom Übel; wiederholt warnte er vor den vielen neuen Andachten, die man namentlich von Frankreich her einzuführen suchte; er betonte, daß man das erprobte Alte pflegen, nicht aber nach Weiberart immer nach Neuem trachten solle ... Dabei war sein unerschütterlicher Grundsatz: Das Gute wächst im Stillen und ohne Geräusch.»[83]

Während Heines Schriften 1836 äußerst intensiv begutachtet und analysiert worden waren, nimmt sich das von Delacroix vorgelegte Gutachten von 1845 – sofern es überhaupt als solches bezeichnet werden kann – äußerst mager aus.[84] Delacroix behandelte die *Neuen Gedichte* als Appendix zu einem umfangreicheren Gutachten, das er über die Schrift von E. Matthäi *Rom und die Humanität oder der gegenwärtige Kampf in Schlesien* (Leipzig 1844) für dieselbe Sitzung anzufertigen hatte. Woran dies lag, ob an der deutschen Sprache der Gedichte, ob an der ohnehin bestehenden staatlichen Ächtung Heines in den deutschen Staaten, ob an der bereits früher erfolgten Indizierung des Autors, ist nicht eindeutig auszumachen. Vielleicht verstand Delacroix eine erneute Indizierung Heines lediglich im Sinne eines stringenten Handelns der eigenen Behörde. Im Urteil von Delacroix reichten jedenfalls einige vermeintlich gotteslästerliche Gedichte aus, um das ganze Werk indizieren zu lassen. So schreibt er lapidar, der erste Teil «Neuer Frühling» enthalte 44 Gedichte, «die praktisch alle von Liebeleien handeln und, obwohl nicht überaus lasziv oder direkt obszön, doch von solcher Natur sind, daß sie unzüchtige Leidenschaften, besonders bei der Jugend hervorrufen können». Gleiches gelte für den zweiten Teil. Den dritten Teil «Der Ritter Tannhäuser» bezeichnet er als «ein recht laszives Werk». Hier wird die Beichte lächerlich gemacht und dem Papst die Aussage in den Mund gelegt, für einen unzüchtigen Menschen bestehe keine Hoffnung auf Umkehr. «Deutschland – ein Wintermärchen» hingegen enthält für den Gutachter «die schrecklichsten Lästerungen über Jesus Christus, der zum Heil des Menschengeschlechtes am Kreuz gestorben ist. Allein dieser Abschnitt ist meiner Ansicht nach ausreichend, um das ganze Werk abzulehnen.»

Die Konsultorenversammlung fand am Donnerstag, den 24. Juli 1845 im Konvent von Santa Maria sopra Minerva statt. Alle besprochenen Bücher, auch Heines *Neue Gedichte*, wurden der Indizierung für würdig erklärt.[85] Dem schloß sich die Kardinalsplenaria an, die am 1. August im Apostolischen Palast zusammentrat.[86] In dem Bericht, der dem Papst vorgelegt wurde, hieß es über Heines *Neue Gedichte*: «Seine Eminenz, Herr Kardinal Altieri, der oben genanntes Buch aus Wien übersandte, schrieb, daß es ‹ekelerregende Gottlosigkeiten› enthält.»[87] Ansonsten werden die wichtigsten Formulierungen aus Delacroix' Gutachten weitgehend übernommen. Die Bestätigung erfolgte prompt. Von Revolution und Politik ist keine Rede mehr, nur noch von Gotteslästerung und moralisch bedenklichen Formulierungen. Am 11. August fand sich Heines Name erneut auf einem Indexplakat wieder.[88]

Die Frage nach den Auswirkungen der Indizierung Heines muß hier offen bleiben. Hielt die Tatsache, daß vier Werke des Dichters auf dem *Index librorum prohibitorum* standen, die Katholiken bis 1966, bis zur offiziellen Aufhebung des Index, wirklich vom Lesen des «famoso Heine» ab? Oder wurden in Rom zwar feierliche Verdammungsplakate angeschlagen, aber nördlich der Alpen galt doch Heines Satz: «Deutschland ist jetzt frei; kein Pfaffe vermag mehr die deutschen Geister einzukerkern»?

Augustin Theiner: Opfer und Täter zugleich?

Die Welt scheint beim Thema Zensur klar zweigeteilt zu sein – in eindeutig Böse und eindeutig Gute, in Täter und Opfer eben: auf der einen Seite die finsteren Zensoren, die jede freie Regung des Geistes, alles Quer- und Selbstdenken, jede Neuerung und jeden wissenschaftlichen Fortschritt unbarmherzig verfolgen; auf der anderen Seite die Guten, die verfolgten Autoren als Opfer der Zensur. Sie sind der Willkür ihrer Gegner, der meist anonym bleibenden, sich hinter ihrer Institution und ihrem Geheimnis versteckenden Zensoren hilflos ausgeliefert. Nicht selten trifft sie der Bannstrahl eines Buchverbotes wie aus heiterem Himmel. Kaum einmal werden ihnen die Gründe, warum man ihre Werke ächtet, mitgeteilt. Sie kennen auch die Denunzianten nicht, die sie angeschwärzt haben. Und vor allem: Die Täter bleiben für sie gesichtslos. Von einer Akteneinsicht oder gar der Möglichkeit, sich vor dem Zensurtribunal selbst zu verteidigen, ganz zu schweigen.

Für den Bereich der römischen Buchzensur war es vor der Öffnung der Archive der Kongregation für die Glaubenslehre 1998 kaum möglich, den Tätern auf die Spur zu kommen. Die Quellen, die ihre Tätigkeit dokumentierten, waren nicht zugänglich, über ihrem Tun lag der Schleier des Geheimnisses. Daher mußte man sich auf die Opfer konzentrieren. Seit der Öffnung der Archive von Römischer Inquisition und Indexkongregation kam es zu einer weitgehenden Konzentration des Interesses von historischer Forschung und Öffentlichkeit auf die Täter, oder besser: die in beiden Zensurbehörden handelnden Personen.

Angesichts dieser Ausgangslage mußte es ungemein spannend sein, eine Persönlichkeit zu finden, die Opfer und Täter zugleich ist. Und es gibt ihn in der Tat, den von der Indexkongregation zuerst Zensurierten, der später selbst zum Zensor eben jener römischen Behörde wurde: den «simul censuratus et censor», den schlesischen Oratorianerpater Augustin Theiner (1804–1874). Er gehört zu den interessantesten deutschen Geistlichen der Römischen Kurie des 19. Jahrhunderts.

Zwei Zäsuren bestimmten sein Leben: das Jahr 1833, in dem er sein Bekehrungserlebnis hatte und in einem römischen Priesterseminar vom kritiksüchtigen Rationalisten zum kirchenfrommen Pater und glühenden Verehrer von Papst und Papsttum wurde, und das Jahr 1870, in dem er als Präfekt des Vatikanischen Geheimarchivs durch Pius IX. (1846–1878) abgesetzt wurde, weil er den Bischöfen auf dem Ersten Vatikanum, die gegen die Dogmatisierung der päpstlichen Unfehlbarkeit waren, die Geschäftsordnung des Konzils von Trient ausgehändigt hatte, welche bei Glaubensentscheidungen die moralische Einstimmigkeit und nicht nur eine bloße Mehrheit, wie vom Papst geplant, verlangte.

Theiners Verhältnis zur römischen Buchzensur im allgemeinen und zur Indexkongregation im besonderen ist durch zwei Brennpunkte gekennzeichnet, die als solche zwar bekannt sind, aber bislang noch nicht ausreichend zusammen betrachtet wurden: Einerseits war Theiner nicht nur römischer Zensor, sondern wurde auch und zuerst selbst von Rom zensuriert. 1829 landete eine zusammen mit seinem Bruder Johann Anton (1799–1860) verfaßte Schrift gegen den Zölibat auf dem Index. Theiner als Opfer: Brennpunkt eins. Andererseits war Theiner seit dem 6. April 1840 selbst Konsultor der Indexkongregation, die ihn vorher verurteilt hatte, und galt vor allem während der vierziger Jahre als der geborene Sachbearbeiter für deutsche Indizierungsfälle. Er verfügte in der Kongregation über ein sehr hohes Ansehen. Die Kardinäle und der Papst folgten nicht selten Theiners Votum, auch wenn sie sich dadurch über Gutachten anderer Konsultoren oder gar bereits erfolgte Beschlüsse der Konsultorenversammlung hinwegsetzen mußten. Und: Während seiner Tätigkeit als Konsultor wurde sein Bruder Johann Anton ein weiteres Mal indiziert. Theiner als Täter: Brennpunkt zwei.

Aus diesen dürren Fakten ergeben sich Fragen nach den Hintergründen: Warum landete Theiner 1829 zusammen mit seinem Bruder auf dem Index? Wie hat er später als Zensor selbst agiert? Und vor allem: Wie hat er sich verhalten, als sein Bruder Anton 1845 ein weiteres Verfahren vor der Indexkongregation am Hals hatte? Dessen Werk *Die reformatorischen Bestrebungen in der deutschen Kirche* kam mit Dekret vom 30. September 1845 auf den Index der verbotenen Bücher: Nahm Augustin an den Beratungen teil? Versuchte er, den Bruder zu retten oder wenigstens ein milderes Urteil durchzusetzen?

Theiner auf dem Index

Die Einführung der erzwungenen Ehelosigkeit bei den christlichen Geistlichen erschien 1828 und 1830 in Altenburg als zweibändiges Gemeinschaftswerk der Gebrüder Johann Anton und Augustin Theiner und landete auch unter beider Namen durch Dekret der Indexkongregation vom 24. August 1829 auf der Liste der verbotenen Bücher.[89] Als eigentlicher Verfasser dieser Schrift gegen den Zölibat muß jedoch Augustin angesehen werden. Bereits in dem von ihm verfaßten Vorwort zu den ersten beiden Abteilungen des Werkes bekannte er, daß seine Aufmerksamkeit schon früh, angeregt durch kirchenrechtsgeschichtliche Studien zu Kirchenvätern und Synoden, auf das Thema Priesterehe gelenkt worden sei. Das habe ihn auf die Idee gebracht, diesen Gegenstand selbständig historisch zu erforschen. «Ich arbeitete anfangs ohne die Beihilfe meines Bruders; erst als meine Arbeit schon bedeutend vorgerückt war, erhielt er von ihr Kenntnis. Er verband nun seine Kraft mit der meinigen.» Es sei jedoch nicht möglich, «über unseren beiderseitigen Anteil hier genauere Rechenschaft zu geben».[90] Auch nach seiner Bekehrung beziehungsweise romantisch-ultramontanen Wende, als er sich von der Schrift inhaltlich längst distanziert hatte, sprach er im Hinblick auf die *Einführung* stets von «meinem Werke»,[91] schob also den «Schwarzen Peter» ausdrücklich nicht seinem Bruder Anton zu.

Die «Protocolli» als offizielle Akten der Indexkongregation geben leider – wieder einmal – keinen Aufschluß über die Hintergründe, die zur Denunziation der Theinerschen Anti-Zölibatsschrift führten. Dafür finden sich jedoch im Sammelsurium der «Atti e Documenti» einige äußerst interessante Hinweise. Der erste Band des Werkes war demnach um die Jahreswende 1828/29 vom Wiener Nuntius Ugo Spinola (1791–1858) an Kardinalstaatssekretär Bernetti übersandt worden. Vieles spricht dafür, daß ultramontane Breslauer Kreise hinter der Anzeige standen, nachdem schon die zwei Jahre zuvor anonym erschienene Reformschrift *Die katholische Kirche Schlesiens*, die

Johann Anton Theiner zugeschrieben wurde, im schlesischen Bistum für heftige Kontroversen zwischen Aufklärern und Strengkirchlichen gesorgt hatte. Der Staatssekretär leitete die Anzeige aus Wien mit Schreiben vom 31. Januar 1829 an Kardinal Giovanni Francesco Saverio Castiglioni (1761–1830) – den späteren Pius VIII., damals noch Präfekt der Indexkongregation – mit dem Hinweis weiter, der Breslauer Priester und Pastoraltheologe Karl von Dittersdorf (1793–1851) habe bereits eine Widerlegung des Theinerschen Werkes publiziert. Vielleicht darf man daher in Dittersdorf oder seinen Parteigängern die eigentlichen Drahtzieher der Anzeige der Theinerschen Anti-Zölibatsschrift in Rom sehen. Ein Breslauer Streit sollte also in Rom entschieden werden.

Am 20. Februar 1829 übersandte Paolo Polidori (1778–1847), seit 1820 Konsultor der Indexkongregation, das inkriminierte Werk der Gebrüder Theiner selbst an Castiglioni.[92] Knapp drei Wochen später traf bei der Indexkongregation ein Brief des Jesuiten Cornelius van Everbroeck (1784–1863) ein, in dem er die baldige Übersendung von «Einwänden» gegen das Werk der Gebrüder Theiner ankündigt.[93] Diese «Beobachtungen» konnte der Jesuit bereits am 21. März 1829 dem Sekretär der Indexkongregation vorlegen.[94] Mitte April machte Everbroeck in der Sache der Theiner-Brüder erneut Druck: Er bot dem Sekretär der Indexkongregation an, für eine bessere Verbreitung der Verdammung der *Einführung* und der Indexdekrete überhaupt in Deutschland durch Abdruck derselben in der ultramontanen Zeitschrift *Athanasia* sorgen zu wollen. Deren Herausgeber Franz Georg Benkert (1790–1859) sei dazu genauso bereit wie zur Publikation einer «Widerlegung» des Anti-Zölibatsbuchs der Theiner-Brüder.[95]

Das Indizierungsverfahren selbst lief nach den von Benedikt XIV. vorgeschriebenen Regeln und in der damals üblichen Weise ab. Sekretär war immer noch Alessandro Angelico Bardani, der im Frühsommer 1829 Polidori mit der Abfassung eines Gutachtens über das Werk der Gebrüder Theiner beauftragte. Wie üblich, wurde dieses in Geheimdruck für alle Konsultoren und Kardinäle vervielfältigt. Die gedruckte Fassung des Votums Polidoris hat sich in den Akten der Indexkongregation erhalten.[96] Es umfaßt sieben Seiten und bleibt damit in dem für derartige Schriften üblichen Rahmen. Eine Diskussion und wirkliche Auseinandersetzung mit den Argumenten für die Abschaffung des Zölibats findet nicht statt. Polidori schreibt wie viele seiner Kollegen von einem Standort innerhalb der Wahrheit aus: Die Kirche als Hüterin der ewigen Wahrheit lehrt die Vernünftigkeit der Zölibatsverpflichtung für ihre Priester. Daran gibt es nichts zu rütteln. «Da der Zweck des Werkes nichts anderes ist, als bekanntzumachen, wie widernatürlich und unvernünftig das Zölibatsgesetz ist, reicht schon dies allein aus, um es für verdammenswert zu halten» – wie Polidori gleich eingangs seines Gutachtens feststellt. Die Verfasser wollen das «Gesetz mit dem Bruch des Gesetzes bekämpfen» und versuchen, mit «boshaftester Spitzfindigkeit und mit der schrecklichsten Verleumdung» in der Geschichte alle denkbaren Verfehlungen der Zölibatäre aufzuspüren, die sie in frevelhafter und dreistester Weise schildern. Für den Gutachter ist von vornherein klar, daß ein solches Buch die verwerflichsten Lehren enthält und unbedingt verboten werden muß.

Das Werk selbst charakterisiert Polidori als «Geschichte mit eingefügten Reflexionen», in denen auf sarkastische Weise die eigentlichen Prämissen der Autoren zum Ausdruck kommen: Sie bestreiten die Unfehlbarkeit der Kirche, sie stellen die göttliche Autorität der Heiligen Schrift in Frage, sie mißachten die Lehre der katholischen Kirche und machen den geistlichen Stand verächtlich. Nach dem Frontwechsel und seinem Damaskuserlebnis von 1833 war Augustin Theiner selbst übrigens durchaus bereit, diese Prinzipien als schlimme «Verirrung» zu bezeichnen und im Vorwort seiner *Geistlichen Bildungsanstalten* ausdrücklich zu widerrufen.[97]

Auf eine ernsthafte Diskussion der geschichtlichen Passagen des Werkes läßt sich Polidori nicht ein. In der für Indexzensuren üblichen Weise spießt der Gutachter bei seinem Durchgang durch die beiden Bände die ihm besonders anstößig erscheinenden Passagen auf. Eher en passant versucht Polidori auch sachliche Fehler nachzuweisen. Von der Exegese der Heiligen Schrift über die Kirchenväter bis Papst Gregor VII. (1073–1085) im ersten, und von Bernhard von Clairvaux über Hus und die Reformatoren bis Febronius und die Reformsynode von Pistoia im zweiten Band verfolgt der Konsultor die historische Argumentation der Autoren. Das Ergebnis der Gebrüder Theiner, Gregor VII. sei der «Erfinder» der priesterlichen Ehelosigkeit, der das «*barbarische* Zölibatsgesetz» nur eingeführt habe, um «dem *Römischen Pontifikat die ersehnte Universalherrschaft über die Welt hinzuzufü-*

gen», ein Vorhaben, das statt «*Tugend und Frömmigkeit in den Klerus zu bringen, ihn vielmehr zur Unsittlichkeit und zu frevelhaftesten Handlungen trieb*», nennt Polidori eine «freche Lüge». Es sei eine «völlig falsche Schlußfolgerung», vom historischen «Mißbrauch einer Sache Argumente gegen die Sache selbst abzuleiten». Aber auch hier eiferten die Autoren Melanchthon, Calvin und «dem unflätigen Haufen der Feinde des Zölibats nach». Für Polidori verdient die Anti-Zölibatsschrift eindeutig die Verurteilung, wie er am Schluß seines Votums resümiert, weil sie «ein an sich verderbtes Thema behandelt» und es in ihr «vor Irrtümern, Unanständigkeiten und Beleidigungen des Heiligen Stuhles und der kirchlichen Gebote nur so wimmelt».

Das Gutachten Polidoris wurde in der Konsultorenversammlung am 16. Juli 1829 beraten. Die sogenannte Praeparatoria fand wie üblich in Santa Maria sopra Minerva statt. Neben dem Indexsekretär Bardani und dem Magister Sacri Palatii nahmen 14 Konsultoren – unter ihnen Polidori – an der Sitzung teil, in der insgesamt zehn Bücher behandelt wurden, darunter zwei weitere zum Thema Zölibat. Einmütig votierte man im Falle der Gebrüder Theiner für die Indizierung.[98] Dieser Empfehlung schlossen sich die Kardinäle an, die sich zur eigentlichen Kongregation am 24. August 1829 trafen. Neben dem Kardinalpräfekten Pietro Caprano (1759–1834) nahmen sieben weitere Eminenzen teil. Das Urteil lautete einstimmig: «Prohibeatur».[99]

Im Bericht für den Papst faßten die Kardinäle ihre Urteilsbegründung kurz zusammen.[100] Das zweibändige Werk sei auf Deutsch «in einer eleganten Sprache und einem verführerischen Schreibstil verfaßt». Schon die Wahl der Vulgärsprache zeige, daß seine einzige Absicht darin bestehe, die Widernatürlichkeit und Unvernünftigkeit des kirchlichen Zölibatsgebotes einer breiteren ungebildeten Öffentlichkeit nahezubringen. Daher hätten die Kardinäle mit dem Verbot keinen Augenblick gezögert. Der Papst bestätigte den Beschluß, und so fanden sich die Theiner-Brüder auf dem Index der verbotenen Bücher wieder.

Theiner als Konsultor des Index

Ein gutes Jahrzehnt später sollte aus dem «Opfer» ein «Täter», aus dem Zensurierten ein einflußreicher Zensor werden. Zumindest in den 1840er Jahren spielte Augustin Theiner eine entscheidende Rolle in der Indexkongregation. Der schlesische Oratorianer begutachtete philosophische Schriften und antijesuitische Polemiken genauso wie französische Literatur oder süddeutsche Reformtheologen, von Leopold von Rankes *Päpsten* ganz zu schweigen.

Als ein Beispiel für viele sei hier nur sein Votum über George Sands *Liebesfabeln* für die Sitzung der Indexkongregation am 30. März 1841 angeführt. Schon die Wahl des Pseudonyms George Sand durch Amandine Aurore Lucie Dudevant (1804–1876), die auch laut Theiners Meinung zweifellos den ersten Platz unter den französischen Schriftstellerinnen einnimmt, spricht nach Meinung des Oratorianers Bände und zeigt ausreichend «die unglückselige Geisteshaltung dieser erbärmlichen Autorin». George Sand, dieser «Illuminat», war 1819 nach einem Mordanschlag auf den preußischen Kronprinzen zu Recht zum Tode verurteilt worden, wie der Gutachter voll Ekel anmerkt. Madame Dudevant habe mit Übernahme des Pseudonyms dieselben abscheulichen Prinzipien auf ihre Fahnen geschrieben wie der historische George Sand, nämlich Umsturz und Revolution, Zerstörung von Kirche und Moral, Auflösung aller sozialen Prinzipien. Kein anderer Autor habe sich dieser Mission mit derartiger Besessenheit verschrieben und stelle eine ähnlich große Gefahr für die Jugend dar. François René de Chateaubriand (1768–1848) und Lamennais hätten die Autorin auf den falschen Weg gebracht und zur «Republikanerin» gemacht. Besonders kritisch vermerkt Theiner die Sympathien Dudevants für freie Liebe, Promiskuität und ihr «diabolisches Gezeter gegen die Ehe» als Gefängnis für die Entfaltung der weiblichen Anlagen und Gefühle. Diese neue Religion der Emanzipation suche sie durch ihre schriftstellerische Tätigkeit zu propagieren. Theiner gesteht, Sand «nicht ohne Qual» gelesen zu haben, und votiert ohne Wenn und Aber für ein Verbot ihrer gefährlichen Werke.[101] Diesem Vorschlag schlossen sich die Konsultoren am 15. März 1841, die Kardinäle zwei Wochen später und schließlich auch Gregor XVI. offenbar ohne weitere Diskussion an. Mit Dekret vom 30. März 1841 landeten Sands *Liebesfabeln* auf dem Index der verbotenen Bücher.[102]

Wie bedeutend der Einfluß Theiners in der Indexkongregation in jenen Jahren war, zeigt nichts deutlicher als die Sitzung der Kardinäle vom 3. März im Zusammenhang mit der Konsultorenversammlung vom 12. Februar 1846.[103] Wie in der Verfahrensordnung vorgesehen, hatte der Sekretär der Indexkongregation, Tommaso Antonio Degola, jeweils einen Gutachter für die Zensur von sechs denunzierten Werken bestellt. Darunter befanden sich interessanterweise vier deutschsprachige Autoren. Zum ersten Nikolaus Lenau (1802–1850) mit dem 1837 in Stuttgart und Tübingen erschienenen *Savonarola*; zum zweiten Friedrich Lubojatzky (1807–1887) mit dem 1844 in Grimma gedruckten Roman *Der Proselyt*. Über diese beiden Werke hatte jeweils Albuin Patscheider (1804–1881) zu gutachten. Zum dritten ging es um Franz Sebastian Ammann (gest. 1850) mit seinem in Bern 1845 herausgekommenen Buch *Die römisch-heidnische Kirche oder das römische Papsttum als das erneuerte Heidentum*, das der Jesuit Augustinus Delacroix unter die Lupe zu nehmen hatte; und schließlich viertens um den 1845 in Leipzig erschienenen *Jesuitenkrieg* von Franz Schuselka (1811–1886), über den Theiner selbst die Zensur schrieb. Alle Gutachter votierten in ihren schriftlichen Zensuren jeweils eindeutig für ein Verbot der von ihnen examinierten Werke. Diesen Voten schloß sich die Konsultorenversammlung vom 12. Februar, an der Theiner nicht teilnahm, einstimmig an: «Alle sind unbedingt zu verbieten.»

In der Regel übernahm die Kardinalskongregation den Beschlußvorschlag der Konsultoren. Am 3. März 1846 wich die Plenaria jedoch überraschend von dieser Gewohnheit ab und beschloß einmütig, «nichts gegen die genannten Bücher zu unternehmen». Im Bericht an den Papst begründeten die Kardinäle die Abänderung des Urteils. In Deutschland seien in den letzten Jahren unzählige Druckschriften vorwiegend protestantischer Autoren gegen die katholische Religion, den Heiligen Stuhl und das römische Papsttum erschienen, die ohnehin nur von den Anhängern des Irrtums gelesen würden, denn «was heute erscheint, ist morgen schon lange vergessen». Gute Katholiken in Deutschland ließen sich von solchen «pesthaften Schriften» so gut wie nicht verführen, da sie durch die Einrichtung von Pfarrbibliotheken mit guter Literatur versorgt würden. «Und schließlich ist hoch bedenklich, daß diese Verschwörer der Ruchlosigkeit sich rühmen, von Rom auf den Index gesetzt worden zu sein, und uns gleichzeitig verspotten.»[104] Der Papst bestätigte den von den Kardinälen geänderten Beschluß: Mit Ausnahme des Werkes von Ammann wurde keines der inkriminierten deutschen Bücher auf den Index gesetzt.

Die sieben Kardinäle, die an der Sitzung teilnahmen, verraten in ihrem Bericht dem Heiligen Vater glücklicherweise auch, wer sie zur Korrektur des einstimmigen Beschlusses der Konsultorenversammlung veranlaßt hatte. Es war Augustin Theiner. Dieser hatte am 2. März 1846, einen Tag vor der Sitzung der Kardinäle, an den Sekretär der Indexkongregation geschrieben und sich gegen die Indizierung der genannten deutschsprachigen Werke ausgesprochen. Diese verdienten zwar aufgrund ihres verderbten Inhalts allesamt ein Verbot, ob dieses aber den gewünschten Zweck erfülle, stellte der Oratorianer in Frage: «Aber werden diese teuflischen Erzeugnisse verbreitet? Da sie dem gesunden Menschenverstand des Großteils der Bevölkerung zuwider sind, werden sie von fast allen mit der größten Verachtung abgelehnt ... Außerdem sind diese Bücher alle mit blinder, maßloser Wut und einer unerträglichen Unüberlegtheit geschrieben, so daß sie nur ein Wetterleuchten ohne Blitze sind, das niemanden verletzt ... Was die Katholiken betrifft, so lassen sie sich von der riesigen Menge dieser verderblichen Schriften überhaupt nicht verführen, weil sie sie nicht lesen.» Eine Indizierung hielt er in diesem Fall sogar für kontraproduktiv: Ein von Rom verdammtes Buch mache es bei den «Sektierern» zu einem «Werk von großem Ansehen»; ohne Indizierung hingegen bleibe ein solches Machwerk zumeist unbekannt. Ein Schweigen Roms nütze den Zielen der Indexkongregation deshalb oft mehr als eine öffentliche Indizierung, die nicht selten zur besten Werbung werde.[105] Dieser und die übrigen Einwände Theiners wurden von den Kardinälen im oben zitierten Bericht an den Papst fast wörtlich übernommen. Daß dieses selbstbewußte Agieren Theiners 1841 wie 1846 nur aufgrund massiver Rückendeckung durch den Papst selbst und hohe Würdenträger der Kurie möglich war, liegt auf der Hand. Diese Tatsache unterstreicht, welch hohes Ansehen und welchen Einfluß der vom Saulus zum Paulus gewandelte Deutsch-Römer in den letzten Jahren des Pontifikats Gregors XVI. in Rom besaß.

Zur Nagelprobe seiner Vertrauenswürdigkeit sollte indes das Gutachten gegen den eigenen Bruder werden. Denn im Sommer 1845 wurde Augustin Theiner vom Präfekten der Indexkongregation, Kardinal Angelo Mai, um ein Votum über Johann Anton Theiners im selben Jahr wiederum in Altenburg erschienene *Reformatorische Bestrebungen* gebeten, die vom Wiener Nuntius in Rom denunziert worden waren. In seinem Brief vom 28. September 1845 an Mai äußerte Augustin Theiner die Zuversicht, der Kardinal werde ihm eine ausführlichere Prüfung dieses «frevelhaften Werkes» erlassen.[106] Er gab sich überzeugt, seine in diesem Schreiben selbst gebotene Kurzübersicht des Werkes mache die Gründe, warum das Buch seines Bruders die Zensur unbedingt verdiene, bereits ausreichend deutlich.

Das handschriftliche Votum Augustin Theiners zerfällt in zwei Teile: Im ersten bietet er eine tränenreiche Geschichte der Apostasie seines Bruders, den er als «verirrtes Schäfchen» bezeichnet, dessen Fall das «Werk der Feinde unserer heiligen Kirche» sei. Namentlich die preußische Regierung habe Anton in den Schoß der Sekte der Deutschkatholiken getrieben, um «der teuflischen Schar unserer ignoranten, böswilligen und liederlichen Abtrünnigen einen Mann hinzuzugesellen, der den Vorzug eines sittlich unbescholtenen Lebenswandels und einer gewissen Gelehrsamkeit» hat. Der Bruder habe lange gezögert, sich der «neuen Sekte» anzuschließen. Erst am 15. Juni 1845 sei er – ermutigt durch Mitglieder der preußischen Königsfamilie – aus der katholischen Kirche ausgetreten und habe damit sein ewiges Seelenheil verloren.

Nach dieser zumindest indirekten Apologie des Verhaltens seines Bruders Anton geht Augustin Theiner auf den Inhalt der *Reformatorischen Bestrebungen* ein. Er nennt diese eine «niederträchtige Schrift», an der er kein gutes Haar läßt. Anton versuche darin, seinen ehemaligen Pfarrgemeinden über die Gründe seiner Hinwendung zum Deutschkatholizismus Rechenschaft zu geben: Die Mißstände in der katholischen Kirche seien zu groß und Reformen von Rom systematisch verhindert worden. Als Hauptübel brandmarke er – in typisch spätaufgeklärter Weise – den etwa in der Trierer Rockwallfahrt sich zeigenden «Aberglauben» der Reliquienverehrung, geißele nutzlose Wallfahrten und trete für die Einführung der Volkssprache in der Liturgie sowie eine liberalere Mischehenpraxis ein. Das Dogma «Außerhalb der katholischen Kirche kein Heil» nenne er «eine

Erfindung des Papsttums», wie der Bruder als Zensor entsetzt feststellt.

Am interessantesten in Augustin Theiners Votum ist zweifellos der Passus über den Zölibat, weil Anton hier im Grunde nur die Positionen wiederholt, die er zusammen mit Augustin bereits in der 1829 indizierten Anti-Zölibatsschrift vertreten hatte. Der 1833 religiös wiedergeborene, zum Zensor konvertierte «Censuratus» kann diese Aussagen nur «unglaublich und wirklich erschreckend», «besonders niederträchtig und bösartig» nennen, weil der Bruder «ohne jegliche Rücksicht enthüllt, mit welch schlechter Gewohnheit der Klerus ... infiziert ist», und «weil er sich seines guten moralischen Betragens brüstet und gleichzeitig beteuert, nie an eine Heirat gedacht zu haben». Indem Augustin die Aussagen seines Bruders verwirft, distanziert er sich zugleich von seinen eigenen Jugendsünden. Er ist durch das römische Damaskuserlebnis vom Saulus zum Paulus geworden, für seinen Bruder aber zu Judas, dem Verräter.

Immerhin verlangte Kardinal Angelo Mai kein ausführlicheres Gutachten von Augustin Theiner. Das kurze Votum über den gefallenen Bruder genügte vollauf für die Indizierung der *Reformatorischen Bestrebungen*, die in der Sitzung vom 30. September 1845 einmütig erfolgte.[107]

Augustin Theiner wurde für den Loyalitätsbeweis und den «Brudermord» reich belohnt. Pius IX. ernannte ihn zum Konsultor des Heiligen Offiziums und später zum Präfekten des Vatikanischen Geheimarchivs. Aber der Täter wurde seines Judaslohnes nicht recht froh. Denn er wurde schließlich doch wieder zum Opfer des Systems, dessen Zuwendung er der Liebe zu seinem Bruder vorzog. Der «Römling Theiner» teilt das Schicksal vieler ultramontaner Zeitgenossen. Wie ein Johannes Evangelist Kuhn (1806–1887), ein Ignaz Döllinger (1799–1890) oder ein Carl Joseph Hefele, die sich allesamt als Denunzianten ihrer Gegner bei der Indexkongregation hervortaten und insofern wie Theiner zu den Tätern gehörten, kam auch er unter die Räder. Theiner hatte sich, nicht zuletzt als Zensor, seit dem Vormärz für die Ausrichtung der katholischen Kirche auf Rom und die Stärkung des päpstlichen Primats eingesetzt und war schließlich von der von ihm selbst mitinitiierten Bewegung «rechts» überholt worden. Wie Kuhn, Döllinger und Hefele war er in einen immer schärferen Konflikt mit den Managern des unerbittlichen römischen Zentralismus – den Jesuiten – geraten. Wie diese war er an der Krönung des von ihm mit auf den Weg gebrachten Unfehlbarkeitsdogmas zerbrochen: Kuhn verordnete sich und der Tübinger Fakultät einen Maulkorb, Döllinger wurde exkommuniziert, Hefele unterwarf sich gegen die eigene Überzeugung, und Theiner wurde als Präfekt des Vatikanischen Archivs abgesetzt, die Tür zu den geliebten Quellen ihm im wahrsten Sinn des Wortes zugemauert: Nachdem Theiner einer Reihe von Bischöfen Einsicht in die Geschäftsordnung des Konzils von Trient gewährt hatte, zog er sich einige Wochen zur Erholung aufs Land zurück. Als er Anfang Juni 1870 wieder nach Rom zurückkehrte, teilte ihm der Kardinalstaatssekretär mit, daß er von seinem Amt suspendiert sei. Seine Wohnung im Vatikan durfte er zwar behalten, die direkte Durchgangstür zwischen seinem Appartement zum Vatikanischen Geheimarchiv hatte man jedoch zugemauert.

Andererseits teilte er aber in gewisser Weise auch das Schicksal seines «linken» Bruders Anton. Dieser hatte sich als Vorkämpfer einer liberalen Kirche beziehungsweise eines reformierten deutschen Katholizismus auf «aufgeklärter» Basis engagiert. Er hatte insofern den Deutschkatholizismus mit vorbereitet, der nicht umsonst seinen Ausgang in Schlesien nahm, war schließlich dieser «Los-von-Rom-Bewegung» als Seelsorger und Aushängeschild beigetreten – und dann in deren Kampf von dem öffentlichen Repräsentanten des Deutschkatholizismus, Johannes Ronge (1813–1887), in seinem «demokratischen» Radikalismus und Pantheismus «links» überholt worden. Er trat aus der deutschkatholischen Gemeinde aus, konvertierte später zum Protestantismus und stand finanziell und vor allem ideell vor dem Nichts. Augustin und Anton Theiner – eine Parallelbiographie ganz eigener Art. Vom Zensurierten zum Zensor und zurück – so könnte man Augustin Theiners Biographie überschreiben, über der eine tiefe Tragik, des Opfers und Täters zugleich, liegt.

Rankes Päpste: Dogma oder Geschichte?

Wer einen römischen Index der verbotenen Bücher, etwa den von 1948, unter «R» aufschlägt, liest dort den Eintrag «Ranke, Leopold. Die römischen Päpste, ihre Kirche und ihr Staat im 16. und 17. Jahrhundert». Ferner findet sich der Hinweis, daß das Werk des «Papstes der Geschichtsschreibung»[108] durch ein Dekret der Indexkongregation vom 16. September 1841 verboten wurde. Mehr als diese Tatsache selbst war bis 1989 nicht bekannt. Damals waren die Archive der Glaubenskongregation noch fest hinter den dicken Mauern des Palazzo del Sant'Uffizio verschlossen. Auf eine Anfrage hin teilte der Apostolische Nuntius in Deutschland, Josip Uhac, dem renommierten Historiker Horst Fuhrmann damals immerhin mit, der Beschluß der Kardinäle der Indexkongregation vom September 1841 «fußt auf theologischen Gutachten, die ... zur Einsichtnahme von Privatpersonen nicht bestimmt sind».[109] Die Glaubenskongregation ließ dem Bittsteller jedoch ein von einem ihrer Mitarbeiter erstelltes Exzerpt mit wichtigen Argumenten aus den Gutachten zukommen, die sich für eine Indizierung von Rankes *Päpsten* aussprachen. Aus diesem Exzerpt wird ein zentrales Motiv für das Verbot deutlich: die offenbar negative Darstellung des Jesuitenordens durch Leopold von Ranke (1795–1886). Daraus konnte man schließen: Das Buch des deutschen Historikers ist auf Grundlage mehrerer Gutachten im Rahmen eines normalen Verfahrens im Herbst 1841 in der Indexkongregation verhandelt und verboten worden.

Als das Archiv dann 1998 der Forschung zugänglich wurde, schien es ein leichtes zu sein, die noch übrigen Geheimnisse des Ranke-Prozesses zu entschlüsseln und namentlich die Fragen nach den Denunzianten, Gutachtern und Entscheidungsgründen zu beantworten. Man brauchte – so die Erwartungen – nur den entsprechenden Band der «Protocolli» mit den Sitzungsunterlagen des Jahres 1841 aufzuschlagen, die dazugehörigen Einträge im «Diarium» daneben zu legen, und der Fall wäre erledigt. Und tatsächlich: Das Verurteilungsdekret fand sich unter dem Datum des 16. Septembers 1841 in den Akten, mit dem Hinweis, daß es am 20. November publiziert worden ist.[110] Damit hören die Normalitäten im Fall Ranke aber auch schon auf.

Erfolgreich: Das Verfahren von 1841

Nicht nur in der Sitzungsvorlage für die Konsultoren vom 28. Juli 1841, sondern auch auf der gedruckten Einladung zur Kardinalsversammlung am 16. September fehlt der Name Ranke. Das heißt im Klartext: Rankes *Päpste* wurden in der vorbereitenden Konsultorenversammlung nicht besprochen und waren auch als Tagesordnungspunkt der Kardinalssitzung nicht vorgesehen. Wie kam sein Name dann aber auf das Dekret, das die Ergebnisse eben jener Kongregation nach außen dokumentiert? Der Sekretär der Kongregation Degola erhielt am 15. September, also einen Tag vor der Plenaria, einen Brief des Konsultors Augustin Theiner, der nicht an der Sitzung der Kardinäle teilnehmen durfte. Dieser verlangte darin mit Nachdruck, Rankes Papstgeschichte umgehend auf den Index der verbotenen Bücher zu setzen. Anlaß dieses überraschenden Votums des Konsultors war nach dessen eigener Auskunft ein direkter Auftrag Degolas. Weshalb aber hatte der Sekretär einen solchen Auftrag erteilt? Auch hierauf gibt das Sondervotum Theiners, wenn man seinen Brief als ein solches ansieht, einen Hinweis. Er geht nämlich in seiner inhaltlich äußerst dünnen Argumentation allein auf Rankes Rede vom sogenannten «Historischen Primat» – also der geschichtlichen Entwicklung der päpstlichen Vorrangstellung – ein und erhebt diesen damit zum Leitthema von dessen Papstgeschichte.

Das Stichwort «Historischer Primat» läßt aufhorchen, hatte doch Theiner, allerdings bereits über einen Monat zuvor, für dieselbe Kardinalssitzung ein umfangreiches Gutachten über Johann Ellendorfs (1805–1843) im Jahr 1841 in Darmstadt erschienene Schrift *Der Primat der römischen Päpste* verfaßt und diese wegen des darin vertretenen Historischen Primats zur Indizierung empfohlen. Theiner hatte vor allem den von Ellendorf auch auf das Papsttum angewandten Entwicklungsgedanken kritisiert. Damit werde historisch etwas behauptet, was dogmatisch nicht wahr sein könne, nämlich, daß der

Primat des Papstes sich erst in einem langandauernden Prozeß geschichtlich herausgebildet habe, keineswegs aber auf Jesus Christus selbst zurückgehe. Damit griff die Wissenskultur Geschichte eine zentrale Wahrheit katholischen Glaubenswissens an. Kein Wunder, daß jetzt in Rom bei einer «historischen» Papstgeschichte, aus der Feder eines Protestanten zumal, die Alarmglocken automatisch zu klingeln begannen. Der Verdacht liegt nahe: Dem Indexsekretär Degola ist wohl erst aufgrund des Ellendorf-Gutachtens Theiners die eigentliche Brisanz von Rankes Papstgeschichte aufgegangen. Die inhaltliche Entsprechung beider Schriften erklärt auch die überstürzte Eile, mit der Ranke dann – innerhalb von zwei Tagen! – gemeinsam mit Ellendorf auf den Index gesetzt wurde.

Klar ist, daß durch ein solches Vorgehen die Konsultorenversammlung rücksichtslos ausgeschaltet wurde. Doch auch die Kardinäle dürften völlig überrascht gewesen sein, als ihnen in der Sitzung vom 16. September das Gutachten Theiners präsentiert wurde. Der Coup gelang: Offenbar sahen die Kardinäle kein Problem darin, das Buch zu verurteilen. In der Relation an den Papst begründeten sie ihr Urteil: «Das Werk von Herrn Ranke, Professor für Geschichte an der Universität Berlin, mit dem Titel *Die römischen Päpste. Ihre Kirche und ihr Staat* hat, obwohl mit tückischer List geschrieben, um die weniger vorsichtigen Leser zu täuschen, allgemeine Entrüstung bei den deutschen Katholiken hervorgerufen, und die renommiertesten deutschen Zeitungen haben alle sein böses Geheimnis entlarvt. Der einzige Gedanke, den Ranke in seinem Werk darlegen will, ist, ‹daß Rom seine Autorität mit Hilfe des sogenannten *Historischen Primats*, der schon seit dem 16. Jahrhundert stark bedroht ist und der ihm nur mit großen Schwierigkeiten im 19. Jahrhundert wird erhalten bleiben können, erworben hat ...›. Als Beweis hierfür erwähnt er die Ereignisse in der Katholischen Kirche unter Napoleon.»[111] Damit hatte man fast wörtlich Theiners Argumente übernommen.

Im Unterschied zum umfangreichen Gutachten über Ellendorf war das Votum Theiners über Rankes Papstgeschichte ausgesprochen dünn ausgefallen.[112] Außer Frage stand auch hier: Das Werk mußte auf den Index gesetzt werden. Statt einer weit ausgreifenden Argumentation wie bei Ellendorf setzt Theiner bei Ranke nur noch auf verurteilende Phrasen: In den *Päpsten* herrsche «ein sehr niederträchtiger Geist». Kein Schriftsteller habe jemals mehr tückische und spöttische List besessen, «etwas Gutes zu sagen, um dann mit größerer Sicherheit so viel Schlechtes, wie es ihm beliebt, sagen zu können, im festen Vertrauen darauf, daß man ihm dann glaubt und ihn für einen unvoreingenommenen Menschen hält».

Im Kern geht das Gutachten bis hierher nicht über jenen Verriß hinaus, den Theiner bereits 1838 in seiner Schrift *Versuche und Bemühungen des heiligen Stuhles in den letzten drei Jahrhunderten, die durch Ketzerei und Schisma von ihm getrennten Völker des Nordens wiederum mit der Kirche zu vereinen* Ranke hatte zuteil werden lassen. Im Vorwort hatte er von der Notwendigkeit gesprochen, historische «Verfälschungen und Lügen» zu bekämpfen. Ranke habe «die kühne Prahlerei gehabt, dem guten Publikum in hochtrabender Marktschreier Weise eine sogenannte Geschichte der Päpste auf die Nase zu binden, die lediglich zusammengestoppelt aus allerlei historischem Auskehrig, den Zwerggeist der protestantischen Kirche recht bekundet, bei Auffassung der großen christlichen Nachwelt der drei letzt verflossenen Jahrhunderte.» Die Ankündigung Theiners, Ranke in einem der folgenden Bände «die kalte Maske» abzureißen und sein «Machwerk ... in seiner Blöße» zu zeigen, wurde allerdings nicht wahrgemacht.[113]

Obwohl die Charakterisierung des Rankeschen Werkes im Gutachten von 1841 im Grunde über diesen 1838 formulierten Grundtenor nicht hinausgeht, kommt nun – mit dem an Ellendorf geschärften Blick – ein weiteres hinzu. Theiner konzentriert sich in seiner inhaltlichen Auseinandersetzung nur auf einen einzigen Punkt. Ranke wolle – so der Gutachter – in seinem Werk einzig und allein zeigen, daß Rom seine Autorität nur mit Hilfe des historisch gewachsenen Primats erworben habe. Zum Beleg hierfür beruft sich Theiner auf die Bemerkungen Rankes zur jüngsten Geschichte. Danach sei dem Papst nach der napoleonischen Schmach von den Staaten auf dem Wiener Kongreß 1815 nur aus Mitleid der Thron und sein Besitz, «also seine gesamte Autorität, die geistliche ebenso wie die zeitliche», zurückgegeben worden. Theiner protestiert aufs heftigste gegen eine so «frevelhaft» verfälschte Geschichte. Für ihn steht fest, daß die Staaten «den Papst anflehten, der möge den Bann über jenen großen und schrecklichen Krieger sprechen, der sie nach Gottes unerforschlichen Plänen so sehr demütigte». Auch habe der Papst seinen Besitz auf der Grundlage des unantastbaren Völkerrechts zurückgewonnen, eines Rechtes, das die Mächte – die Spitze zielt gegen Preußen – bereits vor Napoleon «auf barbarischste Art und Weise in Schlesien und Polen mit Füßen getreten haben». Um seiner Forderung nach Indizierung Nachdruck zu verleihen, fügt Theiner die Bemerkung hinzu, als Deutscher könne er das Werk Rankes im Gegensatz zu Gutachtern, die des Deutschen nicht mächtig sind, wirklich verstehen und beurteilen. Auch entspreche sein verdammendes Votum dem sehnlichsten Wunsch der deutschen Katholiken. Außerdem habe Ranke inzwischen seine *Geschichte Deutschlands zur Zeit der Reform* veröffentlicht, in der er «voller Groll gegen die Katholische Kirche die gleichen verwerflichen Grundsätze wie in seiner Papstgeschichte» darlege, was eine Indizierung der *Päpste* zusätzlich rechtfertige.

Das Votum Theiners zu Ranke macht im Vergleich zum langen Gutachten über Ellendorf nur den Eindruck eines Appendix. Eigentlich wurden hier die Maßstäbe völlig verkehrt. Das berühmt gewordene Werk Rankes wurde mit einigen wenigen oberflächlichen Bemerkungen abgespeist, während das relativ unbekannte Buch Ellendorfs einer eingehenden Betrachtung unterzogen wurde. Auf den zweiten Blick jedoch ist dies verständlich. Immerhin behandelte Ellendorf ein ekklesiologisch zentrales Thema ausführlich, während Ranke sich eher der äußeren Geschichte des Papsttums zuwandte. Beide arbeiteten historisch und sahen in der Geschichte die neue «Leitwissenschaft». Ellendorf jedoch ging einen Schritt weiter, indem er aus diesem Ansatz auch bewußt theologische Konsequenzen zog. Vor dem Hintergrund seiner Verurteilung war die Indizierung Rankes nur eine Nebensache, eine logische Folgerung: Der Ewigkeitswert des Papsttums und des Primats stand zur Disposition und damit der Identitätspunkt der katholischen Kirche – nicht mehr, aber auch nicht weniger!

Obwohl damit die sachlichen theologischen und kirchenpolitischen Gründe für Theiners Vorstoß gegen Ranke auf der Hand liegen, dürfen auch die eher verborgenen persönlichen Motive nicht verschwiegen werden. Als katholischer Schlesier besaß Augustin Theiner von vornherein starke Antipathien gegen Preußen, das Schlesien besetzt und annektiert hatte. Auf die Weigerung der preußischen Regierung, 1832 Theiners Studienurlaub zu verlängern, hatte dieser mit der «Flucht» nach Rom reagiert. Dort war er bald in näheren Kontakt zu Kardinalstaatssekretär Luigi Lambruschini getreten, dem Führer der «österreichischen» Kardinäle in Rom. In jenen Jahren versuchte der Berliner Gesandte am päpstlichen Hof, Christian Freiherr von Bunsen (1791–1860), Theiner als preußischen Untertan für die Ziele des Staates im preußischen Kirchenstreit gegen Rom und die Kurie einzuspannen. Doch dieser widerstand der Versuchung. Der «nichtswürdige» Theiner ließ sich statt dessen von der Kurie gegen seinen König instrumentalisieren und versorgte vor allem im Konflikt um die Mischehenfrage die zuständigen Leute in Rom mit den nötigen Informationen, die man gegen das ungläubige Preußen einzusetzen gedachte.

Ein knapp vier Seiten langer handschriftlicher, schnell hingeschriebener Brief eines Konsultors, der seine antipreußischen Affekte als vom protestantischen Berlin gedemütigter katholischer Schlesier auslebt und dessen Stellungnahme außerhalb des regulären Geschäftsgangs der Indexkongregation einfach dazwischengeschoben wird, hat also ausgereicht, um Rankes berühmte Papstgeschichte zu indizieren. Die Konsultoren bekamen von diesem Vorgang gar nichts mit, weil das Votum nur für die Kardinäle bestimmt war. Auch diese hatten keine Gelegenheit, in Rankes Werk hineinzuschauen, geschweige denn, es zu lesen, weil sie, als sie sich zu ihrer Sitzung trafen, noch keine Ahnung davon hatten, daß es auch um die *Päpste* gehen sollte. Immerhin wird der Indizierungsgrund hinreichend klar: Das Papsttum als von Jesus Christus gestiftete göttliche Institution ist nicht dem innergeschichtlichen Wandel unterworfen. Der Primat – so die Überzeugung des Gutachters und auch der Indexkongregation – ist dem Papst nicht erst im Laufe der Geschichte zugewachsen, sondern von Christus schon so, wie er heute noch existiert, eingesetzt worden. Daher kann man aus römischer Sicht Papstgeschichte mit historischen Methoden eigentlich nicht adäquat schreiben, da sie einem dogmatischen Kriterium unterliegt, das Protestanten wie Ranke nicht zugänglich sein kann. Dogma oder Geschichte? Ewigkeit oder Entwicklung? Glaubenswissen oder historisches Wissen? Das sind die Alternativen, die unversöhnlich gegeneinander standen. Das waren zwei inkompatible Wissenskulturen: Historismus versus Dogmatismus. Für die erste profane, protestantisch dominierte Leitkultur des 19. Jahrhunderts steht Ranke, für die zweite die katholische Kirche mit ihren Ewigkeitswerten, für deren Sicherung die obersten römischen Glaubensbehörden zu sorgen hatten.

Trotz dieser wichtigen Erkenntnis bleibt man am Ende des Falles Ranke seltsam unbefriedigt: Verfahrensordnung in Rom nicht eingehalten, Deutschlands größter Historiker ohne viel Federlesens indiziert, ein katholischer «Underdog», der sich für alle erlittene Unbill am preußischen Establishment als Drahtzieher rächt. Und darüber hinaus: Der päpstliche Nuntius in Deutschland hat sich 1989 offensichtlich geirrt, als er von Gutachten im Plural sprach, aufgrund derer Ranke verurteilt worden sei. Denn es gibt nur das eine Votum, das von Augustin Theiner. Auch die Gründe für die Damnatio, die Horst Fuhrmann seinerzeit mitgeteilt wurden – vor allem Rankes antijesuitische Affekte –, finden sich in Theiners Brief, den man kaum als Gutachten im eigentlichen Sinn bezeichnen kann, nicht wieder.

Oder ist man – so fragt sich der historische Kriminalist – vielleicht doch im falschen Spiel? Hat man vorschnell auf das Ende des Prozesses geschaut, auf das Dekret vom 16. September 1841, und sich dadurch in die Irre leiten lassen? Lagen Nuntius Uhac 1989 doch andere Dokumente vor als nur der Theiner-Brief? Denn warum sollte der Vertreter des Heiligen Stuhles bei der Bundesrepublik Deutschland beziehungsweise der Mitarbeiter der Glaubenskongregation, der das Exzerpt aus den Akten erstellte, das Fuhrmann erhielt, den Antijesuitismus Rankes als Urteilsgrund einfach erfunden haben? Das erscheint alles mehr als unwahrscheinlich! Also gilt es – wie es Henning Mankells Kommissar Kurt Wallander immer empfiehlt, wenn eine Ermittlung in einer Sackgasse steckt –, das vorhandene Material noch einmal kritisch und kreativ zugleich durchzugehen und sich dabei auf seine Intuition zu verlassen.

Eine weitere minutiöse Suche nach neuen Quellen im Umfeld der September-Sitzung des Jahres 1841 führte nicht zum Erfolg. Es fällt aber auf, daß in der Kardinalssitzung, auf deren Tagesordnung Ranke eigentlich gar nicht stand, keinerlei Nachfragen nach dem Autor oder dessen Buch erfolgten. Keine der Eminenzen verlangte eine Vertagung, um sich wenigstens ein erstes Bild von einem unbekannten, deutschsprachigen Buch zu machen. Die Möglichkeit dazu hätte die Verfahrensordnung allemal geboten. Falls die Kardinäle sich nicht selbst der Lektüre eines Werkes unterziehen wollten, hätten sie, da Theiners Brief nicht einmal eine Inhaltsangabe des inkriminierten Werkes bot, jederzeit auch einen «Scribat-alter»-Beschluß – «es schreibe ein anderer» – fassen und dadurch einen weiteren Konsultor mit dieser Aufgabe betrauen können. Aber auch das geschah nicht.

Dies ließ zumindest vermuten, daß Rankes *Päpste* den Kardinälen so unbekannt auch wieder nicht waren, daß sie sich möglicherweise in einer der vorhergehenden Sitzungen der Indexkongregation doch bereits mit dem Werk beschäftigt hatten, es aber damals noch nicht zu einem Urteil gekommen war oder man den Fall gar vertagt hatte. Ein Verfahren, das sich über zwei und mehr Sitzungen hinzog, war im 19. Jahrhundert nicht ungewöhnlich. Allerdings führte auch diese Spur in die Irre, denn in den Beratungen des Jahres 1841 und auch in jenen von 1840 kam Ranke schlicht nicht vor.

Als weitere Hypothese bot sich an, von einer Anzeige Rankes in Rom bereits unmittelbar nach Erscheinen seines Buches in den Jahren 1834/36 auszugehen, die bei einem deutschen Werk über die damals für ganz Deutschland zuständige Münchener Nuntiatur via Staatssekretariat hätte nach Rom gelangt sein müssen. Eine Untersuchung dieses Nuntiaturarchivs und der entsprechenden Gegenüberlieferung mit den Berichten des Nuntius an den Kardinalstaatssekretär im Vatikanischen Geheimarchiv blieb jedoch genauso ergebnislos. Damit erwies sich auch diese Spur als kalt.

Schließlich blieb nur übrig, alle einschlägigen Akten zur Buchzensur von 1834 bis 1841, also vom Erscheinungsjahr der *Päpste* bis zu ihrer Indizierung, in der Indexkongregation und der Römischen Inquisition systematisch durchzugehen, um auszuschließen, daß Rankes *Päpste* irgendwann, seit es sie ab 1834 im Buchhandel überhaupt gab, doch nach Rom gelangt und angezeigt worden waren. Danach hätte man den Fall Ranke immerhin halbgelöst zu den Akten legen können. Dieses aufwendige systematische «Ausgrabungsverfahren» in den verschiedenen Überlieferungsschichten der obersten Glaubenskongregation führte schließlich doch noch zum Erfolg: Ein weiteres Rankeverfahren vor der Indexkongregation kam ans Tageslicht. Dieser erste und eigentliche Prozeß fand bereits 1838 statt. Gegenstand war aber nicht wie 1841 die deutsche Originalausgabe, sondern eine französische Übersetzung der *Päpste*. Und anders als 1841 gab es heftigen Streit in der Indexkongregation über die Frage: Ranke verbieten oder nicht?

Erfolglos: Das Verfahren von 1838

Über den Verlauf des Vorverfahrens im Jahr 1838 ist man auch im Fall Ranke – wie fast immer – nicht informiert, da es mündlich abgewickelt wurde und deshalb keine Akten anfielen. Aus der Überlieferung der Kongregation ist auch nicht ersichtlich, woher die Denunziation gegen Ranke stammt. Daher ist man wieder einmal auf Indizien angewiesen. Grundsätzlich sind drei verschiedene Möglichkeiten denkbar.

Zum einen könnte die Tatsache, daß der Indexkongregation 1838 nicht die deutsche Originalausgabe, sondern die – von Ranke nicht autorisierte – französische Ausgabe der *Päpste* zur Überprüfung vorlag, darauf hindeuten, daß die Anklage aus Frankreich kam oder zumindest von einer französischsprechenden Persönlichkeit eingereicht wurde.

Zum anderen ist es aber auch nicht unwahrscheinlich, daß die Anklage gegen Ranke aus den Reihen des Jesuitenordens kam. Dafür könnte die Wahl des Gutachters sprechen, der mit der Zensur beauftragt wurde. Es war der sechzigjährige Jesuit Michele Domenico Zecchinelli (1778–1856), der, wie seine Gutachten im Archiv der Indexkongregation zeigen, stets besonders um die Verteidigung seines Ordens besorgt war. Dies war auch bei Ranke der Fall, wie Zecchinellis Gutachten belegt, obwohl sich ein solches Vorgehen bei der Papstgeschichte keineswegs aufdrängte. Offenbar fühlten sich die Jesuiten jedoch von Ranke in besonderer Weise angegriffen und herausgefordert.

Schließlich steht fest, daß bereits seit 1836 einige Besprechungen in der in Rom erscheinenden Zeitschrift *Annali delle Scienze Religiose* die kuriale Öffentlichkeit auf Rankes Papstgeschichte aufmerksam gemacht hatten. Eine Überprüfung des aus der Hand eines preußischen Protestanten stammenden Werkes mag für die Kurie in doppelter Hinsicht nahegelegen haben: Die Papstgeschichte ausgerechnet von einem Evangelischen behandelt zu sehen mußte in Rom grundsätzlich Verdacht erregen. Weil Ranke aber zudem in preußischem Staatsdienst stand, verstärkte sich dieser Anfangsverdacht automatisch; denn Kirche und Kurie trugen mit und in Preußen seit Jahren heftige Kämpfe aus – nicht nur in der Mischehenfrage.

Warum aber ließ man in Rom die französische Ausgabe der *Päpste* und nicht das deutsche Original untersuchen? Dafür gibt es Erklärungen genug. Wie auch in anderen Fällen schritt die Kurie oft erst dann gegen ein Buch ein, wenn es in einer «lesbaren» Sprache, sprich: auf Italienisch oder Französisch, Spanisch oder Portugiesisch erschien. Denn nur in diesem Fall mußte man von der Gefährdung einer breiteren katholischen Öffentlichkeit ausgehen. Und schließlich konnte nur eine Papstgeschichte, die man in Italien, namentlich im Kirchenstaat und in Rom verstand, weil sie in einer romanischen Sprache geschrieben war, der Kurie und dem Papsttum selbst wirklich gefährlich werden. Wäre die französische Ausgabe der *Päpste* in Buchhandlungen Roms aufgetaucht, dann hätte sich der für die Bücherzensur im Kirchenstaat verantwortliche Magister Sacri Palatii der Sache angenommen und das Buch auf diesem Weg vor die Indexkongregation gebracht.

Als Gutachter für Rankes Werk wurde wie gesagt der Jesuit Zecchinelli bestellt. Neben seinem Votum zu Rankes Papstgeschichte sind lediglich fünf weitere Gutachten aus seiner Feder bekannt, ohne daß sich ein bevorzugtes Arbeitsgebiet erkennen ließe. So gutachtete Zecchinelli über Ehefragen, George Sands *Lettres d'un voyageur* (zwei Bände, Brüssel 1837) und Honoré de Balzacs *Le Livre mystique* (zwei Bände, Brüssel/Paris 1836). Erkennbar ist immerhin, daß ihm vorwiegend Gutachten zu französischsprachigen Werken übertragen wurden, weil er in dieser Sprache offenbar gut bewandert war.

Am 13. August 1838 fand im Dominikanerkonvent Santa Maria sopra Minerva die vorbereitende Konsultorenversammlung statt.[114] Bezeichnenderweise wohnte Zecchinelli der Sitzung nicht bei. Auf mögliche Gründe für sein Fernbleiben wird später zurückzukommen sein. Neben Rankes *Päpsten* sollten an diesem Tag zwölf weitere Schriften behandelt werden, davon allein acht deutschsprachige, unter ihnen auch so prominente wie das 1835/36 erschienene *Leben Jesu* des protestantischen Tübinger Theologen David Friedrich Strauß (1808–1874). Alle Werke wurden einstimmig der Verurteilung anheim gegeben – außer einem.

Denn bei der Diskussion über Rankes Papstgeschichte kam es offensichtlich zu heftigen Kontroversen. Zwar existieren – wie für jene Jahre üblich – keine Protokolle der Sitzung, so daß es über den genauen Hergang sowie über die Stimmverteilung keine Informationen gibt. Doch lag dem Sekretär der Indexkongregation zehn Tage später ein handgeschriebenes Votum des Konsultors Antonio De Luca (1805–1883) vor, aus dem klar hervorgeht: De Luca hatte in der Sitzung der Konsultoren vom 13. August ein eindeutiges mündliches Votum gegen die Indizierung Rankes abgegeben und war daraufhin vom Sekretär beauftragt worden, sein Plädoyer für die Beratung der Kardinäle auch schriftlich niederzulegen. Damit lagen zwei einander widersprechende Gutachten über ein und dasselbe Werk vor, eine Auftragsarbeit sowie ein spontanes, privates Votum, eines klar für eine Indizierung, eines genauso klar dagegen.

Schon von seiner Persönlichkeitsstruktur her unterschied sich De Luca grundlegend von dem 28 Jahre älteren Zecchinelli. De Luca gehörte keinem Orden an; 1838 hatte er noch nicht einmal die Priesterweihe empfangen und galt schon deshalb im klerikalen Rom als Außenseiter. Ganz offensichtlich war er auch nicht auf die Protektion eines Ordens hin Konsultor der Indexkongregation geworden. Und schließlich: De Luca war nicht nur außerordentlich gebildet und begabt, sondern im Gegensatz zu Zecchinelli auch literarisch und publizistisch aktiv. Er war erst 1836 Konsultor der Indexkongregation geworden und beherrschte verschiedene Sprachen, unter anderem auch Deutsch und Englisch, was an der Kurie damals recht ungewöhnlich war. Als Titularerzbischof von Tarsus sollte De Luca vom Papst 1853 als Nuntius nach München geschickt werden. 1856 stieg er gar zum Chef der bedeutenden Nuntiatur in Wien auf. 1863 sollte er den Kardinalshut erhalten und zunächst Mitglied, ab Dezember 1864 dann Präfekt der Indexkongregation werden – eine glänzende kuriale Karriere also.

Der 1838 noch recht junge Gutachter sprach sich in jener Konsultorenversammlung vom 13. August ebenso wie in seinem nachträglich eingereichten schriftlichen Votum vehement gegen eine Indizierung Rankes aus.[115] Die Sache war heikel, denn – wie gesagt – De Luca gehörte noch keine zwei Jahre zum Kreis der Konsultoren. Auch konnte es unklug sein, sich in so exponierter Weise gegen das klare und vernichtende Urteil eines altgedienten Kollegen zu stellen. Geradezu gefährlich aber mußte es sein, durch eine Verteidigung Rankes indirekt dessen (angebliche) Angriffe gegen den Jesuitenorden zu billigen, nachdem der Jesuit Zecchinelli gerade von diesen ein wahres Horrorgemälde entworfen hatte. De Luca griff in seinem Gutachten deshalb zu einem Trick: Geschickt unterschied er zwischen der durchaus zugegebenen Notwendigkeit, Ranke zu indizieren, die sein Konsultorenkollege treffend herausgearbeitet habe, und der zu bedenkenden Inopportunität einer solchen Indizierung: «Als allererstes ist es mir ein Bedürfnis, einzugestehen, daß es in diesem Geschichtswerk viele und schwerwiegende Irrtümer gibt, die mit so scharfsinnigem Verstand und so großer Gelehrtheit vom verehrten Gutachter Pater Zecchinelli deutlich gemacht wurden. Aus diesem Grund und in Anbetracht der Tatsache, daß es sich um ein von einem Andersgläubigen und über ein religiöses Thema geschriebenes Werk handelt, steht außer Zweifel, daß dieses Geschichtsbuch in der Originalsprache aufgrund der vom Heiligen Trienter Konzil erlassenen Vorschrift verboten wird. Und doch geht es hier um die Frage, ob es klug ist, die französische Übersetzung ausdrücklich zu verbieten.» Damit griff De Luca indirekt eine Anregung Zecchinellis auf, der am Ende seines Gutachtens die Verurteilung Rankes gefordert hatte, jedoch mit der Einschränkung, daß es «abgesehen vom wirklichen Wert des Werkes, andere besondere Gründe [gäbe], aus denen man zum Schluß kommt, daß das Dekret ausgesetzt oder aufgeschoben werden soll, da der Autor noch lebt». Der Rückgriff auf die feine Unterscheidung zwischen Verbot und ausdrücklichem Verbot ermöglichte es De Luca, Zecchinelli zwar pro forma zuzustimmen, ohne sich jedoch dessen Votum in letzter Konsequenz anschließen zu müssen. Seine feinsinnige Argumentation überzeugte die Mitglieder der Kongregation offenbar von der Notwendigkeit, auf eine Verurteilung Rankes beziehungsweise zumindest auf die Publikation einer solchen Verurteilung zu verzichten. Bereits die Konsultoren waren aufgrund seines mündlichen Plädoyers dem Vorschlag Zecchinellis nicht gefolgt und hatten den Kardinälen Rankes *Päpste* nicht zur Indizierung empfohlen.

Auch der Sekretär der Indexkongregation dürfte die Ansicht De Lucas geteilt, wenn nicht sogar mitverantwortet haben. Denn es stellt sich die Frage, weshalb Zecchinelli als einer der offiziell bestellten Gutachter an der Konsultorenversammlung vom 13. August 1838, in der über sein Votum diskutiert wurde, nicht teilnahm. Zwar kann sein Fehlen andere Gründe gehabt haben; vielleicht war er an diesem Tag einfach verhindert oder indisponiert. Doch wäre es auch möglich, daß Zecchinelli – obwohl Zensor eines der zu verhandelnden Bücher – zur Sitzung überhaupt nicht eingeladen wurde, dann etwa, wenn der Sekretär an einer Verurteilung Rankes kein Interesse gehabt haben sollte.

Wie so oft in Indexkongregation und Inquisition könnte sich auch hinter dieser Unregelmäßigkeit ein Ordenskonflikt verbergen. Daß der an der Kurie mächtige Jesuitenorden in ständiger Konkurrenz zu den Dominikanern stand, ist bekannt und braucht nicht weiter zu verwundern. Daß die Dominikaner ihrerseits alle Möglichkeiten ausschöpften, um ihre Konkurrenten zu schwächen, leuchtet ebenfalls ein. Dies konnte am ehesten in der von ihnen qua Amt dominierten Indexkongregation geschehen. Denkbar wäre in diesem Fall auch die Möglichkeit, daß von Anfang an um die Indizierung Rankes nur ein Scheinprozeß geführt wurde. Durch die bewußte Wahl des berechenbar voreingenommenen Jesuiten Zecchinelli zum Gutachter hätte der erfahrene Sekretär das Verfahren steuern können, indem er die Zensur von vornherein mit der Aura der Parteilichkeit umgab. Die voraussehbar einseitigen Argumente waren entschärfbar, der nicht anwesende Zecchinelli konnte sich nicht wehren, und von den Jesuiten war der Sekretär keiner Parteinahme anzuklagen, weil er mit Zecchinelli ja gerade einen Jesuiten zum Gutachter bestellt hatte.

Wie dem auch immer sei, Degola nahm neben Zecchinellis Gutachten auch das schriftliche Sondervotum De Lucas mit in die Sitzung der Kardinäle, die am 27. August 1838 im Apostolischen Palast stattfand.[116] Die Eminenzen folgten klar und eindeutig dem Vorschlag De Lucas, ebenso der Papst.[117] Die französische Ausgabe Rankes wurde nicht verboten, jedenfalls standen die *Päpste* nicht auf einem der großen Verdammungsplakate und so auch nicht auf dem Index.[118]

Die Relation an den Papst – Ergebnis der Beratungen in der Kardinalskongregation und damit die eigentliche Entscheidung dieses Gremiums – war selbstverständlich kein wertneutraler Bericht und gab auch nicht immer nüchtern protokollierend oder referierend die vorangegangenen Diskussionen wieder. Vielmehr muß sie – historisch gesehen – stets als originäres Produkt des Sekretärs betrachtet werden. Dieser hatte zwar die Diskussion zusammenzufassen, die wichtigsten Argumente zu benennen und den Vorschlag der Kardinäle zu formulieren. Doch konnte der Sekretär gerade hier seinen Spielraum für eine eigene Interpretation der Dinge nutzen. Daß er dies auch tat, zeigt sich im Fall Rankes in geradezu exemplarischer

Weise. Die von Degola erstellte Relation ist bezeichnend für die Haltung des Dominikaners, vor allem für sein Verhältnis zu dem Jesuiten Zecchinelli, und stellt ein Muster an interpretatorischem Feinsinn dar. Sie stützt im übrigen die Vermutung, Degola habe Zecchinelli und dem Jesuitenorden mit dem Freispruch Rankes einen Denkzettel verpassen wollen.

Während die Relation von ihrer Absicht her und zum Teil sogar bis in den Wortlaut hinein der Argumentation De Lucas folgt, wird das Gutachten Zecchinellis und dessen Wertung bis auf einen einzigen Passus völlig ignoriert. Diese Stelle aber übernimmt Degola – freilich nicht, ohne sie süffisant einzuleiten – wörtlich. Es handelt sich dabei ausgerechnet um jene völlig isoliert dastehende Passage aus Zecchinellis Gutachten, in welcher der Jesuit die Papstgeschichte Rankes ein einziges Mal positiv würdigt: Man finde dort, obwohl Ranke Protestant sei – so hatte Pater Zecchinelli geschrieben –, «nichts Bitteres, nichts Falsches oder Bissiges und Boshaftes, wenn er die Mißbräuche feststellt, oder zumindest nichts von jenem so bitteren Ton, den die Andersgläubigen so oft gegenüber den Päpsten anschlagen: Im allgemeinen lobt er mit Respekt, tadelt mit Zurückhaltung und bei seinen eigenen religiösen Meinungen zeigt er sich bescheiden. Selbst wenn er einen Papst mit äußerster Schärfe tadelt, führt er mit dem Hinweis auf die Sitten der Zeit, auf die notwendigen Maßnahmen, die die Stellung der Päpste mit sich bringt, auf die Ausschreitungen ihrer Gegner Gründe an, die ihr Benehmen entschuldigen oder rechtfertigen.»[119]

Doch nicht genug damit, daß Degola, indem er Zecchinelli anführt, dessen Intention bewußt völlig verkehrt. Im engen Anschluß an diese lobende Passage äußert sich Degola auch über Rankes Verhältnis zum Jesuitenorden. Seine Äußerung, die im absoluten Gegensatz zu Zecchinellis Auffassung steht, schließt sich jedoch unmittelbar an dessen Nennung an. So wird nicht ersichtlich, daß es sich hierbei nun nicht mehr um die Meinung Zecchinellis, sondern die der Kardinäle beziehungsweise Degolas handelt: «Es ist unbeschreiblich, mit wieviel Respekt, mit wie großer Ehrfurcht und Hochachtung Ranke sich über den Heiligen Ignatius und seine ersten Gefährten äußert. Es genügt, zu wissen, daß er in Band 1 seines Geschichtswerks auf den Seiten 240 bis 312 vier lange Abschnitte ‹dem Lob der illustren Gesellschaft Jesu und ihrem Heiligen Gründer› widmet. Vor allem aus diesen Gründen ist die Heilige Kongregation der Meinung gewesen, daß ein Verbot der französischen Übersetzung der Papstgeschichte Rankes nicht angezeigt ist.» Hier ging der Dominikaner Degola mit dem Jesuitenorden in einer Weise um, die den Verdacht eines Ordenskonfliktes bestätigt, die aber gleichzeitig möglichen Kritikern aus dem Jesuitenorden kaum eine Angriffsfläche bot.

Der Ausgang des ersten Prozesses gegen Ranke 1838 war negativ. Die *Päpste* kamen – zunächst – nicht auf den Index. Dennoch bleiben Fragen offen, die für den weiteren Verlauf der «Causa Ranke» nicht ganz unwesentlich sind. Unklar ist nämlich, ob die *Päpste* tatsächlich nicht verurteilt wurden oder ob eine Verurteilung stattfand, diese aber aus Opportunitätsgründen nicht publiziert wurde. Gegen eine eigentliche Indizierung Rankes spricht der eben zitierte Wortlaut der Relation an den Papst. Doch steht in unverkennbarer Spannung hierzu jener Vermerk, den der Sekretär der Kongregation wie üblich auf dem Sitzungsprotokoll anbrachte und der sich – ebenfalls von Degolas Hand – auch im Diarium wiederfindet: «Das Verbot nicht publizieren.»[120] Man kann hier die von De Luca eingeführte Unterscheidung wiederentdecken: Während Ranke in der Außenwahrnehmung nicht indiziert war, konnte in der Binnenwahrnehmung – sprich: gegenüber den Jesuiten – gesagt werden, Ranke sei verurteilt, das Verbot allerdings aus politischen Gründen nicht publiziert worden. Ein Kompromiß also, der beide Seiten zufriedenstellen konnte.

Doch was stand nun genau in den beiden so unterschiedlichen Gutachten? Die viele Seiten umfassende Zensur Zecchinellis[121] läßt vier unterschiedlich große Abschnitte erkennen. Auf eine mehr als drei Seiten lange allgemeine Charakterisierung des Rankeschen Werkes folgen zwei große Teile, in denen der Konsultor sich auf eine Einzeldiskussion von 21 Punkten zu den ersten beiden und 22 Punkten zu den letzten beiden Bänden einläßt. Ein äußerst knapper, resümierender Schluß läßt keinen Zweifel an der Verurteilungswürdigkeit von Rankes *Päpsten*.

Als Hauptkritikpunkt hält Zecchinelli das von Ranke und anderen berühmten Autoren, «die sich mit moderner Geschichte befassen», aufgestellte Postulat fest, Geschichte zu schreiben «wie sie eigentlich gewesen» – womit das Credo des Historismus zitiert und so der eigentliche Gegner benannt ist. Der Konsultor konstatiert bei den diesem Prinzip folgenden Historikern einen allenthalben wahrzunehmenden Gegensatz zwischen Anspruch und Wirklichkeit. Der Beteuerung, wahre, unverfälschte Geschichte zu schreiben, «die historischen Studien von ihren systematischen, voreingenommenen und feindlichen Vorurteilen der vergangenen Jahrhunderte zu befreien» und damit der «Wahrheit» zu dienen, stehe die Tatsache entgegen, daß sich diese Historiker «in der Praxis als Feinde und Gegner der Religion und des Katholizismus» erweisen. Daher könne von historischer Objektivität keine Rede sein.

Höchst verdächtig ist dem Konsultor schon die Herkunft des Verfassers. Von einem protestantischen Autor, einem Preußen zumal, einem Vertreter der «Historischen Schule Berlins», erwartete Zecchinelli wenig Wahrhaftigkeit. Vielmehr mußte ein solcher Autor, ob er wollte oder nicht, gleichsam von selbst der Sache des Protestantismus und seiner «Scheinphilosophie» auf Kosten der wahren katholischen Kirche und der päpstlichen Autorität dienen.

Besondere Mühe verwendete Zecchinelli darauf, alles Positive, das man aus Rankes Werk für Katholizismus und Papsttum herauslesen könnte, von vornherein hinterlistig als «Kunstgriff» zu entlarven: scheinbare Unvoreingenommenheit, Bildung und schriftstellerische Begabung, Zurückhaltung in der Wertung, Respekt vor dem historischen Stoff. Immerhin mußte der Zensor anerkennen, daß Ranke Geist und Tugend der Päpste schätzte, sie gegen ungerechtfertigte Angriffe verteidigte, ihre Situation, Mission und Aufgabe anerkannte und sie selbst dann nicht anklagte, wenn sie dem Protestantismus entgegentraten, um ihre Pflicht als Verteidiger des katholischen Glaubens zu erfüllen. Ja, er berücksichtige bei der Darstellung der Päpste sogar die Sitten und Erfordernisse der Zeit und rechtfertige so ihr Handeln wenigstens zum Teil aus dem historischen Kontext heraus.

Doch trotz alledem: Letztlich vermag der Gutachter Ranke dafür kein echtes Lob zu zollen. Denn der Leser bemerke wegen dieser geschickten Täuschung die eigentliche Absicht des Autors, «die Wahrheit ganz dem Vorurteil und dem Fanatismus seiner lutherischen Partei zu opfern», nicht mehr. Daher rückt Zecchinelli Ranke und mit ihm die Vertreter des Historismus allgemein in die Nähe von gefährlichen Sekten. «Wir wissen nur zu gut, daß eben diese Sekten, die auf der Asche des Papsttums und des Katholizismus ihre neuen religiösen oder philosophischen Systeme errichten wollten, mit List die Legitimität ihrer Lehre glaubhaft zu machen suchten, indem sie die Lehre der katholischen Kirche und des Papsttums in den vergangenen und in den ersten Jahrhunderten lobten. Sollte man im Werk unseres Autors zufällig einen ähnlichen Kunstgriff befürchten müssen?»

Summarisch untermauert Zecchinelli sein negatives Urteil über die *Päpste* mit dem Hinweis, das Werk enthalte trotz vorgeblicher Ehrerbietungen Rankes gegenüber dem Papsttum zu viele Einschränkungen, Vorschläge und Meinungen, die ein Katholik auf keinen Fall billigen könne. Viele Dinge würden den Päpsten fälschlicherweise zur Last gelegt, zu oft spreche Ranke von den Helden und Taten des Protestantismus und gebe der Sache der Reformation in allem den Vorzug vor dem einzig wahren katholischen Glauben.

Ranke sei nun einmal Protestant – so ein weiterer Kernpunkt der Kritik –, der nie von den Päpsten sprechen könne wie rechtgläubige katholische Autoren. Dies wisse auch Ranke selbst, da er sich des Einflusses seiner andersgläubigen Erziehung, seines Alters, seiner nationalen Herkunft, seiner Zeitgebundenheit und seiner Prägung durch die historisch-philosophische Schule durchaus bewußt sei. Zur einzigen Norm einer sachgerechten Papstgeschichte – so scheint es – erhebt der Zensor die Zugehörigkeit zur katholischen Kirche. Denn nur wer die göttliche Stiftung der Kirche, ihre übernatürlichen Prinzipien, ihren umfassenden Anspruch auf geistliche und weltliche Gerichtsbarkeit anerkennt, vermag das «wahre Gesicht» des Papsttums zu sehen. Ranke jedoch porträtiere nur dessen «Kehrseite», weil er das Papsttum lediglich als Institution mit rein politischen und weltlichen Zielen betrachte und nicht als göttliche Stiftung.

Zecchinelli stellt in seinem Gutachten aus den ersten beiden Bänden der *Histoire de la papauté* jene Aussagen Rankes zusammen, die zu kritisieren und als falsch abzulehnen sind: Ranke behaupte, nur von der weltlichen Macht der Päpste zu sprechen, werfe dann aber doch Weltliches und Geistliches durcheinander, erkläre, die päpstliche Macht sei nicht gottgegeben, sondern Folge des kaiserlichen Schutzes, mehr noch, der päpstliche Primat habe sich geschichtlich entwikkelt, sei Veränderungen unterworfen und immer von der Politik abhängig, oder, was noch viel verwerflicher ist, das Toben der Häretiker gegen die Herrscher sei nur eine legitime Schutzmaßnahme gegen Unterdrückung, Raub und Mord gewesen und das Verdienst der Reformation sei es, die wahren Fundamente des Glaubens wieder neu entdeckt zu haben – Irrtümer über Irrtümer, die für Zecchinelli nicht akzeptabel sind. Daß für den Gutachter angesichts der Ehrerbietung Rankes für Giordano Bruno, den er als einen der scharfsinnigsten und aufrichtigsten Philosophen, der von der Römischen Inquisition völlig zu Unrecht hingerichtet worden sei, charakterisiert, endgültig das Maß voll war, braucht nicht zu verwundern. Mehr noch dürfte den Jesuiten Rankes Vergleich von Ignatius und Luther getroffen haben, die vieles gemeinsam hätten, und «zwei Quellen, die ganz nah beieinander entspringen», seien.

Die meisten der in den Bänden 3 und 4 der *Histoire de la papauté* zu kritisierenden Punkte betreffen denn auch den Jesuitenorden. Zecchinelli listet die falschen Aussagen Rankes auf, unter anderem: Die Jesuiten seien zwar gelehrt und fromm, aber wichtige Helfer im Kampf gegen den Protestantismus, ihre Frömmigkeit sei dabei flach und berechnend; die Jesuiten versuchten in den Besitz aufgehobener Klöster zu gelangen; die Jesuiten folgten eigennützigen Überlegungen, die von ihnen in moralischen Fragen vertretenen Spitzfindigkeiten seien geeignet, die Moral zu vernichten. Und weiter: Ranke diskreditiere die Gesellschaft Jesu durch die Verfälschung ihrer Absichten. Mit seiner Kritik an den Jesuiten verbinde er seine Kritik an den Päpsten. Was ist die Folge all dieser Irrtümer? Ranke greift die religiösen Orden an und beschädigt den guten Ruf der Päpste!

Die Argumentation Zecchinellis ist jedenfalls recht geschickt. Denn nach diesen Aussagen bedarf es keiner eingehenden Analyse des Werkes mehr: Das Urteil steht bereits fest. Zecchinellis folgende Feststellung, Ranke lehne den Primat des Papstes ab, halte den Protestantismus für die eigentliche und einzige Verwirklichung des ursprünglichen und reinen Christentums, verteidige das Bischofsamt der evangelischen Landesfürsten und betreibe die Sakralisierung weltlicher Herrscher, ist kaum mehr notwendig. Wenn der Zensor am Schluß seines Votums noch einmal resümierend feststellt, das Werk Rankes atme überall den Geist des Protestantismus, rede einer indifferenten, religiös egalitären Gesellschaft das Wort, in der allen religiösen Vorstellungen und Gruppierungen gleiches Recht und «gleiche Unfehlbarkeit» zukomme, sehe nur das Menschliche in der Geschichte, nicht aber den «Einfluß einer höheren Macht», so sieht sich der Konsultor dadurch in seiner grundlegenden Kritik an dem Berliner Historiker protestantischer Prägung nur bestätigt – ein Zirkelschluß, nichts anderes.

Gegen eine Indizierung führt De Luca in seinem handschriftlich fixierten Gegenvotum[122] vor allem drei Gründe an: Zunächst macht er sich die von Alexandre Saint-Chéron im Vorwort der französischen Übersetzung ausgeführte Argumentation zu eigen, Rankes Papstgeschichte sei für die katholische Religion in Frankreich von großem Nutzen, ja das Werk stelle sogar eine überaus willkommene Apologie dar. Die gesamte französische Literatur kenne kein Werk über die Geschichte der Päpste, das von der Allgemeinheit gelesen und verstanden werden könne. Statt dessen stünden der «unglaublichen Unwissenheit» über das Papsttum, welches doch einen so enormen Einfluß auf die christliche Zivilisation ausgeübt habe, massive Vorurteile von protestantischer, jansenistischer und philosophischer Seite gegenüber. Gerade die Tatsache, daß die *Päpste* aus der Feder eines Protestanten stammen, sei von größtem Vorteil. Ranke werde als evangelischer Autor, der sich mit Papstgeschichte beschäftige, mit wesentlich weniger Voreingenommenheit gelesen als ein Katholik, dem man stets apologetische Tendenzen unterstelle. Deshalb könne Rankes Werk der Kirche auch mehr dienen als Joseph de Maistres (1753–1821) *Du Pape*, das auf Nichtkatholiken «so hochmütig, so bitter, so ironisch, so ungestüm und so streng» wirke. Gerade weil Ranke Protestant sei, habe er mehr als alle katholischen Papsthistoriker dazu beigetragen, historische Vorurteile gegen die katholische Kirche abzubauen. «Es ist wahr, daß sich neben dem großen Lob und der feierlichen Ehrerbietung, die [François] Guizot [1787–1874] Pontifikat und Kirche erweist, Einschränkungen finden, die ein wahrer Katholik nicht billigen kann, aber wenn das Gold nicht mit Unrat vermischt wäre», wenn der Autor «nicht Protestant, sondern Katholik gewesen wäre, wären seine Worte ohne Verdienst gewesen, sie hätten auch nicht überrascht und nicht diesen heilsamen Einfluß auf die historischen Studien ausgeübt». Ranke habe nicht nur einen «herrlichen und weiten Blick auf den wohltuenden Einfluß der römischen Päpste, auf die Erhaltung der Religion und die Förderung der wahren Zivilisation der Völker eröffnet», sondern auch viele böswillige und verleumderische Anekdoten über Päpste, den Nepotismus und sogar die Jesuiten entlarvt und widerlegt. «Hätten doch die berühmtesten italienischen Historiker den Päpsten ähnliche Gerechtigkeit erwiesen!» Wären diese doch «ebenso unvoreingenommen gewesen! Doch unglücklicherweise haben ihre Werke, die durch noch größeres Unglück von allen gelesen werden, bei den Italienern eine verhängnisvolle Voreingenommenheit gegenüber dem Heiligen Stuhl hervorgerufen; und diese zu beseitigen scheint das Werk des Herrn Ranke geeignet zu sein. Heute befinden wir uns in einem so beklagenswerten Zustand, daß die Gelehrten, Kranken gleich, deren Geschmackssinn völlig zerstört ist, das heilbringende Medikament nicht einnehmen können, wenn der Rand des Gefäßes nicht mit Absinth oder einer anderen giftigen Flüssigkeit beschmiert ist.»

Neben dem apologetischen Argument, Ranke lasse sich instrumentalisieren, um das Papsttum zu verteidigen, hebt De Luca auf die Person des «Übersetzers» ab, als den er fälschlicherweise – gewollt? – Saint-Chéron hinstellt, der jedoch für die Ausgabe lediglich eine längere Einleitung verfaßt hat. De Luca schildert Saint-Chéron als jungen Mann mit achtenswerter Begeisterung für die katholische Religion. Außerdem beabsichtige jener, auch das vom katholisierenden Schaffhauser Protestanten Friedrich Hurter (1787–1865) verfaßte Werk über Innozenz III. auf Französisch herauszugeben. Die Verurteilung der französischen Ausgabe Rankes könnte, so fürchtet De Luca, «indirekt auch die zweite Unternehmung des Herrn Saint-Chéron in Mißkredit bringen. Dieser lobenswerte und eifrige junge Mann würde völlig entmutigt werden, auf dem von ihm eingeschlagenen Weg weiterzugehen. Und in dieser unglückseligen Zeit sollte man auf keinen Fall den Eifer eines selten zu findenden, äußerst begabten jungen Mannes zum Erlöschen bringen, sondern ihn im Gegenteil mehr ermutigen und dazu anspornen, Dinge zu tun, die der Religion von Nutzen sein können.»

Der Hinweis auf Saint-Chéron und Hurter könnte den Weg weisen zu den deutschen Informanten De Lucas beziehungsweise zu jenen Rücksichten, die ihn geleitet haben könnten, sich schützend vor Ranke zu stellen. Ob dies freilich tatsächlich der letzte Grund war oder nur eine geschickt eingefädelte Argumentation, läßt sich kaum mit letzter Sicherheit sagen. Auf alle Fälle aber war es ein kluger Schachzug, eine Verbindung zu dem von ultramontaner Seite so hoch geachteten und vom Papst selbst protegierten, später vom Protestantismus zum Katholizismus konvertierten Hurter herzustellen, um einer fast zwangsläufigen Verurteilung Rankes entgegenzuwirken.

Schließlich warnt De Luca in sicherer Einschätzung der gesellschaftlichen Situation in Frankreich und Deutschland vor den atmosphärischen Wirkungen, die eine ausdrückliche und öffentliche Verurteilung Rankes nach sich ziehen könnte. Diese Warnung trägt so grundsätzliche Züge, daß De Luca damit die Arbeit der Indexkongregation prinzipiell in Frage stellt. Äußerst geschickt kontrastiert er das Leseverhalten der Katholiken mit dem Tun der Indexkongregation: Seit vielen Jahren würden verschiedene Geschichtswerke gelesen, die weitaus problematischer seien als Ranke. Dennoch habe die Indexkongregation diese Werke nicht verboten. Formal zwar durchaus korrekt, weil sie in Rom nicht angezeigt worden seien. Doch – so fragt De Luca – ist diese Vorschrift der Indexkongregation dem lesenden Publikum überhaupt bekannt? «Angenommen, sie seien alle darüber informiert, so müßten sie in diesem Fall auch wissen, daß es für alle Bischöfe der katholischen Welt, alle Nuntien, alle gebildeten Geistlichen höchste Pflicht ist, der Heiligen Kongregation Werke anzuzeigen, die wegen verderbter Lehren zu verwerfen sind. Doch wenn sie nicht sehen, daß die Werke [Jacques-Nicolas-Augustin] Thierrys, [Adolphe] Thiers, [François] Mignets, [Jules] Michelets, Guizots und vieler anderer Historiker verboten sind, müßten sie daraus folgern, daß sie noch nicht angezeigt wurden. In diesem Fall aber muß man auf folgende Alternative schließen: Entweder sind alle Bischöfe, Nuntien und Geistlichen ignorant, oder sie erfüllen ihre Pflichten nur nachlässig. Ignorant sind sie, wenn von so vielen keiner von Werken auch nur gehört hat, die zu so großem Geschrei in der literarischen Republik geführt haben und die auch in Italien überall gelesen werden, auch im Päpstlichen Staat selber. Nachlässig, wenn da, wo jemand deren verderbte Natur erkannt haben sollte, er die Heilige Kongregation darüber nicht informiert hat.» Damit hatte De Luca nicht nur die Anzeige Rankes, sondern auch die Praxis der römischen Zensur mit Blick auf deren Außenwirkung prinzipiell in Frage gestellt. Scheinbar nahm er dadurch eine weitaus schärfere Position als der Hardliner Zecchinelli ein, faktisch gelang es ihm jedoch mit Hilfe des Opportunitätsarguments, eine Indizierung Rankes zu verhindern.

Die Argumentation De Lucas zeigt: Er hatte den Mut, die Doktrin der römischen Indexkongregation ganz ernst zu nehmen – und gerade auf diese Weise in Frage zu stellen. So war für De Luca klar, daß aufgrund der allgemeinen Indexregeln die Lektüre von Rankes Papstgeschichte automatisch, also auch ohne ausdrückliche Indizierung, für Katholiken verboten war. Klar war für ihn jedoch auch, daß die Kongregation selbst versagt hatte und aufgrund ihrer eigenen Regeln immer wieder versagen mußte.

Konkret ging es De Luca zunächst nur darum, eine ausdrückliche Indizierung Rankes zu verhindern. Da er in seinem Votum stark auf Saint-Chéron und dessen Bedeutung für den Katholizismus in Frankreich abhebt, liegt die Vermutung nahe, er könnte aufgrund persönlicher Rücksichten Widerspruch gegen die Indizierung der von Saint-Chéron mitverantworteten französischen Ausgabe Rankes erhoben haben. Wenn De Luca aber – wohl wissend um die Leistung nicht nur Saint-Chérons, sondern auch Rankes selbst – das gefährdete Ansehen nicht nur der katholischen Kirche, sondern auch der Indexkongregation hervorhebt, könnte sich hinter seiner ganzen Argumentation eine generelle Anfrage an die Praxis der kirchlichen Zensur verbergen.

Was veranlaßte De Luca, sich in der Indexkongregation so weit aus dem Fenster zu lehnen und Ranke vor der Indizierung zu bewahren? Leider ist man bei dieser Frage auf Indizien angewiesen. Zum ersten war De Luca ein «liberaler», weltoffener und zugleich gebildeter Mann. Da er Rankes Werk – jenseits aller Konfessionszugehörigkeit – schätzte, hätte er versucht, dessen Indizierung aus wissenschaftlichen Gründen zu verhindern. Zum zweiten war er selbst innerhalb der Kurie nicht unangefochten und wurde vor allem von der jesuitischen Partei gegängelt. De Luca könnte dann die Gelegenheit genutzt haben, gegen Zecchinelli und dessen Gutachten vorzugehen, indem er selbst ein differenzierteres Votum vorlegte und dadurch die antijesuitischen Ausfälle Rankes – wenigstens implizit – als der historischen Wahrheit entsprechend darstellte. Zum dritten war De Luca ein Vertreter der «Politicanti», also der «Tauben» an der Kurie. Im Kontext der Wirren um Georg Hermes und den Kölner Mischehenstreit hielt er es für verfehlt, das bereits stark belastete Verhältnis zwischen dem Heiligen Stuhl und Preußen durch eine weitere Causa, den Fall Ranke, zu verschärfen. Politische Klugheit könnte ihm geboten haben, Rankes Indizierung zu verhindern. Zum vierten könnte die Entscheidung, sich schützend vor Ranke zu stellen, «von außen» motiviert gewesen sein; hinter De Luca standen andere Kräfte, etwa der preußische Gesandte, der einflußreiche österreichische Staatskanzler Fürst von Metternich oder Friedrich Hurter. Fünftens kannte De Luca Alexandre de Saint-Chéron persönlich und schätzte ihn. Er könnte sich daher aus eher privaten Gründen vor ihn und damit nur indirekt auch vor Ranke gestellt haben. Sechstens und letztens hätte De Luca auch lediglich apologetische Interessen verfolgen können. Dann hätte er die Indizierung nicht vorrangig abgelehnt, um Ranke zu verteidigen, sondern weil er glaubte, die französische Übersetzung sei entschärft und daher für die Verteidigung der katholischen Kirche instrumentalisierbar.

Die hier skizzierten möglichen Antworten auf die letzte Frage zum Fall Ranke lassen sich in zwei grundsätzlich verschiedene «Interpretationsschienen» einreihen. Die erste: De Luca war Ranke und dessen Werk prinzipiell wohlgesonnen und von dessen Qualität überzeugt. Dann hätte man es mit einem «liberalen», antijesuitischen Kurialen zu tun. Die zweite: De Luca hielt Rankes Werk prinzipiell für schlecht und antikatholisch und wollte es lediglich aus Opportunitätsgründen nicht indizieren lassen.

Es kann nicht verwundern, daß allein die Vorstellung einer Verschlechterung der diplomatischen Beziehungen zwischen dem Heiligen Stuhl und Preußen für den diplomatisch veranlagten Konsultor De Luca, der später als Nuntius in München und Wien wirken sollte, völlig inakzeptabel war. In der Tat wäre die öffentliche Indizierung eines preußischen Professors und Staatsbeamten dazu angetan gewesen, größtes Unheil zu stiften. Hatte bereits im Streit um Hermes das Eingreifen Roms in die preußische Wissenschaftspolitik bei der Berliner Regierung höchste Mißstimmung hervorgerufen, so war vorauszusehen, wie eine Einmischung in einen nichttheologischen – hier den historischen – Bereich wirken würde. De Luca jedenfalls tat 1838, trotz mancher Kritik an Ranke, alles, um dessen Indizierung zu vermeiden.

Die Fragen, die sich aus der 1841 dann doch noch erfolgten Indizierung Rankes ergeben, führen tiefer in die Praxis der Kongregation hinein. Hatte man 1838 die Publikation der Verurteilung Rankes nur aufgeschoben, so daß sie nun lediglich vollzogen wurde? Oder handelte es sich doch um einen neuen Prozeß, der aber – gegen alle Verfahrensordnung – übers Knie gebrochen wurde, ohne Beratung in der Konsultorenversammlung und durchgeführt von einer kleinen Gruppe von nur vier Kardinälen? Auf alle Fälle stellt sich aber die Frage nach dem Warum: Was war 1841 anders? Hatte sich die politische Lage in Bezug auf Preußen verändert? Oder ist die Indizierung lediglich darauf zurückzuführen, daß ein junger, aufstrebender Konsultor 1838 mit großer Skrupellosigkeit auftrat und später nicht mehr? Eins ist jedenfalls klar: Theiner konnte mit seinem Kurzvotum weder dem inhaltsschweren Gutachten Zecchinellis noch dem des umfassend gebildeten De Luca das Wasser reichen. Aber er hatte den Papst auf seiner Seite.

Onkel Toms Hütte: Revolutionäres Manifest oder gute Lektüre?

Die Grenze zwischen dem Großherzogtum Toskana und dem Kirchenstaat, insbesondere in der Nähe des Trasimener Sees, war Mitte des 19. Jahrhunderts ein beliebter Tummelplatz für Schmuggler und ihre Hintermänner und Auftraggeber. Die Toskana, im Nordwesten des päpstlichen Staates gelegen und mit diesem durch eine mehrere hundert Kilometer lange, nur schwer zu kontrollierende Grenze verbunden, bot manches, was in Rom und dem ganzen Herrschaftsgebiet des Nachfolgers der Apostelfürsten Petrus und Paulus und Stellvertreters Jesu Christi auf Erden nur schwer zu bekommen war: vor allem literarische Produkte! Und zwar die neuesten naturwissenschaftlichen Werke genauso wie philosophische Entwürfe, besonders aber die aktuellen, in den Salons der Welt gelesenen und heiß diskutierten Journale und Romane. Das hing mit der wesentlich liberaleren Presse- und Zensurpolitik zusammen, die Großherzog Leopold II. aus dem Hause Habsburg-Lothringen, an das die Toskana 1737 als Erbe der Medici gefallen war, betrieb. Hier konnten eine Vielzahl italienischer Übersetzungen international renommierter Werke und Bestseller erscheinen, die wegen der im Kirchenstaat ausgeübten Präventivzensur und rigiden Kontrolle der Drucker so gut wie keine Chance hatten, jemals unter die Druckerpresse zu gelangen und publiziert zu werden.

Die Tatsache, daß von außen gefährliche Druckschriften in den Herrschaftsbereich des Papstes eindringen konnten, war der Heiligen Römischen und Universalen Inquisition natürlich ein Dorn im Auge. Gehörte es doch seit ihrer Gründung im Zuge der Gegenreformation zu ihren vornehmsten Aufgaben, über die «sana doctrina», die gesunde Lehre der Kirche zu wachen, und die «Infektion» der Katholiken und speziell der päpstlichen Untertanen mit zunächst protestantischen und später allen «modernen» Krankheitserregern zu verhindern, als deren Hauptübertragungsmedium man in Rom gefährliche Bücher ansah. Deshalb hatte die Zentrale der Inquisition am Tiber nach Ende der römischen Revolution des Jahres 1848, die Papst Pius IX. zur Flucht nach Gaeta gezwungen hatte, und nach seiner Rückkehr aus dem Neapolitanischen Exil 1850 ihre Agenten vor Ort, die lokalen Inquisitoren, die in praktisch jeder Bischofsstadt Italiens saßen, angewiesen, den toskanischen Buchmarkt genau im Auge zu behalten und insbesondere das Einschmuggeln gefährlicher Werke zu verhindern.

Als gefährlich sah man in jenen Jahren nicht nur theologisch abweichende, auf eine Versöhnung von katholischer Kirche und Moderne ausgerichtete Positionen an. Das inquisitorische Hauptaugenmerk richtete sich vielmehr auf politisch heterodoxe Werke, die gesellschaftliche Veränderungen, Reformen aller Art oder gar «Kulturrevolutionen» propagierten. Werke solchen Inhalts stießen naturgemäß bei den Bewohnern des äußerst rückständigen Kirchenstaats auf immenses Interesse. Dieser war nach der Napoleonischen Ära auf dem Wiener Kongreß 1815 von den europäischen Mächten nur unter der Bedingung grundlegender Reformen wiedererrichtet worden – welche jedoch nie durchgeführt wurden! Auch Grundrechte wie Versammlungs- und Pressefreiheit oder die Mitwirkung von Laien in der kommunalen Selbstverwaltung, die in den meisten Ländern Europas trotz des Scheiterns der Revolution von 1848 als revolutionäre Errungenschaften in Kraft blieben, waren im theokratischen Staat des Papstes nach wie vor Fremdworte. Gewissensfreiheit galt nach einer Formulierung Gregors XVI. aus dem Jahr 1831 sogar als «pestilentissimus error», als pesthafter Irrtum also – Gedanken, die Pius IX. 1864 in seinem berühmt-berüchtigten «Syllabus errorum», einer Liste aller modernen Zeitirrtümer, noch einmal bekräftigen und damit katholische Kirche und Moderne für grundsätzlich unvereinbar erklären sollte.

Zu sehr wirkten die Erfahrungen des Jahres 1848 und die Flucht aus Rom bei Pius IX. nach, die sich bei dem 1846 nach dem überstrengen Gregor XVI. als liberalem Papst gewählten Giovanni Mastai Ferretti zu einer Art Revolutionstrauma verfestigten. Alles, was auch nur von Ferne nach Reformen aussah, roch für ihn nach Schwefel. Hinter jedem auch noch so moderaten Vorschlag zur Modernisierung der Verwaltung sah er seit 1848 den Teufel, das heißt die Revolution am Werk. Nur mit Hilfe fremden Militärs hatte der Pontifex maximus die Aufstände niederschlagen und seinen Staat und die Hauptstadt Rom mit den Apostelgräbern zurückerobern können. Nur im Schutz von dauerhaft stationierten französischen Besatzungstruppen konnte er seine Herrschaft über den Kirchenstaat in der Folgezeit wenigstens halbwegs stabilisieren. Dazu kam ein wachsender Druck der italienischen Einigungsbewegung auf Bürger und Gebiete des päpstlichen Staates, sich dem Risorgimento anzuschließen und an der gemeinsamen Nation mitzubauen. Daher sollte auf Wunsch des Papstes politisch und militärisch jede revolutionäre Regung im Keim erstickt und lehramtlich vor allem verhindert werden, daß die Menschen im Kirchenstaat überhaupt mit gefährlichen revolutionären Gedanken in Berührung kamen, die vor allem durch Bücher transportiert wurden. Nicht zuletzt aus diesen eher kirchenpolitischen Gründen erhielt die Buchzensur in Rom in den Jahren nach 1848 einen neuen Stellenwert.

Der Inquisitor von Perugia in Aktion

Einen Auftrag zur genauen Beobachtung des Grenzverkehrs zwischen der Toskana und dem Kirchenstaat hatte auch der Inquisitor von Perugia, Giacinto Novaro, von seinen römischen Vorgesetzten im Heiligen Offizium erhalten, nachdem der päpstliche Apparat nach der Rückkehr des Papstes aus dem Exil seine Arbeit wieder in vollem Umfang aufgenommen hatte. Am 12. Juni 1853 konnte der Dominikaner seinem obersten Vorgesetzten, dem Sekretär der Römischen Inquisition, Kardinal Vincenzo Macchi (1770–1860), Vollzug melden.[123]

Wieder einmal hatten Schmuggler erfolgreich eine Ladung Bücher in den Kirchenstaat eingeschleust. Die Schleichhändler selbst waren den Häschern der Inquisition zwar entkommen, der Buchhändler, der ihre Ware übernommen hatte und im Kirchenstaat vertreiben wollte, ging Novaro allerdings ins Netz. Unter den Werken, die der Dominikaner bei diesem beschlagnahmte, befand sich unter anderem auch ein «romanzo americano» mit dem Titel *Il Tugurio dello Zio Tom*, eine im Vorjahr in Florenz im Verlag Mariani erschienene italienische Übersetzung des Romans *Uncle Tom's Cabin (Onkel Toms Hütte)* der amerikanischen Autorin Harriet Beecher Stowe (1811–1896).

Die Autorin wuchs als Tochter eines evangelischen Predigers mit sieben Geschwistern auf. Mit 16 begann sie bereits eine Tätigkeit als Lehrerin und gewann bei einem Erzählwettbewerb den ersten Preis. Trotz dieses Erfolges konnte sich Harriet zunächst nicht entschließen, die Schriftstellerei zum Beruf zu machen. 1836 heiratete sie den Theologieprofessor Calvin E. Stowe. 1843 erschien immerhin ein erster Band mit Erzählungen unter dem Titel *The Mayflower*. Als 1850 das «Fugitive Slave Law» in Kraft trat, das Sklavenhaltern nicht nur wie bisher erlaubte, entlaufene Sklaven auf dem gesamten Territorium der USA aufzuspüren und zurückzufordern, sondern die Bewohner der sklavenfreien Staaten darüber hinaus verpflichtete, die Sklavenhalter dabei zu unterstützen, entschloß sie sich, eine Geschichte zum Thema zu schreiben und so ihren Beitrag zur Sklavenbefreiung zu leisten. Die Schilderungen aus der amerikanischen Sklaverei sollten drastisch sein, um ihre Leser zum Umdenken zu bewegen, denn «Bilder beeindrucken. Gegen Bilder kann man nicht argumentieren.»[124]

Uncle Tom's Cabin or, Life among the Lowly war in den Jahren 1851/52 zunächst als Fortsetzungsroman in der Zeitschrift *National Era* erschienen, einem wichtigen Organ der amerikanischen Gegner der Sklaverei. Die Resonanz war überwältigend, so daß sich die Autorin zu einer Buchausgabe entschloß. Das Werk wurde zu einem Bestseller. Abraham Lincoln soll Harriet Beecher Stowe später sogar die «kleine Lady» genannt haben, die das Buch geschrieben hat, das den großen Krieg zwischen Nord- und Südstaaten auslöste. Von der 1852 in Boston verlegten Ausgabe wurden bereits im ersten Jahr über 300 000 Exemplare verkauft. In England erschienen binnen Jahresfrist nicht weniger als zwölf verschiedene Ausgaben. Übersetzungen in zahlreiche Sprachen schlossen sich noch im selben Jahr an. So wurde in Florenz auch die erste italienische Ausgabe, die der Römischen Inquisition ins Netz ging, und in Leipzig die erste deutsche Übersetzung gedruckt. Der überwältigende Erfolg ihres Romans machte Stowe über Nacht zur Vorkämpferin der Abolitionisten. Auf zahlreichen Reisen, die sie mehrfach auch nach Europa führten, setzte sie sich für die Aufhebung der Sklaverei ein.

Die Handlung des Romans ist schnell in Erinnerung gerufen. Er schildert das Sklavenschicksal in eindrücklichen Bildern anhand zweier Familiengeschichten, die sich in verschiedene Richtungen entwickeln. Einerseits geht es um die erfolgreiche Flucht von George Harris und seiner Familie nach Norden in die Freiheit. Georges Flucht führt über verschiedene Zwischenstationen unter anderem in eine Quäkersiedlung, wo er mit seiner Frau Eliza und seinem Sohn Harry, die nach ihm ebenfalls geflohen sind, wiedervereint wird. Dann folgt ein Kampf mit Sklavenhändlern und schließlich die endgültige Freiheit in Kanada. Andererseits schildert die Autorin weitaus ausführlicher das Schicksal ihres Titelhelden Onkel Tom. Der treueste Sklave des Plantagenbesitzers Shelby wird, als dieser in Geldnot gerät, brutal von seiner Frau getrennt und gemeinsam mit dem fünfjährigen Harry, dem Sohn der Haussklavin Eliza, an einen skrupellosen Händler verkauft. Mutter und Sohn gelingt jedoch unter dramatischen Umständen die Flucht nach Ohio. Tom hingegen wird in den Süden verschleppt und von einem Besitzer zum anderen gereicht. St. Clare, dessen Tochter Eva er vor dem Ertrinken rettet und bei dem er ein würdevolles Auskommen hat, stirbt, bevor er sein Versprechen, Tom freizulassen, wahrmachen kann. Auf einer heruntergekommenen Plantage wird er schließlich von seinem letzten Besitzer zu Tode geprügelt. Die Hilfe des jungen George Shelby, der Tom freikaufen wollte, kommt zu spät.

Zurück nach Perugia: Der lokale Inquisitor wandte sich nach einem ersten Blick in das Buch umgehend mit den üblichen Demutsfloskeln – «tief hingestreckt vor dem Heiligen Purpur küsse ich in aller Ehrerbietung und Hochachtung seinen Saum und rühme mich Eurer Hochwürdigsten Eminenz niedrigster, ergebenster, verbundenster und ehrerbietigster Diener zu sein» – an den Kardinalsekretär der römischen Inquisitionszentrale mit der Bitte um Anweisungen, wie er mit diesem Werk weiter verfahren sollte.

Die Antwort aus Rom auf Novaros Anzeige ließ nicht lange auf sich warten. Allerdings antwortete nicht der Kardinalsekretär selbst. Vielmehr wandte sich der Generalkommissar des Heiligen Offiziums, Giacinto Maria Giuseppe De Ferrari (1804–1874), am 18. Juni an seinen dominikanischen Ordensbruder in Perugia und bat um rasche Übersendung des Werkes. De Ferrari war ein einflußreicher Mann in beiden römischen Zensurbehörden. Seit 1843 Konsultor der Indexkongregation, war er erst im Dezember 1851 zum Kommissar des Heiligen Offiziums ernannt worden. Mit mehr als 120 Gutachten in den Jahren 1844 bis 1870 gehörte er zu den produktivsten römischen Zensoren überhaupt.

Der Weisung aus Rom kam Novaro am 20. Juni umgehend nach und hielt dabei mit seiner Meinung keineswegs hinter dem Berg. Er war von der Gefährlichkeit des amerikanischen Romans zutiefst überzeugt und verlieh seinem Wunsch nach einer raschen Indizierung von *Onkel Toms Hütte* beredt Ausdruck, nicht ohne seinen römischen Vorgesetzten darüber in Kenntnis zu setzen, daß ihn seine Tätigkeit als Spürhund der Inquisition und Schmugglerjäger in Perugia «manch heftiger Verfolgung von Seiten der Ruchlosen» aussetze. Er lege aber seine Sache wie immer ganz in die Hände Gottes. Ferner versicherte er dem Generalkommissar, er werde sich auch künftig mit allem Eifer für die Sache der katholischen Religion und den Schutz des päpstlichen Staates einsetzen. Dieser kurze, erst jüngst entdeckte Briefwechsel vom Sommer 1853 bietet hoch interessante Neuigkeiten: Denn bislang war von einer Anzeige oder gar Untersuchung des Romans durch die römische Zensur nichts bekannt.

Novaro übersandte an das Heilige Offizium in Rom nicht nur das Werk selbst, sondern fügte noch einige Anmerkungen bei, die sich als deutliches Votum für ein unbedingtes Verbot des Buches erweisen.[125] Dabei zitiert er in seinen zweispaltigen Bemerkungen jeweils rechts eine einschlägige Passage aus *Onkel Toms Hütte*, die links eine entsprechende Qualifikation erfährt. Schon mit der Vorbemerkung zu seinen «Bemerkungen» ist für Novaro alles klar, wenn er schreibt: «Die Stowe bekennt sich der methodistischen Religion für schuldig.» Die Autorin ist für den Inquisitor von Perugia schlicht Anhängerin einer evangelischen Sekte und somit eine Häretikerin. Was sie – als Protestantin – schreibt, kann nur falsch und verwerflich sein.

Daher hält es Novaro auch nicht für nötig, mit der Autorin überhaupt in einen ernsthaften Dialog über ihre Ansichten einzutreten oder gar die Berechtigung ihres Anliegens, auf das Schicksal der amerikanischen Sklaven aufmerksam zu machen, auch nur einen Moment zu bedenken. Vielmehr geht er von einem unhinterfragbaren Standpunkt innerhalb der Wahrheit aus, über die allein die katholische Kirche und ihr Lehramt verfügen. Anhand von 14 Zitaten aus dem Roman versucht der Dominikaner den Kardinälen der Römischen Inquisition nur noch den Grad der Verderbtheit und Gefährlichkeit von *Onkel Toms Hütte* zu demonstrieren, wobei er diese nicht selten aus dem Zusammenhang reißt. Damit entspricht Novaro in Habitus und Vorgehensweise einem weitverbreiteten Typ des römischen Zensors. Je mehr namentlich die «Dominicanes» (Dominikaner) von den kritischen Zeitgenossen als «canes Domini» (Hunde Gottes) verspottet wurden, desto ernster nahmen sie ihre Aufgabe als scharfe Wachhunde beim Aufspüren der Häresien. Sie folgten dabei einem vorgegebenen «Sündenregister» und waren besonders kreativ im Finden (und Erfinden) dieser Verfehlungen in den inkriminierten Werken.

Die Vorwürfe, die der Dominikaner Novaro gegen Harriet Beecher Stowe erhebt, entsprechen denn auch Topoi, die in der Mitte des 19. Jahrhunderts in Rom häufig gegen gefährliche Bücher namhaft gemacht wurden: In ihrem Werk ruft die Autorin zu Revolution und Befreiung auf, will also die bestehende gesellschaftliche Ordnung stürzen. Wer das tut, folgt auch den falschen sozialen Prinzipien. Diese beruhen aber auf dem Glauben. Daher muß, wer Umsturz predigt, auch theologisch irren. Wer aber Glaubenslehren angreift und somit ewige Wahrheiten leugnet, legt sich automatisch mit der heiligen katholischen und apostolischen Kirche als Hüterin der Wahrheit an – so lautet die Kette selbstverständlicher kausaler Verknüpfungen, die hinter den Bemerkungen des Inquisitors von Perugia steht.

Novaro beginnt daher mit den aus seiner Sicht fundamentalen Irrtümern, den theologischen Häresien eben, die zwar im Buch selbst keine zentrale Rolle spielen, aber in seiner Wahrnehmung die Basis aller hier vorgetragenen sozialen und politischen Ketzereien sind. Als Kronzeuge muß hier allerdings nicht der demütige Onkel Tom herhalten, sondern der aufmüpfige Sklave George Harris, dessen Äußerungen Novaro in seinen Bemerkungen wiederholt zitiert. So führt der Inquisitor von Perugia dreimal Passagen aus dem Roman an, in denen George angesichts seines schlimmen Sklavenschicksals mit Gott hadert: «Wie kann er solche Dinge wie den Sklavenhandel erlauben?» Und: Die Sklavenhalter «wagen zu behaupten, daß die Bibel es gutheißt! Oh! Und die Macht ist auf ihrer Seite ... Und Gott läßt sie gewähren!»[126] Oder: «Mein Herz ist von Bitterkeit erfüllt. Kann ich keinen Glauben an Gott haben, weil er erlaubt, daß die Dinge dieser Welt so laufen?»[127] Ohne auf den Kontext dieser Zitate einzugehen, kommt Novaro zum Ergebnis «Giorgio leugnet die Existenz Gottes» und belegt dies mit dem Satz aus dem Buch, in dem die Autorin George Harris sagen läßt: «Ich habe Dinge gesehen, die so waren, daß für mich bewiesen war, daß es Gott nicht gibt.»[128] Daß es auch in der christlichen Tradition das Verzweifeln an und das Hadern mit Gott bis hin zur Leugnung seiner Existenz aus der Erfahrung der Ungerechtigkeit und des Leids in der Welt gibt, kommt ihm nicht in den Blick. Die Legitimität der Theodizee-Frage nach der Vereinbarkeit von physischem Übel und moralisch Bösem mit der Vollkommenheit Gottes wird dadurch zumindest indirekt geleugnet. Auch ein Blick auf biblische Vorbilder wie Hiob, der als «Gerechter» Frau und Kinder, Hab und Gut verliert, von Krankheiten geschlagen wird und mit Gott hadert, hätte Novaro in seinem Urteil vorsichtiger machen müssen. Neben Atheismus glaubt der Inquisitor die Leugnung der Unsterblichkeit der menschlichen Seele sowie eine allgemein irreligiöse Einstellung in *Onkel Toms Hütte* feststellen zu können. Letztere macht er an der Formulierung fest: «Die Fähigkeit, die moralischen Wahrheiten zu hören und anzuerkennen, ist oft bei jenen anzutreffen, deren ganzes Leben eine verächtliche Abscheu vor den religiösen Dingen aufweist.»[129]

Theologische Häresien müssen in der Vorstellungswelt des Dominikaners automatisch mit ekklesiologischen Irrtümern gepaart sein. Folgerichtig machen die «Osservazioni» in Stowes Roman eine Reihe von Verunglimpfungen der katholischen Kirche aus, die vom Vorwurf falscher und beliebiger Bibelauslegung[130] über opportunistische Anpassung der katholischen Lehre an die Wünsche der jeweils Herrschenden (nach St. Clare ist die Religion «ein dehnbarer Stoff, der je nach den unterschiedlichen Bedürfnissen einer weltlichen, egoistischen und verworrenen Gesellschaft gebogen und verdreht wird»[131]) bis zur religiösen Rechtfertigung der Sklaverei reichen. «Ohne Zweifel ist es der Wille der Vorsehung, daß die afrikanische Rasse in Sklaverei gehalten wird und in einer der niedrigsten Stellungen verbleibt ...»[132] – diese Worte werden, wie Novaro bemerkt, ausgerechnet einem Kirchenmann in den Mund gelegt.

Die falschen Prinzipien und die Angriffe gegen die Kirche als Hüterin der Wahrheit führen schließlich zu äußerst gefährlichen politischen und gesellschaftlichen Häresien. Zunächst kritisiert Novaro das Eintreten des Sklaven George für Demokratie und Volkssouveränität, wonach die «Macht der Regierenden durch die Zustimmung der Regierten legitimiert wird».[133] Genau diese Forderung war im Kontext der römischen Revolution von 1848 auch für den Kirchenstaat erhoben worden und stand im krassen Gegensatz zur theokratischen Herrschaftsauffassung des Papstes. Hinter diesen Formulierungen witterte der Inquisitor aus Perugia eine besondere Gefahr, vor der die Bewohner des päpstlichen Staates unbedingt geschützt werden mußten. Mit diesem Virus durften sie auf gar keinen Fall infiziert werden. Die Wiederkehr der chaotischen Verhältnisse von 1848, die zur Vertreibung des Papstes aus Rom geführt hatten, mußte unter allen Umständen verhindert werden.

Dann wenden sich die Bemerkungen direkt der Autorin und ihrem falschen Politikverständnis zu: Sie hoffe – so lautet der Vorwurf – auf eine Erhebung der Massen zum Umsturz der bestehenden Ordnung. «Früher oder später muß der *Dies irae* kommen. Dieselbe Unruhe besteht in England, in ganz Europa und auch in diesem Land. Meine Mutter» – so sagt St. Clare – «hat mir oft von einer nahen Erneuerung erzählt, in der Christus regieren würde und alle Menschen frei und glücklich wären.»[134] Hier wird für den Inquisitor eindeutig zur Revolution aufgerufen. Die Erwähnung Englands und Europas allgemein ist für den Dominikaner der Beweis, daß es hier nicht nur um die «Befreiung der Negersklaven» in den USA[135] geht, «wofür die Demagogie» – wie Novaro voller Zynismus feststellt – die Autorin über den grünen Klee lobt. Vielmehr wird hier allgemein zur Befreiung aller Unterdrückten aufgerufen und der angestrebte Umsturz der Verhältnisse auch noch eschatologisch mit der Wiederkehr Christi am Jüngsten Tag und der Errichtung des Reiches Gottes begründet. Die Sklavenbefreiung steht in inquisitorischer Lesart als Chiffre für die angestrebte revolutionäre Umgestaltung in Europa und speziell – ohne ihn freilich ausdrücklich zu nennen – im Kirchenstaat.

In Rom wurde, wie nicht anders zu erwarten, *Onkel Toms Hütte* nach dieser prominenten Anzeige des Werkes durch den Inquisitor von Perugia umgehend zu einem Fall. Allerdings beschäftigte er nicht das Heilige Offizium selbst. Vielmehr wurde die Angelegenheit nach kurzer, eher formaler Beratung in der Inquisition bereits am 28. Juni 1853 zur Weiterbehandlung an den Sekretär der Indexkongregation weitergeleitet. Diese Funktion hatte seit Oktober 1849 der Dominikanerpater Angelo Vincenzo Modena (1796–1870) inne, der bestens in das dominikanische Netzwerk an der Kurie integriert war. So kannte er etwa De Ferrari aus dem Ordensstudium in Viterbo und war überdies 1832 «Socius» des päpstlichen Hoftheologen Domenico Buttaoni gewesen.

Eine solche «Überweisung» war im 19. Jahrhundert nicht ungewöhnlich. Da für die Römische Inquisition Buchzensur nur eine neben zahlreichen anderen Aufgaben der Überwachung der Reinheit des Glaubens und der Sitten war, behielt man sich meistens nur die großen theologischen Affären (wie etwa die Fälle Johannes Evangelist Kuhn oder Johann Michael Sailer) vor, während man literarische Fälle wie Heinrich Heine, Nikolaus Lenau oder Karl May mit schöner Regelmäßigkeit der Indexkongregation zur Untersuchung überließ. Durch die Abgabe eines Falles an die Indexkongregation wurde eine Angelegenheit zwar niedriger gehängt, aber die von Novaro erhobenen Vorwürfe gegen *Onkel Toms Hütte* wurden in Rom durchaus ernstgenommen.

Unbedingt verbieten

In der Indexkongregation nahm das Zensurverfahren gegen *Onkel Toms Hütte* zunächst den üblichen, von der Verfahrensordnung der Kongregation vorgesehenen Gang. Der Sekretär der Kongregation Modena beauftragte Anfang Juli 1853, wie für nichtkatholische Autoren vorgesehen, nur einen Zensor mit der Begutachtung des Werkes: Salvatore Angelo Demartis (1817–1902). Aus einfachen Verhältnissen in Sardinien stammend, war dieser 1835 in den Karmeliterorden eingetreten. 1843 hatte er in Turin den Doktor der Theologie erworben, 1859 sollte er Professor für Moraltheologie an der römischen Universität Sapienza werden. Erst wenige Tage bevor Demartis zum Gutachter im Fall Beecher Stowe bestellt wurde, war er am 27. Juni überhaupt zum Konsultor der Indexkongregation ernannt worden. Sein Votum, das in den folgenden zwei Monaten entstand, stellt die erste Zensur dar, die er in Angriff nahm. Das nicht datierte, auf Italienisch verfaßte Votum lag bereits im August 1853 als zehnseitiger Geheimdruck vervielfältigt für die Konsultoren und Kardinäle der Indexkongregation vor.[136]

Anhand dieses Gutachtens wird die Mentalität zahlreicher Indexkonsultoren beispielhaft deutlich. Der Zensor macht sich nicht einmal die Mühe, eine ausgewogene Zusammenfassung des Romans zu bieten. Schon gar nicht läßt er sich auf das eigentliche Thema von *Onkel Toms Hütte* ein, die unmenschliche Situation der Sklaven in den Vereinigten Staaten von Amerika. Zu einem Verständnis des eigentlichen Anliegens Harriet Beecher Stowes, der Wahrnehmung der Sklaven als bemitleidenswerte Mitmenschen und Geschöpfe Gottes oder gar einer Berechtigung, die Befreiung von Sklaven zu fordern, dringt Demartis an keiner Stelle seines Votums durch. Dabei hätte, von einer moraltheologischen Argumentation her, die von einer Einheit des Menschengeschlechtes ausgeht, die Ablehnung jedweden Rassismus und damit auch der Sklaverei durchaus im Rahmen des auch in Rom vermittelten theologischen Horizontes gelegen.

Es wird eben nicht argumentiert, sondern demonstriert. Das Buch stammt von einem nicht-katholischen Autor, dazu noch einer Frau – daher steht das Urteil Demartis' schon fest, bevor er es überhaupt aufgeschlagen hat. Mit dieser Wahrnehmung beginnt im Kopf des Gutachters ein automatisches Standardprogramm abzulaufen, mit folgenden Stereotypen: Eine protestantische Autorin muß den typisch evangelischen Positionen in den zentralen Glaubensfragen anhängen – einem falschen Verständnis der Rechtfertigung allein aus dem Glauben, einem falschen Verständnis der Bibel und besonders der Bibellektüre durch Laien in ihrer Muttersprache sowie einem falschen Gottesbild. Das alles war natürlich für einen Katholiken völlig untragbar. Aus den falschen theologischen Grundsätzen ergeben sich automatisch jene falschen gesellschaftlichen, sozialen und politischen Vorstellungen, die zwangsläufig im Aufruf zur Revolution gipfeln müssen.

Wirklich gelesen haben kann der Gutachter *Onkel Toms Hütte* nicht. Durch Blättern im Buch und aus dem Zusammenhang gerissene Passagen werden die Topoi, die er finden will, zuerst in das Werk hineinprojiziert, um sie dann als besonders verwerflich dort auch wirklich wiederzufinden. Deshalb ist die Lektüre dieses Votums ein wenig ermüdend. Aber mit seinen Stereotypen und Klischees ist Demartis' Gutachten ein geradezu klassisches Beispiel für die Arbeit der Indexkongregation.

Zunächst zum Vorwurf protestantischer Häresie: Bereits im ersten Satz seines Votums macht Demartis klar, was er von dem Roman hält. Für ihn handelt es sich um eine jener Schriften, auf die die Heilige Kongregation ihr besonderes Augenmerk richten müsse, angesichts des «Giftes, das sich in ihnen verbirgt» und das von einem «rasenden, gleichwohl sterbenden Protestantismus» immer noch gegen die einzig wahre katholische Kirche ausgestreut wird. Neben Lutheranern und Calvinisten wird diese Aufgabe nach Ansicht des Karmeliters derzeit vor allem von den Methodisten übernommen, die sich in «Erbauungsbüchern, religiösen Hymnen oder Romanen bemühen, den ganzen Schwall der Irrtümer des 16. Jahrhunderts neu zu verbreiten». Für den Konsultor sind die Methodisten – Formulierungen aus dem Judasbrief zitierend – nichts anderes als ein «Schandfleck», «wasserlose Wolken, von den Winden umher getrieben», «wilde Meereswogen, die ihre eigene Schande ans Land spülen», und nicht zuletzt «Sterne ohne feste Bahn», denen auf «ewig die dunkelste Finsternis bestimmt» (Jud 12 f.) ist.

Allein schon weil der Roman von einer Häretikerin, sprich: einer Protestantin stammt, gehört er verboten. Damit greift der Gutachter einen alten, seit Gründung der Indexkongregation 1571 geltenden Grundsatz römischer Buchzensur auf. Diese war eine – wenn auch verspätete – Reaktion der Römischen Kurie auf die Herausforderungen durch die Reformation, die sich durch geschickten Einsatz des Buchdrucks als medienpolitische Revolution erwiesen hatte. Ein evangelischer Verleger, Herausgeber oder Verlagsort allein genügte im 16. und 17. Jahrhundert oft schon, um auf dem Index der verbotenen Bücher zu landen.

Aber der banale Hinweis auf die protestantische Konfession der Autorin beziehungsweise ihre Mitgliedschaft in einer evangelischen «Sekte» reichte offenbar Mitte des 19. Jahrhunderts auch in Rom nicht mehr für ein Bücherverbot ohne viel Federlesens aus. Deshalb zählt Demartis zunächst die verwerflichen Prinzipien dieser «Koryphäen des Irrtums», wie er die Methodisten mit beißendem Spott nennt, auf, um für die Leser seines Votums, die Kardinäle der Indexkongregation, in einem zweiten Schritt nachzuweisen, daß sich diese falschen Grundsätze «in ihren schmutzigsten Ausprägungen» allesamt auch in *Onkel Toms Hütte* wiederfinden. Dazu gehören das «sola-fide»-Prinzip als Grundirrtum der evangelischen Rechtfertigungslehre, die auf eine Ablehnung des Nutzens guter Werke und moralischer Anstrengung für die eigene Erlösung hinausläuft, die Ablehnung der kirchlichen Hierarchie und die Ausweitung des Apostelamtes auf Männer *und* Frauen, und schließlich der allgemeine Geist der Revolution, dem im Methodismus «freier Lauf gelassen wird». Insgesamt läuft bei dieser Sekte – so Demartis – alles auf ein Konglomerat von Irrtümern mit verhängnisvollen Konsequenzen hinaus, gepaart mit einem kräftigen Schuß Indifferentismus.

Den Beleg für seinen Vorwurf, der Roman propagiere eindeutig das protestantische, vom Konzil von Trient verworfene Prinzip der Erlösung allein aus dem Glauben, findet der Konsultor in einer Passage, in der Onkel Tom versucht, seinen Herrn Augustine St. Clare zu bekehren.[137] Der Sklave, der «Christus in seiner Seele gefühlt» und trotz seines schweren Schicksals ein unerschütterliches Gottvertrauen bewahrt hat, kann seinen Master durch seine «Katechese» jedoch nicht überzeugen. Dieser bleibt in seinen Antworten der moderne Skeptiker: «Woher weißt du, daß es einen Christus gibt, Tom? Du hast den Herrn nie gesehen.» St. Clare lehnt auch die Autorität der Bibel als Gotteswort ab. Dennoch muß er zugeben: «Ich höre dich gern, Tom ...» Wenig später, als St. Clare bei dem Versuch, zwei Streitende zu trennen, tödlich verletzt wird, kommt es doch noch zu der von Onkel Tom so sehnlich erhofften Bekehrung. Auch diesen Abschnitt, der die letzten Worte des Masters vor seinem Tod bietet, führt der Gutachter zur Illustration für die Kardinäle an, die das Werk nicht selbst lesen werden: «Ich erkenne endlich die Wahrheit! Endlich! Endlich! ... Die Anstrengung des Sprechens erschöpfte ihn. Die zunehmende Blässe des Todes verbreitete sich über sein Antlitz; aber mit ihm kam ein schöner Ausdruck des Friedens, geborgen unter den Flügeln des Seraphims.»[138]

«In dieser Passage kann man die Hauptpunkte des Methodismus klar erkennen», interpretiert Demartis sein Zitat für die Leser seines Gutachtens, die Kardinäle und Konsultoren der Indexkongregation: «Der Sklave Tom als Priester des falschen methodistischen Evangeliums sagt uns, daß uns der Glaube an Jesus Christus allein vom Tod der Ungläubigkeit zum Leben der heilig machenden Gnade übergehen läßt, ohne gute Werke.» St. Clare, der ohne Gott und Christus gelebt hatte und daher wegen seiner Taten sowie seines «Lebens im Schoß der Sünde» gerichtet werden und der ewigen Verdammnis anheim fallen müßte, erreicht nach der Erzählung Stowes den ewigen Frieden wie ein Gerechter, der sich ein Leben lang bemüht hat.

Damit hat der Gutachter die theologische Basis der weiteren Häresien ausgemacht, wie er anhand der evangelisch-katholischen Streitfrage um die Rechtfertigung des Sünders zeigt. Während nach katholischer Auffassung Gott und Mensch bei der Erlösung zusammenwirken, der Mensch in seiner Freiheit also ein grundsätzliches Ja zum Heilshandeln und Gnadenangebot Gottes sprechen muß, geschieht Rechtfertigung in protestantischer Sicht allein aus Gnade, ohne daß ein Tun des Menschen notwendig wäre – ganz im Sinne von Luthers Ansicht: «Glaubst du, so hast du. Glaubst du nicht, so hast du nicht.»[139] Diese Auffassung hatte – wenn auch augustinisch inspiriert – zum «Systembruch» (Berndt Hamm) mit der katholischen Kirche geführt. Das reformatorische Rechtfertigungsverständnis «sola gratia» war auf dem Konzil von Trient eindeutig verworfen worden. Geschickt zitiert der Gutachter daher aus den Kanones über die Rechtfertigung des Tridentinums, um sich auf eine innerkirchlich unangreifbare Autorität zu stützen: «Wenn jemand sagt, der Gottlose werde allein aus Glauben gerechtfertigt, so daß er meint, nichts anderes sei erforderlich, wodurch er mitwirkt, um die Gnade der Rechtfertigung zu erlangen, und es sei keinesfalls nötig, daß er sich durch die Regung seines Willens vorbereite und disponiere, dem gelte das Anathem.»[140] Schon aus diesem Grund ist für Demartis alles klar, wenn er fragt: «Wie kann man die Lektüre eines solchen Buches erlauben, das die Ketzereien der Methodisten und Neuerer (Protestanten) wieder aufleben läßt?»

Zum zweiten Stereotyp: *Onkel Toms Hütte* propagiert für den Gutachter die Lektüre der Bibel in englischer Übersetzung, ja sogar einen ausdrücklichen Glauben an die evangelische Bibel, was von Demartis präzise notiert wird, weil das Konzil von Trient den katholischen Laien wegen ihrer «Verwegenheit» die Lektüre der Heiligen Schrift in den «Vulgärsprachen» ohne ausdrückliche kirchliche Erlaubnis verboten hat. Für das Tridentinum bezeugt die Heilige Schrift sich eben nicht selbst, sondern braucht die authentische Auslegung durch die Kirche. Denn ohne Kirche gäbe es gar keinen Kanon der Bibel. Ohne ein Lehramt, das die Schrift authentisch auslegt, könnte sich jeder aus den Texten das heraussuchen, was ihm gerade in den Kram paßt. Der für Katholiken maßgebliche Bibeltext ist die lateinische Vulgata, nicht etwa das hebräische oder griechische Original. Eine evangelische Übersetzung der Heiligen Schrift kam schon grundsätzlich nicht in Frage. Wer also für Bibellektüre in der

Muttersprache und unmittelbares Schriftverständnis eintritt, «stinkt nach Protestantismus» – wie der Konsultor voller Ekel feststellt. Außerdem glaube man als Katholik an «die eine, heilige, katholische und apostolische Kirche», wie es im Glaubensbekenntnis heißt, und nicht an die Heilige Schrift. Daher kommt Demartis zu dem Schluß: «Da der Roman auf all seinen Seiten den Glauben an die Bibel vermittelt, unterstellt er eine Lehre, die den Definitionen der katholischen Kirche widerspricht.» Schon allein deshalb muß er verboten werden.

Wegen ihres falschen Bibelverständnisses unterschlägt die Autorin nach Demartis' Ansicht auch die Fundstelle des für Onkel Tom so wichtigen Satzes «Wir haben hier keine bleibende Stätte, sondern wir suchen die zukünftige» (Hebr 13,14). Harriet Beecher Stowe läßt ihren Helden diese Sentenz in einem «alten, heute aus der Mode gekommenen Buch» finden.[141] Bei diesem Text handelt es sich aber eindeutig um eine Stelle aus dem Hebräerbrief, den die «Neuerer ablehnen, weil er den privaten Geist der Autorität kompetenter Richter, nämlich der Hirten der katholischen Kirche, unterwirft».

Hiermit wird auf das Problem der sogenannten apokryphen beziehungsweise deuterokanonischen Schriften der Bibel angespielt. Es geht für das Neue Testament um den Jakobus- und den Judasbrief, die Offenbarung des Johannes sowie den Hebräerbrief, die Luther an das Ende seiner Bibelübersetzung gestellt und nicht mit numeriert hatte. Sie gehörten für ihn nicht zum eigentlichen Kanon der Heiligen Schrift. Er rechnete sie nicht zu den «rechten gewissen Hauptbüchern des Neuen Testaments», weil nur diese «mir Christum hell und rein dargeben».[142] Das Tridentinum hatte dagegen diese «apokryphen» Schriften allesamt als genuin zum Kanon der Heiligen Schrift gehörend erklärt und den Hebräerbrief als 14. Paulusbrief aufgefaßt.

Nicht ohne Süffisanz schreibt der Gutachter zu diesem Thema: Weil der Autorin beziehungsweise ihrem Helden der schöne Satz «Wir haben hier keine bleibende Stätte, sondern wir suchen die zukünftige» so gut gefällt und bestens in das Konzept des Trostes auf eine bessere künftige Welt im Himmel für die unterdrückten Sklaven paßt, führt sie ihn durchaus an. Weil er sich aber im Hebräerbrief befindet, der das richtige katholische Schrift- und Autoritätsverständnis bietet, das die Reformatoren rundweg ablehnen, darf Onkel Tom diesen Satz nicht in diesem katholischen und biblischen Paulusbrief finden, sondern eben in einem «alten aus der Mode gekommenen Buch». Damit wird für Demartis der vom Tridentinum festgelegte Kanon der Heiligen Schrift geleugnet. Wer dies tut, dessen Werk gehört verboten.

Nach den beiden theologischen Hauptvorwürfen eines falschen Rechtfertigungs- und Bibelverständnisses wendet sich das Gutachten eher ins Grundsätzliche. Die zahlreichen irrigen Ansichten, die *Onkel Toms Hütte* angeblich wie ein roter Faden durchziehen, basieren nach Ansicht des Karmeliters nämlich auf einem unausgegorenen wirren «Pantheismus» Harriet Beecher Stowes. «Der Gott, den sie verkündigt, ist nichts anderes als die Idee der Massen; Christi Wort ist für die Autorin ein unbestimmtes Wort; die Rettung der Welt durch Jesus Christus bleibt ohne Wert und Wirkung, weil Christus nicht als der Gott-Mensch anerkannt wird, der durch das Übermaß seiner Barmherzigkeit den Menschen von Tod und Sünde erlöst hat, sondern als Idee der Freiheit, die bislang in den Fesseln harter Sklaverei schmachtet.» Hier zeigt die Romanschriftstellerin für den Gutachter ihr wahres Gesicht. Thomas Moore, Lord George Byron und Johann Wolfgang Goethe als Propheten des Pantheismus werden von ihr gelobt, weil sie das «echte religiöse Gefühl wahrer zum Ausdruck bringen» als die Frommen.

Auch der hier vorgebrachte Pantheismus-Vorwurf gehört zu den gängigen Topoi römischer Buchzensur im 19. Jahrhundert. Ohne Differenzierung der einzelnen Positionen warf man den «Pantheisten» pauschal vor, sie setzten Gott und die Natur in eins und leugneten daher die Existenz Gottes als Person, der als Schöpfer und Erlöser Mensch und Natur gegenüberstand. Der Pantheismus wurde vom römischen Lehramt mehrfach verworfen, unter anderem im Syllabus Pius' IX. von 1864. Auch jede Art von Gefühlsglauben war den neuscholastisch geprägten Theologen der Indexkongregation suspekt. Es ging gemäß ihrem Offenbarungsbegriff beim Glauben nicht um Erfahrungen und Gefühle, sondern um ein Für-wahr-Halten von Gott geoffenbarter Sätze und Wahrheiten. Diese sind zwar übervernünftig, aber nicht widervernünftig. Sie dürfen nicht hinterfragt werden, sondern sind durch die Vernunft des Menschen anzunehmen.

Mit der Erwähnung von Moore und Byron leitet Demartis von

den theologischen Häresien zu den politischen Irrtümern des Romans über. Beide galten als Vertreter nationaler europäischer Freiheitsbewegungen und waren in Rom automatisch suspekt, auch wenn sie wie Goethe nicht auf dem Index der verbotenen Bücher gelandet waren. Auf jeder Seite des «historischen Romans» sieht der Gutachter denn auch revolutionären Geist am Werk und fährt – geschickt auf das oben skizzierte «Revolutionstrauma» Pius' IX. anspielend – fort: «Ich glaube, es wurde übersetzt, um die Idee der entfesselten Freiheit von 1848 zu fördern.»

Onkel Tom und George, dem die Flucht aus der Sklaverei gelungen ist, werden – so der Gutachter – äußerst idealisiert dargestellt. Ihnen werden die Liebe zur Tugend, Rechtschaffenheit und Brüderlichkeit in den Mund gelegt, «die uns erwärmen muß». Dabei propagiert das ganze Buch eigentlich einen eigenständigen afrikanischen Nationalstaat der befreiten Sklaven. Die nationalen Bewegungen waren aber für Papst und Kurie allesamt höchst gefährlich, zumal die Übersetzung von *Onkel Toms Hütte* ins Italienische zugleich eine Übertragung der afrikanischen Nationalstaatsidee auf das italienische Risorgimento und damit eine erneute Infragestellung des Kirchenstaates im zusammenwachsenden Italien befürchten ließ.

In einer Vision sieht George an der Küste Afrikas eine Republik entstehen, «gegründet von auserwählten Männern, die durch Energie und eigene Kraft sich für ihre Person über das Niveau der Sklaverei erhoben haben ... In unseren Tagen wird eine Nation an einem Tage geboren ...»[143] Für Demartis ist ein Schriftsteller bereits ein Revolutionär, wenn dieser eine «rechtmäßig eingesetzte Regierung» angreift. Nach katholischer Staatsauffassung kann nichts ein Widerstandsrecht gegen eine legale Regierung begründen. Die bekannten und vielzitierten Sätze aus dem Römerbrief des Apostels Paulus wirken hier unmittelbar nach: «Jeder leiste den Trägern der staatlichen Gewalt den schuldigen Gehorsam. Denn es gibt keine staatliche Gewalt, die nicht von Gott stammt; jede ist von Gott eingesetzt. Wer sich daher der staatlichen Gewalt widersetzt, stellt sich gegen die Ordnung Gottes, und wer sich ihm entgegenstellt, wird dem Gericht verfallen.» (Röm 13,1–2)

Auf dieser Grundlage argumentiert der Gutachter: «Eine solche Regierung, die nach den Prinzipien der Justiz und der politischen Ordnung gegründet wird, ist als eine von Gott ausgewählte Regierung anzusehen.» Sie ist im göttlichen Recht begründet. Diesen notwendigen Respekt vor der gegebenen Staatsordnung und ihren Gesetzen kann der Konsultor in Stowes Buch nirgends finden. Die Versklavung der amerikanischen Schwarzen steht nach Demartis' Ansicht in *Onkel Toms Hütte* nur als Chiffre für die von der Autorin eigentlich «gleichsam im Sinn einer Allegorie» angesprochene weltweite Ungleichheit der Menschen in den verschiedenen Gesellschaften. George und Tom meinen – folgert der Zensor der Indexkongregation –, wenn sie auf der Bildebene vom Negerschicksal in den Vereinigten Staaten reden, im Klartext auf der Sachebene vor allem die europäische Sklaverei, die darin besteht, daß «Europa von Königen regiert wird» und «einige Republikchen den Kommunismus nicht angenommen haben». Beide Protagonisten – so der Konsultor – stacheln die Menschen zum Widerstand gegen die gottgewollte Obrigkeit an, rufen sie auf, die Ketten der Knechtschaft zu zerbrechen, und wollen dadurch das gerade gelöschte revolutionäre Feuer wieder entflammen: «Wenn Europa jemals ein großer Rat freier Nationen wird ..., wenn die Sklaverei und jede ungerechte und bedrükkende gesellschaftliche Ungleichheit abgeschafft werden ..., dann wollen wir vor den großen Kongreß der Nationen treten und ihm die Sache unseres geknechteten und leidenden Volkes vorlegen» – so zitiert Demartis einen Brief von George. «Sind solche Worte nicht offensichtlich ein eindeutiges Zeichen eines revolutionären Geistes?» fragt er und fährt fort: «Die Gesellschaft ist ein moralischer Körper. Der menschliche Körper hat viele Glieder, manche edler, manche weniger: Die soziale Ungleichheit ist also für das Wohl der Gesellschaft in diesem moralischen Körper notwendig.» Von diesem Gesellschaftsmodell einer notwendigen Ungleichheit her lassen sich nicht nur Sozialismus und Kommunismus, die der Autorin zumindest indirekt unterstellt werden, zurückweisen, sondern auch Sklaverei und Unterdrückung rechtfertigen.

Harriet Beecher Stowe löst nach Ansicht des Konsultors den christlichen Glauben an den Gott-Menschen Jesus Christus, wie ihn das Konzil von Chalkedon formuliert hat, in eine «reine Idee der Freiheit» auf. Statt den einen Christus in den beiden Naturen von Gott und Mensch, der uns zum ewigen Leben erlöst hat, propagiert der Roman Jesus als einen innerweltlichen Freiheitskämpfer gegen die Sklaverei, der «die Menschheit zum Krieg führt» – Gedanken, für die Demartis nichts als Spott und Unverständnis übrig hat: «Wenn Christus der Gott-Mensch ist, der uns erlöst hat, und eben nicht die reine Idee der Freiheit, wird Er sicher nicht auf die Erde kommen, um ein weltliches Reich im Schoß des Volkes zu gründen», denn sein Reich ist nach biblischem Zeugnis gerade nicht von dieser Welt. «Wenn Gott das allmächtige und höchste Wesen ist, das sich als solches von der ganzen Schöpfung unterscheidet, wird er sich sicher nicht um die zivilen und politischen Angelegenheiten und Rechte kümmern, um das Reich einer individuellen Vernunft unvernünftig zu gründen.»

An diesem Punkt macht der Karmeliter die entscheidende Schnittstelle zwischen den theologischen und politisch-sozialen Häresien der Autorin aus, die für ihn notwendigerweise auseinander hervorgehen. Weil sie in pantheistischer Manier Gott und Welt nicht unterscheidet, wird Christus der Erlöser zum innerweltlichen Befreier und damit indirekt zum Kronzeugen der Revolution sowie einer klassenlosen Gesellschaftsordnung proklamiert.

Für Demartis ist die Sache in seinem Indexgutachten klar: Er plädiert für ein unbedingtes Verbot von *Onkel Toms Hütte*. Die «bittere Wurzel des Irrtums» muß herausgerissen werden. Wegen der «Fähigkeit zu einer starken Phantasie und der Schönheit des Stils», die die Autorin auszeichnen, ist das Buch darüber hinaus besonders gefährlich: «Es kann die Unvorsichtigen nämlich sehr gut verlocken, das darin versteckte Gift zu schlucken.»

Da die Indexkongregation sich schon bei katholischen Autoren meist mit einem Gutachten begnügte, obwohl die Verfahrensordnung bei rechtgläubigen Verfassern zwei Zensuren vorsah, braucht nicht zu verwundern, daß man bei der Methodistin Stowe nur einen Konsultor offiziell beauftragte. Das Buch würde ohne viel Federlesens verboten werden – so war jedenfalls die Erwartung des Sekretärs. In der Konsultorenversammlung vom 27. August 1853, an der unter dem Vorsitz von Sekretär Modena zehn Konsultoren teilnahmen, stellte Demartis sein Gutachten vor. Seine Kollegen schlossen sich seinem Vorschlag ohne größere Diskussionen an und gaben als Beschlußvorschlag an die Kardinäle weiter, *Onkel Toms Hütte* umgehend auf den Index der verbotenen Bücher zu setzen.[144]

In der Regel stimmte die eigentliche Sitzung der Kardinalskongregation der Empfehlung der vorbereitenden Sitzung der Konsultoren zu. Dies war aber in der Generalia, zu der sich neun Kardinäle am 5. September 1853 unter dem Vorsitz des Präfekten der Indexkongregation, Girolamo D'Andrea (1812–1868), trafen, überraschenderweise nicht der Fall.[145] Vielmehr faßten die Kardinäle einen «Scribat-alter»-Beschluß. Leider führt das lakonische Ergebnisprotokoll der Sitzung im Diarium der Indexkongregation keine Gründe für diese Entscheidung an, über die daher nur spekuliert werden kann: War es der später als «liberal» geltende neue Kardinalpräfekt D'Andrea, der sein Amt als Chef der Indexkongregation erst am 4. Juli 1853 angetreten hatte und gerade seine erste Kardinalssitzung leitete, der seinen Einfluß geltend machte und auf einer erneuten objektiven Prüfung des Werkes bestand? Er schob jedenfalls in den folgenden Jahren allzu raschen Indizierungen durchaus einen Riegel vor. Oder hatte der als Zweitgutachter bestellte Antonio Fania Da Rignano (1804–1880), der bereits seit 1846 als Konsultor der Indexkongregation und seit 1850 zugleich als Konsultor des Heiligen Offiziums tätig war, im Vorfeld der Kardinalsplenaria seine Hände im Spiel?

Da Rignano galt als gemäßigter und liberaler Ordensmann, der sich in den Jahren 1851 und 1852 gegen eine Indizierung Vincenzo Giobertis (1801–1852) und Antonio Rosminis ausgesprochen hatte und ein Jahrzehnt später D'Andrea in der Affäre um den Löwener Theologen Gerhard Casimir Ubaghs (1800–1875) unterstützen sollte, um dessen Indizierung, die Pius IX. nachdrücklich wünschte, mit allen Mitteln zu verhindern. Jedenfalls wurde Da Rignano vom Präfekten D'Andrea direkt beauftragt und nicht wie sonst üblich vom Sekretär der Kongregation, wie er im ersten Satz seines Votums ausdrücklich hervorhebt. Damit konnte sich der Franziskaner-Observant unabhängig von der Frage, ob er sich selbst als Zweitgutachter angeboten hatte oder ob die Initiative zu einer weiteren Verfahrensrunde letztlich doch auf D'Andrea zurückging, wofür einiges spricht, in seinen Ausführungen auf die Autorität des Chefs der Indexkongregation stützen.

Keinesfalls verbieten

Das auf Italienisch verfaßte 21seitige Gutachten Fania Da Rignanos, der stets auf seinen Familiennamen verzichtete und mit Vornamen und seinem Geburtsort Da Rignano (aus Rignano) unterschrieb, datiert vom 23. November 1853.[146] Es stellt eine inhaltliche und taktische Meisterleistung dar. Zunächst gesteht der Franziskaner, seit seiner frühen Jugend habe er keinen Roman mehr gelesen, da diese literarische Gattung seichter Unterhaltung keinen Nutzen für einen Theologen und ernsthaften Menschen habe. Aber *Onkel Toms Hütte* erwecke nur den Anschein eines Romans, faktisch handele es sich um einen juristischen Traktat über die bedeutende Frage der Sklaverei der Schwarzen in den Vereinigten Staaten von Amerika. Angesichts der Umbruchszeit kurz nach Ende der Revolution von 1848 – voller Hoffnungen einerseits und voller Ängste andererseits – äußert der Konsultor durchaus Verständnis für die ganz unterschiedlichen Reaktionen, die dieses Buch hervorgerufen habe; sie reichten von Euphorie bei den Liberalen bis zu durchaus verständlichen Ängsten vor einer neuen Revolution bei den «Guten», womit die treuen Katholiken – und zumindest indirekt auch Demartis – gemeint sind. Eine «captatio benevolentiae» für den ersten Zensor, die jedoch die einzige Referenz an diesen bleiben sollte.

Geschickt nimmt Da Rignano die Vorwürfe des Inquisitors von Perugia Novaro und des Erstgutachters der Indexkongregation Demartis gleichermaßen auf, um sie sofort zu entkräften: Es könnte sein, so konzediert er, daß das Buch neben dem Schicksal der Sklaven in den USA auch andere «zivile Arten» von Sklaverei und Unterdrückung zum Gegenstand hat. Es könnte natürlich auch sein, daß das Buch Irrtümer enthält und «sich hinter dem Mitleid, das der Roman hervorruft, das Gift verderbter Maximen versteckt». Auch die Tatsache, daß Onkel Tom in einem protestantischen Land entstanden ist und von einer evangelischen Autorin stammt, könnte durchaus nachdenklich machen. Und manche einfache Gemüter haben über das Werk sagen können «Latet anguis in herba» – «Verborgen liegt die Schlange im Gras» –, um dadurch vor einer trügerischen Gefahr, die in harmlosem Gewand daherkommt, zu warnen. Aber «man muß dem Irrtum ins Gesicht schauen, ihn unter allen Aspekten prüfen und darf nicht sofort in Bestürzung geraten», was der Zweitgutachter seinem Kollegen Demartis zumindest zwischen den Zeilen vorwirft.

Nach gründlicher Lektüre des Buches – «mit sokratischer Kälte des Geistes», wie er ausdrücklich betont – ist für Da Rignano klar: *Onkel Toms Hütte* verfolgt ausschließlich ein soziales Ziel, indem es die Sache der Schwarzen mit Nachdruck verteidigt. Die Religion taucht nur in bezug auf die moralischen Prinzipien auf, denen alle Menschen unterliegen, nicht jedoch im Hinblick auf spekulative Dogmen und Lehrmeinungen der katholischen Kirche, die angegriffen würden. Zwar könne man feststellen, daß die Autorin – vermutlich eine Quäkerin – die Wohltätigkeit und allgemeine Humanität der Quäker in ihrem Werk hervorhebt, die sich aus evangelischer Moral und Bibellektüre speisen. Aber Heiden und Ungläubige, die im Roman zu Wort kommen und dabei Religion und christliche Moral kritisieren, bekommen von der Autorin und ihren Protagonisten – wie Da Rignano ohne Wenn und Aber feststellt – stets eine klare gegensätzliche Antwort «voller Moral und gesunder Beurteilung». Er gibt zu, daß zum Teil zwar «frevelhafte Formulierungen» vorkommen. Diese sind aber durchgängig «den unglücklichen Sklaven in den Mund gelegt», damit die Leser überhaupt verstehen können, welche und wie viele unreligiöse und unmoralische Folgen die Sklaverei verursacht. Wenn in dem Buch von Freiheit die Rede ist, dann geht es – so der Gutachter klar gegen Demartis' Interpretation Position beziehend – nicht allgemein um revolutionäre Freiheitsparolen, sondern ausschließlich um die gerechte Sache der Sklavenbefreiung.

Daß der Zweitgutachter ein Grundanliegen Harriet Beecher Stowes, die Sklavenbefreiung, voll teilt, wird aus folgendem Passus deutlich: «Die Sklaverei der Schwarzen in Amerika ist derart, daß sie keinerlei bürgerliche Rechte besitzen. Sie stehen gleichsam außerhalb der menschlichen Gemeinschaft und der Zivilgesellschaft. Sie sind wie Nicht-Menschen. Sie haben keinerlei gesetzlichen Rechte ... Die Schwarzen werden als Sache des Eigentums und Handelsware betrachtet und wie Tiere gehalten, ... sie werden geschlagen, erhalten wenig und ungesundes Essen, sind wie Weidevieh untergebracht. Das Elend der Sklavinnen, vor allem wenn sie jung und hübsch sind, ausführlicher zu beschreiben, verbietet die Scham.» Diese unmenschliche Behandlung der amerikanischen Sklaven wird im Roman, wie Da Rignano den Kardinälen und Konsultoren in seinem Votum verdeutlicht, ausführlich und sachlich zutreffend anhand «ruchloser und häßlicher Fälle» beschrieben.

Da der Gutachter vermutet, seine klassisch gebildeten Kollegen würden mit dem Stichwort Sklaverei automatisch die Heloten Spartas oder die römischen Sklaven der Antike assoziieren und deswegen das Schicksal der amerikanischen Sklaven verharmlosen, macht er die Unterschiede unmißverständlich klar. Dann folgt eine grundsätzliche Abrechnung mit dem amerikanischen Sklavenhaltersystem. Hier spürt man das Engagement Da Rignanos für die gerechte Sache in jeder Zeile. Hier schreibt er mit Herzblut, wie nicht zuletzt die zahlreichen Ausrufungszeichen zeigen: «Es scheint unmöglich, aber es ist wahr, daß in zivilisierten Ländern und Gesellschaften – und man wird doch annehmen dürfen, die Vereinigten Staaten von Amerika seien eine solche – das System der Sklaverei Platz hat, was nichts anderes bedeutet als: Eine Klasse oder Rasse von Menschen sind Sachen und Eigentum einer anderen Klasse oder Rasse! In einem freien Land eine derartige Zähigkeit, Sklaven zu halten und zu tyrannisieren! Menschen, die großes Aufheben um ihre Humanitat machen, sind inhuman!» Am meisten auf die Palme bringt Da Rignano die Argumentation der Sklavenhalter, die Sklaven seien eben keine vollwertigen Menschen. Deshalb stünden sie außerhalb des Rechts. Daher könne man mit ihnen tun, was man wolle. Und «wie begründet man dieses ganze *iniquo diritto*?» – fragt der Zweitgutachter voller Abscheu und antwortet: «Mit der unterschiedlichen Hautfarbe!» Sonst nichts!

Die Begründung der Ungleichheit von Menschen mit ihrer Rasse nützt der Franziskaner dazu, ein grundsätzliches theologisches Argument einzuführen, das die Konsultoren und Kardinäle – bei allen möglichen Bedenken im einzelnen – für die Argumentation in Stowes Buch einnehmen muß. Zunächst geht er von der Einheit des Menschengeschlechtes aus, die zu den moraltheologischen Standards der katholischen Theologie auch im Rom des 19. Jahrhunderts gehörte: Gott ist der Schöpfer der Welt und des ersten Menschenpaares Adam und Eva, von dem alle Menschen abstammen. Daher sind alle Menschen unabhängig von ihrer Hautfarbe oder ihrem Geschlecht Söhne und Töchter Gottes und haben vor ihm den gleichen Wert und dieselbe Würde. Daher kann es keine höher- oder minderwertigen Rassen geben. «Und da sollen die Schwarzen, bloß weil sie Schwarze sind, keine vernunftbegabten Geschöpfe sein, nicht Brüder aller Weißen, keine geliebten Söhne Gottes, nicht als sein Ebenbild geschaffen, nicht von Gott mit einer unsterblichen Seele begabt, nicht erlöst durch das kostbare Blut des Gott-Menschen Jesus Christus und der glückseligen Gottesschau unfähig sein?» – so fragt Da Rignano empört.

Neben diesem schöpfungs- und erlösungstheologischen Argument führt der Gutachter zum Schutz der Autorin geschickt eine kirchenhistorische Begründung ins Feld, die dann auch noch durch einen Autoritätsbeweis untermauert wird. In Europa, im Westen und gerade in der katholischen Welt ist die Sklaverei überall verschwunden – stellt Da Rignano generalisierend fest – und fährt fort: «Das ist aber keine Segnung der heidnischen Zivilgesellschaft, sondern eine Errungenschaft der christlichen und katholischen Gesellschaft.» Ohne die USA direkt zu erwähnen, die eben kein katholischer Staat sind, macht der Zensor seinen Lesern – wenn auch in sehr idealistischer Weise – deutlich: Überall wo der Katholizismus herrscht, gibt es keine Sklaverei mehr, in den protestantisch dominierten Gebieten der Welt dagegen sieht es ganz anders aus. «Wo das wahre Christentum, das heißt der Katholizismus» zur Herrschaft gelangt ist, da beginnt das Reich Gottes schon auf dieser Welt als Reich der Gerechtigkeit, der Menschlichkeit und der Liebe. Er lehnt damit eine Vertröstung der Unterdrückten auf eine bessere Zukunft im Himmel strikt ab und propagiert statt dessen eine durchaus «präsentische Eschatologie». In der christlichen Religion katholischer Prägung geht es natürlich um die Erlösung aller Menschen zum ewigen Heil. Es geht aber auch um eine Befreiung im Hier und Jetzt, um eine Umgestaltung ungerechter Verhältnisse. Katholischer Glaube ist eben, wie Da Rignano zumindest zwischen den Zeilen verdeutlicht, kein Opium des Volkes und bloßes Vertröstungsgeschwätz. Sobald das Kreuz Christi in einer Region aufgerichtet wird, «erklärt das Kreuz, falls dort Sklaverei herrscht, dieser umgehend den Krieg; alle, Weiße und Schwarze, alle geliebten Söhne Gottes und der Kirche, alle sind wahrhaftige Menschen». Und nach und nach setzt sich in allen Bereichen der Gesellschaft das «neue Gesetz der Liebe» durch, vor dem alle Menschen gleich sind. Dann wird «nicht nur die Sklaverei, sondern jede Art von Ungerechtigkeit und Unterdrückung beseitigt».

Was in den Formulierungen Stowes durchaus an Zukunftsvisionen alttestamentlicher Heilspropheten erinnert, wird von Da Rignano idealisierend als gegenwärtige Realität in den katholischen Ländern der Welt dargestellt. Die grundsätzliche Ablehnung der Sklaverei, wie sie sich in *Onkel Toms Hütte* findet, ist für ihn nichts anderes als die genuine Lehre der katholischen Kirche. Als Autoritätsbeweis verweist er auf die 1839 erschienene Bulle «In Supremo» Gregors XVI. gegen den Sklavenhandel. Diese Äußerung habe dem Papsttum weltweit viel Ehre eingetragen und alle hätten dem Heiligen Vater «als wahrhaftem und feierlichem Verteidiger der natürlichen Gleichheit aller Menschen» begeistert applaudiert.

Die Erklärung Gregors XVI. stellt der Gutachter in einen größeren Zusammenhang. «In Supremo» war für ihn kein Einzelfall, sondern steht in bester Tradition. Auch in früheren Zeiten, vor allem, als die Gesellschaft noch nicht völlig christianisiert war, habe die katholische Kirche stets großmütige Gesetze zum Schutz der Sklaven erlassen und Asylstätten eingerichtet. Denn die Söhne der katholischen Kirche sind keine Knechte, sondern Freie. Und so wie sie als religiöse Menschen grundsätzlich frei sind, müssen sie es auch in gesellschaftlicher und politischer Hinsicht sein. Das eine bedingt für den Gutachter das andere.

Damit spielt er auf die Tatsache an, daß schon im 16. Jahrhundert von der Kirche Schutzmaßnahmen für Sklaven getroffen wurden – allerdings nur für die Indios. Grundsätzlich muß man nämlich zwischen der Einstellung der Kirche zur Versklavung der Indios und der Schwarzafrikaner unterscheiden. Während Paul III. bereits 1537 in der Bulle «Sublimis Deus» die Menschenwürde der Indios anerkannte und deren Versklavung verbot, wurde die Verurteilung der Indiosklaverei erst im 19. Jahrhundert ausdrücklich auf die Schwarzensklaverei übertragen. Das Lehramt hat diese Sklaverei also «anscheinend über Jahrhunderte nicht als Problem wahrgenommen».[147] Erst mit der Bulle «In Supremo» Gregors XVI. schloß sich das kirchliche Lehramt der inzwischen aus evangelischen Freikirchen wie den Quäkern «herausgewachsenen und in England schon 1807 erfolgreichen Abolitionistenbewegung an». Leo XIII. sollte 1888 in seiner Enzyklika «In Plurimis», die anläßlich der Abschaffung der Sklaverei in Brasilien verfaßt wurde, diese verspätete Reaktion des Lehramts als kluges und sinnvolles Vorgehen, das auch für die Sklaven vorteilhaft gewesen sei, rechtfertigen: «Sie [die Kirche] wollte nämlich die Freilassung der Sklaven und ihre Beschenkung mit voller bürgerlicher Freiheit nicht übereilen, was ganz sicher nicht ohne Aufruhr, nicht ohne Beeinträchtigung der Sklaven selbst und nicht ohne Schädigung des Staates geschehen konnte.» Trotzdem ist diese Enzyklika ein Dokument, das gegen die Sklaverei als «ganz gegen die ursprüngliche von Gott und der Natur gesetzte Ordnung» gerichtet ist.

Da Rignano war also, was die innerkuriale Diskussion um das Thema Sklaverei anging, durchaus auf dem laufenden. Nicht zuletzt deshalb kommt er im ersten grundsätzlichen Teil seiner Zensur zu dem Schluß: «Das ist der Geist des Gesetzes Christi, und wenn ich nicht irre, sind das auch die Absichten – nicht mehr und nicht weniger –, die in dem von mir zu prüfenden Buch vertreten werden.» Statt in *Onkel Toms Hütte* – wie der Erstgutachter – religiöse und soziale Häresien am Werk zu sehen und daher für ein eindeutiges Buchverbot zu plädieren, stellt der Zweitgutachter dem Buch nicht nur einen Persilschein aus. Vielmehr findet er in dem Werk einer protestantischen Autorin, einer Frau zumal, exakt die Lehre der katholischen Kirche wieder. Der Sache nach also volle Übereinstimmung, nur die Art und Weise der Darstellung «nach Laienart unterscheidet sich von der Sprache kirchlicher Schriftsteller» – wie Da Rignano zugeben muß. Er wirbt damit bei den Kardinälen um Verständnis, falls sie an der einen oder anderen Formulierung im Roman Anstoß nehmen sollten, nach dem Motto: Bedenkt! Ihr lest keinen Text eines lateinischen Kirchenvaters, was euer täglich Brot ist, sondern einen Roman, der aber – obwohl von einer evangelischen Autorin nach Laienart verfaßt – unsere katholische Lehre zur Frage der Sklaverei vertritt.

Nachdem er so eindeutig auf Freispruch plädiert und die ängstliche Sichtweise des Erstgutachters lächerlich gemacht hatte – einfache Gemüter fürchten die giftige Schlange im Gras, wo keine ist – sowie die Intentionen der Autorin sogar ausdrücklich als deckungsgleich mit denen der katholischen Kirche im allgemeinen und des römischen Lehramts im besonderen bezeichnet hatte, mußte der Gutachter seine kühne generelle Aussage durch Beispiele aus dem Roman selbst belegen. Dazu dienen die restlichen 15 Seiten seines Gutachtens. Zumeist werden jeweils die Passagen aus dem Roman, aus denen sowohl Novaro als auch Demartis Häresie herausgelesen hatten, mehr oder weniger ausführlich zitiert, jetzt aber im positiven, katholischen Sinne interpretiert.

Zunächst wird der zentrale theologische Vorwurf, das Werk vertrete einseitig die von Trient verworfene protestantische Rechtfertigungslehre allein aus Glauben («sola fide») anhand eines Dialogs zwischen George und seiner Frau Eliza zurückgewiesen. George zweifelt an Gott. Er kann ihm nicht mehr vertrauen und lehnt sich gegen ihn auf mit der Frage: Wie kann er diese Ungerechtigkeit zulassen? George bittet um Elizas Gebet; diese rät ihrem Mann, selbst zu beten und auf Gott zu vertrauen, «dann wirst du nichts Schlechtes tun». Da Rignano stellt zu diesem Gespräch im Roman fest, man dürfe Eliza hier keinesfalls unterstellen – wie Demartis es tut –, sie wolle als spekulativ gebildete Theologin reden. «Diese letzten Worte sind vielmehr Worte einer kleinen guten Christin ..., sie will nicht lehren, daß Beten und Glauben allein ausreichen, nichts Schlechtes zu tun. Ihr Urteil ist aber in seiner Einfachheit katholisch und nimmt genau das ‹Wacht und betet, damit ihr nicht in Versuchung fallt› auf.» Auch an einer anderen im Erstgutachten bereits zitierten Stelle, die vom Tod des ungläubigen St. Clare handelt, scheint die Autorin – so der Gutachter – diesen für gerettet zu halten. «Ich glaube aber nicht», fügt er umgehend hinzu, «daß sie damit die Lehre des *Glaubens ohne Taten* unterstellen will.»

Bei der Freiheit, um die es in *Onkel Toms Hütte* geht, handelt es sich ausdrücklich nicht um revolutionäre Freiheit, also um einen Aufruf zum Umsturz politischer Ordnung oder gar eine nationale Unabhängigkeitsbewegung. Wenn es darum ginge, müßte das Buch natürlich umgehend verboten werden. Derartige Vorwürfe werden aber ungerechterweise in das Buch hineinprojiziert – auch vom ersten Gutachter. Wenn der geflohene Sklave George sagt, er werde bis zum letzten Atemzug um seine Freiheit kämpfen, dann geht es ausschließlich – wie der Zweitgutachter eindrücklich herausarbeitet – um Freiheit von der Versklavung, «um Menschenfreiheit, eine natürliche vom Naturgesetz und von jedem wirklich zivilisierten und menschlichen Volk geschützte und erlaubte Freiheit». Diese werde freilich in einigen Ländern verletzt, wo Sklaverei als unmenschliche zivile Ordnung erlaubt sei. Gegen diese Unfreiheit aufzubegehren sei das Recht jedes Menschen als Geschöpf Gottes. Der politische

Hauptvorwurf, das Werk stachle den Leser zur Revolution an, wird somit eindeutig entkräftet. Es geht lediglich um die Grundüberzeugung, daß auch die Schwarzen als freie Menschen den Zustand der weißen Zivilisation erreichen können und werden. Das Revolutionstrauma Pius' IX. kann durch *Onkel Toms Hütte* nicht angestachelt werden.

Im ganzen Buch kommt ein tiefer Gottesglaube und insbesondere bei Onkel Tom eine unerschütterliche Seelenstärke zum Ausdruck, von religiösem Indifferentismus also keine Spur. So findet – um nur ein Beispiel zu nennen – der Gutachter in der Szene, nachdem Tom verkauft worden ist und sich von seiner Frau Cloe verabschieden muß, nichts anderes als Zärtlichkeit und tiefe Religiosität, ein tiefes Vertrauen zu Gott, trotz des barbarischen Auseinanderreißens der Ehepartner. Damit ist ein weiterer Vorwurf des ersten Zensors entkräftet.

Auch das Bibelverständnis der Autorin ist für Da Rignano mit katholischen Vorstellungen durchaus vereinbar. Das «altmodische Buch», das Demartis Stowe zum Vorwurf gemacht hatte, weil sie hier nicht den Hebräerbrief zitierte, interpretiert er als ironische Passage. Die Bibel erscheine den Gebildeten heutzutage als überholt und altmodisch, der verborgene und eigentliche Sinn der Heiligen Schrift – so der Konsultor der Autorin ausdrücklich zustimmend – «eröffnet sich vor allem dem Herzen der Einfachen, anstatt den gebildeten Philosophen; die Bibel gibt es zur Bildung und zum Trost aller, besonders jedoch für die Ungebildeten und Gequälten dieser Welt.» Die Heilige Schrift sei vornehmlich von einfachen und ungebildeten Menschen geschrieben worden, deshalb habe sie «zu allen Zeiten eine seltsame Macht auf das Gemüt armer einfältiger Leute nach Toms Art» ausgeübt. Ihre Worte «ergreifen die Seele in ihren tiefsten Tiefen und wecken wie Trommeln Mut, Kraft und Begeisterung, wo vorher nur schwarze Verzweiflung war». Ist die Autorin dieser Sätze wirklich vom Rationalismus beeinflußt? Vielleicht, antwortet der Gutachter, glaubt sie auch nicht an die göttliche Inspiration der Heiligen Schrift? Vielleicht redet sie hier auch eher als Philosophin nach der Mode der Protestanten? Oder es ist einfach Ironie, und dieser Lesart stimmt er dann zu, «weil die Weisen des Fleisches heutzutage das Buch Gottes nicht mehr als en vogue betrachten». Und über diese dummen weisen Weißen spottet die Verfasserin von

Onkel Toms Hütte zu Recht. Die langsame, mühsame und ehrfurchtsvolle Lektüre des heiligen Textes durch Tom, der erst spät lesen gelernt hat, findet die ausdrückliche Zustimmung des Gutachters, weil die Worte der Heiligen Schrift «wie Goldbarren oft besonders gewogen werden müssen».

Die Vision der Autorin von einer idealen Gesellschaft in dieser Welt, die sie mit der Vaterunser-Bitte «Dein Reich komme» verbindet, vermag der Zensor Demartis so nicht zu teilen. «Eigentlich versteht man nicht, was diese Träumer wollen.» Für ihn bleibt die Erde ein Jammertal. Es wird immer Arme und Reiche, Gelehrte und Ungebildete, Adelige und Plebejer geben. Aber «die genannten Träumer wollen auch etwas anderes. Eine neue Gesellschaftsordnung mit Rechten und Pflichten. Hier scheint das *dies irae* eine Revolution anzudeuten.» Diesen Vorwurf weist Da Rignano mit zwei Argumenten zurück: Wenn erstens alle, jeder an seinem Platz, das Gesetz der Gerechtigkeit, Wohltätigkeit und Liebe Jesu Christi anwenden würden, wäre auf dieser Welt niemand mehr unterdrückt und verfolgt. «Die Erde würde ein Paradies sein.» Im Buch – so der Gutachter – wird vielleicht «jener ideale Begriff der Gesellschaft» verwendet. Dein Reich komme – das wünschen wir uns nicht nur in der zukünftigen Welt des Paradieses, sondern auch schon auf dieser Welt. Und zweitens. «Wer kann schon präzise vorhersagen, mit welchen Mitteln und Wegen die göttliche Vorsehung den perfekten sozialen Zustand herbeiführen wird?» – so fragt der Franziskaner seine Leser in der Indexkongregation und antwortet: «Vielleicht sogar durch Zornausbrüche und Revolutionen! Denn Gott hat als Instrumente seines Willens nicht nur gute Menschen und Tugenden zur Verfügung, er wirkt auch durch die Bösen und im Laster.» – «Die Autorin beharrt aber darauf, daß Sozialordnungen, in denen Menschen unterdrückt werden, nicht von Dauer sein können.»

Da Rignano kommt in seinem Votum zu dem Schluß, daß der «Roman keinerlei ausgesprochenen Irrtümer in Hinblick auf die Prinzipien des Glaubens und die Sozialordnung enthält»; auch seine Aussagen über Moral, Religion und Respekt für die Autorität sind nicht zu tadeln. «Er enthält lediglich die Hoffnung, daß die Schwarzen eines Tages befreit und wieder zu Menschen, die diesen Namen verdienen, gemacht werden.» «Ich für mich» – hebt der Gutachter hervor – «finde in diesem Buch keine Fehler in bezug auf moralische und religiöse Prinzipien.» Und falls irgend jemand beim ersten Erscheinen des Werkes in Amerika ein wenig Sorge hatte, daß seine Lektüre zur Steigerung der Unzufriedenheit in den verschiedenen europäischen Gesellschaften und zu Umsturzgedanken beitragen könnte, so ist diese Gefahr für Da Rignano durch seine Rezeptionsgeschichte endgültig gebannt. Denn die öffentliche Meinung hat *Onkel Toms Hütte*, seitdem der Roman inzwischen in allen modernen Sprachen und in allen Staaten vorliegt, Art und Umfang seiner Mission zugeschrieben: Es ist das Buch über die amerikanische Frage zugunsten der armen Schwarzen, und nichts anderes. «Und deswegen denke ich, daß es nicht verboten werden darf.»

Der Zweitgutachter der Indexkongregation kam somit in seinem Votum zu einem völlig anderen Ergebnis als der Erstgutachter und der Denunziant des Werkes. Ihnen ging es statt um Auslegung und vorurteilsfreie, wenn auch kritische Lektüre um ein Hineinlesen von gefährlichen Topoi in ein Buch, das diese gar nicht enthielt. Vor lauter Revolutionsangst sehen Novaro und Demartis Gespenster, wo keine sind. Anstatt *Onkel Toms Hütte* als das zu nehmen, was es ist, ein lobenswertes Buch, das in Romanform auf das Schicksal der Sklaven in den USA hinweist, machen sie ein Revolutionsmanifest daraus. Wer irgendwelche anderen Themen theologischer oder politischer Art in das Werk hineinprojiziert, wie es Demartis tut, wird dem Roman nicht gerecht.

Der Fall *Onkel Toms Hütte* zeigt mit bemerkenswerter Klarheit, wie kontrovers in der römischen Indexkongregation über ein Buch diskutiert werden konnte. Die Gutachter Demartis und Da Rignano sind nicht nur Vertreter zweier ganz unterschiedlicher Orden – Karmeliter und Franziskaner –, sie repräsentieren zugleich zwei ganz unterschiedliche Typen von Zensoren. Demartis' Gutachten ist vom Übereifer eines Newcomers sowie des theologischen Hardliners und «Ketzer-Aufspürers» gekennzeichnet. Gerade erst zum Konsultor befördert, will er alles vermeiden, was ihm als Fehler angekreidet werden könnte. Geradezu ängstlich sieht er, angesteckt von dem römischen Thema jener aufgeregten Tage, die Revolution hinter allem und jedem am Werk. Dabei übersieht er, daß die Befreiung der Sklaven, die Achtung ihrer Würde als Menschen ein schon naturrechtlich gebotenes Anliegen ist, das dem katholischen Menschenbild voll und ganz entspricht. Er hat Teil am Revolutionstrauma Pius' IX. und vergißt dabei das klare Verdikt des Sklavenhandels durch dessen Vorgänger Gregor XVI. Zusätzlich findet er neben der politischen Häresie leicht auch theologische Häresien protestantischer Provenienz in Stowes Werk, dessen Verurteilung mit diesen Argumenten die Zustimmung Pius' IX. sicher finden und der weiteren eigenen Karriere förderlich sein wird.

Der Ton in Da Rignanos Votum ist ein ganz anderer. Er liest den Roman unvoreingenommen und argumentiert selbstbewußt und glänzend. Hier schreibt ein gemäßigter Mann mit Erfahrung, der das Buch wirklich gelesen hat und es als ganzes zu seinem Recht kommen läßt. Die Vorwürfe des Erstgutachters läßt er geschickt ins Leere laufen. Er sympathisiert nicht nur mit dem Anliegen des Buches. Gekonnt nimmt er wiederholt die protestantische Autorin in Schutz. Sie will, wenn auch in der unstrukturierten Sprache der Laien, dasselbe wie der Heilige Vater. Sklavenbefreiung, das ist ein katholisches Anliegen, auch wenn es von einer Protestantin vertreten wird. Nur darum geht es, und nicht um Revolution und Ketzerei, weshalb nur ein Freispruch in Frage kommt. Daß er dabei einen engstirnigen Kollegen der Lächerlichkeit preisgibt, scheint Da Rignano eher Vergnügen zu bereiten. Vielleicht aber kann er auch nur deshalb so selbstbewußt agieren, weil der Kardinalpräfekt der Indexkongregation D'Andrea ihn stützt und notfalls gegen Kritik in Schutz nimmt? Kardinal D'Andrea mußte Jahre später als Präfekt der Indexkongregation zurücktreten, weil er sich weigerte, die vom Papst gewünschte Verurteilung des Löwener Theologen Ubaghs durchzuführen und statt dessen – unterstützt auch von Da Rignano – auf Freispruch drang. Um der Verhaftung durch die päpstliche Polizei zu entgehen, floh er 1864 aus Rom nach Neapel. 1866 wurde er vom Bischofsamt, 1867 sogar von der Kardinalswürde suspendiert. Erst kurz vor seinem Tod kam es zu einer Rehabilitierung. Vielleicht zeigt sich dieser unbestechliche Gerechtigkeitssinn auch schon ein Jahrzehnt zuvor im Verfahren gegen *Onkel Toms Hütte*?

Die Indexkongregation unter D'Andrea war jedenfalls keine gleichgeschaltete Zensurmaschinerie. Die beiden einander widersprechenden Gutachten zu *Onkel Toms Hütte* spiegeln exemplarisch den Pluralismus in Katholizismus und Kurie auch im Pontifikat Pius' IX. wider. Die differenzierte und kontroverse Diskussion zu diesem Werk in der Indexkongregation läßt das oft kolportierte Diktum

«Wer in Rom angezeigt wird, ist schon so gut wie verurteilt» zumindest fragwürdig erscheinen. Die Konsultorenversammlung vom 2. Dezember 1853, an der Demartis bezeichnenderweise nicht teilnahm, wohl nachdem er Da Rignanos gedrucktes Votum gelesen hatte, revidierte jedenfalls ihre Entscheidung. Sie schloß sich der Meinung Da Rignanos an und plädierte auf Freispruch, nachdem man drei Monate zuvor noch auf Zensurierung erkannt hatte. Die Argumente des Gutachtens waren offenbar schlicht überzeugender. In ihrer Sitzung vom 10. Dezember folgten die Kardinäle diesem Beschlußvorschlag.[148] Am 14. Dezember bestätigte der Papst den Beschluß der Kardinäle: *Onkel Toms Hütte* wurde nicht verboten. Das Buch durfte von Katholiken gelesen werden. Es enthielt keine gefährlichen Irrtümer. Es war eben keine chiffrierte Anweisung zum Umsturz im Kirchenstaat, sondern ein legitimer Aufruf zur Sklavenbefreiung in den Vereinigten Staaten von Amerika.

Johann Michael Sailer: Tribunal für einen Toten?

«Die studierenden Jünglinge verglichen Sailers Erscheinen mit der Frühlingssonne, die alles neu belebt. Sein prächtiger Vortrag in guter deutscher Sprache, die hohe eigene Begeisterung für die heiligen Wahrheiten, die Wärme des Tones entzündeten Hörer und Schüler» – so beschreibt Christoph von Schmid (1768–1854) in seinen Lebenserinnerungen das besondere Charisma seines akademischen Lehrers und Freundes Johann Michael Sailer.[149] Als «leuchtender Stern», der «aus dunklen Wolken ... glänzte», wird dieser gefeiert, «denn er war ... einer der vornehmsten Grundpfeiler christlicher Wahrheit und christlichen Lebens.»[150] Georg Schwaiger befördert ihn kurzerhand zum «bayerischen Kirchenvater».[151] Philipp Funk (1884–1937) kanonisiert Sailer sogar zum «Heiligen jener Zeitenwende» und «ersten geborenen Erzieher» des Menschengeschlechts.[152] Diese Traditionslinie einer geradezu hymnischen Sailer-Verehrung findet ihren Gipfel in einem Schreiben Papst Johannes Pauls II. (1978–2005) von 1982 zum 150. Todestag Sailers: «Erfolgreicher Urheber der katholischen Erneuerung in seinem Vaterland, scharfsinniger Verfechter der rechten Lehre, schließlich geradezu Vorbote der neueren ökumenischen Bewegung.»[153]

Wer war dieser Mann, den Johannes Paul II. mit derart pathetischen Worten würdigte und als «Verfechter der rechten Lehre» feierte? Die Antwort mag verwundern: ein *deutscher* Theologe und Bischof. Allerdings verlief seine Biographie keineswegs so geradlinig, wie die eben zitierten Würdigungen zu unterstellen scheinen.

Johann Michael Sailer (1751–1832), in Aresing in der Diözese Augsburg geboren, stammte aus einfachen Verhältnissen. Nach dem Besuch des Jesuitengymnasiums in München trat er in die Gesellschaft Jesu ein. Er studierte und promovierte an der von Jesuiten dominierten Universität Ingolstadt. Der begabte Theologe war von seinen Oberen gerade als akademischer Lehrer vorgesehen worden, da wurde die Gesellschaft Jesu 1773 aufgehoben. Er mußte Augsburger

Diözesanpriester werden. 1780 erhielt er doch noch die erhoffte Professur für Dogmatik – und wurde ein Jahr später als Exjesuit, «Obskurant», mithin als «päpstlicher Dunkelmann» entlassen. Nach einer «Brachzeit» wurde Sailer 1784 für Moral- und Pastoraltheologie nach Dillingen berufen, verlor aber 1794 seine Professur erneut, weil ihn der päpstliche Nuntius jetzt als «Illuminaten», verderblichen Neuerer und Papstfeind beschuldigte und mit Predigtverbot belegte. Nach fünf weiteren «Brachjahren» erhielt er 1799 als vermeintlicher Aufklärer, Liberaler und Reformer einen Ruf nach Ingolstadt, nicht ohne gleichzeitig als «Seele der Restauration» (Hubert Schiel) gelobt zu werden.[154] Versuche des bayerischen Königs Max I. Joseph, Sailer 1819 als Bischof für Augsburg zu nominieren, scheiterten am Widerstand der Römischen Kurie. Der angebliche «Restaurator» war für Rom zu «reformerisch». Erst nach heftigen Auseinandersetzungen gelang es der bayerischen Regierung, Sailer 1822 als Koadjutor mit dem Recht der Nachfolge in Regensburg durchzusetzen. 1829 konnte er schließlich, wenn auch nur für drei Jahre, den dortigen Bischofsstuhl besteigen, bevor er 1832 hochverehrt starb.

Im Kontext dieser Bischofsstuhlbesetzung gab der erste deutsche Redemptorist und 1909 heiliggesprochene Clemens Maria Hofbauer (1751–1820) ein vernichtendes Urteil über Sailer ab. Der Hauptvorwurf lautete: Sailer bestreitet das «Monopol der katholischen Kirche auf den Heiligen Geist» und behauptet, dieser wirke außerhalb der Kirche genauso wie innerhalb. Für Hofbauer ist Sailer sogar viel gefährlicher als Martin Luther. Während der Erzketzer und Häresiarch eine Veränderung, mehr noch: eine Verfälschung der katholischen Kirche ganz offen anstrebt, betreibt Sailer solch unerhörtes Unterfangen ganz hinterhältig, «segretamente».[155]

Solche heftigen Vorwürfe sind für deutsche Bischofskandidaten in der ersten Hälfte des 19. Jahrhunderts keinesfalls ungewöhnlich. Eine ganze Generation deutscher «Episkopabili» wurde auf diese oder ähnliche Weise diffamiert – allerdings zumeist von Deutschland, und nicht von Rom aus – und mit allen nur denkbaren einschlägigen Etiketten versehen, wie «Aftermystiker», «Josephinist», «Febronianer», «Illuminat», «Gallikaner», «Lutherus redivivus», «Kryptoprotestant» – um nur einige zu nennen. Insoweit ist der Fall Sailer durchaus kein Einzelfall und könnte getrost unter der Rubrik «nichts Ungewöhnliches» zu den Akten gelegt werden.

Allerdings wurde – und das ist außergewöhnlich – der Fall des Regensburger Bischofs mehr als vierzig Jahre *nach* seinem Tod vor das höchste römische Tribunal gezerrt. 1873 kam es vor der Heiligen Römischen und Universalen Inquisition zu einem Prozeß gegen Johann Michael Sailer. Weil eine öffentliche «Damnatio» ausblieb, weil niemals eine Verurteilung durch Inquisition oder Indexkongregation publiziert wurde, war diese Tatsache zunächst weitgehend unbekannt. Erst als ein Entwurf der Anklageschrift gegen Sailer im Archiv der bayerischen Redemptoristen in Gars am Inn auftauchte, wurde aus den Gerüchten Gewißheit:[156] Es hat tatsächlich einen postumen Inquisitionsprozeß wegen Heterodoxie gegen den von Johannes Paul II. als «Verfechter der rechten Lehre» gefeierten Bischof und Theologen gegeben. Ankläger war einer der Nachfolger Sailers auf dem Regensburger Bischofsstuhl, Ignatius von Senestrey (1818–1906).

Damit wurde die kirchenhistorische Rekonstruktion des Falles Sailer zum wahren Krimi: immer wieder neue Spuren und Indizienketten, aber kein Tatsachenbeweis und entscheidender Quellenbeleg. Erst nach der Öffnung der Archive von Inquisition und Indexkongregation schien der Fall Sailer endgültig lösbar zu sein. Doch die Prozeßunterlagen konnten nicht gefunden werden. Jedenfalls lagen sie nicht an der üblichen Stelle. Erst später tauchten sie eher zufällig in der «Stanza Storica», dem historischen Saal des Archivs, auf. Der Faszikel, der vom Juli 1873 datiert, umfaßt 135 Druckseiten. Und auch jetzt, mit den originalen Prozeßakten, sind immer noch Indizienbeweise und historisch-kritische Abwägungen nötig, um die entscheidenden Fragen zu beantworten. Warum klagt Bischof Senestrey seinen Vorgänger über 40 Jahre nach dessen Tod an? Was soll die Indizierung von Büchern, die es 1873 im Buchhandel so gut wie nicht mehr gab? Welche Absichten verfolgte die Anklage eigentlich? Wer wurde mit dem Gutachten über Sailer und seine Werke in der Inquisition beauftragt? Welche Absicht verfolgt das Votum? Plädierte es – weil es nicht zum Urteil kam – auf Freispruch? Und vor allem: Warum kam es nicht zu einer Verurteilung Sailers? Und schließlich: Warum befanden sich die Prozeßakten nicht an dem Ort, wo sie eigentlich hingehören?

Die «Armen Seelen» als Denunzianten

Bischof Senestrey denunzierte seinen Vorgänger in Rom nicht nur schriftlich, sondern übergab seine Anklageschrift am 3. März 1873 Papst Pius IX. während einer Privataudienz im Vatikan persönlich. Bei dieser Gelegenheit schlug Senestrey auch sofort einen geeigneten Gutachter vor: Constantin Freiherr von Schaezler (1827–1880), der nach seiner Konversion zum Katholizismus erst Jesuit, dann Dominikaner und als solcher Professor an der Ordenshochschule in Huisen in den Niederlanden geworden war. Seine Professur verlor er, nachdem sein Noviziat wegen eines Formfehlers für ungültig erklärt worden war, so daß er seit 1863 an der Freiburger Katholisch-Theologischen Fakultät als Privatdozent für Dogmengeschichte tätig war. Der Papst, der Senestrey wegen dessen Unterstützung bei der Durchsetzung der päpstlichen Unfehlbarkeit auf dem Ersten Vatikanischen Konzil besonders verpflichtet war, nahm die Anklageschrift wohlmeinend entgegen und übergab sie umgehend dem Heiligen Offizium. Er wies darüber hinaus die Verantwortlichen der Inquisition an, Schaezler, der ihm als Konzilsberater ebenfalls bekannt war, mit dem Gutachten über Sailers Schriften zu beauftragen. Daß damit der Ankläger den Gutachter selbst ausgesucht hatte, war ein unerhörter Schritt und wurde von den regulären Mitgliedern der Konsultorenversammlung genau registriert. Sie fühlten sich offensichtlich durch die Beauftragung eines Außenseiters übergangen und brüskiert. Diese Tatsache konnten die Konsultoren auf zweifache Weise interpretieren: entweder als Hinweis darauf, daß die Verurteilung Sailers beim Papst schon beschlossene Sache war und sich ein Engagement für den verstorbenen Theologen ohnehin nicht lohne. Oder aber im Gegenteil: als Appell an den eigenen Stolz, das abgekartete Spiel nicht mitzumachen und sich erst recht für die Rettung Sailers einzusetzen.

Der erste Teil der Anklageschrift, die Senestrey dem Papst übergab, beschäftigt sich mit dem traurigen Zustand der deutschen Theologie im 19. Jahrhundert, die vollständig von den «perversen Prinzipien der modernen theologischen Schule» infiziert ist.[157] Was der wegen seiner entschiedenen Gegnerschaft zum päpstlichen Unfehlbarkeitsdogma exkommunizierte Münchener Professor Ignaz von Döllinger und die Altkatholiken offen vertreten, denken auch die meisten übrigen Staatsprofessoren im geheimen. Eine abstrakte Verdammung dieser falschen Lehre reicht freilich nicht aus. Vielmehr muß ihr eigentlicher Urheber als Häretiker namentlich verurteilt werden.

Als Erzvater der modernen, häretischen deutschen Theologie macht Senestrey – im zweiten Teil der Anklageschrift – keinen anderen als seinen Vorgänger auf dem Regensburger Bischofsstuhl Johann Michael Sailer aus, der in allen zentralen Fragen der Dogmatik geirrt hat: Er lehnt die Heilsnotwendigkeit des christlichen Glaubens grundsätzlich ab, er vertritt ein falsches Verständnis der Gnadenlehre, eine irrige Christologie und eine völlig inakzeptable Ekklesiologie. Aber nicht nur Sailers Werke sind für die Anklageschrift eindeutig häretisch und daher verdammungswürdig, auch seine Lebensgeschichte wird als die typische Biographie eines Ketzers beschrieben. Das entscheidende Problem, das sich für den Ankläger stellte, war die Frage: Wie hatte es passieren können, daß ein solch offenkundiger Ketzer mit Zustimmung Roms zum Bischof von Regensburg ernannt worden war?

Bischof Senestrey dürfte die Anklageschrift kaum selbst verfaßt haben. Dazu verstand er schlicht zu wenig von Theologie. Vielmehr dürfte der von ihm empfohlene Gutachter Schaezler der spiritus rector gewesen sein. Denn aus der Relatio treten die beiden Lebensthemen des Freiburger Privatdozenten deutlich hervor: sein leidenschaftlicher Einsatz für die Neuscholastik und damit gegen die moderne deutsche Theologie, die mit seiner ultramontanen römischen Denkweise nicht vereinbar war, zum einen, und zum anderen der Kampf des in seiner Karriere enttäuschten Akademikers, der zeitlebens keinen Lehrstuhl erhielt und Privatdozent bleiben mußte, gegen das Establishment der Ordinarien an den staatlichen Katholisch-Theologischen Fakultäten.

Mit Bischof Senestrey und Schaezler sind die offen in Erscheinung tretenden Gegner Sailers genannt. Und mehr Informationen zu den Anklägern geben die Akten der Inquisition auch nicht preis. Der Fundort des Entwurfs der Anklageschrift bei den Redemptoristen in Gars am Inn läßt allerdings vermuten, daß die beiden Genannten nicht die eigentlichen Initiatoren des Sailer-Prozesses sind, sondern daß die Hintergründe der Affäre im Umfeld der Redemptoristen zu suchen sein dürften.

Dieser Verdacht wird tatsächlich bestätigt, wenn man die redemptoristische Überlieferung, namentlich den Bestand «Saileriana» in Gars am Inn und den Fondo «Höhere Leitung» des Generalatsarchivs der Redemptoristen in Rom heranzieht. Als Hintergrund und eigentlicher Auslöser des postumen Inquisitionsverfahrens gegen Sailer erweist sich die von den Redemptoristen seit 1863 intensiv betriebene Seligsprechung des ersten deutschsprachigen Redemptoristen Clemens Maria Hofbauer. Bezeichnenderweise war dessen Seligsprechungsverfahren in Rom vor allem deshalb ins Stocken geraten, weil Hofbauer die bereits zitierten, verunglimpfenden und auch sprachlich äußerst problematischen Äußerungen über den Bischofskandidaten Johann Michael Sailer abgegeben hatte. Bischof Senestrey befürchtete zu Recht, «ob nicht daraus ein Argument gegen den heroischen Grad der Tugend der Nächstenliebe bei Hofbauer genommen wird».[158] Der Beatifikation Hofbauers konnte sein negatives Votum nur dann nicht im Wege stehen, wenn es sachlich gerechtfertigt war, wenn also der Selige aufgrund besonderer göttlicher Begabung den unter dem Deckmantel der Frömmigkeit lebenden Sailer schon damals als Ketzer enttarnt hätte.

Genau diese geniale Idee, die Wahrheit der Aussagen Hofbauers nachträglich zu beweisen, hatte der Provinzial der bayerischen Redemptoristen Karl Erhard Schmöger (1819–1883). Und er versuchte, sie mit allen Mitteln umzusetzen. Als besonders geeignetes Instrument stand ihm dazu die sogenannte «Höhere Leitung» zur Verfügung: ein unter seiner Führung um sein mystisch veranlagtes Beichtkind Louise Beck (1822–1879) gescharter Kreis von Klerikern und katholischen Adeligen. Louise Beck hatte seit ihrer Kindheit Visionen von «Armen Seelen» und vermittelte als Medium deren übernatürliche Anweisungen. Als sie bald darauf die Wundmale Christi erhielt, entwickelte sich ein regelrechter Kult. Viele Patres und Gläubige waren von der Echtheit ihrer Seherin überzeugt, baten um Anweisung zur Rettung ihrer Seelen und legten vor ihr Lebensbeichten ab, die unweigerlich in Abhängigkeits- und Hörigkeitsverhältnisse führten. Eine Abkehr vom Kult der «Höheren Leitung» wurde häufig mit Material aus den Lebensbeichten verhindert, die «Gläubigen» hatten sich als «treue Kinder» der «Mutter» zu erweisen. Wer zuwiderhandelte, dem wurde ewiges Verderben und Höllenpein angedroht. Schmöger, seit den sechziger Jahren Beichtvater und Seelenführer von Louise Beck, instrumentalisierte die Seherin völlig und verwendete die Ergebnisse der vor ihr abgelegten Lebensbeichten als äußerst sublimes Machtmittel. Die «Armen Seelen», deren Weisungen die Seherin vermittelte, nahmen damals selbst den Sprachstil Schmögers an.

Auch Bischof Senestrey war treues «Kind der Mutter» und hatte eine Lebensbeichte abgelegt, sich darin unter anderem zu schweren sexuellen Verfehlungen bekannt, die in die Nähe einer Todsünde kamen. «Die Betreibung und Durchsetzung der Indizierung Sailers wurde ihm nun von der ‹Höheren Leitung› als göttlicher Auftrag zugewiesen, durch dessen Erfüllung er von seinen Bedrängnissen befreit werden würde.»[159] Kam Sailer auf den Index und wurde er von der Inquisition als Ketzer verurteilt, dann hatte Hofbauer damals wirklich Recht gehabt, dann war das Hauptproblem in seinem Seligsprechungsprozeß beseitigt, dann würde Senestrey für seine schlimme Veranlagung Vergebung finden – die «Armen Seelen» als jenseitige Begründung äußerst diesseitiger Interessen im Hintergrund eines Inquisitionsprozesses! Diese Konstellation entbehrt nicht der Brisanz, zumal auch der Gutachter Constantin von Schaezler zu den Anhängern der «Höheren Leitung» gehörte.

Das mit Hilfe der «Armen Seelen» in Gang gekommene Inquisitionsverfahren gegen Sailer nahm den gewohnten und von der Geschäftsordnung der Inquisition vorgesehenen Gang. Der vom Ankläger Senestrey vorgeschlagene Gutachter Schaezler wurde auf Weisung des Papstes vereidigt und im März 1873 mit der Abfassung des Gutachtens beauftragt. Er hielt sich zu diesem Zweck im Frühjahr und Sommer jenes Jahres in Rom auf und lieferte Ende Juni ein umfangreiches, handschriftliches Elaborat ab, das im Verlauf des Julis gedruckt und an alle Konsultoren und Kardinäle der Römischen Inquisition verteilt wurde.

In einer ausführlichen Vorrede zu dem 109 Seiten umfassenden Gutachten[160] werden den Konsultoren und Kardinälen der verderbte Geist und die Eigenheiten der Sailerschen Theologie demonstriert: Sailer bestreitet die Offenbarung, das kirchliche Lehramt hat in seinem theologischen System keinen Platz, und er tendiert zum Pantheismus und Pelagianismus, der die Möglichkeiten der menschlichen Freiheit gegenüber der göttlichen Gnade in der Erlösungslehre überbetont. Schuld an dieser völlig unkirchlichen Lehre Sailers ist vor allem seine Rezeption aufgeklärter Philosophie. Namentlich der «famoso» Immanuel Kant und der «celeberrimus» Christian Wolff werden hier genannt. Deren Gift und «pestifera doctrina» habe Sailer in die deutsche katholische Theologie eingeschleust. Deshalb seien die Staatsprofessoren bis heute gründlich verdorben. Im zweiten Teil werden im sogenannten «syllabus propositionum» 105 falsche beziehungsweise heterodoxe Sätze aus den inkriminierten Werken Sailers zusammengestellt, mit möglichst exakter Angabe des Fundortes in dessen Opus.

Den weitaus größten Umfang nimmt Schaezlers Kommentar zu den aus Sailers Werk herausgezogenen Propositionen ein. Hier geht es um den Nachweis, daß Sailers Sätze tatsächlich häretisch sind. Schaezler faßt dabei die 105 Sätze zu 23 thematischen Blöcken zusammen, die ein Kaleidoskop aller erdenklichen Häresien ergeben. Sailer leugne den übernatürlichen Charakter der christlichen Religion, er huldige einem falschen Glaubens- und Offenbarungsbegriff und hänge einer irrigen Vorstellung vom Ewigen Leben an. Sailer sei ein Anhänger von Pantheismus, Subjektivismus, Humanismus, Rationalismus und Pseudo-Mystizismus. Er lehre die unmittelbare Gotteserkenntnis aus innerer Erfahrung, er vertrete eine völlig inakzeptable, praktische Auslegung der Heiligen Schrift. Sailer stehe für eine eindeutig häretische Christologie, eine falsche Rechtfertigungs- und Sakramentenlehre, und er sei der Stammvater der Altkatholiken, um nur einige Vorwürfe zu nennen.

In einem vierten, Epilog genannten Teil versucht Schaezler, alle möglichen kirchenpolitischen Einwände gegen ein römisches Urteil zu entkräften und insbesondere die kritische Frage nach der Inopportunität einer Verdammung Sailers zurückzuweisen. Das Hauptanliegen Schaezlers ist, Papst und Inquisition zu einer eindeutigen Parteinahme für die Neuscholastik zu gewinnen. Die deutsche Theologie sei spätestens seit Sailer weitgehend vom Liberalismus infiziert und diese Sailersche Tradition verhindere, daß in Deutschland wahre, rechtgläubige Theologie, also Neuscholastik gelehrt werde. Wolle Rom die gegenwärtigen, modernen katholischen Theologen an den Staatsfakultäten treffen, so müsse man die Autoritäten zerstören, auf die sie sich stützten. Da Sailer zu den bedeutendsten liberalen Theologen gehört habe, würde seine Verurteilung der daniederliegenden deutschen Theologie aufhelfen und wäre deshalb äußerst opportun.

Und dann verrät Schaezler doch noch den eigentlichen Hintergrund der Anklage gegen Sailer, indem er, wenn auch nur in einer Randbemerkung, die Aussage fallen läßt, angesehene Zeitgenossen wie Clemens Maria Hofbauer hätten Sailer bereits damals negativ beurteilt und als Kryptolutheraner und pietistischen Sektierer gebrandmarkt. Während sich ein anständiger Katholik eines allzu engen Umgangs mit Protestanten und anderen Häretikern selbstredend enthalte, habe Sailer einen verdächtig unkomplizierten Umgang mit Evangelischen gepflegt, der eine Infizierung mit ihrem verkehrten Gedankengut bewirkt habe, wie schon Hofbauer richtig feststellte. Würde Sailer also von Rom verurteilt werden, dann hätte Hofbauer, dessen Seligsprechungsprozeß gegenwärtig vor der Ritenkongregation anhängig ist, Recht gehabt. Dann würden seine Äußerungen von der Suprema im nachhinein bestätigt und seiner Seligsprechung stünde nichts mehr im Wege.

Das Votum des Zensors fiel also eindeutig aus. Sowohl aus theologischen als auch aus kirchenpolitischen Gründen bestand demnach eine absolute Notwendigkeit, Sailers Werke zu verurteilen. Das Urteil konnte nur auf «Damnatur» lauten. Doch es sollte ganz anders kommen.

Was nun?

Am 17. November 1873 befaßte sich die Konsultorenversammlung auf der Basis des gedruckten Gutachtens Schaezlers mit der Anklage gegen Sailer.[161] Von den 23 Mitgliedern des Konsults waren nach Ausweis des Protokolls 13 anwesend. Nach ausgiebiger Diskussion kamen drei Voten zustande, von denen überraschenderweise keines für «Prohibeatur» – ein Verbot aller Werke Sailers also – plädierte: Zehn Konsultoren stimmten für eine Vertagung des Falls und verlangten vor einem endgültigen Urteil drei Maßnahmen. Zum ersten müßten alle Werke Sailers von einem in Rom ansässigen Konsultor erneut begutachtet werden. Zum zweiten sollte über Sailer und seine Theologie die Ansicht deutscher Bischöfe eingeholt werden, und zwar von den Oberhirten von Köln (Paul Ludolf Melchers), München-Freising (Gregor von Scherr), Paderborn (Konrad Martin), Brixen (Vinzenz Gasser) und Seckau (Johann Baptist Zwerger). Zum dritten seien vorsichtshalber Sailers Schriften aus den Bibliotheken der Priesterseminare und Katholisch-Theologischen Fakultäten in Deutschland zu entfernen, damit sie insbesondere unter den jungen und daher besonders anfälligen Alumnen keinen Schaden mehr anrichten können.

Zwei weitere Konsultoren schlossen sich dem Votum ihrer zehn Kollegen auf Vertagung an. Sie lehnten allerdings den Vorschlag, deutsche Bischöfe um Gutachten über Sailers Theologie zu bitten, ab. Statt dessen sollten Sailers Werke nicht nur von einem kompetenten römischen Gutachter, sondern auch von mehreren Konsultoren, also Mitgliedern des Heiligen Offiziums, vor einem endgültigen Urteil überprüft werden. Hier wird Bezug genommen auf die Verfahrensordnung des Heiligen Offiziums, wonach kein katholischer Autor aufgrund der Zensur eines einzigen Relators auf den Index der verbotenen Bücher gesetzt werden sollte. Aufschlußreicher für die eigentliche Motivation der zwölf Konsultoren dürfte jedoch die Forderung sein, einen kundigen Zensor «hier in Rom» zur differenzierteren Begutachtung der Werke Sailers zu bestimmen. Das konnte nur gegen Schaezler gerichtet sein, der nicht aus dem römischen Establishment stammte und nicht zum Kreis der altgedienten Konsultoren gehörte. In seiner Berufung zum Gutachter sahen die Konsultoren einen Affront gegen sich.

Am meisten Aufmerksamkeit verdient aber das Votum eines letzten Konsultors, der sich intensiv und kritisch mit der Person des Gutachters Schaezler und seiner Zensur auseinandersetzt und in aller Klarheit eine Verurteilung Sailers auf dieser Grundlage ablehnt. Die Argumentation des ebenfalls nicht namentlich genannten Konsultors bringt die ganze Problematik treffend auf den Punkt: Der Gutachter Schaezler, der eigentlich unabhängig sein müßte, sei befangen und parteiisch, denn die ganze Affäre sei durch Schaezler, «einen hervorragenden, aber äußerst streitsüchtigen Priester», erst ins Rollen gekommen. Er sei somit Ankläger und Richter in einer Person. Auch Senestrey habe zugegeben, von Schaezler instrumentalisiert worden zu sein. Er sei von Schaezler angestiftet worden, «wie mir ein frommer und gelehrter bayerischer Priester unserer Gesellschaft versichert hat». Schaezlers Zensur erfüllt die von der Verfahrensordnung der Inquisition verlangten inhaltlichen Voraussetzungen nicht. Seine «Anklage ist sehr viel heftiger gegen die Person als gegen die Schriften Sailers gerichtet». In einem Indizierungsverfahren durfte es aber nur um die Bücher und nicht um die Verdammung einer Person gehen.

Auch was die Schriften Sailers selbst angeht, vermochte Schaezlers Gutachten den Konsultor nicht zu überzeugen. Die Propositionen seien aus dem Zusammenhang gerissen, monierte er, und «der Grund, warum sie zu verurteilen sein sollen, scheint mir in fast keinem einzigen Fall evident zu sein, zumal – wie ich aufrichtig bekenne – bei einem solchen Geschäft einem derartig unbeherrschten Mann, wie Doktor Schaezler einer ist, nicht allzu viel Glauben zu schenken sein dürfte». Für vollends lächerlich erklärt der Zensor die in Schaezlers Gutachten aufgestellte kühne Behauptung, die Verdammung Sailers stelle eine eindeutige Verurteilung jener Neo-Protestanten dar, die sich Altkatholiken nennen. Schließlich sei die Verurteilung Sailers angesichts der Probleme des in Deutschland gerade tobenden Kulturkampfes völlig inopportun. Interessanterweise verzichtet dieses Einzelvotum auf die vorher von allen übrigen Konsultoren erhobene Forderung, es müßten sich in Rom weitere Gutachter aus dem Heiligen Offizium mit dem Werk Sailers beschäftigen.

Die Kardinäle folgten in ihrer Sitzung am 26. November 1873 – und das ist erstaunlich – weitgehend dem Vorschlag des einzelnen Konsultors. Die Bischöfe Martin und Gasser sollten unter dem strengsten Geheimnis des Heiligen Offiziums um folgende Information angegangen werden: Ob Sailers Werke nach wie vor im deutschsprachigen Raum verbreitet seien und rezipiert würden? Ob sie gefährlich seien? Und: Ob es notwendig sei, das Opus Sailers seitens des Heiligen Stuhls einer Überprüfung zu unterziehen und ein Urteil in dieser Sache zu publizieren? Von einer erneuten Begutachtung der Werke Sailers durch einen römischen Zensor ist keine Rede mehr. Noch am Tag der Sitzung bestätigte der Papst den Beschluß der Kardinäle.

Papst und Kardinäle waren also nicht dem Mehrheitsvotum gefolgt, sondern hatten sich weitgehend der Meinung eines einzelnen Konsultors angeschlossen. Wer war dieser Konsultor? Obwohl die Akten der Inquisition seine Identität nicht preisgeben, läßt sie sich dennoch mit einem hohen Plausibilitätsgrad aus Indizien rekonstruieren. Bereits das Protokoll der Konsultorenversammlung gibt eine

Reihe wichtiger, wenn auch nur indirekter Hinweise: Zum einen kennt der fragliche Gutachter Sailers Werk sehr genau; er ist bestens vertraut mit der kirchenpolitischen Situation in Deutschland nach dem Ersten Vatikanischen Konzil. Mehr noch: Er zeigt sich exakt informiert über den ungezügelten Verfolgungswahn und die zelotische Haltung Schaezlers in diesen jahrzehntelangen Auseinandersetzungen. Die Anklage gegen Sailer enttarnt er geschickt als kirchenpolitische Intrige Schaezlers und Senestreys. Zum anderen verrät der bewußte Gutachter seine Ordenszugehörigkeit. Er schreibt, die entscheidenden Informationen über die Hintergründe der Anklage habe er von einem frommen und gelehrten bayerischen Priester «nostrae societatis», also «aus unserer Gesellschaft» erhalten. Damit gibt er sich als Mitglied der Gesellschaft Jesu zu erkennen.

Damals gab es aber im Heiligen Offizium nur zwei Jesuiten. Der eine, Camillo Tarquini (1810–1874), verstand wahrscheinlich kein Deutsch und hatte als Kirchenrechtler am Collegium Romanum keine Ahnung von der deutschen Theologie des 19. Jahrhunderts. So bleibt nur Johann Baptist Franzelin (1816–1886), der in Südtirol geborene Professor für Dogmatik am römischen Kolleg, der bereits sieben Jahre zuvor einen anderen renommierten deutschen Theologen vor dem Feuer der Inquisition gerettet hatte: den Tübinger Dogmatiker Johannes Evangelist von Kuhn.

Übrigens merkten auch die beiden Ankläger sehr wohl, wer ihr Vorhaben in der Inquisition behinderte. So schrieb Schaezler im Frühjahr des folgenden Jahres an Senestrey: «Ich gestehe Ihnen offen, jetzt bin ich am Ende. Die Gleichgültigkeit, Geistesträgheit, Verblendung, welcher ich allenthalben begegne, nimmt mir jeden Mut und jede Freudigkeit, so daß ich mich oft frage, ob ich nicht meinen Beruf verfehlt habe, ob ich nicht etwas Unausführbares anstrebe. Für die Erneuerung der wahren Theologie, wofür ich meine beste Kraft einsetze, ist in Rom gar keine Empfänglichkeit. Was zu Genüge durch die Tatsache, daß hier die Franzelinsche Theologie das Monopol besitzt, bis zur Evidenz bewiesen wird. Diese Theologie ist aber grundfalsch.» Die «finsteren Mächte des Jesuitismus» trieben in Rom ihr dunkles Spiel, durch das sie «zum großen Nachteil der Wahrheit» bereits 1869 die «Kuhnsche Lehre» hätten «absolvieren lassen» wie jetzt Sailers Theologie.[162]

Die Reaktion der befragten deutschen Bischöfe fiel ganz im Sinne

Franzelins aus. Sowohl Bischof Vinzenz Gasser aus Brixen als auch Konrad Martin aus Paderborn sprachen sich eindeutig gegen eine Verurteilung Sailers aus. Gasser sah in Sailer einen Mann, «der in allem aufrichtig katholisch dachte und fühlte». In einer Zeit, als allenthalben der vulgäre Rationalismus grassierte, sei Sailer eine Stütze der Wahrheit der katholischen Kirche in Deutschland gewesen und habe zahllose Theologiestudenten, die zum Rationalismus verführt worden waren, auf den Weg der Wahrheit zurückgeführt.[163] Auch Bischof Martin konnte nicht einsehen, «warum Sailers Werk erst heute denunziert worden ist, wo die genannten Schriften fast völlig in Vergessenheit geraten sind». Wer den Vorteil der Kirche im Auge habe, dem rate die Klugheit, die ganze Sailer-Sache vollständig ruhen zu lassen.[164]

Akten verschwinden im Archiv

Eigentlich hätte nach der Geschäftsordnung der Römischen Inquisition jetzt eine zweite Verfahrensrunde stattfinden müssen: mit einem neuen schriftlichen Votum, dessen Druck und Verteilung an die Konsultoren und Kardinäle, einer Konsultorenversammlung, einer Kardinalsplenaria und einer Bestätigung des Beschlusses durch den Papst. Dabei wäre alles auf die Antwort der befragten deutschen Bischöfe angekommen. Ein derartiger zweiter Durchgang der Causa Sailer kam jedoch nach Ausweis der Akten nie zustande. Weder die Konsultoren noch die Kardinäle noch der Papst beschäftigten sich nach November 1873 noch einmal mit der Sache.[165] Die eindeutigen Stellungnahmen der deutschen Bischöfe wurden weder offiziell gewichtet noch in den zuständigen Gremien beraten, obwohl sie für den Beklagten sprachen und einen formellen Freispruch hätten nach sich ziehen müssen. Aber genau darin lag das Problem, denn ein offizieller Vorschlag auf Freispruch durch die Inquisition hätte kaum die Zustimmung des Papstes gefunden, und ohne sie konnte kein Urteil Rechtskraft erlangen. Ein Freispruch Sailers in Form einer feierlichen Zurückweisung der Denunziationen aus Regensburg, und nur darauf hätte eine weitere Verfahrensrunde des Heiligen Offiziums hinauslaufen können, wäre nämlich nicht nur ein Schlag ins Gesicht Senestreys gewesen, sondern hätte überdies den Papst brüskiert.

Schließlich hatte Pius IX. die Anzeige persönlich entgegengenommen und sie weitergeleitet. Er war Senestrey zu besonderem Dank verpflichtet und hatte Schaezler selbst als Gutachter eingesetzt. Die Mitglieder der Inquisition, die eine Verurteilung verhindern wollten, konnten daher eine zweite Verfahrensrunde nicht riskieren.

Und sie haben sie auch nicht riskiert. Statt dessen ließ man die Akten im Archiv verschwinden, wie auch ihr heutiger Fundort noch belegt. Denn eigentlich müßten sich die Akten zu einem Inquisitionsprozeß aus den Jahren 1873/74 unter der Signatur «Censurae librorum 1873/74» finden. Die Sailer-Akten liegen jedoch, wie schon gesagt, in der historischen Abteilung des Inquisitionsarchivs, der «Stanza Storica». Dieser Archivraum stellt einen Mischbestand dar, der unter diesem Namen erst seit 1901 bekannt ist. Dort befinden sich vor allem historische Fälle aus dem 16. und 17. Jahrhundert. Wer die Akten aus der regulären Serie herausnahm und sie irgendwo im historischen Archiv zwischen andere, wesentlich ältere Akten mit ganz anderen Themen steckte, der entzog sie so dem laufenden Betrieb und machte sie so gut wie unauffindbar.

Wer hatte in der Inquisition ein Interesse, daß das Feuer gegen Sailer ausblieb und es nicht zu einer römischen Verurteilung kam? Nach bisherigem Kenntnisstand am ehesten der Jesuit Johann Baptist Franzelin. Aber ohne die Mithilfe des Assessors Lorenzo Nina (1812–1885), des eigentlichen Geschäftsführers der Inquisition, der als einer der gemäßigteren und aufgeschlosseneren hohen Prälaten an der Kurie galt, hätte Franzelin dies nicht realisieren können. Und tatsächlich: Im Frühjahr 1881, Nina war inzwischen zum Kardinal aufgestiegen, erinnerte er sich an den Fall. Er bat den Archivar des Heiligen Offiziums, ihm die Akten noch einmal vorzulegen. Dies geschah tatsächlich, wie eine Aktennotiz von der Hand Ninas belegt.[166] Nach wenigen Tagen gab der Kardinal die Akten zurück, und der Archivar reponierte sie *wieder* in der «Stanza Storica», dem Ort, an den sie eigentlich nicht hingehörten.[167] So banal der Vorgang ist: Er zeigt, daß Nina noch 1881 wußte, wo er die Sailer-Akten ein knappes Jahrzehnt vorher versteckt hatte oder verstecken ließ.

Franzelin und Nina haben eine römische Verurteilung des seit über 40 Jahren toten Bischofs Johann Michael Sailer erfolgreich verhindert. Dies wurde jedoch damit erkauft, daß das Heilige Offizium keine offizielle Einstellung des Indizierungsverfahrens gegen Sailer beschließen konnte. «L'affare rimase indeciso» – die Sache blieb tatsächlich unentschieden, wie Nina ein knappes Jahrzehnt später zugab. Unentschieden in dem Sinne, daß sie den zuständigen Gremien nie mehr zu einer endgültigen Entscheidung vorgelegt wurde.

Unabhängig vom – eigentlich nicht vorhandenen, jedenfalls aber versandeten – Ausgang des Verfahrens drängt sich dem heutigen Betrachter die Frage auf, welche Auswirkungen eine Zensurierung Sailers gehabt hätte. Illusorisch scheint es zumindest, daß aktive Wissenssteuerung in diesem Fall funktioniert hätte. Das kommt in der Konsultorenversammlung auch klar zum Ausdruck. Vermutlich wäre, wie die befragten Bischöfe gemutmaßt hatten, durch ein Verbot eher das Gegenteil der Intention einer Zensur eingetreten: Die vergessenen Werke des toten Theologen wären neu entdeckt worden, weil das Verbotene in der Regel eben auch das Interessante ist.

Ob Inquisition und Indexkongregation überhaupt jemals ihrer selbstgesetzten Aufgabe einer Wissenssteuerung durch eine umfassende Kontrolle des Buchmarktes gerecht werden konnten, bedarf noch der weiteren Erforschung. Aber vielleicht ging es den Anklägern im Fall Sailer auch gar nicht so sehr um faktische Medienpolitik und Zensur, sondern – über die individuellen Motive hinaus – um einen symbolischen Akt: Auch wenn eine Indizierung eher negative Folgen im Hinblick auf die Verbreitung seiner Bücher zeitigen würde, wollte man Sailers Namen auf den großformatigen Indizierungsplakaten lesen, um Gewißheit über die Richtigkeit der eigenen Ansichten zu erhalten. Vielleicht war Schaezler besonders über das Ausbleiben dieser Selbstvergewisserung enttäuscht. Wie dem auch sei: Das Feuer der Bücherscheiterhaufen hatte sich im Fall Sailer nicht entzünden lassen – auch nicht durch Weisung der «Armen Seelen».

Das Sanctum Officium tritt auch beim Fall Sailer nicht als allmächtiges Repressionsorgan (das sie ohnehin nur in Italien und auch das nur zu gewissen Zeiten war) und als gleichgeschaltete Verdammungsmaschinerie auf, sondern als kirchliche Institution, die mit ihrem Selbstbewußtsein und ihrem hohen Grad an Formalisierung eine gewisse Resistenz gegen polarisierende theologische und kirchenpolitische Bestrebungen, selbst von höchster Stelle, an den Tag legte. Juristisch genau festgelegte Verfahrensordnungen, theologisches Expertenwissen, institutionelle und persönliche Erfahrung stellen ein hohes innerkirchliches Gut dar, das dem Schutz des Individuums, selbst postum, dienen kann. Wenn dann noch die Klugheit und Mäßigung entscheidender Personen hinzukam, wurden Lösungen gefunden, bei denen das Schlimmste verhindert wurde und alle das Gesicht wahren konnten. So dürfen Katholiken heute Pius IX. als Seligen und Clemens Maria Hofbauer sogar als Heiligen verehren und sich doch auch unbeschwert des irenischen Geistes der Schriften des bayerischen Kirchenvaters Johann Michael Sailer erfreuen.

Winnetou:
Für Katholiken tabu?

Es will das Licht des Tages scheiden;
nun bricht die stille Nacht herein.
Ach könnte doch des Herzens Leiden
so wie der Tag vergangen sein!
Ich leg' mein Flehen dir zu Füßen;
o trag's empor zu Gottes Thron,
und laß, Madonna, laß dich grüßen
mit des Gebetes frommem Ton:
Ave Maria![168]

Dieses Marienlied stammt nicht aus einem katholischen Gebet- und Andachtsbuch, sondern aus einem Abenteuerroman. Es hat auch keine fromme katholische Nonne zur Autorin, die ihre Mitschwestern auf das kirchliche Abendgebet mit einem Hymnus auf die Gottesmutter einstimmt. Der Dichter dieses Ave Maria ist vielmehr ein protestantischer Volks- und Jugendschriftsteller. Die Rede ist von Karl May, und dieses Marienlied findet sich im wohl bekanntesten seiner Werke, dem dritten Band des *Winnetou.*

Was geschieht in diesem Roman, das den Protestanten Karl May (1842–1912) zum Schöpfer eines marianischen Hymnus werden läßt? Winnetou, der edle Wilde und Blutsbruder Old Shatterhands, hinter dem sich als Ich-Erzähler niemand anderes als Karl May selbst verbirgt, ist von einer Kugel tödlich getroffen worden. Scharlih, wie der Häuptling der Apatschen seinen weißen Bruder nennt, hat den Kopf des Sterbenden in seinen Schoß gebettet. Winnetou bittet die Siedler, die er in seiner letzten Aktion befreit hatte, «ihm das Lied von der Königin des Himmels zu singen».[169] Er umfaßt beide Hände seines Blutsbruders und hört mit geschlossenen Augen die oben zitierte erste Strophe. Dann fährt Karl May in seiner Erzählung fort: «Als nun die zweite Strophe anhob, öffneten sich langsam seine Augen und richteten sich mit mildem, lächelndem Ausdruck zu den Sternen empor. Dann zog Winnetou meine Hände an seine matt atmende Brust und flüsterte: ‹Scharlih, nicht wahr, jetzt kommen die

Worte vom Sterben?› Ich konnte nicht sprechen. Ich nickte weinend, die dritte Strophe begann:

Es will das Licht des Lebens scheiden;
nun bricht des Todes Nacht herein.
Die Seele will die Schwingen breiten;
es muß, es muß gestorben sein.
Madonna, ach, in deine Hände
leg' ich mein letztes, heißes Flehn:
Erbitte mir ein gläubig Ende
und dann ein selig Auferstehn!
Ave Maria!

Als der letzte Ton verklungen war, wollte Winnetou sprechen – es ging nicht mehr. Ich brachte mein Ohr ganz nahe an seinen Mund, und mit der letzten Anstrengung der schwindenden Kräfte flüsterte er: ‹Scharlih, ich glaube an den Heiland. Winnetou ist ein Christ. Leb wohl!› Es ging ein Zucken und Zittern durch seinen Körper, ein Blutstrom quoll aus seinem Mund. Der Häuptling der Apatschen drückte nochmals meine Hände und streckte seine Glieder. Dann lösten sich seine Finger langsam von den meinigen – er war tot – –.»[170]

Der edle Wilde, Vorbild jedes Jungen, der mit heißen Ohren nachts mit der Taschenlampe unter der Bettdecke seine Abenteuer las, ein Christ – ja sogar ein Katholik! Denn anders kann man die Schlußsätze des Ave Maria kaum interpretieren: Winnetou übergibt seine Seele der Gottesmutter, sie soll als Fürbitterin an Gottes Thron für ihn eintreten. Das ist tiefe katholische Volksfrömmigkeit und paßt nicht recht zur evangelischen Grundüberzeugung der Erlösung, die allein durch den Glauben an Christi Kreuzestod bereits geschehen ist und keiner Mittelsmänner und -frauen bei Gott bedarf. Der große Häuptling der Apatschen ein marienfrommer Katholik – das eröffnete frommen katholischen Meßdienern die faszinierende Möglichkeit, großer Häuptling und edler Wilder zu sein. Konkret hieß das etwa: In die Maiandacht zu gehen und zu Herzen gehende Marienlieder zu singen, und dann bei anschließenden Indianer-Spielen die heroischen Tugenden Winnetous – Mut, Tapferkeit, Freundschaft, Opferbereitschaft – an den Tag zu legen, war kein Widerspruch mehr. Ganz im Gegenteil: In Karl Mays *Winnetou* waren die Gegensätze aufgehoben.

Es verwundert nicht, daß sich vor allem katholische Kapläne und Jugendpfarrer diese Deutung um die Wende vom 19. zum 20. Jahrhundert in ihrer Jugend- und Ministrantenarbeit zunutze machten und ihren Zöglingen *Winnetou* als gute Lektüre empfahlen, ihn als Prämie für besondere Frömmigkeit aussetzten oder den eifrigen Meßdienern zu Weihnachten schenkten: Endlich einmal kein kirchliches Bücherverbot, sondern eine ausdrückliche Buchempfehlung, keine «schwarze Liste», sondern ein durchaus positiver katholischer Umgang mit dem vornehmsten Medium neuzeitlicher Wissenskultur. Und doch brachte gerade diese in weiten katholischen Kreisen und vor allem in der männlichen katholischen Jugend geradezu begeisterte Rezeption der Werke des Protestanten May, der nicht selten als Katholik galt, diesen letztlich doch in Konflikt mit der römischen Buchzensur. Zum Auslöser wurden allerdings weder die *Winnetou*-Trilogie noch die sechs Bände, die Kara Ben Nemsis Auseinandersetzungen mit dem verbrecherischen *Schut* im Osmanischen Reich an der Seite seines Freundes Hadschi Halef Omar schildern, noch Old Surehand mit seinen Glaubensgesprächen mit Old Wabble, noch der blau-rote Methusalem auf seiner Chinareise. Aber es ging natürlich, wie im *Winnetou* und den anderen genannten Bänden, um das Thema Religion.

Das anonyme Denunziationsschreiben

Bei der systematischen Durchsicht von Akten der Indexkongregation zur Zensur sogenannter modernistischer Theologen, die nach der Jahrhundertwende für eine Versöhnung von Kirche und Moderne in den Bereichen Philosophie, Theologie, Literatur, Politik und Gesellschaft eintraten und daher von Rom äußerst kritisch beobachtet wurden, tauchten völlig unerwartet Spuren zu einem Fall Karl May auf. Durch ein anonymes Schreiben, datiert vom 20. März 1910, war der Schriftsteller in Rom angezeigt worden. Dieses umfaßt fünf Seiten, ist maschinenschriftlich geschrieben und enthält vereinzelte handschriftliche Korrekturen und Unterstreichungen sowie zahlreiche Tippfehler. Ein ausgeschnittener Zeitungsartikel ist dem Brief beigefügt.[171]

Ein «treuer Sohn» der Kirche – wie er sich selbst mit typischem

Demutsgestus nennt – wendet sich voll Vertrauen an die Mutter Kirche. Fast die ganze erste Seite wendet der anonyme Denunziant für die Begründung auf, warum er sich ein Herz gefaßt hat, an die Indexkongregation zu schreiben. Vermengt mit Unterwerfungsfloskeln betont er mehrfach sein lauteres und reines Anliegen. Es geht ihm nur um «die gute Sache», um nichts anderes, «niedere Leidenschaften» sind ihm ganz fremd, wie er mehrfach beteuert. «Eine haltlose, böswillige Anzeige», die einer «unchristlichen Absicht» entspringt, ist seine Sache nicht. Er teilt nur «*Tatsachen*» mit, eindeutige und klare Fakten, die für sich sprechen, «unwiderleglich». Der Schreiber weiß, daß «ein anonymer Denuntiant» von vornherein «alle Stimmen gegen sich» hat, «allein ich darf meinen Namen nicht angeben, ich bin ein armer, alter Mann in abhängiger Stellung, würde mein Name bekannt, würde ich wohl auf die Straße gesetzt werden». Aber weil es um Tatsachen geht, die für sich sprechen, ist sein Name auch ohne Belang. So oder so ähnlich argumentierten fast alle Denunzianten, die zu feige waren, mit offenem Visier zu kämpfen, selbst einer Institution wie der Indexkongregation gegenüber, deren Lebenselixier das Geheimnis und die Geheimhaltung war.

«Doch zur Sache!» Mit dieser Selbstermahnung beginnt der Hauptteil, in dem der Denunziant seine Anklage gegen May und dessen Werk darlegt. Er bezieht sich auf die ersten 32 Bände der *Reiseerzählungen* in der Freiburger Ausgabe bei Fehsenfeld (der 33. und letzte Band, *Winnetou IV*, erschien erst im Mai 1910) und betont das außerordentliche Interesse aller Schichten – auch der Gebildeten – und Altersgruppen in Deutschland an Mays Werken. Hunderttausende zählten zu seinen Lesern. «Tatsache ist ferner, daß er allgemein für den ersten katholischen Schriftsteller Deutschlands gilt.» Seine Romane werden gar «als Meisterwerke der katholischen Literatur gepriesen».

Was der anonyme Schreiber fürchtet, ist nicht etwa eine offene Abweichung von oder gar ein expliziter Widerspruch gegen die rechte katholische Lehre, sondern eine schleichende Unterwanderung und Aufweichung des Katholizismus. «Das echt katholische Fühlen» werde durch Karl Mays Werke «im breiten Volk langsam, unmerklich, aber sicher untergraben». Hohe und höchste Geistliche würden die gefährliche Lektüre auch noch verbreiten, indem sie diese empfehlen und für Schüler- und Volksbibliotheken anschaffen. Der Denunziant entschuldigt ihr Handeln jedoch als gutgläubigen Irrtum, denn bis zum 25. Band hatte auch er nichts an den Reiseerzählungen und Abenteuerromanen auszusetzen.

Die ersten Bände jedenfalls seien «streng katholisch», auch wenn der Autor May entgegen einer weitverbreiteten Ansicht erwiesenermaßen Protestant sei. Mit dieser Aussage hatte der Denunziant übrigens völlig recht. Karl May war protestantisch getauft und konfirmiert und ist es zumindest formal auch bis zuletzt geblieben. Er hatte sich aber seit 1894 in *Kürschner's Litteratur-Kalender* selbst als Katholik ausgegeben, und in seinen Büchern finden sich zahlreiche Passagen, die man ohne Kenntnis der Konfession des Autors ohne weiteres als «gut katholisch» einstufen könnte. Der Lyrikband *Himmelsgedanken* (1900) wartet zum Beispiel mit mehreren Engel-Gedichten auf, von denen drei schon im Titel «Meine Engel», «Meinem Schutzengel» und «Dein Engel» recht katholisch anmuten. Im *Land der Skipetaren* behauptet Karl May, in Rom sogar den «Baba mukkades», also den Heiligen Vater, gesehen zu haben. Tatsächlich nahm Karl May im März 1900 an einer Audienz bei Papst Leo XIII. teil.

Für den Schreiber des Briefes vom 20. März 1910 stellen solche Passagen überhaupt kein Problem dar. «Wie May als Protestant diese streng katholische Sichtweise vor seinem Gewissen rechtfertigen will, ist ja schließlich seine Sache» – und nicht unser Problem als Katholiken. «Diese Bücher sind einwandfrei.» Eine «Opera omnia»-Indizierung, ein Verbot aller Werke Mays ist also nicht seine Absicht. Mit Band 26 beginnt für den anonymen Briefschreiber jedoch eine Abkehr Karl Mays vom Katholischen. Und diese schlimme Tatsache sei der Öffentlichkeit, einschließlich der hohen Geistlichkeit, bisher entgangen. Die sechs von ihm für anstößig gehaltenen und angezeigten Werke sind: *Im Reiche des silbernen Löwen III* und *IV* (1902/03), *Am Jenseits* (1899), *Und Friede auf Erden!* (1904) sowie *Ardistan und Dschinnistan I* und *II* (1909). Die Anklagepunkte gegen Karl May lauten: dogmenloses Christentum, Kritik an jeder Art von konfessionellem Christentum, besonders am Katholizismus, religiöse Gleichgültigkeit, spiritistische Lehren über Blicke ins Jenseits, Monismus und Pantheismus.

Beim Vorwurf des Spiritismus beruft sich die Denunziation auf den Benediktinerpater Ansgar Pöllmann (1871–1933) aus Beuron, einen der großen May-Gegner, und dessen «herrliche Aufsätze» in der katholischen Monatsschrift *Über den Wassern*. Besonders hervorgehoben werden Pöllmanns angeblicher Nachweis von Mays Astralleib-Vorstellungen, also dem Glauben an einen unsichtbaren, immateriellen Leib, der aus Geist und Körper unbewußt hervorgeht, den weltlichen Tod überdauert und die Seele nach diesem aufnimmt, sowie Mays abstruse Vorstellungen «über Verkehr mit abgeschiedenen Seelen».

Weiter führt der anonyme Schreiber die «Schutzengel»-Theologie im Werk des Schriftstellers als äußerst gefährlich an, da durch diese katholisierende Begrifflichkeit gerade katholische Leser dem Verführer May besonders leicht auf den Leim gehen könnten. Bei seinen Schutzengeln handele es sich jedoch um «Schutzgeister im spiritistischen Sinne», wie die Behauptung des Autors belege, seinen eigenen Schutzengel «Maryam» sogar namentlich zu kennen. Tatsächlich finden sich in der Reiseerzählung *Am Jenseits* entsprechende Stellen, an denen der Schutzengel allerdings «Marrya» (Marie) genannt wird. In privaten Aufzeichnungen, die der Denunziant natürlich nicht kennen konnte, spricht May ebenfalls verschiedentlich von seinem Schutzengel «Marie».

Den Pantheismus-Vorwurf stützt der besorgte Denunziant auf die im Jahr zuvor erschienene Arbeit *Karl May. Eine Analyse seiner Reise-Erzählungen* von Adolf Droop (1882–1938) und die dort wiedergegebenen Zitate aus Mays Œuvre. Droop analysiert sachlich und unpolemisch Parallelen zwischen spiritistischen Vorstellungen und Mays religiösem Gedankengut und wird im Denunziationsschreiben in doppelter Funktion, als akademischer Sachverständiger und als Kronzeuge, instrumentalisiert, um von «Überempfindlichkeiten» des Briefschreibers abzulenken. Dazu konnte Droop herangezogen werden, weil er erstens wie May Protestant war und zweitens zu den Bewunderern aus seinem engeren Umfeld zählte. Als Protestant galt er dem Denunzianten ohnehin als liberal und relativ tolerant gegenüber religiösen Abweichungen. Mit Pöllmann und Droop als Kronzeugen versucht der Denunziant, ganz hinter die gerechte Sache und ihren vorgeblichen Wahrheitsgehalt zurückzutreten.

Für den Ankläger Karl Mays ist der Pantheismus «das Glaubensbekenntnis der sogenannten gebildeten Welt», und dieser Irrlehre wird in den vor der Indexkongregation angezeigten Werken «klar gehuldigt». Zum Beweis führt er ein Zitat aus Droops Untersuchung an: «Wenn es dann aber bei May weiter heißt: Du hörst Gott im Jubel der Lust und im Ruf des Schmerzens; sein Auge glänzt aus der Träne der Freude und schimmert aus dem Tropfen, mit welchem das Leid die Wange befeuchtet, so nähert sich diese Gottesvorstellung doch erheblich dem Pantheismus, der unbedingt aus der Definition spricht: ‹Gott ist das absolute Ich; wer ihn leugnet, vernichtet sich selbst.›»[172] Damit ist für den Denunzianten alles klar: May ist ein Pantheist.

Für den letzten bedeutenden Vorwurf häretischen Gedankenguts hat der Denunziant offenbar keinen Zeugen der Anklage finden können. Den Monismus diagnostiziert er daher selbst und deshalb vielleicht mit besonderer Heftigkeit. Als Aufhänger dienen May-Zitate aus Droop und dem der Anzeige beiliegenden Zeitungsartikel. Beide stimmen in der Aussage überein, daß May Christ ohne Zuordnung zu einer bestimmten Konfession sein will. Für den Anonymus leitet sich aus diesem Bekenntnis unmittelbar eine monistische Lehre ab. Das eine geht für ihn gewissermaßen aus dem anderen hervor. Dies erscheint zumindest bizarr. Der Ausdruck Monismus bezeichnet nämlich zunächst nichts weiter als die Annahme eines einzigen Prinzips der gesamten Schöpfung in Abgrenzung von Dualismus und Pluralismus und wäre also auch mit katholischer Gotteslehre in Einklang zu bringen, insofern Gott – aus christlicher und nicht nur aus katholischer Sicht – alleiniger Urgrund allen Seins ist. Wie so viele philosophische Begriffe hat aber auch der Monismus seine Geschichte und darin über den reinen Begriff hinausgehende Bedeutungen angenommen. Die religionsgeschichtliche Forschung bezeichnet als monistisch nämlich nur diejenigen Religionen, die im Gegensatz zu den Offenbarungsreligionen – wie Judentum, Christentum oder Islam – «alle Erscheinungen der Wirklichkeit aus einer – meist naturhaft vorgestellten – letzten Einheit zyklisch hervorgehen lassen».[173] Gemäß dieser allgemeinen Definition wäre der Monismus mit dem konfessionslosen Christentum Mays ebensowenig vereinbar wie mit dem katholischen, evangelischen oder sonst irgendeinem konfessionellen Christentum.

Aber so weit reicht die Analyse des Anklägers nicht. Er benutzt den Monismus einfach als negatives Etikett, um die eigentliche Intention der Anklage gegen Karl May herauszustellen: Der «deutsche Reiseschriftsteller» hat zahlreiche begeisterte, katholische jugendliche Leser, die religiös noch leicht auf Abwege zu bringen sind und bei denen die gefährliche «Unterwanderung» in die Richtung eines allgemeinen Christentums als Liebesreligion schon angefangen hat. Die ganze Denunziation ist getragen von der Furcht vor der konfessionellen Indifferenz bei den jungen Katholiken.

Mit der Anklage, May halte als Abenteurer-Ich in seiner Erzählung *Maria oder Fatima* als Laie einen katholischen Gottesdienst, wird der Monismus-Vorwurf erneut unterstrichen. Für den Ankläger ist alles Monismus, was die konfessionelle Eindeutigkeit aufweicht und nur noch in schwammiger Weise «irgendwie christlich», aber nicht mehr «korrekt christlich» ist. Insofern sind die anderen Anklagepunkte, wie etwa die Vorwürfe des allgemeinen Christentums und der religiösen Gleichgültigkeit, nur als andere Bezeichnungen ein und derselben Sache zu sehen, und dieser «Monismus» Mays empört den Denunzianten zutiefst: «Das ist echter Monismus! O Gott, wie kannst Du zulassen, daß solche Bücher von katholischen Zeitungen als beste Jugendlektüre empfohlen werden?» Mays Romane sind für ihn «giftige Schlangen, vor denen man die Jugend warnen sollte, richtige Vorschulen für das allgemeine Christentum». Zum Beleg schließt der Denunziant sein einziges eigenes May-Zitat an. Es sind Verse aus «Und Friede auf Erden!»:

> Werft von euch fort den falschen Heil'genschein!
> Und borgt nicht mehr auf des Erlösers [N]amen!
> Laßt uns vor allem Menschen sein,
> damit wir Christen werden! Amen.

Daß diese Verse «fromm» klingen, räumt selbst der Anonymus ein. Aber May hat zu seinem Unglück «Christen» geschrieben und nicht «Katholiken». Deshalb sieht der Denunziant hier einen weiteren Beleg für das von ihm – im wesentlichen übrigens zu Recht – diagnostizierte konfessionslose, im großen und ganzen jedoch noch allgemein-christliche Bekenntnis in Mays Spätwerk.

Doch was war der eigentliche Auslöser dafür, daß ein katholischer Laie, wie er sich selbst nennt, zur Feder griff und anonym nach Rom schrieb? Es sind familiäre Sorgen. Der Denunziant hat nämlich – wie er schreibt – einen sechzehnjährigen Neffen, dem er die weitere Lektüre von Mays Werken verboten hat, nachdem er bei ihm einen ersten Schaden durch ihre Lektüre konstatieren mußte. Der Neffe hatte behauptet: «Die Glaubenslehren sind eigentlich doch die Nebensache; die Hauptsache bleibt die Nächstenliebe» – eine Aussage von geradezu einmaliger Ketzerei, findet der Ankläger, der auf die Frage nach der Herkunft jenes «gottlosen Satzes» aus jugendlichem Mund zur Antwort erhielt, er stamme doch aus den vom Onkel selbst empfohlenen Werken Karl Mays, vom Onkel, der offenbar selbst lange Zeit May-Verehrer war. Der Anonymus outet sich also als «Konvertit» – und das sind ja bekanntlich nicht selten die glühendsten Gegner ihrer ehemals eigenen Sache.

Wie die Analyse seines Schreibens nach Rom gezeigt hat, war der Denunziant durchaus um Belege für seine Anschuldigungen bemüht. Dazu zog er nicht nur Autoritäten – den Geistlichen und den Wissenschaftler – heran, sondern er versuchte auch, May mit dessen eigenen Aussagen zu überführen. Dazu diente ihm der Zeitungsartikel «Unglaubliche ‹Enthüllungen› über Karl May».

Ein Schnellkurs im Spurenlesen

Wie sich aus den einleitenden Sätzen des Redakteurs ergibt, hatte sich die Zeitung brieflich an Karl May gewandt, um von ihm eine Stellungnahme zu allerlei «unglaublichen Enthüllungen» zu bekommen, die über ihn und seine jugendlichen Verfehlungen neuerdings im Umlauf waren. Der Artikel kommt nicht umhin, diese Gerüchte im einzelnen auszuführen. Neben der zumindest im wesentlichen wahren Nachricht vom Diebstahl einer Uhr und einer Meerschaumspitze kolportierte man auch die von dem Journalisten Rudolf Lebius (1868–1946) in die Welt gesetzte Legende, May sei in einen Uhrenladen eingebrochen, habe sich in seiner Heimat mit einem fahnenflüchtigen Soldaten und einigen Hehlern zu einer Räuberbande zusammengetan, sei deren Anführer gewesen und habe sogar Marktfrauen überfallen. In der Manier eines Hauptmanns von Köpenick soll May der Verfolgung nur dadurch entkommen sein, daß er eine Gefangenenaufseher-Uniform zweckentfremdete, einen Freund als Gefangenen ausgab und so mit ihm ungehindert den gegen ihn aufgebotenen polizeilichen Sperriegel durchschreiten konnte. May sei ein mehrjähriger Zuchthäusler, der jetzt durch seine Schriftstellerei zum Millionär geworden sei. Außerdem sei May Sozialdemokrat –

was mit katholischen Vorstellungen damals gänzlich unvereinbar war.

Die Zeitung bleibt diesen Anschuldigungen gegenüber ebenso neutral wie gegenüber dem Brief, mit dem May auf die Anfrage der Redaktion reagierte. Der Autor wehrt sich darin im einzelnen gegen jede der von Lebius verbreiteten Unterstellungen, auch gegen solche, die in der redaktionellen Einleitung nicht noch einmal wiederholt worden waren. Unter anderem stellt er fest, niemals «katholisiert» oder «evangelisiert» zu haben, eine Behauptung, mit der er dem Denunzianten unfreiwillig ein Argument zur Indizierung lieferte.

Zudem möchte May die Glaubwürdigkeit der Vorwürfe untergraben, indem er auf ihre Herkunft hinweist. Sie stammten aus der Feder des Journalisten Rudolf Lebius, mit dem er wegen Verleumdung prozessiere. Für die Suche nach dem Denunzianten ist bemerkenswert, daß er – vom «Katholisieren» abgesehen – keinen der von Lebius gegen May erhobenen Vorwürfe in sein eigenes Denunziationsschreiben aufgenommen hat. Er verweist nicht einmal darauf, was sein ausschließlich religiöses Anliegen unterstreicht.

Aber wer steckt hinter dem anonymen Ankläger? Das Denunziationsschreiben selbst gibt nicht mehr her, als bereits mitgeteilt. Auch der beiliegende Zeitungsartikel über Karl May hilft nicht weiter, denn er ist so ausgeschnitten, daß weder das Datum unmittelbar zu ersehen ist noch die Zeitung und ihr Erscheinungsort direkt erkannt werden können. Nun wäre aber der Ort des Erscheinens von größtem Interesse. Da es sich offenbar um eine Tageszeitung handelte, hätte man so mit an Sicherheit grenzender Wahrscheinlichkeit den Wohnort des Schreibers gefunden. Allerdings ist eine Zeitung beidseitig bedruckt, und auf der Rückseite eines ausgeschnittenen Artikels finden sich ganz zwangsläufig meist zusammenhanglose Stücke anderer Artikel. In diesem Fall bietet die Rückseite allerlei Vermischtes in vier Spalten. Die vierte enthält ausschließlich eine Art Regierungserklärung, aus der sich jedoch fast nichts über den Erscheinungsort der Zeitung ableiten läßt. In dieser Hinsicht kaum ergiebiger ist die dritte Spalte: Sie enthält sieben kleine Meldungen aus dem In- und Ausland, nämlich Nachrichten aus Berlin über die feierliche Überreichung einer Medaille an den Kaiser, von einem Mord und Selbstmord sowie einem neuerlichen Schülerselbstmord, Meldungen von einem doppelten Polizistenmord in Tschenstochau, einem Bootsunglück auf der Schelde bei Antwerpen, einer Millionenstiftung für eine türkische Akademie in Konstantinopel und einem Grubenunglück bei Saaz in Böhmen. Für den Erscheinungsort der Zeitung sind diese Nachrichten wertlos; das Erscheinungsdatum jedoch läßt sich durch sie annähernd erschließen, denn alle Ereignisse datieren vom 10. und 11. Januar. Da der Artikel über May und dessen Brief sich vornehmlich auf aktuelle «Enthüllungen» beziehen, die Lebius im Dezember 1909 in Umlauf gebracht hatte, kommt als Erscheinungsdatum mithin nur der 11. Januar 1910 oder einer der folgenden Tage in Frage.

Ersten Aufschluß über den Erscheinungsort gibt die zweite Spalte. Es handelt sich um fünf Mitteilungen, die unter der Überschrift «Aus Westdeutschland» zusammengefaßt sind und von einem Grubenunfall bei Trimbs, dem Mord an einem Kroaten in Wilwerath, einer Unterschlagung in Siegen, einem Zugunfall in Osterspai, einem Raubmord bei Stavelot und einem Unfall in Essen berichten. Die Mitteilung dieser alltäglichen Sensationen von eher regionalem Interesse, die Zusammenstellung in einer eigenen Kolumne und ihr relatives Gewicht im Vergleich zu den Nachrichten aus Berlin, Prag und Brüssel zeigen die starke Bedeutung Westdeutschlands für das Blatt und weisen damit auf den Großraum hin, in dem die Zeitung zu lokalisieren ist.

Gestützt wird diese Annahme durch eine einzelne, ebenfalls kurze Nachricht, die in der zweiten Spalte noch über der Kolumne «Aus Westdeutschland» steht. Sie berichtet vom schweren Arbeitsunfall dreier Dachdecker am 10. Januar in der Platenstraße in Köln-Ehrenfeld. Sowohl die Tatsache, daß diese Nachricht aus Köln nicht mit in die direkt folgende Kolumne integriert ist, obwohl doch auch Köln in Westdeutschland liegt, als auch die genaue Mitteilung der Straße, in der sich das Unglück ereignete, weisen auf einen Erscheinungsort in der unmittelbaren Nähe dieser Stadt hin.

Den entscheidenden Hinweis auf den Herkunftsort des Zeitungsartikels liefert die erste Spalte der Rückseite. Keine der lokalen Neuigkeiten ist mit einer Stadtangabe versehen; man muß deshalb davon ausgehen, daß sie über Ereignisse aus dem Verlags- und Vertriebsort der Zeitung selbst berichten. Jede der vier Nachrichten beginnt mit einem fettgedruckten Stichwort. Bereits die erste, mit «Unfall» betitelte Neuigkeit liefert einen entscheidenden Hinweis.

Sie berichtet, daß sich «zwischen hier und Dünnwald» das Zugpferd eines Flaschenbierwagens aus Köln losgerissen und den Sturz des Kutschers verursacht habe. Dünnwald ist heute ein nördlicher Stadtteil von Köln, 1910 war der Ort noch eigenständig. Fraglich bleibt nun allerdings noch, in welcher Richtung von Dünnwald sich der mit «hier» bezeichnete gesuchte Ort befindet. Einen Hinweis darauf liefert die zweite Mitteilung «Ein falsches Gerücht» über eine angebliche Kindesleiche in der «Nähe der Schönratherstraße», die sich offensichtlich in dem gesuchten Ort befunden haben muß oder noch befindet. Während die dritte Meldung über einen Geisteskranken von einem Staatsbahnhof handelt, der sich im Ort befinden muß, bringt die vierte, nur mit den ersten beiden Zeilen erhaltene Nachricht den letzten entscheidenden Hinweis. Sie meldet den Diebstahl in einem «Geschäft auf der Montanusstraße».

Mit den Namen der beiden Straßen ist die Auffindung des Herkunftsortes der Zeitung im Großraum Köln kein Problem mehr. Beide Straßen finden sich im heutigen Kölner Stadtteil Mülheim, der, rechtsrheinisch im Nordosten der Kölner Altstadt gelegen, 1910 noch Mülheim am Rhein hieß und politisch ein eigenständiger Ort war. Erst im Jahr des Kriegsausbruchs 1914 wurde Mülheim von der Domstadt eingemeindet. Aus diesem Ort also stammen der dem Denunziationsschreiben beigelegte Zeitungsartikel und wohl auch der Anonymus selbst. In Mülheim am Rhein gab es zur fraglichen Zeit zwei Zeitungen: die *Mülheimer Zeitung*, die als Regionalausgabe der *Bergischen Landeszeitung* zugleich das wichtigste Blatt im Ort war, und die seit 1905 erscheinende lokale Konkurrenz, die *Mülheimer Volkszeitung* – und genau dort fand sich im Zeitungsarchiv in der Ausgabe vom Dienstag, dem 11. Januar 1910, der gesuchte Artikel.

Aber aus welchem Milieu kommt der anonyme Denunziant damit genau? Daß er Katholik war, steht außer Frage. Aber der Katholizismus war um die Jahrhundertwende nicht jener gleichförmige Block, als der er im allgemeinen Bewußtsein meist gilt. Ganz im Gegenteil: Nachdem die Katholiken das Kulturkampftrauma überwunden hatten und im kulturprotestantisch dominierten Kaiserreich angekommen waren, kam es zu einer starken Polarisierung innerhalb des deutschen Katholizismus. Auf der einen Seite standen die Reformkatholiken, die eine grundsätzliche Versöhnung von Kirche und Welt für möglich hielten und diese in allen Bereichen des öffentlichen Lebens anstrebten. Auf der anderen Seite standen die Antimodernisten, die Katholizismus und Moderne für grundsätzlich unvereinbar hielten und daher für einen Rückzug ins eigene Milieu und eine strikte Abschottung gegenüber der bösen Welt eintraten. Daher kann man durchaus von zwei Katholizismen sprechen, die miteinander um die Vorherrschaft rangen, einem eher zentripetalen, romorientierten, strengkirchlichen und einem eher zentrifugalen, weltoffenen. Diese innerkirchliche «Spannung, die sich Tag für Tag mehr zuspitzt und ausweitet», ging sogar so weit, daß man sie «zwei ganz und gar unverträgliche ‹katholische Grundhaltungen›» genannt hat.[174] Der rheinische Katholizismus ist durchaus exemplarisch für diese Polarisierung, weil sich das katholische Milieu in Abgrenzung vom protestantischen Preußen, an das diese Gebiete in der Säkularisation gefallen waren, hier besonders deutlich ausgeprägt hatte.

Der Denunziant Karl Mays dürfte ohne Frage in eben jener Gruppe der reaktionären Katholiken zu suchen sein. Voller Mißtrauen steht er den Veränderungen und Umbrüchen seiner Zeit gegenüber, «demütiges Vertrauen» jedoch bringt er dem Felsen in den Stürmen der Zeit – der katholischen Kirche – gegenuber auf. Der in den Augen der Integralisten so gefährliche Indifferentismus, der sich ihrer Meinung nach in der interkonfessionellen Position des Zentrums- und Gewerkschaftsstreits wiederfand, ist auch für den Denunzianten ein Graus: Gibt sich doch der Protestant Karl May als Katholik aus und verwischt damit bewußt selbst die Grenzen der Konfessionen. Der katholische Glaube wird so von innen heraus zersetzt. Opfer dieses Prozesses ist in erster Linie die beeinflußbare Jugend, die doch eigentlich die Zukunft und das Kapital der katholischen Kirche in dieser schwierigen Zeit der Anfechtung sein sollte. Wie befremdlich heutzutage auch das Anliegen des Denunzianten erscheint, durch die Einbettung in den zeitgeschichtlichen Kontext des beginnenden 20. Jahrhunderts werden seine Motive und sein Profil doch wenigstens umrißhaft deutlich.

«[Ich kenne] nicht einmal die Form, in der man sich Ihrem höchsten Richterstuhle nahen darf. Ich wähle daher im Vertrauen auf die gute Sache die allereinfachste.» Mit diesen Worten wendet sich der besorgte Laie im Fall Karl May direkt an die Indexkongregation und beschreitet damit einen der üblichen Wege, der zur Anzeige eines Buches eingeschlagen werden konnte. Dies hatte zur Folge, daß der

Sekretär der zuständigen Kongregation tätig werden mußte, der deutsche Dominikaner Thomas Esser.

Kurzer Prozeß

In dem theologisch durchaus nicht liberalen Thomas Esser fand der Denunziant einen peniblen Hüter der Verfahrensordnung, der seit seinem Amtsantritt im Jahr 1900 zwar nicht alles anders, aber vieles besser und effizienter gestalten wollte. Auf der anderen Seite führte vielleicht gerade diese Sorgsamkeit Essers zu einem gewissen Bemühen um Verfahrensgerechtigkeit, das schnelle Verurteilungen nahezu unmöglich machte. Es war – in den Worten des Denunzianten – die Entscheidung zu treffen, «ob die Sache selbst wichtig genug ist, um sich damit zu befassen». Das Urteil Essers vom 20. Mai 1910 und seine Begründung fielen denkbar knapp, aber klar und eindeutig aus: «Ein gewisser anonymer Deutscher meldet dieser Heiligen Kongregation die Werke des verdächtigen Autors Karl May. Weil es sich um einen nicht-katholischen Autor handelt, über dessen Leben und Werke verschiedene Zeitungen unterschiedliche Gerüchte und Ansichten verbreiten, wurde in der Versammlung entschieden: Wegen dieses Sachverhalts ist bei der gegenwärtigen Lage nichts zu unternehmen.»[175]

Es stellt sich die Frage nach den Motiven für die Abweisung der Anzeige, und hier ist man mangels Quellen auf Mutmaßungen aufgrund von Indizien angewiesen. Die vom Denunzianten selbst zu Beginn seines Schreibens geäußerten Zweifel, er kenne nicht einmal die Form der Annäherung an den höchsten Richterstuhl, und die unvorteilhafte Position als anonymer Ankläger allein waren sicher kein Grund, die Anklage nicht anzunehmen. Anonyme Denunziationen und die direkte Adressierung der Anzeige an die Kongregation waren keine Seltenheit. Allerdings, so große Sorgen der Denunziant sich auch bezüglich der richtigen Vorgehensweise machte, so große stilistische Schwächen und Rechtschreibfehler weist seine Anzeige auf. Beachtet man die äußere Form, so ist die erste spontane Reaktion des sehr auf Genauigkeit bedachten Sekretärs der Indexkongregation Thomas Esser zu erahnen. Aber auch dies dürfte kein Argument für seine ablehnende Antwort gewesen sein, da die Form der Anzeige kein ausschlaggebendes Kriterium für die Verurteilung eines Buches sein konnte.

Ein gewichtigeres Argument wird das Abwägen der Vor- und Nachteile einer Verurteilung gewesen sein: Könnte sie größeres Unheil anrichten als die schnelle Niederschlagung des Prozesses? War es nicht die Verlockung des Verbotenen, die das Interesse an Karl Mays Werken bei einer Indizierung eher vergrößern als verringern würde?

In diesem Zusammenhang sei auch an eine weitere Formulierung des Denunzianten erinnert, dessen Besorgnis ihren Grund darin hatte, «daß auch die letzten Bände von kompetenter katholischer Seite ganz ebenso als Volks- und Jugendlektüre empfohlen werden, wie die früheren einwandfreien». Bedeutete dann nicht die Verurteilung Karl Mays, daß die «kompetente katholische Seite» gezwungen wäre, zu erklären, warum sie den schlimmen Autor empfohlen hatte? Wenn der Denunziant wenige Zeilen später davon schreibt, daß in den späten Werken Mays ein «gänzlicher Umschwung» zu konstatieren sei, «ohne daß man dies bis jetzt bemerkt zu haben scheint», dann ist damit auch die «Unzahl hoher und höchster Geistlicher» angesprochen, die diesen Wandel übersehen haben. Eine Indizierung hätte Pfarrer und gar Bischöfe in Erklärungszwänge geführt. Konnte das die Indexkongregation wirklich wollen?

Ein einfaches Stichwort, das möglicherweise zur Abweisung der Anzeige führte, liefert wiederum der Denunziant selbst, wenn er anmerkt, daß «es ja tausende noch viel, viel schlimmere Bücher» als Karl Mays Werke gebe. Diese indirekte Relativierung der eigenen Anzeige kann im Zusammenspiel mit dem Abwägen der Vor- und Nachteile durchaus dazu geführt haben, daß in Rom der Denunziation nicht weiter nachgegangen wurde.

Nach diesen grundsätzlichen Erwägungen ergeben sich zwei weitere Interpretationsmöglichkeiten, die der Halbsatz Essers «weil es sich um einen nicht-katholischen Autor handelt» nahelegt. Liegt die Ursache für die Nichtaufnahme eines Zensurverfahrens möglicherweise allein in der evangelischen Konfession Karl Mays? War es für die Indexkongregation eine Selbstverständlichkeit, daß ein guter Katholik ohnehin nie ein Buch eines Protestanten las und somit zu einer schriftlichen Fixierung im Index gar keine Notwendigkeit bestand? Dies ist nicht der Fall. Joseph Hilgers (1858–1918) macht in seiner Interpretation der Konstitution «Officiorum ac munerum» Leos XIII. von 1898 klar, «was nicht verboten sein soll: nämlich alle Bücher von Andersgläubigen, selbst solche, welche ex professo über die Religion handeln, sofern es feststeht, daß sie nichts von Bedeutung gegen den katholischen Glauben enthalten. Wir entnehmen daraus, daß ... die Bücher ... verboten sind, welche Unglauben oder Irrglauben enthalten.»[176] Dies bedeutet aber, daß Werke protestantischer Autoren nicht mehr automatisch verboten waren, wie noch nach den bis 1898 geltenden Indexregeln von Trient üblich; ein Verbot mußte klar ausgesprochen werden.

Die zweite Überlegung bezieht sich auf die naturgemäß äußerst eingeschränkten Einwirkungsmöglichkeiten der römischen Zensurbehörden auf protestantische Autoren. Im Gegensatz zu katholischen Schriftstellern konnte hier nicht diskret Einfluß genommen und somit öffentliches Aufsehen vermieden werden, etwa durch ein ermahnendes Gespräch mit dem zuständigen Bischof, der den Verfasser dazu überredete, sein Werk selbst aus dem Buchhandel zurückzuziehen. Ein Verbot Karl Mays durch die römische Indexkongregation wäre sicherlich von der Öffentlichkeit mit größtem Interesse aufgenommen worden. Eine Indizierung wäre für seine Anhänger ein Skandal gewesen und hätte das Image der katholischen Kirche in der hitzigen Atmosphäre des beginnenden 20. Jahrhunderts weiter beschädigt. Den Beweis dafür, daß man in Rom die öffentliche Meinung und die Auseinandersetzungen um Karl May genau registrierte, liefert die Urteilsbegründung Essers, von einem Zensurverfahren gegen Karl May abzusehen, weil es über dessen Leben und Werke derzeit gewaltig im Blätterwald der Journale rausche. War es also doch die öffentliche Meinung, die den Schriftsteller vor einer Indizierung bewahrte?

Oder ist die Erklärung noch viel einfacher, auch wenn man sie seinerzeit nicht schriftlich fixierte: Die *Schut*-Bände mit Kara Ben Nemsi und Hadschi Halef Omar und die *Winnetou*-Bände mit Old Shatterhand haben Generationen junger Menschen verschlungen. Das wußte man auch in Rom. Die gleiche Spannung kam bei den 1910 angezeigten sechs Bänden nachweislich nicht auf. Statt Abenteuern, edlen Wilden und kauzigen Hadschi Halef Omars endlose philosophische Diskussionen, die man überblättert, in der Hoffnung, irgendwann wieder auf eine spannende Handlung zu stoßen. Eine überaus kluge Entscheidung der Kongregation war es auf alle Fälle: kein Verfahren gegen Karl May, auch keine Indizierung, *Winnetou* nicht tabu für Katholiken. Und: Es gelang der Kongregation, das Geheimnis einer Anzeige gegen Karl May bis heute zu wahren. Der anonyme Denunziant hatte sich also ganz umsonst Sorgen gemacht.

Franz Heinrich Reusch: Eine deutsche Indexreform?

«Der Index ist voller unzähliger und schlimmster Irrtümer, so daß man mit Anstand ohne grundlegende Korrekturen keine Neuauflage vorlegen kann. Man findet auf dem Index viele Namen von Autoren, die nie auch nur eine Zeile geschrieben haben; viele, die zwar ein Buch verfaßt haben, von dem jedoch kein einziges Exemplar mehr existiert, weil im Mittelalter die Schriften der Häretiker vernichtet wurden; man findet viele Drucker, die Bücher gedruckt haben, von denen sie aber keinesfalls Autoren sein können; man findet viele protestantische Kirchendiener, die ein Protestschreiben gegen das Konzil von Trient unterschrieben oder Bücher protestantischer Autoren gelobt haben. Man findet viele, die ausschließlich über säkulare und profane Themen wie Medizin, Anatomie, Geographie oder klassische Literatur geschrieben haben. Man findet auf dem Index sogar eine Reihe hervorragender Katholiken, die aus purem Versehen in irgendwelchen auswärtigen Katalogen für Protestanten gehalten wurden.»[177]

Derartige Vorwürfe gegen die Zensurpraxis der Römischen Kurie und gegen den berühmt-berüchtigten Index librorum prohibitorum sind nichts Ungewöhnliches. Sie finden sich bei den Gegnern des römischen Index zuhauf. Aber – und das ist entscheidend – hier schreibt kein entschiedener Kritiker des Index, sondern ein glühender Anhänger, kein Opfer, sondern ein Täter, kein Zensurierter, sondern ein Zensor. Insofern verdienen diese Zeilen zumindest das Prädikat «überraschend», man könnte auch von einer Selbstzensur der Zensur sprechen. Die Kritik findet sich in einem vertraulichen Schreiben eines einflußreichen Mitarbeiters und langjährigen Konsultors der Indexkongregation an den Kardinalpräfekten dieses Dikasteriums. Der Redemptorist Michael Haringer (1817–1887) äußert in seinem auf italienisch verfaßten Weihnachtsbrief des Jahres 1885 an Kardinal Tommaso Martinelli (1827–1888) für einen Gutachter der Indexkongregation ungewöhnliche und unzeitgemäße Gedanken. Seit über einem Jahr sei er – so Haringer – von einer «bedeutenden Angelegenheit im Index» völlig in Beschlag genommen: der überaus spannenden und informativen wie für einen Zensor zugleich äußerst bedrückenden Lektüre des Reusch.[178]

Vom Zensor zum Rezensenten

Damit ist bereits der entscheidende Name gefallen: Hinter dem Reusch verbirgt sich das monumentale zweibändige Werk aus der Feder des altkatholisch gewordenen Bonner Professors für alttestamentliche Exegese, Franz Heinrich Reusch (1825–1900), das in den Jahren 1883 und 1885 unter dem Titel *Der Index der verbotenen Bücher* als *Beitrag zur Kirchen- und Literaturgeschichte* erschien. Reusch, 1849 zum Priester geweiht, war 1854 Privatdozent, 1858 außerordentlicher und 1861 ordentlicher Professor für alttestamentliche Exegese an der Katholisch-Theologischen Fakultät in Bonn geworden und hatte dort das *Theologische Literaturblatt* herausgegeben. Als Gegner des Unfehlbarkeitsdogmas 1871 suspendiert und 1872 exkommuniziert, war er seit 1873 zunächst altkatholischer Pfarrer in Bonn und Generalvikar des ersten altkatholischen Bischofs Joseph Hubert Reinkens (1821–1896). 1878 – über die weitere Entwicklung der altkatholischen Kirche enttäuscht – trat Reusch von allen seinen kirchlichen Ämtern zurück und starb schließlich 1900 in Bonn.

Erstaunlicherweise wurde der Reusch nie indiziert, obwohl Arbeiten über Indexkongregation und Inquisition in der Regel auf dem Index landeten. Vollends verblüfft allerdings, daß das Werk des «abgefallenen» Priesters und Apostaten Reusch zur Initialzündung für eine der grundlegenden Reformen in der Geschichte der römischen Buchzensur wurde, denn ohne Reuschs *Index* wäre es nie zur Indexreform Leos XIII. gekommen. Bislang waren lediglich die Ergebnisse dieser Reform bekannt, namentlich die Konstitution «Officiorum ac munerum» vom 25. Januar 1898 über Bücherverbote und Zensur und der neue *Index librorum prohibitorum* von 1900, nicht aber die genauen Hintergründe. Nunmehr läßt sich die Causa Reusch als Auslöser der Reform präzise rekonstruieren.

Zunächst deutete jedoch nichts darauf hin, daß Reuschs monumentale Index-Studie zu einer Überprüfung der kurialen Liste der verbotenen Bücher oder gar der römischen Indizierungspraxis überhaupt führen würde. Ganz im Gegenteil: Das Buch war in Rom denunziert worden, und Pater Hieronymus Pius Saccheri (1821–1894), seit 1872 Sekretär der Indexkongregation, hatte im Frühjahr 1885 nach eigener Vorprüfung einen Konsultor beauftragt, ein Gutachten über das Werk abzufassen. Damit war der übliche Prozeß eingeleitet.

Im Falle des Reusch kam das Indizierungsverfahren über die Beauftragung des Gutachters jedoch nicht hinaus, denn der bestellte Zensor Michael Haringer wartete mit einem völlig unerwarteten Ergebnis auf. In seinem Votum vom 29. November 1885 schrieb er an Saccheri, er sei mit großen Vorurteilen und mit Argwohn an die Überprüfung von Reuschs *Index*-Werk herangegangen, da er befürchtete, dieser hätte als «gefallener Priester», der sich der «altkatholischen Sekte» angeschlossen habe, sein Thema «in feindlichem Sinne» behandelt. Haringer mußte jedoch sich selbst wie seinem Vorgesetzten eingestehen, daß er sich getäuscht hatte. Nach eingehender Prüfung habe er nichts Schwerwiegendes gefunden, das eine Zensur verdiente; im Gegenteil: «Vieles ist wirklich sehr nützlich.»[179] Haringer beantragte damit nicht nur einen Freispruch, vielmehr fand der Indexkonsultor das denunzierte Werk des Altkatholiken Reusch so hilfreich, daß er im Sommer 1886 bei Saccheri sogar anregte, der Reusch müsse zur «Grundlage einer großangelegten Indexreform im Stile eines Benedikt XIV.» werden.[180]

Bereits am 18. September 1885, also noch vor Abfassung seines Gutachtens für die Indexkongregation, hatte sich Haringer in diesem Sinne auch gegenüber Franz Xaver Kraus (1840–1901), Professor für Kirchengeschichte in Freiburg im Breisgau, geäußert: «Dr. Reusch in Bonn hat ein höchst interessantes Werk über den Index publiziert. Da er Alt-Katholik ist, hat jemand vermutet, es sei eine Rom feindliche, gehässige Schrift, und hat es dem Saccheri zugeschickt. Dieser ersuchte mich, es zu prüfen. Ich finde aber nichts, was eine Zensur verdiente. Es ist mit aller Ruhe, mit erstaunlichem Fleiß und ungeheurer Belesenheit geschrieben. Er macht freilich auf eine Unzahl von Fehlern des Index aufmerksam, aber das hat sein Gutes. Unter Benedikt XIV. hat eine Kommission eine Menge von Fehlern des Index korrigiert, aber noch ist eine Menge stehen geblieben. Die Arbeit von Reusch kann eine Kommission ersetzen oder doch sehr erleichtern.»[181]

Und so wurde das Verfahren gegen Reusch vom Sekretär des Index gestoppt, noch bevor es richtig begonnen hatte. Aus diesem Grund gelangten die einschlägigen Unterlagen auch nicht in die offiziellen Sekretärsakten, die Serie der «Protocolli». Sie verblieben vielmehr in jenen inoffiziellen Materialien und Berichten der Indexsekretäre, die sich zumindest für das 19. Jahrhundert erhalten haben. Der letzte Indexsekretär, Thomas Esser, hat zu Beginn des 20. Jahrhunderts diese Quellen, die er unverzeichnet in Kisten vorfand, chronologisch geordnet und der neuen Serie «Atti e Documenti» einverleibt; als solche bilden sie eine wichtige Ergänzung zu den «Protocolli».

Das überaus positive Urteil Haringers über Reusch und dessen Kritik am Index überrascht. Immerhin darf der Redemptorist Haringer mit Fug und Recht als Vertreter der «harten» ultramontanen Richtung innerhalb des Katholizismus des 19. Jahrhunderts angesehen werden. Bereits während seines Theologiestudiums in München hatte er unter dem Einfluß von Joseph Görres eine streng ultramontane Prägung erhalten. Mit seinem Eintritt bei den Redemptoristen in Altötting im Jahr 1843 schloß sich Haringer einer Ordensgemeinschaft mit bekannt unnachgiebiger Grundhaltung an. Die revolutionären Erfahrungen des Jahres 1848, als Haringer überstürzt Rom verlassen mußte, dürften seine antimoderne Prägung noch verstärkt haben. Seit 1855 lebte Haringer als Konsultor verschiedener Kongregationen und Generalsekretär der Ordensleitung der Redemptoristen in Rom. Dort hatte sich nach der Revolution von 1848 das Klima noch einmal verschärft. Der einst als «liberal» gefeierte Pius IX. verfolgte nunmehr einen konsequent antiliberalen Kurs. Diesem verschloß sich Haringer nicht. Seine ganze Tätigkeit trägt deutlich den Stempel ultramontaner Unduldsamkeit. Während des Ersten Vatikanischen Konzils und danach gehörte er zu den strengen Befürwortern der päpstlichen Unfehlbarkeit. Seine Mitarbeit in der Ordensleitung, vor allem aber seine Tätigkeit als Konsultor boten ihm vielfältige Möglichkeiten, seine Ansichten in Politik umzusetzen. Für die Indexkongregation fertigte Haringer zwischen 1873 und 1886 über 30 schriftliche Voten an. Die meisten der von ihm begutachteten Schriften landeten auch tatsächlich auf dem Index. Ausgerechnet das Buch von Reusch, das die römische Indexkongregation und den Index der verbotenen Bücher beschämte, sollte eine Ausnahme machen.

Haringer hat sich fast zwei Jahre lang mit Reuschs monumentalem Opus beschäftigt. Aus jeder Zeile seines umfangreichen lateinischen Gutachtens spricht Hochachtung für die wissenschaftliche Leistung des Bonner Gelehrten und Bewunderung für dessen Akribie und Ausdauer.[182] Dem ungeheuren Arbeitsprogramm Reuschs zollt der Konsultor höchsten Respekt: Auf dem Index stehen fast 6000 Autoren, zumeist kennt man nur den Namen eines Verfassers, «aber was er geschrieben hat und warum er verdammt wurde, darüber weiß man meist nichts». Hier wünschte man sich in der Tat – so Haringer – mehr Hintergrundinformation und exakte bibliographische Angaben, die der Altkatholik tatsächlich nach Möglichkeit zu liefern vermochte. Im ersten Band, der die Indizierungen des 16. Jahrhunderts behandelt, könne zwar dieser Anspruch nur zum Teil eingelöst werden, da zahlreiche zensurierte Kleinschriften selbst in den größten Bibliotheken Europas nicht mehr nachweisbar waren. Im zweiten Band über die verbotenen Schriftsteller des 17. bis 19. Jahrhunderts bleibe Reusch hingegen kaum eine Antwort schuldig: «Kaum einer ist nicht angeführt, auch wenn er bei einer gewissen Anzahl Dinge anführt, die eine weitere Darstellung in diesem Rahmen nicht verdienen.»

Das Gutachten Haringers hebt sich von zahlreichen anderen Indexgutachten seiner Zeit ab. Während sonst der Zensor ein Werk am katholischen Dogma mißt, sich mit dem Autor meist auf keine Diskussion einläßt, trägt das Votum des deutsch-römischen Redemptoristen eher Züge einer wissenschaftlichen Besprechung, die durchaus in einem einschlägigen Fachorgan in Deutschland hätte erscheinen können: Haringer als Rezensent, nicht als Zensor! So geht er ausgiebig auf die Bibliographie und die Hauptquellen von Reusch ein, die er kritisch vorstellt. Neben dem Werk des Jesuiten Franz Anton Zaccaria (1714–1795), der 1777 eine Apologie des römischen Index verfaßte, und Hugo Hurters (1832–1914) *Nomenclator* hebt Haringer besonders die Studien des Anglikaners Joseph Mendham (1769–1856) aus den Jahren 1826 bis 1843 hervor, der fast alle alten Indices selbst habe einsehen können, was Reusch nicht mehr möglich war.

Vielleicht ist diese für ein Indexgutachten ungewöhnliche Quellen- und Literaturkritik sowie die Wertschätzung einer präzisen Bibliographie nicht nur Ausfluß des deutschen, kulturprotestantisch dominierten Wissenschaftsideals, das auch ein in Rom lebender deutscher Redemptorist und Indexzensor über alle Grenzen und Konfessionsschranken hinweg vertrat, sondern zugleich Folge der intensiven Freundschaft Haringers mit dem Freiburger Kirchenhistoriker Franz Xaver Kraus, dessen *Lehrbuch der Kirchengeschichte* nicht zuletzt mit Haringers Hilfe vor einer Indizierung gerettet werden konnte. Wie seine Tagebücher zeigen, versuchte Kraus eine Synthese zwischen Glauben und Wissen, zwischen kirchlicher Frömmigkeit und Gelehrtenhabitus sowie den von vielen geforderten Spagat zwischen katholischem Unfehlbarkeitsdogma und Wissenschaftsfreiheit.

Haringer geht in seinem Gutachten sogar über die Rolle des kritischen Rezensenten hinaus. Er läßt sich von dem altkatholischen «Ketzer» belehren und ist überzeugt, daß sein Werk zum Lehrbuch für Kurie und Indexkongregation werden sollte. Die Indices des 16. Jahrhunderts, die auch in den Neuauflagen der folgenden Jahrhunderte immer mitgeschleppt wurden, und die frühe Indizierungspraxis entsprechen – nach Reuschs und Haringers Ansicht – in keiner Weise neuzeitlichen wissenschaftlichen Standards. Die Tatsache, daß damals noch keine Einzeluntersuchung der beanstandeten Werke stattfand, erregte den besonderen Ärger Haringers. Auch der Index Sixtus' V. von 1590 war, wie der Redemptorist notiert, auf ganz ähnliche Weise zusammengestellt worden. Er stützte sich maßgeblich auf den Münchener Index von 1582, den Domkapitular Anton Welser (1551–1618) verfaßt hatte. Zu dessen Tätigkeit bemerkt Haringer sarkastisch: «Dieser Kanoniker freilich hat seine Arbeit ohne großen Aufwand absolviert.» Welser schrieb einfach aus den jährlich erscheinenden Katalogen der Frankfurter Buchmesse ab, in denen katholische und protestantische Autoren in unterschiedlichen Rubriken geführt wurden.

Diese Indizierung ohne Prüfung traf vorwiegend deutsche und englische Autoren, weil es, wie der deutsche Redemptorist bedauert, in Rom einfach niemanden gab, der Bücher in diesen nordischen Sprachen hätte lesen und zensurieren können. Erst seit Beginn des 17. Jahrhunderts habe es in der Indexkongregation einen Konsultor Nationis Germanicae gegeben – den 1625 zur katholischen Kirche konvertierten und zum Kanoniker an Sankt Peter aufgestiegenen Lukas Holste (1596–1661). Da die allgemeine Indexregel, nach der Bücher von Häretikern grundsätzlich verboten waren, nicht eingehalten wurde, konnten bis dahin «schlechte», auf deutsch oder englisch verfaßte Bücher frei gelesen werden. Zahlreiche Bücher dieser beiden Sprachen kamen überdies nur auf den Index, wenn sie zugleich in eine romanische Sprache wie Italienisch oder Französisch übersetzt wurden und daher in Rom verstanden werden konnten. Diese Zufälligkeiten und Willkür der frühen Zeit erachtete Haringer als einer Institution der Römischen Kurie wie der Heiligen Indexkongregation für unwürdig. Heute weiß man zwar, daß es bereits im 16. Jahrhundert an der Kurie und gerade auch in der Indexkongregation und in der Inquisition deutschsprachige Mitarbeiter gab, dennoch verlor das Sprachargument nie ganz seine Geltung, wie man am Fall Heine sehen konnte.

Angeregt durch Reusch setzt sich Haringer auch mit den sogenannten «Expurgatorien» auseinander. Hierbei handelt es sich um Verzeichnisse, die auflisten, welche beanstandeten Stellen zu verändern oder zu tilgen waren. Die publik gewordenen Ergebnisse der Expurgationen waren aber eher bescheiden. So hatte der Magister Sacri Palatii Guangelli da Brisighella 1607 einen Band mit Expurgationsanweisungen veröffentlicht, was ihm in der Sicht von Reusch die Beförderung zum Bischof von Polignano durch Paul V. (1605–1621) «als Zeichen des Wohlwollens» eingetragen haben soll. Hier korrigiert Haringer seinen altkatholischen Gewährsmann, was selten genug vorkommt: Der päpstliche Hoftheologe wurde wegbefördert, weil sein Werk dem Papst mißfiel und die Originalausgabe «insgeheim verdammt» wurde.

Die mildeste Form der Indizierung erfolgte mit dem Zusatz «donec corrigatur». Im Grunde handelte es sich hierbei jedoch nach Ansicht Reuschs und Haringers ebenfalls um eine Expurgation. Wenig Verständnis bringt der Redemptorist für die meisten Gründe auf, die im 16. und 17. Jahrhundert zu einer solchen Zensur geführt hatten und dafür verantwortlich waren, daß zahlreiche Druckschriften noch im ausgehenden 19. Jahrhundert völlig zu Unrecht auf dem Index standen. Gerade an diesem Punkt seines Gutachtens macht Haringer deutlich, wie wenig er als Indexkonsultor des ausgehenden 19. Jahrhunderts mit den ursprünglichen Intentionen der römischen Zensur noch anfangen konnte. Den umfassenden Anspruch einer Totalkontrolle des Wissens und des Buchmarktes im Geist der Gegenreformation des 16. Jahrhunderts kann er nicht mehr nachvollziehen. Für ihn sind Index und Inquisition allein für Glaubensfragen zuständig. Nach einem solchen Vorverständnis müßte sich das kirchliche Lehramt somit aus den profanen Wissensbereichen zurückziehen, das katholische Wissensmonopol wäre aufgegeben. Eine Totalkontrolle des Buchmarktes hatte sich ohnehin als Illusion erwiesen. In seinem Votum verdeutlicht Haringer diese im Grunde revolutionäre Ansicht: «Heutzutage ist die Grundausrichtung der Zensur wesentlich milder, und zahlreiche indizierte Bücher weltlichen Inhalts würden heute kaum noch verboten werden.»

Für Haringer hat sich die römische Buchzensur künftig auf das wesentliche, also den Bereich des Glaubens und der Sitten, zu konzentrieren. Überdies müsse der Index endlich Anschluß an moderne bibliographische Standards finden und exakte Titelangaben bieten, die mit denen der großen Staatsbibliotheken mithalten könnten. Sonst würden Kirche und Kurie sich der Lächerlichkeit preisgeben. Bücher von mittelalterlichen Autoren vor Erfindung des Buchdrucks existierten ohnehin nur in wenigen handschriftlichen Abschriften. Im Falle einer Indizierung wurden diese meist Opfer des Feuers, so daß sich kein Exemplar erhalten hat. Warum soll ein nicht mehr existierendes Buch weiter auf dem Index stehen? Ganz anders sah es – das gesteht Haringer im Anschluß an Reusch durchaus zu – nach Erfindung des Buchdrucks aus. Hier waren umfassendere Maßnahmen notwendig. Aber für die übertriebene Strenge Pauls IV. bringt der Zensor kein Verständnis auf. Was sollen, so Haringer weiter, Bücher von Protestanten auf dem Index, die nichts zum Thema Glauben enthalten, oder Werke katholischer Autoren, deren einziger Mangel es ist, unter evangelischem Patronat gedruckt oder einem Protestanten gewidmet worden zu sein? Auch ein «protestantischer» Erscheinungsort wie Straßburg, Augsburg, Basel, Frankfurt am Main, Genf, Hagenau, Leipzig, Marburg, Nürnberg, Halle, Tübingen oder Wittenberg – um nur die wichtigeren zu nennen – reicht nach seiner Ansicht für die Damnatio eines Werkes und einen Verbleib auf dem Index nicht aus.

Ähnlich positiv wie sein Urteil über den ersten Band fällt auch Haringers Votum über den zweiten Band aus, über den er aber wegen des gewaltigen Umfangs nur einen knappen Überblick vorlegen will. Reusch zeigt sich, wie der Redemptorist nicht ohne Überraschung feststellt, recht gut informiert über die Hintergründe und kurialen

Interna mancher großer Zensurfälle des 19. Jahrhunderts. Der Indexkonsultor lobt den wissenschaftlichen Wert der Studie des Altkatholiken über alle Maßen: «Die Arbeit ist hervorragend, der Fleiß und die Gelehrsamkeit bewundernswert und das Buch höchst nützlich. Es gibt kaum einen von all den indizierten Autoren, über den Reusch nichts zu sagen weiß und kein Urteil abgibt.»

Bevor er die Hauptirrtümer, die trotz der grundlegenden Reform Benedikts XIV. Mitte des 18. Jahrhunderts im Index stehengeblieben sind, noch einmal auflistet, versucht Haringer den Sekretär der Indexkongregation durch eine Art historischer «captatio benevolentiae» von der unbedingten Notwendigkeit einer fundamentalen Überarbeitung des Index zu überzeugen, damit sich der Hl. Stuhl nicht länger wegen zahlreicher handwerklicher Schnitzer und inhaltlicher Irrtümer der Lächerlichkeit preisgeben müsse. Der Redemptorist macht als Initiator und Hauptakteur der Neugestaltung des Index unter Benedikt XIV. den damaligen Sekretär der Indexkongregation Tommaso Agostino Ricchini aus, der diese Aufgabe mit Bravour und Energie gemeistert habe und als Anerkennung für seine Verdienste um die Indexreform vom Papst zum Magister Sacri Palatii erhoben worden sowie als Ordensgeneral vorgesehen gewesen sei. Eine ähnliche Rolle sollte nach Meinung Haringers nun auch der jetzige Indexsekretär Saccheri spielen, mit dem der Redemptorist bereits in der Angelegenheit der *Kirchengeschichte* von Kraus hervorragend und vertrauensvoll kooperiert hatte.

«Aus all den hier ausgebreiteten Argumenten scheint sich der Schluß aufzudrängen, daß wir eine neue von Fehlern befreite Indexausgabe brauchen.» Und wieder wird deutlich, wie sehr Haringer dem wissenschaftlichen Vorgehen nach deutschen Standards verpflichtet ist. Er versucht, sein Votum durch eine andere Rezension von Reuschs Werk zu stützen, und greift dabei auf eine Besprechung des ersten Bandes aus der Feder von Josef Schmid (1853–1909) in der *Literarischen Rundschau* vom 15. April 1884 zurück.[183] Schmid hatte mit Hilfe ausführlicher Reusch-Zitate die zahlreichen Rätsel, Curiosa und Probleme des Index herausgestellt und diese auf die bei der Erstellung der Indices angewandten «unkritischen Verfahren» zurückgeführt: «Die Rätsel und Curiosa entstanden dadurch, daß in Folge von Mißverständnissen, Schreib- und Druckfehlern manche Namen und Titel bis zur Unkenntlichkeit entstellt sind. Da später dann die richtigen Namen beigefügt wurden, stehen manche Autoren zwei- und dreimal im Index.» Nachdem Schmid den bleibenden Wert des Reusch unter anderem als Bibliographie der Reformationsgeschichte gelobt hatte, an der niemand vorbeigehen könne, kam er zu dem Schluß, den Haringer, wenn auch nicht ganz exakt, zitiert, weil ihm dieser besonders wichtig war: «Bei einer etwaigen Revision des Index selbst dürften schon auf Grund der hier gewonnenen Resultate einige hundert Namen aus demselben verschwinden.»

Saccheri war nach der Lektüre des Votums des Redemptoristen offenbar von der Notwendigkeit einer durchgreifenden Überarbeitung des Index überzeugt. Die von Reusch minutiös erhobenen und von Haringer analysierten Mängel des römischen Index waren zu offensichtlich; das ohnehin angeschlagene Ansehen der römischen Zensur mußte noch stärker in Mitleidenschaft gezogen werden, wenn hier nicht gründlich Abhilfe geschaffen und die Irrtümer radikal beseitigt würden. Der Indexsekretär schlug Haringer vor, die Ergebnisse seiner Reusch-Lektüre dem Heiligen Vater vorzutragen; und dieser beauftragte ihn, weiter an der Sache zu arbeiten.

Im Sommer 1886 kam Haringer in einem Schreiben an Saccheri auf die anstehende Indexreform zurück. Diesmal suchte er das besondere Interesse des Indexsekretärs und Dominikaners zu gewinnen, indem er zeigte, wie viele Ordensangehörige, vor allem Dominikaner und Jesuiten, zu Unrecht auf dem Index stünden. Er kam auf 24 Mitglieder des Predigerordens und auf rund hundert Patres der Gesellschaft Jesu. Ferner versicherte er sich der Unterstützung der Hierarchie: Kardinal Tommaso Maria Zigliara (1833–1893), der die römischen Redemptoristen am Fest des heiligen Alfons am 1. August besucht hatte, äußerte, wie Haringer Saccheri mitteilte, die Überzeugung, nach der Arbeit von Reusch werde man wie zu Zeiten Benedikts XIV. nicht um eine radikale Indexreform herumkommen. In diesem Sinne wolle er sich auch mit ihm als Sekretär und Kardinal Tommaso Martinelli als Präfekt der Indexkongregation in Verbindung setzen.

Mit deutscher Gründlichkeit

Trotz seiner umfangreichen Vorarbeiten erlebte Haringer die eigentliche Überarbeitung des Index nicht mehr, denn er starb bereits im folgenden Jahr, am 19. April 1887. Sekretär Saccheri indes griff die Anregung des Redemptoristen auf. Bevor er jedoch an der Kurie selbst aktiv wurde, holte er in Deutschland bei seinem alten Freund Antonius Scher (1842–1913), Militärkaplan in Mühlhausen, weitere Informationen über Reusch und dessen wissenschaftliche Reputation ein. Scher zeichnet das Bild eines typischen deutschen Professors, der mit allen Tugenden deutscher Gelehrsamkeit begabt sei. Seine Forschungen betreibe Reusch «auf höchstem wissenschaftlichen Niveau» und mit «nüchternem Urteil», was ihm in der akademischen Welt hohes Ansehen eingetragen habe.[184] Auch sein Abfall vom wahren Glauben (sprich: seine Konversion zum Altkatholizismus), den Scher bedauert, habe seinem unpolemischen wissenschaftlichen Urteil keinen Abbruch getan. Damit teilte Scher Haringers Einschätzung: Für Saccheri konnte an der Verläßlichkeit des Reusch kaum noch ein Zweifel bestehen. Er konnte aber wie Haringer die Konsequenzen aus dieser Einsicht nicht mehr selbst ziehen. 1889 wurde er abberufen und starb 1894.

Unter seinem Nachfolger Hyacintus Frati (1841–1894), der von 1889 bis zu seinem Tod 1894 als Sekretär der Indexkongregation amtierte, begann nach einem Beschluß der Kardinäle der Indexkongregation vom 14. Juli 1892 die vorbereitende Arbeit an der eigentlichen Reform. Auf der Grundlage des Reusch und mit Quellenmaterial aus dem Index-Archiv selbst wurden historische Überblicke über vorhergehende Reformen (1664 und 1752) sowie konkrete Verbesserungsvorschläge für die «schwarze Liste» erarbeitet. Bei ihren Plänen zur Überarbeitung des Index diskutierten die Kardinäle mehrfach die Frage, ob nicht alle vor 1596 indizierten Bücher grundsätzlich von der Liste gestrichen werden sollten. An die 1000 Titel fielen unter die Rubrik «schon immer wenig bekannt, heute gar völlig unbekannt». Daneben ging es um ganz praktische Dinge: Der Index sollte an moderne bibliographische Standards angepaßt, Interpunktions- und Orthographiefehler sollten ausgemerzt, die Titelaufnahme vereinheitlicht und fremdsprachige Titel präzise ins Lateinische übersetzt werden.

Beim «Congressus» der Reformkommission am 12. März 1893 unter dem Vorsitz des Präfekten der Indexkongregation, des Jesuiten Kardinal Camillo Mazzella (1833–1900), und des Sekretärs, des Dominikaners Marcolino Cicognani (1835–1899), wurden die Grundlinien der Revision verabschiedet und die Hauptverantwortlichen für die Überarbeitung des Index bestimmt, die bezeichnenderweise allesamt Deutsche waren. Ihnen traute man offenbar im Bereich moderner Bibliographie am meisten zu. Es handelte sich um Pater Adalbert Miller (1842–1906), Pater Johann Baptist Scheer (1830–1907) und Pater Franz Ehrle (1845–1934).

Miller war deutscher Abstammung und Mönch der Benediktinerabtei St. Vinzenz in den Vereinigten Staaten. 1859 legte er die Ordensprofeß ab, 1865 wurde er zum Priester geweiht. Später kam er nach Rom, wo er am Kolleg Sant'Anselmo Philosophie, Moraltheologie, Exegese und Hebräisch lehrte. Seit 1887 war Miller Prior der Abtei.

Scheer stammte aus Luxemburg, wurde 1853 in Trier zum Priester geweiht und war zunächst in der Seelsorge tätig. 1872 verließ er seine Pfarrei und trat bei den Dominikanern ein. Zunächst war er als Mitglied der deutschen Ordensprovinz Novizenmeister in Venlo in den Niederlanden und von 1887 bis 1890 Prior der Dominikaner in Düsseldorf. 1882 schlugen die Jesuiten Scheer für den Luxemburger Bischofsstuhl vor, nachdem es ihnen nicht gelungen war, einen eigenen Ordenspriester durchzusetzen. 1891 wechselte Scheer als Mitarbeiter des Dominikanergenerals Andreas Frühwirth (1845–1933) nach Rom. Er trug den Titel eines Titularprovinzials von Schottland und war für die englisch-, niederländisch-, deutsch- und polnischsprachigen Ordensprovinzen zuständig. Während seines Romaufenthalts, der bis 1904 dauerte, pflegte Scheer engen Kontakt zu höheren Chargen im Dominikanerorden, zu denen auch der Sekretär der Indexkongregation gehörte.

Ehrle, ein geborener Allgäuer, war 1861 in Gorheim in den Jesuitenorden eingetreten. Von 1868 bis 1873 war er Präfekt in Feldkirch, von 1873 bis 1877 hielt er sich in England (Ditten-Hall) auf, wo er auch zum Priester geweiht wurde. Danach redigierte er in Tervueren bei Brüssel die Zeitschrift *Stimmen aus Maria Laach*. 1880 kam er zu Forschungszwecken nach Rom. Mit Heinrich Suso Denifle (1844–1905) gab er zwischen 1885 und 1890 das *Archiv für Literatur und*

Kirchengeschichte des Mittelalters heraus. 1890 wurde er in den Verwaltungsrat der Vatikanischen Bibliothek berufen, 1895 zu ihrem Präfekten ernannt. Nicht zuletzt aufgrund seiner bibliographisch-bibliothekarischen Fähigkeiten und seiner Kenntnis der Vatikanischen Bibliothek dürfte Ehrle Mitglied der Kommission für die Reform des Index geworden sein. Bereits Josef Schmid hatte in seiner Rezension des Reusch auf die notwendige Konsultation der Vaticana hingewiesen: «Leider hat R. die römischen Bibliotheken und Archive nicht benützt. Die Vaticana allein hätte, wie ich an anderer Stelle nachzuweisen mir vorbehalte, reiche Ergänzungen geboten.»[185]

Auf der Sitzung der Reformkommission waren drei Grundsatzfragen zu klären. Zum ersten die Frage nach der Rolle, welche der Reusch bei der Indexreform spielen sollte. Nach längerer Diskussion fand man zu folgender Lösung: Grundlage der Überarbeitung sollte nicht allein Reusch sein, da man es als unmöglich erachtete, alle von diesem aufgelisteten Fehler zu beseitigen. Dennoch strebte man eine umfassende Indexkorrektur an, die vor der Geschichte und den Regeln der Bibliographie Bestand haben sollte.

Zum zweiten diskutierte man die Frage, ob man den Index zur leichteren Bearbeitung in zwei Teile gliedern sollte. Dies wurde bejaht. Für die frühen Indizierungen vor der Reform Alexanders VII. aus dem Jahr 1664 sollte Ehrle zuständig sein, die folgende Phase hatte Scheer zu bearbeiten. Für Zweifelsfälle wurden beide ermächtigt, Experten von außerhalb zu konsultieren. So wurde mit dem Dominikanerpater Thomas Esser aus Fribourg in der Schweiz ein weiterer Deutscher mit der Überprüfung der deutsch- und französischsprachigen Titel auf dem Index beauftragt. Esser war in Aachen geboren. Sein Studium hatte er in Bonn und Würzburg absolviert, unter anderem auch bei Reusch. 1873 zum Priester geweiht, wurde er im Kulturkampf verurteilt und aus Preußen ausgewiesen. Er promovierte 1875 mit einer Dissertation über Thomas von Aquin in Rom. Wenige Jahre später trat er in den Dominikanerorden ein. Nach Dozenturen in Wien, Venlo und Irland erhielt Esser 1891 an der Universität Fribourg in der Schweiz die Professur für Kirchenrecht. Um an der Indexreform mitarbeiten zu können, kehrte er 1894 nach Rom zurück, wo er Lektor am Kolleg San Thomas wurde. Seine Mitarbeit am neuen Index soll auf ausdrücklichen Wunsch Frühwirths erfolgt sein.

Schließlich wurde drittens für die konkrete Überarbeitung des Index ein fünfstufiges Verfahren beschlossen: Einsicht in die Dekretsverbote im Archiv der Kongregationen des Index und der Inquisition; Benutzung des Reusch und seiner Argumente; Konsultation eines Muttersprachlers für die bibliographische Aufnahme von Verfasser und Titel; Überprüfung der Angaben anhand des inkriminierten Buches selbst; Einhaltung der neuen bibliographischen Standards.

In einer Denkschrift für die Sitzung vom 6. Dezember 1895 berichtete der Sekretär der Indexkongregation Cicognani den Kardinälen über den Stand der Korrekturarbeiten am Index.[186] Zwar komme die Arbeit gut voran, aber angesichts der Menge an Titeln werde man noch einige Zeit brauchen. Besonderes Lob erfahren der Fleiß und die Hartnäckigkeit der deutschen Bearbeiter. Esser reise mit dem Index in der Hand durch die großen Bibliotheken Europas, um möglichst exakte bibliographische Angaben zu erhalten. Ehrle erhalte Unterstützung durch seinen Ordensbruder Joseph Hilgers, der als «intelligenter junger Mann, befähigt zu diesen Recherchen, voller Begeisterung für diese Art von Arbeit» charakterisiert wird. Er recherchiere vor allem in der Bayerischen Staatsbibliothek in München, aber auch in Rom und Paris. Ausdrücklich bedauerte der Indexsekretär, daß die Gesellschaft Jesu nicht weiter bereit sei, Hilgers für diese Arbeit freizustellen, und man daher auf andere, weniger erfahrene Kräfte zurückgreifen müsse.

Cicognani machte in seiner Denkschrift deutlich, daß zwar eine Überarbeitung des Index notwendig sei, ein gänzlicher Verzicht auf den Katalog verbotener Bücher jedoch nicht in Frage komme. In geradezu hymnischen Formulierungen feierte er den Index als «Schrein» aller Entscheidungen des Heiligen Stuhls gegen «perverse» Bücher, als zuverlässigen Indikator verderbter Werke und niemals schläfrige Wache. Für sämtliche Häretiker und Feinde der Kirche bleibe der Index jedoch immer ein Symbol des Widerspruchs, des Hasses und der Verleumdung, das sie unter dem Vorwand von Ungenauigkeiten, sachlichen Fehlern und typographischen Mängeln bekämpften, während es ihnen in Wirklichkeit um die Untergrabung des Ansehens und der Autorität der katholischen Kirche und des Heiligen Stuhles gehe.

In einem über 300 Seiten umfassenden gedruckten Bericht mit

zahlreichen Anhängen vom 14. Oktober 1896 faßte Cicognani den Stand der Arbeiten und die Kriterien, nach denen die Reform durchgeführt wurde, noch einmal für die Kardinäle der Indexkongregation zusammen. Das Grundprinzip der Überarbeitung lautete: Die bisherige Titelaufnahme im Index wird nur geändert, wenn es unbedingt nötig ist. Es wurden zwar Normen für die Reform aufgestellt: konsequente lateinische Übersetzung eines fremdsprachigen Buches, Anonyma unter dem ersten Substantiv des Titels, Hinzufügung der Druckorte und Erscheinungsjahre, Eruierung von Datum und Art der Dekrete in den Archiven von Indexkongregation und Heiligem Offizium. Doch zeigte sich im Verlauf der Arbeiten sehr bald, daß die Regeln nicht immer eingehalten werden konnten, wollte man die Indexreform in einem überschaubaren Zeitraum abschließen. Daher erhielt jedes Mitglied der Kommission die Berechtigung, die Normen nach Bedarf zu modifizieren, so daß man, was die Einheitlichkeit der Titelaufnahme angeht, von vornherein Abstriche machen mußte. Später legte Ehrle neue Kriterien fest, über welche die Kardinäle in der Sitzung vom 4. Februar 1897 beschlossen.

Im Anhang des Berichts gibt der Jesuit Ehrle zunächst einen Überblick über die Arbeitsweise der Kommission. Zunächst habe man aus zwei Indices alle 8000 Titel ausgeschnitten und auf Karteikarten geklebt. Diese wurden danach in zwei Gruppen eingeteilt, wobei 1596 als Datum der Zensurierung die Zäsur bildete. Für die frühe Zeit zog Ehrle neben dem Reusch und bibliographischen Hilfsmitteln auch das Archiv der Indexkongregation selbst zu Rate, namentlich die «Diarii» und «Protocolli», die er genau beschreibt. Das Ergebnis seiner Archivstudien fällt allerdings recht bescheiden aus: Die «Procedura» der Indexkongregation in den ersten Jahrzehnten ihres Bestehens nach 1571 bietet keine ausreichend sichere Quellengrundlage für die jetzt angestrebte Indexreform. Immerhin könne man einen gewissen Fortschritt bei der Überprüfung der Bücher durch die Kongregation feststellen. In den ersten Jahren hatten die Konsultoren ihre Zensur lediglich mündlich und teils aus dem Stand vorzutragen, ohne auf eine schriftliche Grundlage zurückgreifen zu müssen, und erst 1587 unter Sixtus V. wurde festgelegt, daß die Gutachter ihre Voten, bevor sie diese in der Kongregation vortrugen, schriftlich niederzulegen hatten. Im übrigen aber seien die Unterschiede nicht so gravierend gewesen, wie es auf den ersten

Blick den Anschein haben könne, da erstens die Mitarbeiter der Kongregation von Anfang an von der Notwendigkeit einer exakten und minutiösen Untersuchung der einzelnen Bücher überzeugt gewesen seien, und zweitens auch schon vor 1587 viele der eingehenden Bücher an einzelne Konsultoren zur Zensur oder Expurgation verteilt, die Voten schriftlich ausgeführt und auf den Sitzungen verlesen wurden.

Aber dieses Verfahren, so Ehrle, war nicht verbindlich vorgeschrieben, und zwischen 1590 und 1596 hatte man ausreichend «Mut», zahlreiche Bücher ohne jegliches Examen zu verdammen. Da dies nach 1596 offenkundig nicht mehr der Fall war und ab diesem Jahr Einzelzensuren die Regel wurden, bietet sich dieses Jahr für Ehrle als Epochengrenze der Indexgeschichte an. So schlägt er vor, alle Indizierungen nach 1596 anders zu behandeln als die vor dieser Zäsur. Die neueren sollten nach Ansicht Ehrles grundsätzlich auf dem Index bleiben, während von den älteren alle oder zumindest diejenigen gestrichen werden sollten, für die sich in den Akten keine Dekrete gefunden hätten oder die nur nach der ersten Trienter Indexregel verboten worden sind.

In einem dritten Anhang, der 215 Druckseiten umfaßt, beschreibt Pater Esser seine Arbeit im Rahmen der Indexreform. Esser kann als Erfolg vermelden, daß er zusammen mit Hilgers in den Bibliotheken von Wien, Paris und Rom fast alle nach 1596 indizierten Bücher finden und verifizieren konnte. Die Arbeit mit Karteikarten mit den aus dem Index ausgeschnittenen und aufgeklebten Titeln erwies sich bei der Bibliotheksrecherche offenbar als äußerst hilfreich. Nach diesen einleitenden Überlegungen listet Esser auf rund 200 Seiten die notwendigen bibliographischen Einzelkorrekturen auf. Schließlich schlägt der Dominikaner in einer kleinen Denkschrift vor, eine Reihe vorwiegend medizinischer, chemischer und politischer Bücher ganz vom Index zu nehmen.

Parallel zur Überarbeitung des Index liefen die Beratungen über die Vorbereitung der Konstitution «Officiorum ac munerum», mit der Leo XIII. die Buchzensur neu ordnete, die aber hinter den «Erwartungen und Erfordernissen der Zeit»[187] weit zurückblieb. Die Arbeit dieser Konsultorenkommission findet sich in einem umfangreichen Band der «Protocolli» dokumentiert. Man beachte: Sie kam schneller zu einem Ergebnis als die Reformkommission. Vorschriften lassen sich eben rascher erarbeiten als einhalten. Immerhin konnte im Jahre 1900 der revidierte *Index Leoninus* und bald darauf 1904 sein offiziöser Kommentar aus der Feder von Joseph Hilgers erscheinen. Dieser verschlankte Index bildete die Grundlage für alle weiteren Ausgaben des römischen Katalogs verbotener Bücher bis zum Jahr 1948, als unter Pius XII. (1939–1958) zum letzten Mal ein römischer Index erscheinen sollte. Insofern hatte der Altkatholik Reusch eine ungewöhnlich lang anhaltende katholische Wirkungsgeschichte.

Freilich konnte auch der Index Leos XIII. nicht voll befriedigen. «Dieser strich alle Werke des 16. Jahrhunderts und vereinfachte hinsichtlich der Druckdaten, die man einfach wegließ. Etwa 5000 Titel blieben übrig, nur etwa 30 Autoren mit ‹Opera omnia›, also mit dem Verbot sämtlicher Werke.»[188] Die Neuausgabe des Index stellte trotz aller Bemühungen keine grundsätzliche Reform dar; sie war vom Resultat her «nur eine Kosmetik und Retusche an dem überholten Institut des römischen Index der verbotenen Bücher».[189]

Wie auch immer man den *Index Leoninus* beurteilen mag, eines dürfte deutlich geworden sein: Es handelte sich bei der Indexreform des Pecci-Papstes überwiegend um eine deutsche Angelegenheit. Auslöser war eindeutig das Werk des deutschen Altkatholiken Heinrich Reusch, das die Mängel der römischen Indices mit Gründlichkeit und Gelehrsamkeit auflistete. Daran ändert auch die spätere Behauptung Hilgers' nichts, «daß der erste wirksame Anstoß an maßgebender Stelle zur Reformation des Index Leos XIII. von einem Jesuitenkardinal ausging» – gemeint ist Präfekt Mazzella – «und daß, wie bekannt, das ganze Werk zum guten und besten Teil durchgeführt und vollendet wurde unter einem andern Jesuitenkardinal, der noch die Kongregation leitet und dem es persönlich zu besonderer Ehre gereicht, daß er so lange wie kaum ein anderer in diesem Amte verbleibt.»[190]

Auch die eigentliche Reformarbeit, die mit einer gewissen zeitlichen Verzögerung in der Indexkongregation begann, wurde ausschließlich von deutschen Konsultoren geleistet: Ehrle, Hilgers, Scheer, Miller, sein Nachfolger Bruno Albers (1866–1941) und Esser waren die Hauptakteure, die nicht selten mehr Reform wollten, als die Kardinäle der Kongregation und nicht zuletzt der Papst zugestehen konnten. Immerhin hielt man in Rom die Deutschen offenbar für die einzigen, die einerseits den Standards moderner Bibliographie genügten und andererseits die Ausdauer für die daraus resultierende Sisyphusarbeit besaßen. Esser wurde für seine Tätigkeit bei der Reform des Index belohnt und 1900 zum – letzten – Sekretär der Indexkongregation ernannt. Ehrle hätte nach dem Willen Leos XIII. bereits um 1900 Kardinal werden sollen.

Haringer verdient besondere Beachtung. Einerseits war sein Habitus der eines Zensors. Er sah sich – nicht nur, aber vor allem – in der Rolle des Konsultors, als Verteidiger des wahren und reinen Glaubens. Seine Arbeit charakterisierte sich von vornherein als ein rein negatives Tun: Anstößige Stellen in den zu zensierenden Schriften wurden aufgespießt, ihre «Verkehrtheit» wurde demonstriert und dann das Urteil gefällt. Die Zensur des Reusch hingegen sieht völlig anders aus. Hier ist Haringer nicht der Richter, sondern Rezensent, der bei seiner Lektüre selbst viel lernt. Haringer zeigt nun die Haltung eines deutschen Gelehrten. Es geht nicht mehr an, daß Fehler und Ungenauigkeiten beibehalten werden. Unmöglich, daß Autoren auf dem Index stehen, deren Werke nicht häretisch sind und nichts mit Theologie zu tun haben oder überhaupt nie erschienen sind.

Obwohl Index und Inquisition im 16. Jahrhundert mit dem Anspruch auf eine Totalkontrolle des Buchmarktes und der Zuständigkeit in allen Wissensgebieten angetreten waren, zeigten sich deutsche Indexgutachter wie Haringer am Ende des 19. Jahrhunderts durchaus bereit, die Allkompetenz des Lehramts und seiner Zensurorgane zurückzunehmen und auf den eigentlichen Glaubensbereich zu beschränken. Naturwissenschaftliche und medizinische Werke oder Klassikerausgaben sollten vom Index genommen werden. Dafür fühlte man sich nicht mehr zuständig. Damit vollzogen die Indexrevisoren die an den Universitäten längst erfolgte Emanzipation der säkularen Wissenschaften von der Theologie – wohl eher unreflektiert – auch im Bereich der lehramtlichen Bücherzensur. Eine in der kulturprotestantisch dominierten deutschen Wissenschaftslandschaft gängige und selbstverständliche Denkweise gelangte so unter der Hand durch die Indexkonsultoren, die in diesem Umfeld aufgewachsen waren, ins Machtzentrum des «Gegners». Auf diese Weise entfaltete gesellschaftlicher Wandel auch in einer Wissenskultur, die zeitlose Gültigkeit beanspruchte, seine überraschende Wirkung.

Epilog: Das Ende des Index

Im Kontext der sogenannten Modernismuskrise zu Beginn des 20. Jahrhunderts, als es um die Frage ging, ob katholische Kirche und Moderne grundsätzlich miteinander versöhnbar seien oder nicht, erlebte der Index der verbotenen Bücher eine neue Renaissance. Zahlreiche katholische Reformtheologen aus Frankreich, England, Deutschland und Italien wurden mit ihren Werken verboten, allen voran George Tyrrell (1861–1909) und Alfred Loisy (1857–1940). Insbesondere die Übernahme moderner philosophischer Ansätze oder der in der evangelischen Bibelauslegung gebräuchlichen historisch-kritischen Methoden waren Gründe für eine Indizierung. In dieser Phase entwickelte sich der Index zu einem innerkirchlichen Disziplinierungsinstrument. Aufgeschlossene und strengkirchliche Kreise rangen miteinander um die Positionierung der katholischen Kirche in der modernen Welt. Durch eine Indizierung der Werke ihrer Gegner versuchten die Hardliner die Auseinandersetzung für sich zu entscheiden, was ihnen nicht selten auch gelang. Die heftigen Kämpfe um Werk und Person des Würzburger Theologen Herman Schell (1850–1906), der den *Katholicismus als Princip des Fortschritts* – so der Titel seiner einschlägigen Reformschrift – auffaßte, sind für diesen Konflikt symptomatisch.

Auch während der Zeit der nationalsozialistischen Diktatur in Deutschland rückten römische Bücherverbote noch einmal in den Mittelpunkt des Interesses. Denn durch Dekret des Heiligen Offiziums vom 7. Februar 1934, also ein knappes Jahr nach der «Machtergreifung» Adolf Hitlers und rund fünf Monate nach der Ratifikation des Reichskonkordats, war einer der Chefideologen der «Bewegung», Alfred Rosenberg (1893–1946), mit seinem *Mythus des 20. Jahrhunderts* auf dem Index gelandet. Gleichzeitig hatte man Ernst Bergmanns (1881–1945) *Deutsche Nationalkirche* verboten. Auch der italienische Faschismus kam nicht ungeschoren davon. So wurden ebenfalls 1934 sämtliche Werke des ehemaligen Kultusministers Mussolinis, Giovanni Gentile (1875–1944), auf die «schwarze Liste» gesetzt; 1937 folgte Giulio Cognis Werk *Il Razzismo*. Es verwundert nicht, daß die Römische Inquisition als oberste Glaubensbehörde die Auseinandersetzung mit den modernen Ideologien von Faschismus, Rassismus, Nationalsozialismus und Kommunismus aufnahm und insbesondere die Werke verdammte, in denen sich diese Weltanschauungen als politische Religionen präsentierten, mit der Absicht, das Christentum zu ersetzen. Man hat sich aber immer gefragt, warum die Römische Kurie dann nicht auch das Hauptwerk des Nationalsozialismus schlechthin, Hitlers *Mein Kampf*, verbot.

Tatsächlich hat es jedoch einen Fall Hitler in der Inquisition gegeben. Denn nicht weniger als drei Jahre, von 1934 bis 1937, beschäftigte man sich mit der Ausarbeitung eines Syllabus, einer Liste aller modernen Zeitirrtümer, die feierlich verdammt werden sollten. Die Sätze, die man zum Thema Rassismus verurteilen wollte, stammen allesamt aus Hitlers *Mein Kampf*. Mehrfach haben die Kardinäle darüber beraten, ob diese Liste veröffentlicht werden sollte. Mehrfach haben sie ihre Entscheidung vertagt – zuletzt «sine die», auf unbestimmte Zeit! Die Gründe dafür liegen bislang noch im Dunkeln. War es der Diplomat und Kardinalstaatssekretär Eugenio Pacelli (1876–1958), der aus politischen Gründen eine ihm dogmatisch eigentlich notwendig erscheinende Verurteilung Hitlers verhinderte? War es Papst Pius XI. (1922–1939) selbst, der aufgrund von ernsten Konflikten zwischen katholischer Kirche und den Faschisten in Italien sich nicht auch noch eine deutsche Front aufbauen wollte? Oder machte die katholische Staatsauffassung den obersten Glaubenswächtern in Rom einen Strich durch die Rechnung? Denn Rosenberg, einen Chefideologen einer weltanschaulichen Bewegung, die im klaren Widerspruch zum katholischen Glauben stand, konnte man jederzeit indizieren, die legale staatliche Obrigkeit, den «Führer» und Reichskanzler Adolf Hitler jedoch keineswegs. Denn nach katholischer Auffassung war man der staatlichen Gewalt als von Gott eingesetzt zu Gehorsam verpflichtet: «Jeder leiste den Trägern der staatlichen Gewalt den schuldigen Gehorsam. Denn es gibt keine staatliche Gewalt, die nicht von Gott stammt; jede ist von Gott eingesetzt. Wer sich daher der staatlichen Gewalt widersetzt, stellt sich gegen die Ordnung Gottes, und wer sich ihm entgegenstellt, wird dem Gericht verfallen.» (Röm 13, 1–2) Hitlers *Mein Kampf* landete nicht auf dem Index der verbotenen Bücher. Auch Mussolini, Lenin oder Stalin sucht man hier vergeblich.

Seit dem Ende des Zweiten Weltkriegs lag eine grundsätzliche Reform der römischen Buchzensur in der Luft. Die Zahl der Indizierungen war insgesamt drastisch zurückgegangen; überdies hatte der römische Bannstrahl zumeist «nur» noch «progressive» katholische Theologen wie den Dominikaner Marie-Dominique Chenu (1895–1990) als Vertreter der «Nouvelle Théologie» (1942) oder die deutschen Reformer Georg Koepgen, Matthias Laros (1941), Ernst Michel (1952) und Josef Thomé (1955) sowie den Schweizer Otto Karrer (1942) getroffen. Die Indizierung von Intellektuellen wie Simone de Beauvoir und Jean-Paul Sartre, der vom Heiligen Offizium unter dem Datum des 27. Oktober 1948 mit all seinen Werken genauso umfassend verboten wurde wie André Gide am 2. April 1952, blieb eher die Ausnahme. Nachdem der letzte *Index librorum prohibitorum* auf Befehl Pius' XII. im Jahr 1948 erschienen war, publizierte die vatikanische Druckerei am 5. Januar 1954 lediglich noch ein Beilageblatt, das die seither erfolgten 15 Indizierungen auf einer Seite auflistete.

Zudem war man in Rom seit Beginn der vierziger Jahre dazu übergegangen, offiziöse Kommentare zu den eben erfolgten Indizierungen im *Osservatore Romano* oder anderen römischen Zeitschriften zu publizieren – zumeist freilich anonym. Damit antwortete das Heilige Offizium auf die nicht selten vorgetragene Kritik, seine Dekrete verkündeten der Öffentlichkeit lediglich die Tatsache eines Buchverbotes, ohne jedoch die Gründe, die zu einem solchen Verbot führten, zu erläutern. Daher wird man hinter den Verfassern dieser Darlegungen mit gutem Grund Mitarbeiter der Kongregation selbst, eventuell sogar die mit den Gutachten betrauten Konsultoren, vermuten dürfen. Schließlich war die Akzeptanz der römischen Bücherverbote in der katholischen Bevölkerung, bei Priestern und Laien gleichermaßen, stark zurückgegangen. So finden sich nur noch vereinzelte Dispensgesuche in den deutschen Diözesanarchiven, in denen etwa Studierende der Germanistik, Romanistik oder Philosophie ihren zuständigen Bischof baten, für Seminararbeiten verbotene Bücher, etwa von Heinrich Heine, Immanuel Kant oder Honoré de Balzac lesen zu dürfen. Die überwiegende Mehrzahl vor allem gebildeter Katholiken hatte diese und andere auf der «schwarzen Liste» stehenden Werke selbstverständlich in ihrem Bücherschrank, zunächst eher verschämt in der zweiten Reihe, später zusehends auch offen.

Trotz dieser Großwetterlage spielte das Thema Index in den Voten der Bischöfe, in denen diese sich in den Jahren 1959/60 zu den auf dem bevorstehenden Zweiten Vatikanischen Konzil zu behandelnden Themen äußerten, überraschenderweise nur eine untergeordnete Rolle. Wenn der Index und Buchverbote überhaupt angesprochen wurden, ging es vor allem um Verfahrensfragen. Nur ein einziger Bischof, Wilhelm Kempf (1906–1982) aus Limburg, verlangte ausdrücklich eine Abschaffung des Index. Entsprechend ging das von der «Kommission für die Disziplin von Klerus und Volk» im Juli 1961 vorgelegte Schema von einem grundsätzlichen Fortbestand der kirchlichen Bücherverbote aus, weil die Kirche die Pflicht habe, zu verhindern, daß Katholiken schlimme Bücher lesen, die gegen Glaube und Moral verstoßen. Lediglich die Gründe für ein Buchverbot sollten künftig bei einer Indizierung ausführlich dargelegt und zugleich die Dispenspraxis liberaler gehandhabt werden.[191]

Entgegen der Hoffnung mancher Kardinäle, das Konzil werde zum Index Grundsätzliches beschließen, befaßte es sich bei seinen Beratungen im Petersdom nie ausdrücklich mit dieser Thematik. Allerdings stießen die Tätigkeit des Heiligen Offiziums insgesamt und damit indirekt auch die von ihm ausgeübte Buchzensur auf heftige Kritik. Am meisten Aufsehen erregte in diesem Zusammenhang die Rede, die der Kölner Kardinal Josef Frings (1887–1978) am 8. November 1963 über die Römische Kurie und die Notwendigkeit ihrer umfassenden Reform hielt. In scharfen Worten, die Frings selbst der Redevorlage seines theologischen Konzilsberaters Joseph Ratzinger hinzufügte, prangerte er Praktiken der Suprema Congregatio an: «Ich weiß wohl, wie schwer, wie schwierig und dornenreich die Aufgabe derer ist, die über viele Jahre hin im Heiligen Offizium arbeiten, um die offenbarte Wahrheit zu schützen, doch scheint mir die Forderung angebracht zu sein, daß auch in diesem Dikasterium niemand deswegen seines rechten oder nicht rechten Glaubens angeklagt, gerichtet oder verurteilt wird (‹damnetur›), ohne vorher gehört zu werden, ohne zuvor die Argumente zu kennen, die gegen ihn oder gegen das von ihm geschriebene Buch streiten, bevor ihm die Gelegenheit gegeben wurde, sich oder das Buch, das ihm zum Verhängnis zu wer-

INDEX ADDITUS LIBRORUM PROHIBITORUM

(usque ad diem 5 ian. 1954)

Sartre, Jean-Paul. Opera omnia. *27 oct. 1948.*

Abscôndita. Diario da Irma Inês, compilado por M. da S. Mourâo de Freitas. *8 mart. 1950.*

Malaparte, Curzio. La Pelle. Storia e racconto. *31 maii 1950.*

Ughi, Bruno. La Via. *5 iul. 1950.*

Klein, Joseph. Grundlegung und Grenzen des kanonischen Rechts. *20 sept. 1950.*

Seiller, Léon. La psychologie humaine du Christ et l'unicité de personne. *27 iun. 1951.*

Moravia, Alberto (*pseudonymus*). Opera omnia. *2 apr. 1952. v.* Pincherle, Alberto.

Pincherle, Alberto (*v.* Moravia). Opera omnia. *2 apr. 1952.*

Gide, André. Opera omnia. *2 apr. 1952.*

Morel, Robert. La Mère. Vie de Marie, et eiusdem versio germanica: Das Leben Marias. *28 maii 1953.*

Michel, Ernst. Ehe. Eine Anthropologie der Geschlechtsgemeinschaft. *3 dec. 1952.*

Les événements et la foi 1940-1952 (Jeunesse de l'Eglise). *7 ian. 1953.*

Muller, Camille. L'Encyclique « Humani generis » et les problèmes scientifiques. *2 dec. 1953.*

Martin, Jacqueline. «*Plénitude*», Témoignage d'une femme sur l'amour, Editions familiales de France, 1951. *23 dec. 1953.*

Scheichelbauer, Bernhard. Die Johannis-Freimaurerei. Versuch einer Einführung. *5 ian. 1954.*

Ein kompletter Index erschien zuletzt unter Pius XII. im Jahr 1948, aber auch danach kam es noch vereinzelt zu Buchverboten. In diesen Fällen druckte man im Vatikan einfach ein Beilageblatt mit den neuen Titeln, um den Index aktuell zu halten. Auf diesem finden sich so bekannte Namen wie Simone de Beauvoir und Jean-Paul Sartre.

den scheint, zu korrigieren.»[192] Hier wurden neuzeitliche Standards für den Ablauf eines Gerichtsverfahrens wie Akteneinsicht und Verteidigungsmöglichkeiten für die Angeklagten eingefordert.

Paul VI. (1963–1978) löste das Problem im Zuge seiner großen Kurienreform 1965. Er löste es so, daß zunächst niemand merkte, was mit dem Erlaß «Integrae servandae» vom 7. Dezember 1965 eigentlich angeordnet worden war: die Abschaffung des Index librorum prohibitorum und damit das Ende einer über vierhundertjährigen Einrichtung. Paul VI. wertete das Heilige Offizium ab, indem nicht mehr der Papst selbst, sondern wie bei den übrigen Kongregationen auch ein Kardinal zum Chef dieser Behörde wurde. Gleichzeitig unterstellte er die «Kongregation für die Glaubenslehre» – so der neue Name der ehemaligen Heiligen Römischen und Universalen Inquisition – wie alle kurialen Ämter und Einrichtungen dem Staatssekretariat, das auf diese Weise zu einem Superministerium wurde. Der Papst unterstrich, die Glaubenslehre könne heutzutage wirksamer durch Förderung der Wissenschaft, milde Behandlung irrender Menschen und positive Darlegung der Gründe kirchlicher Entscheidungen geschützt werden als durch die strengen Maßnahmen vergangener Zeiten. Zwei im damals geltenden Kirchenrecht, dem *Codex Iuris Canonici* von 1917, beschriebene Aufgaben der obersten römischen Glaubensbehörde werden von Paul VI. einfach nicht mehr erwähnt: die Untersuchung von gefährlichen Schriften von Amts wegen und die Verpflichtung der Bischöfe, «schlechte» Bücher beim Heiligen Stuhl zur Anzeige zu bringen.[193]

Allerdings werde die Kongregation für die Glaubenslehre weiterhin Anzeigen von Büchern entgegennehmen und die inkriminierten Werke überprüfen. Jedoch ist – und das ist entscheidend – nicht mehr vom «Verbieten», sondern nur noch vom «Mißbilligen» die Rede. «In diesem unscheinbaren Wort ‹mißbilligt› lag das Ende der kirchlichen Bücherverbote versteckt. Freilich war auch ‹für geschulte Kanonisten nicht ohne weiteres zu erkennen›, welche bedeutende Änderung der kirchlichen Büchergesetzgebung» damit vollzogen war.[194] Da die Glaubenskongregation nicht mehr die Kompetenz hatte, Bücher zu verbieten, gab es – das ist die logische Folge – auch keine Liste der von dieser Kongregation verbotenen Bücher mehr.

Diese «Kulturrevolution» blieb wegen der verschleiernden Formulierungen zunächst unentdeckt. Die Bombe platzte erst ein gutes

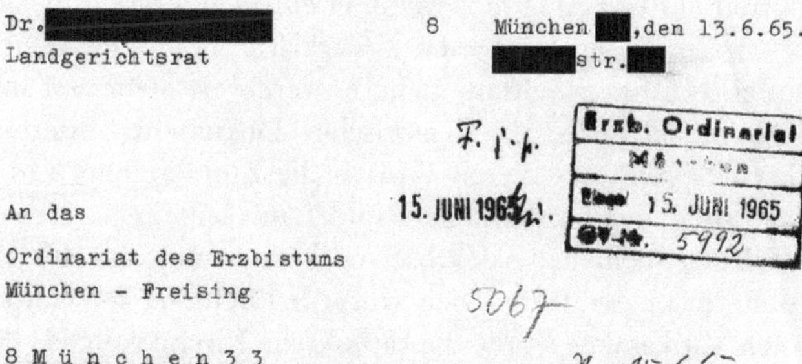

Dr. ███████ 8 München ██, den 13.6.65.
Landgerichtsrat ███ str. ██

Erzb. Ordinariat München
Eingel. 15. JUNI 1965
GV-Nr. 5992

15. JUNI 1965

An das
Ordinariat des Erzbistums
München - Freising

8 München 33
Maxburgstr.2

5067

Betr.: Erteilung einer Erlaubnis.
Betr.: Dortige Az.Gen.Vic. Nr.12 258/1960 und
Gen.Vic. Nr. 2 031/1958.

Bezug: Dort.Schreiben v. 22.3.1958 und 22.12.1960.-

Hiemit bitte ich um die Erteilung der Erlaubnis,durch das kirchliche Gesetzbuch oder durch spezielle Indizierung verbotene Schriften,Bilder,Darstellungen und Schallplatten einzusehen bzw.zu hören.

Grund: Der Unterzeichnete ist als ehem.Staatsanwalt für das sog.Schmutz- und Schundreferat von der Bayerischen Polizeischule in Fürstenfeldbruck ersucht worden Vorträge bei Lehrgängen über das dort unter dem Titel "Bekämpfung von unzüchtigen Schriften und Bildern" laufende Thema zu halten. Hiezu gehören auch Vorführungen von entsprechendem Lehrmaterial (obscoena),weshalb um Erteilung der Erlaubnis ersucht wird.

Mit vorzüglicher Hochachtung!

Um ein auf dem Index stehendes Buch lesen zu dürfen, mußten die Gläubigen ihren Bischof um Erlaubnis fragen. Sie erhielten eine Dispens und konnten dann, ohne der Strafe der Exkommunikation anheim zu fallen, das betreffende Buch studieren.

Vierteljahr später, als der Präfekt der Glaubenskongregation, Kardinal Alfredo Ottaviani (1890–1979), in einem Interview mit der Illustrierten *Gente* vom 13. April 1966 erklärte, der Index besitze nun keinerlei rechtliche Geltung mehr, er werde nie mehr neu aufgelegt und bleibe allenfalls als «historisches Dokument» interessant.[195] Vielleicht spricht aus diesen Worten die Enttäuschung Ottavianis, der sich auf dem Konzil und bei Paul VI. mit seiner eher intransigenten Haltung nicht hatte durchsetzen können und der mit anderen Hardlinern an der Römischen Kurie befürchtete, im Gefolge des Zweiten Vatikanums würde die katholische Kirche vollends der Moderne ausgeliefert, und eherne Grundsätze würden auf dem Altar falscher Reformen geopfert.

Nach diesem Interview häuften sich wegen der fortdauernden Unklarheit des päpstlichen Textes Anfragen in Rom. Die Kongregation für die Glaubenslehre sah sich deshalb zu einer offiziellen Stellungnahme veranlaßt, die eine authentische Interpretation des Erlasses von Paul VI. bedeutete. Ein Interview in einer Gazette war offenbar in einer Frage, bei der es um die Gültigkeit kirchlicher Rechtsvorschriften ging, auch in postkonziliaren Aufbruchszeiten nicht ausreichend. In einer «Bekanntmachung» vom 14. Juni 1966 stellte man klar, der Index der verbotenen Bücher besitze keinen verbindlichen Charakter mehr. Auch die kirchlichen Strafen wie die Exkommunikation beim Lesen eines verbotenen Werkes, seien entfallen.[196]

Erst nach dieser Bekanntmachung wurde auch die deutsche Öffentlichkeit auf die Sensation aufmerksam. Nicht nur die großen Tageszeitungen und Lokalblätter berichteten Mitte Juni über das Ende des Index, auch die «einfachen» Katholiken wurden über die Kirchenzeitungen ihrer jeweiligen Diözesen über diesen Schritt informiert. So titelte etwa die *Frankfurter Allgemeine Zeitung* «Der Vatikan hebt den Index auf»[197], und die *Welt* teilte ihren Lesern die Neuigkeit unter der Überschrift «Index nicht mehr bindendes Kirchenrecht» mit.[198] Die *Frankfurter Rundschau* brachte eine kurze Meldung unter dem Titel «Index verteidigt – und eingestellt».[199]

Bernhard Gervink widmete dem «Ende des Index» in den *Westfälischen Nachrichten* vom 16. Juni 1966 sogar den Tageskommentar. Das zeigt, für wie wichtig man im katholischen Münsterland dieses Thema hielt. «Katholische Christen dürfen, auch wenn sie dazu keine besondere bischöfliche Erlaubnis eingeholt haben, fortan Kants *Kritik der reinen Vernunft* oder *Das Sein und das Nichts* von Sartre lesen, ohne kirchliche Strafen auf sich zu ziehen. Der Index, Stein des Anstoßes bei vielen Katholiken und Nichtkatholiken, ist mit einer Verlautbarung der römischen Glaubenskongregation praktisch abgeschafft.» Der Kommentator zog aus diesem Schritt der Kurie den Schluß: «Die Kirche nimmt es ernst mit der vielberufenen Mündigkeit ihrer Glieder. Das legalistische Denken wird abgebaut; ein Gestaltwandel der kirchlichen Autorität kündigt sich an, bei dem allerdings nicht übersehen werden darf, daß ein größeres Maß an Freizügigkeit auch ein größeres Maß an Verantwortung mit sich bringt ... Der nicht zu Unrecht als Ausdruck geistiger Bevormundung und Gängelung kritisierte Index besteht als solcher endgültig nicht mehr.»[200]

Die *Kirchenzeitung für das Bistum Hildesheim* gab unter der Überschrift «Der ‹Index› starb eines natürlichen Todes» ein Interview Kardinal Ottavianis mit dem *Osservatore della Domenica* in deutscher Übersetzung wieder. Auf die Frage «Wie soll der Durchschnittsleser wissen, welche Werke die Sitten gefährden, nachdem es den Index nicht mehr gibt?», hatte dieser geantwortet: «Die meisten Bücher, die auf dem Index stehen, stammen aus vergangenen Jahrhunderten, sind wenig bekannt, und, außer von wenigen Fachleuten, nicht mehr gelesen worden. Darum hat auch der Index zu diesem Zweck nicht viel genützt» – eine nüchterne Bilanz einer vierhundertjährigen Geschichte, die der oberste römische Glaubenswächter hier zog. «Die riesige Buchproduktion unserer Zeit wird vom Index nicht erfaßt, und zwar nicht böswillig oder aus Nachlässigkeit, sondern weil die entsprechende Organisation völlig fehlt und zudem Mittel erfordert, über die auch die Kongregation für die Glaubenslehre nicht verfügt.» Und Ottaviani fuhr fort, «die Kirche wolle mit der heutigen Welt in passender Form ins Gespräch kommen. Dialog aber vertrage kein Klima der Unterdrückung. Im übrigen sei das geschriebene Wort heute nicht mehr einziger Ideenvermittler.»[201]

Mit der Notificatio vom 14. Juni 1966 und dem großen Medienecho darauf war zwar der Index als Liste einzelner durch Verwaltungsakt verbotener Bücher beseitigt, unklar blieb aber immer noch der Status der durch die allgemeinen Indexregeln generell – also ohne ausdrückliches Zensurverfahren – verbotenen Bücher. Auch diese Bücherverbote wurden durch ein weiteres Dekret der Kongregation vom 15. November 1966 schließlich außer Kraft gesetzt.[202]

Die Kongregation für die Glaubenslehre wollte sich mit dieser päpstlich verordneten Abschaffung des Index jedoch nicht so ohne weiteres zufrieden geben. Als eine Art Ersatz-Index strebte man eine Liste mit abzulehnender Literatur an, die dreimal jährlich erscheinen und in allen Kirchenzeitungen nachgedruckt werden sollte, um die Gläubigen bei der Beurteilung gefährlicher Bücher zu unterstützen. Dieser Plan war jedoch zum Scheitern verurteilt. Von der neuen, zu diesem Zweck gegründeten Zeitschrift *Nuntius* erschien im Frühjahr 1967 die erste Ausgabe – die die einzige bleiben sollte![203]

Es ist schwierig, die Motive Pauls VI. für die eher en passant erfolgte Abschaffung des Index dingfest zu machen, insbesondere weil die Akten seines Pontifikats noch auf absehbare Zeit hinter den dikken Mauern des Vatikanischen Geheimarchivs verschlossen sein dürften. Sicher scheint immerhin zu sein: Der Montini-Papst wollte durch seine Kurienreform vor allem das Heilige Offizium entmachten, das sich immer mehr als Staat im Staate aufgespielt hatte. Da Buchzensur zu dessen Habitus und Selbstverständnis gehörte, war sie mit betroffen – sie stand aber kaum im Fokus des päpstlichen Interesses. Giovanni Battista Montini hatte als leitender Mitarbeiter und Pro-Staatssekretär im päpstlichen Staatsekretariat in den vierziger und fünfziger Jahren die Obstruktionspolitik von Ottaviani und der Suprema mehrfach am eigenen Leib erfahren. In der Kurie standen sich damals in fast klassischer Weise wieder einmal «Politicanti» (Tauben) und «Zelanti» (Falken) unversöhnlich gegenüber – eine Konstellation, die die neuere Papstgeschichte fast durchgängig prägt. Montini war 1954 Erzbischof von Mailand geworden. Dadurch hatte man sich eines unbequemen Widersachers in der Kurie durch Wegbeförderung entledigt. Er erhielt jedoch nicht den Kardinalspurpur, der normalerweise mit dem Amt des Mailänder Erzbischofs verbunden war. Daher schied er von vornherein als möglicher Kandidat für die Nachfolge Pius' XII. 1958 aus. Das Unrecht an Montini machte der neue Papst Johannes XXIII. (1958–1963) in seinem ersten Konsistorium umgehend wieder gut und ernannte ihn am 5. Dezember 1958 zum Kardinal. Nach dessen Tod wurde er am 21. Juni 1963 bereits im fünften Wahlgang zu seinem Nachfolger gewählt.

Paul VI. wollte seine päpstliche Souveränität offenbar nicht länger durch die Suprema einschränken lassen. Deshalb hat er sie entmachtet. Über die Frage, ob er sich damit zugleich an Ottaviani und dessen Gesinnungsgenossen im Heiligen Offizium «rächte», die ihn ein Jahrzehnt zuvor nach Mailand abgeschoben hatten, darf weiter spekuliert werden. Den Index erledigte er gleichsam nebenher, nachdem die Gläubigen sich seiner schon zuvor durch Nichtbefolgung entledigt hatten. Ein Instrumentarium aus der Zeit des erstmaligen medienpolitischen Einsatzes des Buchdrucks in der Reformation und der katholischen Gegenreformation hatte sich überlebt. Andere neue Medien wie Film, Rundfunk und Fernsehen waren an die Stelle des Buches getreten, um von den heutigen Möglichkeiten und Gefahren des Internets im Zeitalter globaler Vernetzung ganz zu schweigen. Ein Index verbotener Bücher war zum Anachronismus geworden.

Dank

«Wie kommt man eigentlich dazu, sich mit dem Index der verbotenen Bücher zu beschäftigen?» Das werde ich von Zuhörern meiner Vorträge häufig gefragt. Ich antworte dann zumeist: Aus wissenschaftlicher Neugier und wegen der schwäbischen Tugend des «Jetzt erst recht». Zur Erklärung: 1988 machte ich einen kleinen Sensationsfund. In einem adligen Privatarchiv, eher Pferdestall als Aktenmagazin, tauchten über 200 Briefe eines Mannes auf, der seinen ganzen Nachlaß vernichtet hatte, um zu verschleiern, daß sein Werk in Rom angeklagt war: Briefe des Tübinger Theologen Johannes Evangelist Kuhn. Die Neugier war geweckt. Der Weg zur großen Biographie inklusive Zensurprozeß schien offen. Da wurde mir der Zugang zum Archiv der Kongregation für die Glaubenslehre verweigert – die Bestände seien generell nicht benutzbar. «Jetzt erst recht!» Ohne die römischen Prozeßakten rekonstruierte ich in meiner Dissertation den Fall trotzdem zu fast hundert Prozent korrekt – wie ich heute weiß. Denn Seine Heiligkeit, Papst Benedikt XVI., damals Präfekt der Kongregation für die Glaubenslehre, erlaubte mir 1992 die Konsultation des bis dahin bestgehüteten Archivs im Palazzo del Sant'Uffizio. Jetzt konnte ich mit meinen Mitarbeitern schon vor der offiziellen Öffnung im Jahr 1998 die Spuren zahlreicher spannender Fälle aufnehmen: Heinrich Heine, Johann Michael Sailer oder Johann Sebastian Drey. Sehr schnell zeigte sich, daß wir es mit einem einmaligen Quellenbestand zu tun hatten, bei dem es nicht ausreichen konnte, nur einzelne interessante Fälle zu rekonstruieren. So entstand das von der Deutschen Forschungsgemeinschaft finanzierte Langzeitprojekt «Römische Inquisition und Indexkongregation», in dem ich mit gut 20 Mitarbeiterinnen und Mitarbeitern umfassende Grundlagenforschung betreibe.

Dabei wird die gesamte römische Buchzensur von 1542, dem Jahr der Gründung der Römischen Inquisition, bis zum Ende des Index im Jahr 1966 untersucht. Hier geht es zunächst um eine Edition aller Bandi, also der Urteilsplakate von Indexkongregation und Inquisition, die alle Titel und Ausgaben der Werke, die in Rom verboten wurden, präzise identifiziert. Zum zweiten wird ein vollständiges Inventar der für die Buchzensur relevanten Akten erarbeitet. Dieses «Systematische Repertorium» bietet einen Überblick über alle Sitzungen der beiden Zensurkongregationen und ihre Teilnehmer, über alle verhandelten Bücher – verbotene und nicht-verbotene! –, über alle Gutachten und Zensuren und letztlich über alle römischen Entscheidungen in Sachen Buchzensur. Drittens werden die Mitarbeiter von Inquisition und Indexkongregation, namentlich die Gutachter, und ihre konkrete Tätigkeit als Zensoren in der «Prosopographie», einer bio-bibliographischen Datenbank, erschlossen. Diese Arbeit ist für den Zeitraum von 1815, dem Jahr der Rückkehr des Papstes aus dem französischen Exil und der Wiedererrichtung des von Napoleon Bonaparte zerschlagenen Kirchenstaates, bis 1917, dem Jahr der Auflösung der Indexkongregation als eigenständiger Behörde und ihrer Eingliederung als Abteilung in das Heilige Offizium, bereits abgeschlossen und wurde im Dezember 2005 der Öffentlichkeit vorgestellt. Diese Grundlagenforschung ist die Basis für eine historisch präzise Erarbeitung einzelner Zensurfälle und somit auch die wesentliche Voraussetzung für das hier vorliegende Buch.

Und es hat großen Spaß gemacht, dieses Buch zu schreiben. Mein Dank gilt zunächst Dr. Ulrich Nolte vom Verlag C. H. Beck, der sich von der ersten Zeile bis zur letzten Bildunterschrift sehr tatkräftig und sachkundig um das Lektorat gekümmert hat. Danken möchte ich ganz besonders meiner Sekretärin Verena Imhorst, die in der Sommerpause, während unsere Fakultät in Münster geschlossen war, mit großer Akribie und Unerschütterlichkeit meine sicher allzu oft schwer lesbaren handschriftlichen Entwürfe, Einfügungen und Umstellungen entziffert und in Textform gebracht hat. Tobias Lagatz und Dominik Höink, wissenschaftliche Mitarbeiter vom Langzeitprojekt «Römische Inquisition und Indexkongregation», haben sich bei der Zulieferung von Material große Verdienste erworben. Angesichts der Vielfalt von Quellen und Informationen hätte ich gleich ein zweites Buch schreiben können, vielleicht zum Thema «Index und NS-Ideologie», im Mittelpunkt die Frage, warum Hitlers *Mein Kampf* nicht verboten wurde. Gerne werde ich dieses Buchprojekt gemeinsam mit dem Verlag C. H. Beck demnächst in Angriff nehmen. Besonders hervorheben möchte ich die Leistung meiner aus

Leibniz-Preis-Mitteln finanzierten Mitarbeiterinnen und Mitarbeiter Holger Arning, Gregor Klapczynski, Kristin Rammelmann, Andrea Schulte-Sutrum, Marie-Christine Stahl und Stefan Voges. Unter der engagierten und kompetenten Leitung von Dr. Barbara Schüler, auf die ich mich wie immer in allen Fragen hundertprozentig verlassen konnte und ohne die dieses Buch nicht in so kurzer Zeit entstanden wäre, haben sie sich als unerbittliche «Zensoren» und Konsultoren erwiesen. Ihr und ihnen gilt mein besonderer Dank.

Münster in Westfalen,
im November 2005 Hubert Wolf

ANHANG

Römische Index-Ausgaben

Im Laufe der über vierhundertjährigen Geschichte von Inquisition und Indexkongregation erschienen an die 30 Indexausgaben. Die neu verbotenen Bücher wurden der bestehenden Liste jeweils hinzugefügt, manche Titel jedoch auch wieder aus dem Katalog gestrichen, so daß jeder Index für sich ein Zeitdokument erster Ordnung darstellt.

Der erste offiziell erschienene römische Index stammt von Paul IV. aus dem Jahr 1559:

- Index auctorum et librorum qui ab Officio Sanctae Rom. et Universalis Inquisitionis caveri ab omnibus et singulis in universa Christiana Republica mandantur. Romae 1559.

Der sogenannte *Trienter Index* wurde von Pius IV. 1564 publiziert:

- Index librorum prohibitorum, cum Regulis confectis per Patres a Tridentina Synodo delectos, auctoritate Sanctiss. D. N. Pii IV, Pont. Max. comprobatus. Romae: Manutius, 1564.

1576 ließ der Magister Sacri Palatii Paolo Constabili von seinem Mitarbeiter Damiano Rubeo ein Manuskript mit einer Liste von verbotenen Büchern, die noch nicht auf dem Index standen, erarbeiten. Ein Exemplar befindet sich in der Vatikanischen Bibliothek:

- Index librorum aliorum in indice non contentorum, Romae 1576.

Der Index Sixtus' V. von 1590 trägt folgende Aufschrift auf dem Titelblatt:

- «Bulla S.mi D. N. Sixti Papae V emendationis indicis cum suis regulis super librorum prohibitione, expurgatione, et revisione, necnon cum abrogatione caeterorum indicum hactenus editorum, et revocatione facultatis ebendorum, nisi ad praescriptam harum regularum normam. Romae, Apud Paulum Bladum Impressorem Cameralem. M.D.XC.»

Der Index Clemens' VIII. erschien 1596:

- Index Librorum prohibitorum cum Regulis confectis Per Patres a Tridentina Synodo delectos Auctoritate Pii IIII. Primum editus postea vero a Syxto V. auctus et nunc demum S. D. N. Clementis PP. VIII. Iussu, recognitus, & publicatus. Instructione adjecta. De exequendae prohibitionis, deque sincere emendandi, & imprimendi libros, ratione. Romae, Apud Impressores Camerales, 1596.

Der Index von 1607 ist ein Solitär. Hier handelt es sich nicht um eine Liste verbotener Bücher, sondern um einen Katalog mit Korrekturvorschriften für eine Reihe zu verbessernder Bücher:

- Indicis librorum expurgandorum in studiosorum gratiam confecti, Tomus primus, in quo quinquaginta auctorum libri prae caeteris desiderati enumerantur. Per F. Io. Mariam Brasichelli Sacri Apostolici Magistrum. Roma ex typographia R. Cam. Apostolicae, 1607.

1632 erschien ein vom Sekretär der Indexkongregation Maddaleno Capiferreo bearbeiteter neuer Index:

- Elenchus Librorum omnium tum in Tridentino Clementino; Indice, tum in aliis omnibus Sacrae Indicis Congregationis particularibus Decretis hactenus prohibitorum; Ordine uno Alphabetico, Per Fr. Franciscum Magdalenum Capiferreum Ordinis Praedicatorum dictae Congregationis Secretarium digestus. Romae ex typographia Camerae Apostolicae, 1632.

Der Index Alexanders VII. von 1664 stellt eine wichtige Zäsur in der Indexgeschichte dar:

- Index librorum prohibitorum Alexandri VII. Pontificis Maximi jussu editus. Romae ex typographia Reverendae Camerae Apostolicae, 1664.

Unter Clemens X. erscheint 1670 die Fortsetzung:

- Index librorum prohibitorum Clementis X. Pontificis Maximi jussu editus. Romae ex typographia Reverendae Camerae Apostolicae, 1670.

1681 erschien ein Index unter dem Namen Innozenz XI., in den einige Namen nachgetragen wurden, die während des Drucks verboten wurden:

- Index librorum prohibitorum Sanctissimi Domini nostri Innocentii XI. Pontificis Maximi jussu recognitus, atque editus. Romae ex typographia Rev. Camerae Apostolicae. Cum Summi Pontificis privilegio, 1681.

Der Index Benedikts XIV. von 1758 basierte auf einer großen Indexreform und bildete die Grundlage aller folgenden Listen:

- Index librorum prohibitorum Sanctissimi Domini nostri Benedicti XIV. Pontificis Maximi jussu recognitus, atque editus. Romae ex typographia Rev. Camerae Apostolicae. Cum Summi Pontificis privilegio, 1758.

Pius VI. ließ 1786 einen Index drucken:

- Index librorum prohibitorum Sanctissimi Domini nostri Pii Sexti Pontificis Maximi jussu editus. Romae ex typographia Rev. Camerae Apostolicae. Cum Summi Pontificis privilegio, 1786.

Der Index Pius' VII. von 1819:

- Index librorum prohibitorum Sanctissimi Domini nostri Pii Septimi Pontificis Maximi jussu editus. Romae ex typographia Rev. Camerae Apostolicae. Cum Summi Pontificis privilegio, 1819.

Der erste Index Gregors XVI. erschien 1835:

- Index librorum prohibitorum Sanctissimi Domini nostri Gregorii XVI. Pontificis Maximi jussu editus. Romae ex typographia Rev. Camerae Apostolicae. Cum Summi Pontificis privilegio, 1835.

Der zweite Index Gregors XVI. stammt von 1841:
- Index librorum prohibitorum Sanctissimi Domini nostri Gregorii XVI. Pontificis Maximi jussu editus. Romae ex typographia Rev. Camerae Apostolicae. Cum Summi Pontificis privilegio, 1841.

Unter Pius IX. erschien 1855 ein neuer Index:
- Index librorum prohibitorum Sanctissimi Domini nostri Pii IX. Pont. Max. jussu editus. Romae 1855.

Ebenfalls unter Pius IX. erschien der Index von 1877:
- Index librorum prohibitorum Sanctissimi Domini nostri Pii IX. Pont. Max. jussu editus. Editio novissima in qua libri omnes ab Apostolica Sede usque ad annum 1876 proscripti suis locis recensentur. Romae ex typographia polyglotta S. C. de Propaganda Fide, 1877.

Der Index Leos XIII. von 1881 steht noch in der Tradition seiner Vorgänger:
- Index librorum prohibitorum Sanctissimi Domini nostri Leonis XIII. Pont. Max. jussu editus. Editio novissima in qua libri omnes ab Apostolica Sede usque ad annum 1876 proscripti suis locis recensentur. Romae ex typographia polyglotta S. C. de Propaganda Fide, 1881.

Der *Index Leoninus* von 1900 dokumentiert die größte Indexreform der Geschichte:
- Index librorum prohibitorum Sanctissimi Domini nostri Leonis XIII. iussu et auctoritate recognitus et editus. Praemittuntur Constitutiones Apostolicae de examine et prohibitione librorum. Romae Typis Vaticanis, 1900.

Unter Pius XI. erschien 1929 ein Index, dem 1930 eine deutsche Einleitung vorangestellt wurde:
- Index der verbotenen Bücher. Durchgesehen und veröffentlicht im Auftrage Seiner Heiligkeit Papst Pius XI. Neuauflage Tipografia Poliglotta Vaticana 1930.

Der letzte Index erschien 1948 unter Pius XII.:
- Index librorum prohibitorum Sanctissimi Domini nostri Pii XII. Sum. Pont. jussu editus. Civitas Vaticana ex typis polyglotta Vaticanis, 1948.

In populärer Fassung erschien seit 1906 in vielen Auflagen ein deutscher *Volksindex* von Albert Sleumer:
- Index Romanus. Verzeichnis sämtlicher auf dem römischen Index stehenden deutschsprachlichen Bücher desgleichen aller wichtigen fremdsprachlichen Bücher seit dem Jahre 1750. Zusammengestellt auf Grund der neuesten Vatikanischen Ausgabe sowie mit ausführlicher Einleitung versehen von Albert Sleumer. Osnabrück 1906; 11. Aufl. Osnabrück 1956.

Verbotene Bücher

Der Index der verbotenen Bücher war im Lauf der Geschichte einem nicht unerheblichen Wandel unterworfen. Einerseits wurden durch die laufenden Indizierungen von Indexkongregation und Inquisition ständig neue Werke in die Liste aufgenommen. Andererseits kam es – vor allem im Rahmen der großen Indexreformen von 1752 und 1900 – auch immer wieder vor, daß Bücher aus dem Index gestrichen wurden und somit als nicht mehr verboten galten.
Die vorliegende Auswahl verbotener Bücher basiert auf der letzten Ausgabe des römischen Index von 1948 und den auf Weisung von Pius XII. 1954 als Einlageblatt publizierten Nachträgen. Die Autorennamen und Titelaufnahmen folgen den Angaben im Index selbst und sind bewußt nicht heutigen bibliographischen Standards angeglichen. Die Jahreszahlen in eckigen Klammern geben das Jahr der Indizierung des jeweiligen Werkes an. Die Formel «Opera omnia» besagt, daß alle Werke eines Autors verboten waren.

Acton, Lord
– Zur Geschichte des vatikanischen Conciles [1871]
– Sendschreiben an einen deutschen Bischof des vaticanischen Conciles [1871]
Alfieri, Vittorio
– Satire [1823]
– Della tirannide [1823]
Allgemeines Glaubensbekenntnis aller Religionen 1784, dem gesunden Menschenverstande gewidmet [1784]
Alvi, Ciro
– S. Francesco d'Assisi. Romanzo [1904]
Ammann, Franz Sebastian
– Der aufgehende Morgenstern und der anbrechende Tag in den Christenherzen oder der Geist Christi in seiner Kirche [1840]
Bailly, Ludovicus
– Theologia dogmatica et moralis ad usum seminariorum [1852]
Balzac, Honoré de
– Omnes fabulae amatoriae [1864]
Bayle, Pierre
– Opera omnia [1757]
Beauvoir, Simone
– Le deuxième sexe, deux volumes [1956]
– Les mandarins [1956]
Beck, Joseph
– Freiherr J. Heinrich von Wessenberg, sein Leben und Wirken [1866]
Bentham, Jérémie
– Traités de législation civile et pénale [1819]

Berkeley, Georg
– Alciphron, or the minute philosopher [1742]
Bois, Jules
– Le satanisme et la magie [1896]
Bolzano, Bernard
– Erbauungsreden für Akademiker [1828]
– Lehrbuch der Religionswissenschaften [1839]
Bombelli, Rocco
– L'infallibilità del romano pontefice ed il concilio ecumenico vaticano; dialogo fra un teologo ed un razionalista [1877]
Book of common prayer [1714]
Bossuet, Jacques-Bénigne
– Project de réponse à m. De Tencin, archevêque d'Embrun, communiquée aux ecclésiastiques du diocèse de Troyes pour leur instruction [1745]
Braun, Thomas
– Katholische Antwort auf die päpstliche Bulle über die Empfängnis Mariä [1857]
– Katholisches Andenken [1859]
– Katholische Kirche ohne Papst [1871]
Brenner, Friedrich
– Über das Dogma; zugleich Beantwortung der Frage: Wer wird selig? [1835]
Bruno, Giordano
– Opera omnia [1600]
Buchmann, Jakob
– Die unfreie und die freie Kirche in ihren Beziehungen zur Sklaverei, zur Glaubens- und Gewissenstyrannei und zum Dämonismus [1837]
Buddeus, Carl
– Jesus Christus und die Essener, nach den Visionen der Augustiner Nonne Anna Katharina Emmerich [1886]
Buonaiuti, Ernesto
– Saggi di filologia e storia del nuovo testamento [1910]
– Sant'Agostino [1918]
– Opera et scripta omnia [1944]
Carové, Friedrich Wilhelm
– Über das Coelibatgesetz des römisch-katholischen Klerus [1835]
Chenu, Dominique
– Une école de Théologie: Le Saulchoir [1942]
Clericus germanicus (Pseudonym)
– Der Modernisteneid; ein Appell an deutsche Priester [1911]
Cogni, Giulio
– Il razzismo [1937]
Comte, Auguste
– Cours de philosophie positive [1864]
Coreni, Teofilo
– Lo spiritismo in senso christiano [1890]
Croce, Benedetto
– Opera omnia [1934]
Cousin, Victor
– Cours de l'histoire de la philosophie [1844]

D'Annunzio, Gabriele
– Omnes fabulae amatoriae [1911]
Das Papstbüchlein, ein so nützliches als unterhaltendes Lesebüchlein für den gemeinen Mann aller Kirchengesellschaften [1934]
Darwin, Erasmus (Großvater des Charles Darwin)
– Zoonomia or the Laws of organic life [1817]
De Dominicis, Saverio Fausto
– Galilei e Kant, o l'esperienza e la critica nella filosofia moderna [1874]
Defoe, Daniel
– Political history of the devil as well ancient as modern [1743]
Der evangelische Katholizismus; Beitrag zur Begründung der Wahrheit, daß nur die reine Lehre des Evangeliums sich zu einer allgemeinen Religion und Kirche eigne [1845]
Descartes, René
– Meditationes de prima philosophia, in quibus Dei existentia et animae humanae a corpore distinctio demonstratur [1663]
– Opera philosophica [1663]
– Les passions de l'âme [1663]
– Meditationes de prima philosophia [1720]
D'Holbach, Paul Thyry
– Système de la nature, ou les lois du monde physique et du monde moral (erschienen unter dem Pseudonym Mirabaud) [1770]
– Système social [1775]
– Histoire critique de Jésus-Christ [1782]
– La Morale universelle [1837]
Diderot, Denis
– Encyclopédie ou dictionnaire raisonné des sciences, des arts et des métiers par une société des gens de lettres, mis en ordre et publié par m. Diderot et m. D'Alembert [1758, 1759]
– Jacques le fataliste et son maître [1804]
Die römische Indexcongregation und ihr Wirken, historisch-kritische Betrachtungen zur Aufklärung des gebildeten Publikums [1864]
Döllinger, Johann Joseph Ignaz von
– Der Papst und das Concil (erschienen unter dem Pseudonym Janus) [1869]
Draper, John William
– History of the conflicts between religion and science [1876]
Duchesne, Louis
– Histoire ancienne de l'Église [1912]
Dudevant, Amantine-Lucile-Aurore
– Omnes fabulae amatoriae (erschienen unter dem Pseudonym George Sand) [1863]
Dumas, Alexandre (Vater)
– Omnes fabulae amatoriae [1863]
Dumas, Alexandre (Sohn)
– Omnes fabulae amatoriae [1863]
– La question du divorce [1880]
Du Moulin, Charles
– Opera omnia [1658]

Ellendorf, Johann Otto
– Der Primat der römischen Päpste aus den Quellen dargestellt [1841]
Enfantin, Barthélemy-Prosper; Saint-Simon, Henri de
– Science de l'homme; physiologie religieuse [1859]
Eriugena, Johannes Scotus
– De divisione naturae libri quinque diu desiderati; accedit appendix ex ambiguis s. Maximi, graece et latine [1684]
Fénélon, Francois de Salignac
– Explication des maximes des saints sur la vie intérieure [1699]
Ferrari, Giuseppe
– Opera omnia [1877]
Ferri, Enrico
– La scuola criminale positiva; conferenza [1896]
– Sociologia criminale [1896]
Ferrière, Emile
– L'âme est la fonction du cerveau [1892]
– Le darwinisme [1892]
Flaubert, Gustave
– Madame Bovary [1864]
– Salammbo [1864]
Fleury, Claude
– Institution au droit ecclésiastique [1693]
Fogazzaro, Antonio
– Il Santo; romanzo [1906]
Leila; romanzo [1911]
Foscolo, Ugo
– La commedia di Dante Allighieri illustrata [1845]
Frédéric II, roi de Prusse
– Œuvres du philosophe de Sans-Souci [1760]
Friedrich, Johann
– Tagebuch während des Vaticanischen Concils geführt [1871]
Frohschammer, Jacob
– Über den Ursprung der menschlichen Seelen. Rechtfertigung des Generatianismus [1857]
– Das Recht der eigenen Überzeugung [1869]
Fuchs, Aloys
– Ohne Christus kein Heil für die Menschheit in Kirche und Staat; eine Rede [1833]
Funk, Philipp
– Von der Kirche des Geistes. Religiöse Essays im Sinne eines modernen Katholizismus [1915]
Gámbara, Luis
– Antropología criminal [1910]
Gebt dem Kaiser, was des Kaisers ist, und dem Papst, was des Papstes ist [1767]
Gehringer, Joseph
– Liturgik, ein Leitfaden nach den Grundsätzen der katholischen Kirche [1850]
– Theorie der Seelsorge [1850]
Gentile, Giovanni
– Opera omnia [1934]

Gerberon, Gabriel
- Le miroir de la piété chrétienne, où l'on considère avec des réflexions morales l'enchainement des vérités catholiques de la prédestination et de la grâce de Dieu, et leur alliance avec la liberté de la créature (erschienen unter dem Pseudonym Flore de Sainte-Foy) [1678]
- Factum circa propositiones libri cui titulus: Le miroir de la piété chrétienne par Flore de Sainte-Foy (erschienen unter dem Pseudonym Andreas Sanguin) [1679]
- Korte en noodighe onderwijsinghe voor alle catholijcken van Nederlandt raekende het lesen der heijlighe schriftuer (erschienen unter dem Pseudonym Cornelius Van de Velden) [1692]
- Opera (unter dem Pseudonym Michael Bajus) [1697]
- Disquisitiones duae de gratuita praedestinatione et de gratia se ipsa efficaci (erschienen unter dem Pseudonym Martinus Du Chesne) [1697]
- Adumbrata ecclesiae romanae catholicaeque veritatis de gratia adversus Ioannis Leydeckeri in sua istoria Iansenismi hallucinationes iniustasque criminationes defensio (erschienen unter dem Pseudonym Ignatius Eyckenboom) [1698]

Ghibellinus und Germanicus (Pseudonym)
- 45 Thesen zur Gewerkschafts-Encyclica «Singulari quadam» [1913]

Gibbon, Edward
- The history of the decline and fall of the roman empire [1783]

Gide, André
- Opera omnia [1952]

Graser, Johann Baptist
- Divinität oder das Prinzip der einzig wahren Menschenerziehung [1838]

Gregorovius, Ferdinand
- Geschichte der Stadt Rom im Mittelalter vom V. bis XVI. Jahrhundert [1874]

Grotius, Hugo
- Apologeticus eorum, qui Hollandiae Westfrisiaeque et vicinis quibusdam nationibus ex legibus praefuerunt ante mutationem, quae evenit anno 1618 [1626]
- Annales et historiae de rebus belgicis [1659]
- Opera omnia theologica [1757]

Günther, Anton
- Euristheus und Heracles; metalogische Kritiken und Meditationen [1857]
- Vorschule zur speculativen Theologie des positiven Christentums, in Briefen [1857]

Heine, Heinrich
- De l'Allemagne [1836]
- Reisebilder [1836]
- De la France [1836]
- Neue Gedichte. Hamburg 1844 [1845]

Hermes, Georg
- Christkatholische Dogmatik, nach dessen Tode herausgegeben von J. H. Achterfeldt [1835]
- Einleitung in die christkatholische Theologie [1835]

Hinschius, Paul
- Die Orden und Kongregationen der katholischen Kirche in Preußen, ihre Verbreitung, ihre Organisation und ihre Zwecke [1874]

Hirscher, Johann Baptist
- Missae genuinam notionem eruere … tentavit [1823]

– Die kirchlichen Zustände der Gegenwart [1849]
Hobbes, Thomas
– Opera omnia [1703]
Hontheim, Johannes Nikolaus
– De Statu ecclesiae et legitima potestate romani pontificis [1773]
Houtin, Albert
– L'américanisme [1904]
– La question biblique au XXe siècle [1906]
– La crise du clergé [1907]
Hugo, Victor
– Notre-Dame de Paris [1834]
– Les misérables [1864]
Hume, David
– Opera omnia [1827]
Iakobus I., rex Angliae
– Basilicon doron, divided into three books [1606]
Isenbiehl, Johann Lorenz
– Neuer Versuch über die Weissagung vom Emmanuel [1779]
Jansenius, Cornelius
– Augustinus [1624]
– Enchiridion [1654]
Kant, Immanuel
– Kritik der reinen Vernunft [1827]
Karrer, Otto
– Gebet, Vorsehung, Wunder [1924]
Katholischer Katechismus herausgegeben im Auftrage der altkatholischen Synode [1876]
Katholisches Rituale herausgegeben nach den Beschlüssen der beiden ersten Synoden der Altkatholiken des deutschen Reiches [1876]
Kleiner katholischer Katechismus von der Unfehlbarkeit; ein Büchlein zur Unterweisung von einem Vereine katholischer Geistlichen [1872]
Keller, Ludwig
– Die geistigen Grundlagen der Freimaurerei [1916]
Koepgen, Georg
– Die Gnosis des Christentums [1941]
'L Testament neuv de Nossëgnour Gesù-Crist tradout in lingua piemonteisa [1840]
La Fontaine, Jean de
– Contes et nouvelles en vers [1804]
La Storia della prostituzione desunta dalle opere [di] Parent-Duchatelet, Dufour, Lacroix, Rabuteaux, Lecour, Taxil, Flaux ed altri celebri autori [1852]
Lamennais, Hugues-Félicité-Robert
– Affaires de Rome [1837]
– Le livre du peuple [1838]
– Les évangiles [1846]
Laros, Matthias
– Das christliche Gewissen in der Entscheidung [1941]
Larousse, Pierre
– Grand dictionnaire universel du XIXe siècle [1873]

Lasaulx, Ernst von
– Über die theologische Grundlage aller philosophischen Systeme [1861]
Le Clerc, Johannes
– Opera omnia [1733]
Lefranc, E. (Pseudonym)
– Les conflits de la science et de la Bible [1906]
Lenau, Nicolaus
– Die Albigenser; freie Dichtungen [1845]
Lessing, Gotthold Ephraim
– Religion saint-simonienne; ... cinq discours; lettres sur la religion et la politique (suivies de l'Éducation du genre humain) [1835]
Locke, John
– An essay concerning human understanding [1734]
Loisy, Alfred
– Études évangéliques [1903]
– L'évangile et l'église [1903]
– La religion d'Israël [1903]
– Mémoires pour servir à l'histoire religieuse de notre temps [1932]
– La crise morale du temps présent et l'éducation humaine [1938]
– Georges Tyrrell et Henri Bremond [1938]
– Les origines du Nouveau Testament [1938]
– Ya-t-il deux sources de la religion et de la morale? [1938]
Mac Crie, Thomas
– History of the progress and suppression of the reformation in Italy in the sixteenth century [1836]
Maimonides, Moses
– De idolatria liber cum interpretatione latina et notis Dionysii Vossii [1717]
Malebranche, Nicolas
– Défense de l'auteur de la recherche de la vérité contre l'accusation de mr. de la Ville [1689]
Mancini, Luigi
– La divina commedia di Dante Alighieri, quadro sinottico analitico [1864]
– Dio è vivo; lettera ad un amico [1879]
Martin, Jacqueline
– «Plénitude» Témoignage d'une femme sur l'amour [1954]
Merkle, Sebastian
– Vergangenheit und Gegenwart der katholisch-theologischen Fakultäten, in: Akademische Rundschau, Leipzig Okt. u. Nov. 1912 [1913]
Michel, Ernst
– Politik aus dem Glauben [1929]
– Ehe, eine Anthropologie der Geschlechtsgemeinschaft [1952]
Mignet, Francois-Auguste-Alexis
– Histoire de la révolution française depuis 1789 jusqu'en 1814 [1825]
Mill, John Stuart
– Principles of political economy with some of their applications to social philosophy [1856]
Minghetti, Marco
– Stato e Chiesa [1878]

Mivart, St. George
- Happiness in Hell, in: Nineteenth Century; London Dez. 1892, Febr. u. Apr. 1893 [1893]

Molinos, Miguel de
- Opera omnia [1687]

Montaigne, Michel de
- Les essais [1676]

Montesquieu, Charles de Secondat de
- De l'esprit des loix [1751]
- Lettres persanes [1762]

Morgan, Lady Sydney
- Italy, a journal of a residence in that country exhibiting a view to the state of society and manners, art, literature [1850]

Mulert, Hermann
- Der Katholizismus der Zukunft [1941]

Muller, Camille
- L'Encyclique «Humani Generis» et les problèmes scientifiques [1954]

Multer, Johann Christian
- Rechtfertigung der gemischten Ehe zwischen Katholiken und Protestanten in statistisch-, kirchlich- und moralischer Hinsicht von einem katholischen Geistlichen, mit einer Vorrede von Herrn Leander van Ess [1821]

Murri, Romolo
- I problemi dell'Italia contemporanea; vol. I.: la politica clericale e la democrazia [1909]

Negri, Gaetano
- Meditazioni vagabonde [1897]
- Rumori mondani [1897]
- Segni dei tempi [1897]

Nielsen, Ditlef
- Den historiske Jesus [1929]
- Der geschichtliche Jesus. Deutsche Bearbeitung von Hildebrecht Hommel nach dem erweiterten dänischen Original [1929]

Oswald, Heinrich
- Dogmatische Mariologie, das ist: Systematische Darstellung sämmtlicher die allerseligste Jungfrau betreffenden Lehrstücke [1855]

Pascal, Blaise
- Pensées, avec les notes de m. de Voltaire [1789]
- Les provinciales (erschienen unter dem Pseudonym Louis de Montalte) [1657]

Pichler, Aloys
- Geschichte der kirchlichen Trennung zwischen dem Orient und Occident von den ersten Anfängen bis zur jüngsten Gegenwart [1865]
- Die Theologie des Leibniz aus sämtlich gedruckten und vielen noch ungedruckten Quellen mit besonderer Rücksicht auf die kirchlichen Zustände der Gegenwart zum ersten Male vollständig dargestellt [1870]
- Die wahren Hindernisse und die Grundbedingungen einer durchgreifenden Reform der katholischen Kirche zunächst in Deutschland [1870]

Pincherle, Albert
- Opera omnia [1952]

Pufendorf, Samuel von
- Einleitung zu der Historie der vornehmsten Reiche und Staaten in Europa [1692]

Quesnel, Pasquier
- S. Leo Magnus: Opera [1676]
- Apologie historique des deux censures de Louvain et de Douay sur la matière de la grâce, à l'occasion d'un livre intitulé: Défense des nouveaux chrétiens (erschienen unter dem Pseudonym Gery) [1697]
- Cleri catholici per foederatum Belgium et archiepiscopi sebasteni religio vindicata; Iohannis Clerici in s. Augustinum censura refellitur; scripta varia ad rem pertinentia ad calcem appenduntur (erschienen unter dem Pseudonym Christianus Philirenus) [1707]
- Abrégé de la morale de l'évangile [1713]
- Histoire des religieux de la compagnie de Jésus [1750]

Quinet, Edgard
- Ahasvérus [1835]

Ranke, Leopold
- Die römischen Päpste, ihre Kirche und ihr Staat im sechzehnten und siebzehnten Jahrhundert [1841]

Rautenstrauch, Johann
- Vorstellung an S. Heiligkeit Pius VI. aus dem Manuscript des verstorbenen Herrn Delaurier [1795]

Recueil de diverses pièces sur la philosohie, la religion naturelle, l'histoire, les mathématiques etc. par mrs. Leibniz, Clarke, Newton et autres autheurs célèbres [1742]

Reichel, Wenzel Josef
- Ist die Lehre von der Unfehlbarkeit des römischen Papstes katholisch? Eine Frage gestellt und beantwortet im Namen des hierüber noch nicht gehörten katholischen Volkes [1871]

Renan, Ernest
- Le livre de Job traduit de l'hébreu; étude sur l'âge et le charactère du poëme [1859]
- Le Cantique des cantiques, traduit de l'hébreu avec une étude sur le plan, l'âge et le charactère du poëme [1860]
- Vie de Jésus [1863]
- Les apôtres [1866]
- Saint Paul [1869]
- Questions contemporaines [1869]

Reynaud, Jean
- Philosophie religieuse; terre et ciel [1865]

Rohling, August
- Der Zukunftsstaat. Ein Trostbüchlein [1897]

Rosenberg, Alfred
- Der Mythus des 20. Jahrhunderts [1934]
- An die Dunkelmänner unserer Zeit [1935]

Rosmini-Serbati, Antonio
- La costituzione secondo la giustizia sociale con un'appendice sull'unità d'Italia [1849]
- Delle cinque piaghe della santa Chiesa, trattato dedicato al clero cattolico con appendice di due lettere sulla elezione d'vescovi a clero e popolo [1849]

Rousseau, Jean-Jacques
- Émile, ou de l'éducation [1762]
- Du contract social, ou principes du droit politique [1766]
- Lettre à Christoph de Beaumont, archevêque de Paris, 18 novembre 1762 [1766]
- Lettres écrites de la montagne [1767]
- Julie ou la nouvelle Héloise; lettres de deux amans, habitans d'une petite ville au pied des Alpes [1806]

Sabatier, Paul
- Vie de s. François d'Assise [1894]

Santo-Domingo (Pseudonym)
- Cardinäle, Bischöfe und Priester als Liebesabenteurer durch Coelibatgebot und jesuitische Grundsätze historisch geschildert; aus dem Französischen [1833]

Sartori, August
- Leitfaden der christlichen Religions- und Kirchengeschichte zum Gebrauche für katholische Schüler an höheren Bürgerschulen und Gymnasien, nebst einem Anhange: Abriss der Christlichen Kirchlichen Archäologie [1843]

Sartre, Jean Paul
- Opera omnia [1948]

Sayn-Wittgenstein, Caroline-Élisabeth
- Causes intérieures de la faiblesse extérieure de l'Église en 1870 [1879]

Schell, Herman
- Katholische Dogmatik in sechs Büchern [1898]
- Der Katholicismus als Princip des Fortschritts [1898]
- Die göttliche Wahrheit des Christentums in vier Büchern [1898]
- Die neue Zeit und der alte Glaube: eine culturgeschichtliche Studie [1898]

Schulte, Johann Friedrich Ritter von
- Das Unfehlbarkeits-Dekret vom 18. Juli 1870 auf seine Verbindlichkeit geprüft [1871]

Schmidtke, Friedrich
- Die Einwanderung Israels in Kanaan [1934]

Schneider, Eulogius
- Katechetischer Unterricht in den allgemeinsten Grundsätzen des praktischen Christenthums [1791]

Schulte, Johann Friedrich von
- Die Macht der römischen Päpste über Fürsten, Länder, Völker und Individuen [1871]

Seymour, Michael Hobart
- A pilgrimage to Rome [1851]

Spinoza, Benedictus de
- Opera posthuma [1690]

Stapf, Franz
- Katechismus der christkatholischen Religion herausgegeben mit Genehmigung sr. k. Majestät von Baiern auf Anordnung des bischöflichen Generalvicariats von Bamberg [1825]

Stattler, Benedictus
- De locis theologicis [1797]

Stendhal, Henri Beyle de
- Omnes fabulae amatoriae [1864]

Sterne, Laurence
- A sentimental journey through France and Italy, by Mr. Yorick [1819]
Strauss, David Friedrich
- Das Leben Jesu, kritisch bearbeitet [1838]
Sue, Eugène
- Omnes fabulae amatoriae [1852]
Tamburini, Petrus
- De summa catholicae de gratia Christi doctrinae praestantia [1790]
Ten Hompel, Adolph
- Uditore Heiner und der Antimodernisteneid. Grenzfragen: Erstes Heft [1911]
Theiner, Johann Anton und Theiner, Augustin
- Die Einführung der erzwungenen Ehelosigkeit bei den christlichen Geistlichen und ihre Folgen. Ein Beitrag zur Kirchengeschichte [1829]
Theiner, Johann Anton
- Die katholische Kirche Schlesiens [1826]
- Die reformatorischen Bestrebungen in der katholischen Kirche; ein Sendschreiben [1845]
Thomé, Josef
- Der mündige Christ; katholische Kirche auf dem Wege der Reifung [1955]
Tolstoy, Dmitry
- Le catholicisme romain en Russie; études historiques [1866]
Tommaseo, Niccolò
- Opuscoli inediti di Girolamo Savonarola [1837]
- Roma e il mondo [1852]
- Studii filosofici [1842]
Tressera, Ceferino
- La judía errante, novela filosófico-social [1864]
Turmel, Joseph
- L'eschatologie à la fin du IVe siècle [1909]
Van de Velde, Theodor Hendrik
- Het volkomen Huwelijk [1931]
Van Ess, Leander
- Die heiligen Schriften des neuen Testaments übersetzt und mit zugefügten Sach-Parallelstellen und mit grundtextlichen Abweichungen [1821]
- Rechtfertigung der gemischten Ehen [1821]
Vittorio Emanuele, re d'Italia
- Excerptum ex opusculo: Alleanza monoteistica [1870]
Voltaire, Francois-Marie Arouet
- Lettres philosophiques [1752]
- Œuvres; nouvelle édition revue, corrigée et considérablement augmentée par l'auteur. A Dresde 1748 [1752]
- La voix du sage et du peuple [1752]
- Le siècle de Louis XIV (erschienen unter dem Pseudonym de Francheville) [1753]
- Abrégé de l'histoire universelle depuis Charlemagne jusques à Charlequint [1755]
- Précis de l'Ecclésiaste et du Cantique des Cantiques en vers avec le texte en françois et des remarques de l'auteur [1759]
- Lettre à ses frères (erschienen unter dem Pseudonym Charles Gouju) [1762]

- Candide, ou l'optimisme traduit de l'allemand (erschienen unter dem Pseudonym Ralph) [1762]
- Catéchisme de l'honnête-homme [1765]
- Dictionnaire philosophique portatif [1765]
- L'évangile de la raison [1765]
- Ouvrages philosophiques [1765]
- Traité sur la tolérance [1766]
- La philosophie de l'histoire (erschienen unter dem Pseudonym Bazin) [1768]
- Essai historique et critique sur les dissensions des églises de Pologne (erschienen unter dem Pseudonym Joseph Bourdillon) [1768]
- Les droits des hommes [1769]
- Discours aux confédérés catholiques de Kaminiek en Pologne (erschienen unter dem Pseudonym Kaiserling) [1769]
- Singularités de la nature [1770]
- La raison par alphabet [1776]

Wacker, Theodor
- Zentrum und kirchliche Autorität, in: Gegen die Quertreiber [1914]

Wessenberg, Ignaz Heinrich von
- Die Bisthums-Synode und die Erfordernisse und Bedingungen einer heilsamen Herstellung derselben [1849]
- Die Stellung des römischen Stuhls gegenüber dem Geiste des 19. Jahrhunderts [1833]

Wieland, Franz
- Mensa und Confessio; der Altar der vorkonstantinischen Kirche [1911]

Wilbrand, W.
- Kritische Erörterungen über den katholischen Religionsunterricht an höheren Schulen [1920]

Wittig, Joseph
- Die Erlösten, in: Hochland 1922 [1925]
- Meine «Erlösten» in Buße, Kampf und Wehr [1925]
- Herrgottswissen von Wegrain und Straße. Geschichten von Webern, Zimmerleuten und Dorfjungen [1925]
- Das allgemeine Priestertum. – Die Kirche als Auswirkung und Selbstverwirklichung der christlichen Seele, in: Kirche und Wirklichkeit, ein katholisches Zeitbuch, herausgegeben von Ernst Michel [1925]
- Leben Jesu in Palästina, Schlesien und anderswo [1925]

Zaupser, Andreas
- Briefe eines Baiern an seinen Freund über die Macht der Kirche und des Papstes [1770]

Zola, Émile
- Opera omnia [1898]

Zurcher, Georges
- Monks and their decline [1898]

Verhandelte, aber nicht verbotene Bücher

Da in Rom nur Buchverbote, nicht aber Freisprüche und andere Urteile veröffentlicht wurden, waren bislang nur die Autoren und Bücher bekannt, die tatsächlich auf dem Index landeten. Über anderen an der Kurie zwar angezeigten und untersuchten, aber letztlich nicht verurteilten Werken lag bisher der Schleier des Geheimnisses. Für den Zeitraum zwischen 1815 und 1917 konnten im Archiv der Kongregation für die Glaubenslehre die einschlägigen Zensurakten bearbeitet und so auch die Titel der nicht verbotenen Bücher festgestellt werden.
In der vorliegenden Liste wird eine Auswahl solcher Werke für diesen Zeitraum geboten. Hier folgt die Titelaufnahme heutigen bibliographischen Standards. Die Jahreszahlen in eckigen Klammern an letzter Stelle geben das Jahr beziehungsweise die Jahre der Untersuchung des betreffenden Werkes in Indexkongregation oder Inquisition wieder.

Anglemont, Arthur d'
- L'ipnotismo, il magnetismo e la dottrina dei medii. Napoli: Chiurazzi, o.J. [1897]

Annales de philosophie chrétienne. Société d'ecclésiastiques, de littérateurs. Paris: Bureau des Annales, (1830) – (1855). [1855; verboten 1913]

Anonym [Clausel de Montals, Claude Hippolyte]
- Lettre pastoral de M[onsei]g[neu]r l'évêque de Chartres sur la gloire et les lumières qui ont distingué jusqu'à nos jours l'Église de France et sur les périls intérieurs dont elle semble aujourd'hui menacée. Acte. 1850 11–25. Chartres: Garnier, 1850. [1851]

Anonym [Travers, Julien]
- L'Anti-pape et l'Anti-Guizot. Défense de la société moderne contre l'encyclique [du 8 décembre 1864] et de la vraie religion contre les Méditations [sur l'essence de la religion chrétienne] de M. Guizot. Par un solitaire de Montmartre. Paris: Librairie Centrale, 1865. [1865]

Anonym [Villeneuve, Alphonse]
- La Comédie Infernale ou Conjuration libérale aux enfers. Par un Illuminé. Premier-Cinquième Acte. Montréal: Imp. du «Franc-Parleur», 1871/1872. [1873; 1874; 1879–1886]

Anonym
- Alcune domande sulla Vergine Maria. Estratto da un antico scritto del secolo XVII. o. O.: o. N., o. J. [1851]

Anonym
- Die Ehe. Aufklärungen und Ratschläge für Erwachsene, besonders für Braut- und Eheleute. 5., verbesserte Aufl. Donauwörth: Auer, 1904. [1905]

Anonym
- Errori della Chiesa di Roma, combattuti dalla parola di Dio. o. O.: o. N., o. J. [1851]

Anonym

- Flora, Fauna, Avventure. Appunti di un viaggio nell'India e nella Cina. Kap. LXXVIII–LXXXIII, in: La Civiltà Cattolica. Firenze. Jg. 3, vol. 3 della serie 12 (1883), Nr. 792, S. 688–707; Nr. 793, S. 48–65. [1890]

Anonym
- Il «Tango». Storia d'oggi, in: La Civiltà Cattolica. Roma. Jg. 65, Nr. 1 (7. Febr. 1914), S. 313–324. [1913]

Anonym
- Il Cuor di Gesù considerato in tutti i suoi misteri ed in tutte le sue qualità divine, con un'elevazione in fine d'ogni capo. Traduzione dal francese di Vincenzo Deabbate. Alba: D. Botto, 1827. [1828]

Anonym
- Nuovissima guida dei viaggiatori in Italia. 5. Aufl. Milano: F. Artaria, 1839. [1842]

Anonym
- Rom und die Nationen. Von einem Laien. Bremen: Schünemann, 1859. [1859]

Barbey d'Aurevilly, Jules Amédée
- Ce qui ne meurt pas. Paris: A. Lemerre, 1888. [1919]
- Le Bonheur dans le crime, in: ders., Les diaboliques. Paris: A. Fayard, [1910]. [1919]
- Les Diaboliques. Paris: A. Fayard, [1910]. [1919]
- Une page d'histoire. Paris: A. Lemerre, 1886. [1919]
- Une vieille maitresse. Paris: A. Lemerre, 1880. [1919]

Barbi, Ottavio
- Vittorio Emanuele 2. e l'unità d'Italia. Poemetto. Pienza: Tip. della Concordia, 1895. [1897]

Baudelaire, Charles
- Les fleurs du mal. Éd. revue et publiée par Ad. van Bever. 10. Aufl. Paris: G. Crès, 1917. [1919]
- Œuvres Posthumes. 6. Aufl. Paris: Mercure de France, 1915. [1919]

Bayonne, Emmanuel-Ceslas
- Étude sur Jérôme Savonarole des frères prêcheurs. D'aprés de nouveaux documents. Paris: Possielgue, 1879. [1879; 1880]

Bloy, Léon
- Au seuil de l'Apocalypse. 1913–1915. Paris: Mercure de France, [1916]. [1919]
- Belluaires et porchers. Paris: P.-V. Stock, 1905. [1919]
- Celle qui pleure (Notre Dame de la Salette). Paris: Mercure de France, 1908. [1919]
- Exégèse de lieux communs. Paris: Mercure de France, 1902. [1919]
- Histoires désobligeantes. Paris: G. Crès, 1914. [1919]
- L'âme de Napoléon. 3. Aufl. Paris: Mercure de France, [1912]. [1919]
- L'invendable. 1904–1907. 2. Aufl. Paris: Mercure de France, 1909. [1919]
- Le Désespéré. 3. Aufl. Paris: Mercure de France, [1914]. [1919]
- Le mendiant ingrat. (Journal de l'Auteur. 1893–1895). Paris: Mercure de France, 1908. [1919]
- Le Pèlerin de l'absolu. 1910–1912. Paris: Mercure de France, [1914]. [1919]
- Le salut par les Juifs. Ed. Nouvelle. Paris: G. Crès, 1914. [1919]
- Le Vieux de la montagne. 1907–1910. Paris: Mercure de France, [1911]. [1919]
- Les dernières colonnes de l'Église. 3. Aufl. Paris: Mercure de France, [1903]. [1919]
- Méditations d'un solitaire en 1916. Paris: Mercure de France, [1917]. [1919]

– Mon journal. 1896–1900. 3. Aufl. Paris: Mercure de France, 1904. [1919]
– Quattre ans de captivité à Cochons-sur-Marne. 1900–1904. 2. Aufl. Paris: Mercure de France, 1905. [1919]

Borgognoni, Domenico
– Meditazioni filosofiche intorno ai dogmi di nostra fede santissima e studii critici sul razionalismo moderno. Bologna: C. Guidetti, 1879. [1880]

Bosco, Giovanni
– Il centenario di s. Pietro apostolo colla vita del medesimo principe degli apostoli ed un triduo in preparazione della festa dei santi apostoli Pietro e Paolo (Letture cattoliche, 15/1–2). Torino: Tipografia dell'oratorio S. Francesco di Sales, 1867. [1867]

Bossu, Antonin
– Lois et mystères des fonctions de reproduction considérées dans tous les êtres animés spécialement chez l'homme et chez la femme. Paris: bureaux de l' «Abeille médicale», 1875. [1886]

Brentano, Clemens
– Vita della B. V. Maria descritta secondo le meditazioni della Beata A. C. Emmerich agostiniana nel chiostro di Agnetemberg a Dülmen (morta il 9 febbrajo 1824). Milano: Volpato, 1855. [1863]

Bruckner, Jos.
– Correspondance scientifique d'un Missionnaire français a Péking aux dix-huitième siècle le P. Antoine Gaubil, d'après des documents inédits, in: Revue du Monde Catholique. Recueil scientifique, historique et littéraire. Paris. Jg. 33, vol. 76, vol. 21 de la troisième série (1883), Kap. I – IV, S. 1–26; Kap. V–VII, S. 206–227; Kap. VIII – IX, S. 365–377; Kap. X–XI, S. 701–716. [1890]
– La Chine et l'Extrême-Orient d'après les travaux historiques du P. Antoine Gaubil, missionaire à Peking (1723–1759), in: Revue des questions historiques. Paris. Jg. 29 (1. Jan. 1881), S. 485–539. [1890]

Bürgerliches Gesetzbuch für den Kanton Unterwalden nid dem Wald. Theil 1. Personenrecht. [Stans?]: o. N., 1852. [1852]

Burgess, Richard
– The topography and antiquities of Rome. Including recent discoveries made about the Forum and the Via sacra. Vol. 1–2. London: Longman u. a., 1831. [1833]

Buroni, Giuseppe
– Antonio Rosmini e la civiltà cattolica dinanzi alla S. Congregazione dell'Indice. Torino: Speirani, 1876. [1876]

[Calvat, Mélanie]
– Vie de Mélanie, bergère de la Salette. Écrite par elle-même en 1900. Son enfance (1831–1846). Introduction par L. Bloy. Paris: Mercure de France, 1912. [1919]

Chatard, Francis Silas
– Answers to Religious Questions. A pocket guide for young men. Indianapolis: The New Record, 1885. [1886]

Claudel, Paul
– La Nuit de Noël de 1914. Drame pour patronages en un acte. Paris: A l'Art Catholique, [1915]. [1927]

Cousin, Victor
– Blaise Pascal (Œuvres. Quatrième série. Littérature, 1). Neue, revidierte und korrigierte Aufl. Paris: Pagnerre, 1849. [1859]

– Du vrai, du beau et du bien. 5. Aufl. Paris: Didier, 1855. [1856; 1858]
– Fragments philosophiques. Vol. 1–2. 2. Aufl. Paris: Ladrange, 1840. [1859]
– Nouveaux fragments philosophiques. Bruxelles: Société belge de libraire, 1841. [1859]
– Philosophie sensualiste au dix-huitième siècle. 3., revidierte und korrigierte Aufl. Paris: Librairie nouvelle, 1856. [1859]
– Premiers essais de philosophie. 3., revidierte und korrigierte Aufl. Paris: Librairie nouvelle, 1855. [1859]

Coux, C[harles] de
– De la connaissance considérée dans ses deux eléments. Le Savoir et le Croire, in: Société Littéraire de l'Université de Louvain. Choix de mémoires. Vol. 1. Louvain: Vanlinthout; Vandenzande, 1842, 54. [1843]

Déléon, Joseph
– La conscience d'un prêtre et le pouvoir d'un évêque ou droit impresciptible des principes. Paris: Grassart; Genève: E. Beroud; Lyon: Denis, 1856. [1857]

Ducange, Victor Henri Joseph Brahain
– Il medico e la giovine emigrata. Romanzo. Traduzione dal francese di Angiolo Orvieto. Vol. 1–5. 2. Aufl. Livorno: Bertani; Antonelli, 1841. [1846]
– L'artista ed il soldato. Ovvero, I figli di mastro Jacopo. Romanzo. Traduzione dal francese di A. Orvieto. Vol. 1. Livorno: Bertani; Antonelli, 1833; Vol. 1–4. 2. Aufl. Livorno: Bertani; Antonelli, 1838–1839. [1846]
– La Morava. Romanzo. Traduzione di Angiolo Orvieto. Vol. 1–4. 2. Aufl. Livorno: Bertani; Antonelli, 1840. [1846]
– Le tre figlie della vedova. Romanzo. Traduzione dal francese di A. Orvieto. Vol. 1–5. 2. Aufl. Livorno: Bertani; Antonelli, 1838. [1846]
– Leonilda. Ossia La vecchia di Surene. Romanzo. Traduzione dal francese di A. Orvieto. Vol. 1–4. 2. Aufl. Livorno: Bertani; Antonelli, 1837. [1843; 1846]
– Lodovica. Ossia Il testamento. Romanzo. Traduzione dal francese di Angiolo Orvieto. Vol. 1–5. 2. Aufl. Livorno: Bertani; Antonelli, 1841–1842. [1846]
– Telene. O, L'amore e la guerra. Romanzo. Traduzione dal francese di Angiolo Orvieto. Vol. 1–4. 2. Aufl. Livorno: Bertani; Antonelli, 1842. [1846]

Duchesne, Louis
– Étude sur le Liber Pontificalis. Thèse [...] (Bibliothèque des écoles françaises d'Athènes et Rome). Paris: E. Thorin, 1877. [1877]

Ehrhard, Albert
– Das Christentum im römischen Reiche bis Konstantin. Seine äussere Lage und innere Entwicklung. Rede [gehalten am Stiftungsfeste der Kaiser-Wilhelms-Universität Straßburg am 1. Mai 1911] (Rektoratsreden der Universität Straßburg, 1911). Strassburg: Heitz, 1911. [1913]

Elijah, the prophet (Pseudonym)
– Le Glaive sur Rome et ses complices. Venue et enseignements d'Elie sur l'avènement glorieux de Jésus-Christ. Londres: o. N., 1855. [1856]

Emmerich, Anna Katharina
– La dolorosa passione di nostro Signore Gesù Cristo. Secondo le contemplazioni di Anna Caterina Emmerich religiosa agostiniana del monastero di Agnetemberg a Dulmen morta in odore di santità. 6. ed. riveduta accuratamente e colle aggiunte che stanno nell'ultima edizione tedesca. Milano: N. Battezzati, 1857. [1862; mit der französischen Übersetzung beschäftigte man sich bereits 1840]

Ermoni, V[incent]
- Histoire du Credo. Le Symbole des Apôtres (Science et religion. Études pour le temps présent, [248]). Paris: Bloud, [1902?]. [3. Aufl.] Paris: o. N., [1902]. [1910]
- Jésus et la Prière dans l'Évangile ([Science et religion]. Questions d'Écriture Sainte, [404]). Paris: Bloud, 1908. [1907; 1910]
- L'agape dans l'Église primitive (Science et religion. Sér. liturgique, 273). [3. Aufl.] Paris: Bloud, 1906. (Science et religion. Études pour le temps présent, 273). [4. Aufl.] Paris: Bloud, 1906. [1910]
- L'Eucharistie dans l'Église primitive ([Science et religion. Études pour le temps présent], 290). 3. Aufl. Paris: Bloud, 1905. [1910]
- La Bible et l'archéologie syrienne (Science et Religion. Études pour le temps présent, 272; La Bible et l'orientalisme, 3). Paris: Bloud, 1907. 3. Aufl. Paris: Bloud, 1907. [1910]
- La Bible et l'Assyriologie (Science et religion, [209]; La Bible et l'orientalisme, 2). 4. Aufl. Paris: Bloud, 1905. [1910]
- La Bible et l'Égyptologie (Science et religion, [208]; La Bible et l'orientalisme, 1). 4. Aufl. Paris: Bloud, 1905. [1910]
- La primauté de l'évêque de Rome dans les trois premiers siècles (Science et religion, [244]). [3. Aufl.] Paris: o. N., [1902]. [1910]
- Le Baptême dans l'Église primitive. Paris: Bloud, 1908. [1910]
- Le Carême (Science et religion. Études pour le temps présent, 421). Paris: Bloud, 1907. [1910]
- Les origines de l'épiscopat (Science et religion. Études pour le temps présent, [203]). 4. Aufl. Paris: Bloud, 1905. [1910]
- Les premiers ouvriers de l'Évangile. Vol. 1–2 (Science et religion. Études sur le temps présent, 344–345). [2. Aufl.] Paris: Bloud, [1905]. [1910]
- Saint Jean Damascène (La pensée chrétienne). Paris: Bloud, 1904. [1910]
- Saint Paul et la prière (Science et religion. [Questions d'Écriture Sainte], 459). Paris: Bloud, 1907. [1910]

Favara Adorni, Francesco
- L'evoluzione del mondo fisico. Catania: Gazzetta di Catania, 1881. [1881]

Franz, Joseph
- Versuch eines Leitfadens der christlichen Religion. Bd. 1–2. 4. vermehrte und verbesserte Aufl. Wien u. a.: Geistinger, 1815. [1824]

Gabriel, [Jean-Louis]
- Principes généraux d'une théodicée pratique. Paris; Lyon: J.-B. Pélagaud, 1855. [1864]
- [Le] Christ et le monde. Paris; Lyon: Libr. Cathol. de Périsse, 1862. [1863]
- De la vie et de la mort des nations. Paris: J.-B. Pélagaud, 1857. [1864]

Garibaldi, Giovanni Andrea Giambattista
- Manuale pratico di chirurgia giudiziaria in relazione alle leggi del nuovo regno italico ad uso degli esordienti ed esercenti l'arte sanitaria. Torino: Unione tipografico-editrice, 1861. [1863]

Gautier, Théophile
- Une larme du diable. Bruxelles: o. N., 1839. [1951]

George, Henry
- Progrès et Pauvreté enquête sur la cause des crises industrielles et de l'accroissement de la misère au milieu de l'accroissement de la richesse. Le remède.

Traduit de l'anglais sur l'édition de 1886. Par P.-L. Le Monnier. Paris: Guillaumin, 1887. [1889]

Gérard, Joseph
- Traité pratique des maladies de l'appareil génital de la femme avec une notice sur la stérilité et le moyen d'y remédier par la fécondation artificelle. Paris: V.-A. Delahaye, 1877. [1886]

Girault, Louis
- Étude sur la Génération artificielle dans l'espèce humaine Lue a la Société medicale du Panthéon. Paris: aux bureaux de l'Abeille médicale, 1869. [1886]

Giuntini, Francesco
- Un infermo a un malato. Riduzione per servire di appendice all'opera del celebre G. B. F. Descuret intitolata «La medicina delle passioni». Firenze: Tip. della Casa di Correzione, 1852. [1852; 1853]

Gmeiner, John
- The Church and Foreignism. [St. Paul, Minn.]: [Brown; Treacy], 1891. [1892]

Gonzalez Arintero, Juan
- El Diluvio universal de la Biblia y de la tradición demostrado por la geología y la prehistoria. Vergara: Imp. De El Santísimo Rosario, 1891. [1911]
- La evolución y la filosofía cristiana. Madrid: Librería de Gregorio del Amo, 1898–1899. [1911]

Gras, Gabriel
- De la Venue glorieuse de N.-S. Jésus-Christ et de son règne avant le jugement dernier. Nice: S. Cauvin-Empereur, 1878. [1879]

Guida dell'Educatore. Foglio mensuale redatto da R. Lambruschini. Firenze: G. P. Viesseux, 1 (1836) – 7 (1842); N. S. 8 (1844) – 9 (1845). [1852; 1853]

Hirscher, Johann Baptist von
- Der kleine Katechismus der christkatholischen Religion. Freiburg i. Br.: Herder, 1845. [1850; 1863]
- Die christliche Moral als Lehre von der Verwirklichung des göttlichen Reiches in der Menschheit. Bd. 1–3. 5., neu durchgearbeitete Aufl. Tübingen: Laupp, 1851. [1863; 1869]
- Erinnerungen an Johann Nepomuk Bestlin. Tübingen: o. N., [1831]. [1850]
- Katechetik oder der Beruf des Seelsorgers, die ihm anvertraute Jugend im Christenthum zu unterrichten und zu erziehen, nach seinem ganzen Umfange dargestellt. Zugleich ein Beitrag zur Theorie eines christkatholischen Katechismus. 4., verbesserte Aufl. Tübingen: H. Laupp, 1840. [1850; 1863; 1869]
- Katechismus der christkatholischen Religion für die Erzdiözese Freiburg. Freiburg i. Br.: Wagner, 1842. [1850]
- Nachgelassene kleinere Schriften. Mit biographischen Notizen und dem Portrait des Verfassers in Photographie. Hrsg. von Hermann Rolfus. Freiburg i. Br.: Herder, 1868. [1869]
- Zur Verständigung über den von mir bearbeiteten und demnächst erscheinenden Katechismus der christkatholischen Religion. Tübingen: H. Laupp, 1842. [1850]

Hochland. Monatsschrift für alle Gebiete des Wissens, der Literatur und Kunst. Begr. von Carl Muth. München; Kempten: Kösel, 1 (1903/1904) – 8 (1910). [1911]

Hock, Karl von
- Gerbert oder Papst Sylvester II. und sein Jahrhundert. Wien: Beck, 1837. [1854]

Hoinka, Georg

– Versuch zu einer psychologischen Grundlegung der Moraltheologie. Bd. 1. Paderborn: Schöningh, 1912. [1913]
Hoppe, Ludwig Augustin
– Die Epiclesis der griechischen und orientalischen Liturgien und der römische Consecrationscanon. Schaffhausen: Hurter, 1864. [1866; 1867; 1868]
Jammes, Francis
– Almaïde d'Etremont. Ristampata dal 1914 al 1917. [1919]
– Clairières dans le Ciel. 4. Aufl. Paris: Mercure de France, 1913. [1919]
– Clara d'Ellébeuse. Ristampata dal 1914 al 1917. [1919]
– Feuilles dans le vent. 8. Aufl. Paris: Mercure de France, 1914. [1919]
– Le Deuil des Primevères. 1898–1900. Paris 1913. [1919]
– Le Roman du lièvre. 10. Aufl. Paris: Mercure de France, 1917. [1919]
– Le Triomphe de la Vie. Paris: Mercure de France, 1914. [1919]
– Œuvres. Paris: Mercure de France, 1913. [1919]
Joos, Wilhelm (Hg.)
– Anatomie der Messe. Ein Kommentar zum österreichischen Konkordat vom Jahre 1855. 8. Aufl. Schaffhausen: W. Joos, 1863. [1866; mit der 10. Auflage beschäftigte man sich erneut 1869]
Krasiñski, Walerjan Skorobohaty
– Histoire religieuse des peuples slaves. Avec une introduction par M. Merle D'Aubigné. Paris: J. Cherbuliez, 1853. [1853]
Kraus, Franz Xaver
– Lehrbuch der Kirchengeschichte für Studierende. 2. Aufl. Trier: Lintz, 1882. [1884]
L'Aquitaine. Revue religieuse, archéologique, littéraire sous le haut patronage de S. Ém. Le Cardinal-Archevêque de Bordeaux. Bordeaux. Jg. 6, Nr. 307 (18. Juni 1870). [1886]
La Sagrada Biblia. Nuevamente traducida de la vulgata latina al español. Aclarado el sentido de algunos lugares con la luz que dan los testos originales hebréo y griego, e ilustrada con varias notas sacadas de los santos padres y espositores sagrados por Félix Torres Amat. Vol. 1–10. Madrid: Amarita, 1823–25. [1824; 1826]
Labanca, Baldassarre
– Gesù Cristo nella letteratura contemporanea straniera e italiana. Studio storico-scientifico (Piccola biblioteca di scienze moderne, 64). Torino: Bocca, 1903. [1903]
Lahitton, Joseph
– Deux conceptions divergentes de la vocation sacerdotale. Exposé, controverses, conséquences pratiques. Paris: Lethielleux, [1910]. [1912]
– La vocation sacerdotale. Traité théorique et pratique à l'usage des séminaires et des recruteurs de prêtres. Paris: Lethielleux, [1909]. [1912]
Lange, Friedrich Albert
– Das päpstliche Rundschreiben und die 80 verdammten Sätze. Erlaeutert durch Kernsprüche von Männern der Neuzeit sowie durch geschichtliche und statistische Notizen. Duisburg: Falk; Volmer, 1865. [1866]
Le Prince, F.
– La mano del defunto; che fa seguito al Conte di Monte-Cristo di A. Dumas. Vol. 1–3. Milano: F. Pagnoni, [18?]; Milano: Libreria di Dante, 1856. [1862]
Lenau, Nikolaus
– Savonarola. Ein Gedicht. 2., durchgesehene Aufl. Stuttgart; Tübingen: Cotta, 1844. [1846]

Leroy, D[almas]
- L'Évolution restreinte aux espèces organiques. Paris: Delhomme; Briguet, 1891. [1894; 1895]

Letture per i fanciulli. Annesse alla Guida dell'educatore. Foglio mensuale compilato da Raffaello Lambruschini. Firenze: G. P. Viesseux, 1 (1836) – 7 (1842); N. S. 8 (1844) – 9 (1845). [1853]

Liaño, Heinrich St. A. von
- Dogma und Schulmeinung. Denkschrift in Sachen der sogenannten «Erhebung» von Lehransichten zu «neuen Glaubenswahrheiten». München: Lentner, 1869. [1869]

Liguori, Alfonso Maria de'
- Compendio di teologia morale. Con apposite note, e dissertazioni per Giuseppe Frassinetti. 3., vermehrte und korrigierte Aufl. Genova: Tip. della gioventù 1867. [1868; 1869]

Lubajatzky, Friedrich
- Der Proselyt. Roman aus dem zweiten Viertel des siebzehnten Jahrhunderts. Seitenstück zu C. Spindlers Jesuit. Vol. 1–3. Grimma: Verlags-Comptoir, 1844–1845. [1856]

Mamiani della Rovere, Terenzio
- Poesie. Per la prima volta unite e ordinate con aggiunta di molte inedite. Parigi: Baudry, 1843. [1859]

Manning, Henry Edward
- The work and wants of the Church in England, in: The Dublin Review. Dublin; London. Jg. 3, Nr. 1 (Jan. 1879), S. 49–73. [1881]

Marchal, V[ictor]
- L'Esprit consolateur, ou Nos destinées. Paris: Didier, 1878. [1891]

Mariano, Raffaele
- Francesco d'Assisi e alcuni dei suoi più recenti biografi. Napoli: Tip. della Regia Università, 1896. [1896]

Martel, Joseph-Raymond
- Vie de Marie Ange, née à Lignan, près Béziers [...] suivie de la Vie de M. Chaboud, son curé et confesseur, et de la Vie de M. Jullien, ancien curé de Cazouls-les-Béziers, avec des réflexions diverses. Béziers: J. Delpech, 1862. [1862]

Mastrofini, Marco
- Metaphysica Sublimior de Deo Trino et Uno. Vol. 1. Romae: V. Poggioli, 1816. [1816–1824]

Mauriac, François
- L'Enfant chargé de chaines. 2. Aufl. Paris: B. Grasset, 1913. [1927]

Maurras, Charles
- Enquête sur la monarchie, 1900–1909. 6. Aufl. Paris: Nouvelle librairie nationale, 1911. [8e mille.] Paris: Nouvelle librairie nationale, [1913]. [1914]
- Idées royalistes. Paris: L'Action française, 1910. [1914]
- Jean Moréas. Paris: E. Plon; Nourrit, 1891. [1914]
- Kiel et Tanger: 1895–1905. La République française devant l'Europe. Nouvelle édition revue, augmentée d'une préf.: De 1905 à 1913, et de nombreux appendices. 3e tirage, augmenté d'une lettre de M. Paul-Boncour. Paris: Nouvelle librairie nationale, 1914. [1914]
- L'idée de [la] décentralisation. Paris: Revue encyclopédique, 1898. [1914]

– Le dilemme de Marc Sangnier. Essai sur la démocratie religieuse. Paris: Nouvelle librairie nationale, [ca. 1907]. [1914]
– Libéralisme et libertés. Démocratie et peuple. Paris: L'Action Française, 1913. [1914]
– Une campagne royaliste au «Figaro». [août 1901 – janvier 1902] (Études sociales et politiques, 2). Paris: Nouvelle librairie nationale, [1911]. [1914]
Maurras, Charles; Dutrait-Crozon, H[enri]
– Si le coup de force est possible. Paris: Nouvelle librairie nationale, 1910. [1914]
Mausbach, Joseph
– Die katholische Moral und ihre Gegner. Grundsätzliche und zeitgeschichtliche Betrachtungen. Köln: Bachem, 1911. [1913]
Mélanges théologiques ou Série d'articles sur les questions les plus intéressantes de la théologie morale et du droit canonique. Par une société d'ecclésiastiques belges. Liège: Lardinois, 1 (1847/1848) – 6 (1852/1853). [1855]
Meynieu, Mary
– Histoire du peuple juif, mêlée de réflexions à l'usage de la jeunesse. Paris: A. Cherbuliez, 1837. [1838]
Milman, Henry Hart
– History of Latin Christianity. Including that of the Popes to the Pontificate of Nicolas V. Vol. 1–3. London: J. Murray, 1854; Vol. 1–6. London: J. Murray, 1854–1855. [1857]
Murino, Alessio
– La passione e la morte di N. S. Gesù Cristo. Disquisizione medica. Roma: Tip. Barbèra, 1877. [1878]
– Risposta all'Esame critico fattone dal dott. Antonio Rota, in: La Scienza Italiana. Periodico di filosofia, medicina e scienze naturali. Pubblicato dall'Accademia filosofico-medica di S. Tommaso d'Aquino. Bologna. Jg. 2, vol. 2, Nr. 1 (Juli 1877), S. 86–104 (mit einem Nachwort des Direktors S. 105–111). [1878]
Negri, Gaetano
– La crisi religiosa. 2., erweiterte und korrigierte Aufl. Milano: Dumolard, 1878. [1897]
– La religione e la morale nell'insegnamento. Conferenza [...]. Milano: Treves, 1879. [1897]
– Nel presente e nel passato. Profili e bozzetti storici. Milano: U. Hoepli, 1893. [1897]
Newman, John Henry
– A Letter addressed to his grace the Duke of Norfolk on occasion of Mr. Gladstone's recent expostulation. London: B. M. Pickering, 1875. [1886]
– The Pope and the Revolution. A sermon, preached in the Oratory Church, Birmingham, on Sunday, October 7, 1866. London: Longmans u. a., 1866. [1867]
Novum testamentum graeco-latinum. Vulgata interpretatione latina editionis Clementis VIII Graeco textui ad editionem complutensem diligentissime expresso e regione opposita. Studio et cura D. Petri Aloysii Gratz [...]. Vol. 1–2. Tubingae: L. F. Fues, 1821. [1824]
Olivier, Guillaume A.
– Viaggio nella Persia. Tradotto dal cav. Borghi con tavole in rame colorate. Vol. 1–4 (Raccolta de' viaggi più interessanti eseguiti nelle varie parti del mondo, tanto per terra, quanto per mare, dopo quelli del celebre Cook, e non pubblicati fin ora in lingua italiana, 8–11). Milano: Sonzogno, 1816. [1817]

Ollivier, Émile
- L'Église et l'État au Concile du Vatican. Vol. 1–2. Paris: Garnier, 1879. [1880]

Ozniensis, Joannis
- Oratio contra phantasticos[.] Quam ex Armena Originali in latinum sermonem vertit atque adnotationibus illustravit P. I. Baptista Aucher Mechitarista. Venetiis: In Monasterio S. Lazari, 1816. [1818–1822]

Paganini, Pagano
- Sulle più riposte armonie della filosofia naturale colla filosofia soprannaturale. Considerazioni. Pisa: Nistri, 1861. [1862; 1863; 1864]

Palomes, Luigi
- Dei Frati Minori e delle loro denominazioni. Illustrazioni e documenti al capo XIX (Storia di S. Francesco d'Assisi, 2). Palermo: A. Palomes, 1897. [1901]

Patmore, Conventry
- Poèmes. Traduction de Paul Clandel précédée d'une étude de Valery Lambaud. Paris: Nouvelle Revue Française, 1912. [1919]

Paul-Boncour, Joseph; Maurras, Charles
- Un débat nouveau sur la République et la décentralisation (Bibliothèque de propaganda régionaliste, 3). Toulouse: Société provinciale d'édition, 1905. [1914]

Pazos, Celestino de
- El proceso del integrismo. Refutación de los errores que contiene el opúsculo del Dr. Sardá y Salvany: «El Liberalismo es Pecado». Madrid: [E. de la Riva], 1885. [1886]

Psichari, Ernest
- Appel des Armes. Paris: G. Oudin, [1914]. [1919]
- Terres de Soleil et de Sommeil. Nouvelle édition. Paris: L. Conard, 1917. [1919]

Renault, B.
- Il ritorno della Francia alle grandezze dell'Imperio o Storia di Napoleone III. Scritta in francese de B. Renault; e ridotta in italiano con annotazioni ed appendice da Francesco Giuntini. Firenze: Libreria popolare, 1853. [1857]

Rimbaud, Arthur
- Œuvres. Poèmes Retrouvés. Préface de Paul Claudel. Paris: Mercure de France, [1912]. [1919]

Rohling, Aug[ust]
- Ein unechtes Index-Dekret gegen meine Schrift: «Der Zukunftsstaat». Beleuchtet durch zwei Briefe an S. E. den [...] Kanzler der Prager Theologischen Fakultät und an ihre Eminenzen die Mitglieder der heiligen Römischen Congregation des Index. Eine Mitteilung. Zürich: Verlags-Magazin [J. Schabelitz], 1898. [1898]

Rota, Antonio
- Esame di opere: La Passione e la Morte di N. S. Gesù Cristo. Disquisizione medica del dott. Alessio Murino, in: La Scienza Italiana. Periodico di filosofia, medicina e scienze naturali. Pubblicato dall'Accademia filosofico-medica di S. Tommaso d'Aquino. Bologna. Jg. 2, vol. 1, Nr. 6 (Juni 1877), S. 561–572. [1878]

Sardá y Salvany, Félix
- El Liberalismo es pecado. Cuestiones candentes. 3. Aufl. Barcelona: Librería y Tipografía Católica, 1885. [1886]

Schegg, Peter
- Sechs Bücher des Lebens Jesu. Bd. 1–2. Freiburg i. Br.: Herder, 1874–1875. [1875; 1876]

Scheicher, Jos[eph]
- Der österreichische Klerustag. Ein Stück Zeit- und Kirchengeschichte. Wien: Fromme, 1903. [1904]

Schmid, Leopold
- Erklärung der heiligen Schriften des alten und neuen Bundes. Heft 1–3. Münster: Theissing, 1834–1835. [1850]

Shelley, Percy Bysshe
- The poetical works. Complete. London: C. Daly, 1839. [1852]

Steinmetzer, Franz X[aver]
- Der Stern von Bethlehem (Biblische Zeitfragen, 6,3). 1. und 2. Aufl. Münster i. W.: Aschendorff, 1913. [1914]

Stowe, Harriet Beecher
- Il tugurio dello zio Tom. Romanzo americano. Prima traduzione italiana. Firenze: Mariani, 1852. [1853]

Theiner, Augustin
- Storia del pontificato di Clemente 14. Scritta sopra i documenti inediti degli Archivii Secreti del Vaticano. Tradotta con piena approvazione dell'autore dal Prof. Francesco Longhena. Vol. 1–3. Firenze: L. Niccolai, 1854. [1863]

Tommaseo, Niccolò
- Dell'educazione. Osservazioni e saggi pratici. Venezia: G. Andruzzi, 1842. [1844]

Ubaghs, Gérard
- Logicae seu philosophiae rationalis elementa. 4., erweiterte und überarbeitete Aufl. Lovanii: Valinthout; Vandenzande, 1844. 5. erweiterte und überarbeitete Aufl. Lovanii: Valinthout; Vandenzande, 1856. 6. Aufl. Lovanii: Valinthout; Vandenzande, 1860. [1843; 1844; 1863]
- Ontologiae seu metaphysicae generalis elementa. 5. Aufl. Louvanii: Vanlinthout, 1863. [1863]
- Theodiceae seu theologiae naturalis elementa. 2., erweiterte Aufl. Lovanii: Valinthout; Vandenzande, 1845. 3. Aufl. Lovanii: Valinthout; Vandenzande, 1852. 4. Aufl. Lovanii: Valinthout; Vandenzande, 1863. [1843; 1844; 1854; 1863]

Vélez, Manuel Francisco
- El Darvinismo y la Creación, in: El Católico. Periódico religioso, científico, literario y de variedades. República del Salvador en Centro-América. Jg. 4, Ser. 14, vol. 4, Nr. 167 (10. Aug. 1884), S. 254–256; Nr. 168 (17. Aug. 1884), S. 263–265; Nr. 169 (24. Aug. 1884), S. 270–272; Nr. 170 (31. Aug. 1884), S. 278–279; Nr. 171 (7. Sept. 1884), S. 286–287; Nr. 175 (5. Okt. 1884), S. 320–321; Nr. 177 (19. Okt. 1884), S. 336–337. [1898]

Vigny, Alfred de
- Chatterton. Dramma. Versione dal francese di Gaetano Buttafuoco (Piccola biblioteca di Gabinetto, ossia, Raccolta di operette di amena lettura tanto tradotte che orginali, 12). Milano: A. F. Stella, 1836. [1836]

Vom Berge, Ernst
- Der katholische Liberalismus oder die Neuen Pharisäer und Schriftgelehrten vor die Augen des katholischen Volkes gemalt. Freiburg i. Ue.: Häsler, 1877. [1878]
- Die neue Welt-Epoche oder die Universal-Reform in ihrer Entstehung, Entwicklung und Vollendung. Donnerworte an den Klerus, das Volk und die Großen der Erde. Freiburg i. Ue.: Rody, 1876. [1878]

Wies, Nicolas
- Die Katholische Religion in ihrer Glaubens- und Sittenlehre. Zunächst für die obern Klassen der Gymnasien. Bd. 1–2. 2. Aufl. Luxemburg: V. Bück, 1869–1870. [1877; 1878]

Zahm, J[ohn] A[ugustine]
- Evoluzione e dogma. Versione autorizzata dall'autore per Alfonso Maria Galea (Biblioteca del clero, 15). Siena: presso l'ufficio della Biblioteca del clero, 1896. [1898]

Anmerkungen

Die in den Literaturhinweisen aufgeführten Titel werden in den Anmerkungen in Kurzform zitiert.

1 Ferdinand Gregorovius, Römische Tagebücher 1852–1889, hg. und kommentiert von Hanno-Walter Kruft/Markus Völkel, München 1991, S. 337.

2 So der Titel von Scherer, Index.

3 Grundgesetz der Bundesrepublik Deutschland Art. 5 Absatz 1.

4 Fitos, Zensur, S. 1.

5 Ebd. S. 37 f.

6 Tortarolo, Zensur, S. 278 f.

7 Johann Wolfgang von Goethe, Werke. Hamburger Ausgabe in 14 Bänden. Bd. 8: Romane und Novellen III (Wilhelm Meisters Wanderjahre), München [12]1989, S. 469 f.

8 Das päpstliche Privileg für die Universität Wien von 1452, zitiert nach: Grete Klingenstein, Staatsverwaltung und kirchliche Autorität im 18. Jahrhundert. Das Problem der Zensur in der theresianischen Reform (Österreich-Archiv), München 1970, S. 35.

9 Zedelmaier, Projekt, S. 188.

10 Zitiert nach De Bujanda, Index de Rome, 1557, 1559, 1564, S. 753.

11 Ebd. S. 754.

12 Zitiert nach Reusch, Index Bd. 1, S. 295 f.

13 Konzil von Trient, 18. Sitzung vom 26. Februar 1562, Dekret über die Auswahl von Büchern und Einladung aller zum Konzil unter öffentlicher Sicherheitsgarantie. Lateinisch-deutscher Text, in: Josef Wohlmuth (Hg.), Dekrete der ökumenischen Konzilien, Bd. 3: Konzilien der Neuzeit, Paderborn 2002, S. 723.

14 Text in: Index librorum prohibitorum, cum Regulis confectis per Patres a Tridentina Synodo delectos, auctoritate Sanctiss. D. N. Pii IV, Pont. Max. comprobatus, Romae 1564, S. 3–8.

15 Text in: Hilgers, Index, S. 514–516; Übersetzung in Auszügen: Reusch, Index Bd. 1, S. 430 f.

16 Archivio della Congregazione per la Dottrina della Fede, Vatikanstadt (künftig: ACDF), Index Protocolli B, Blatt (künftig: Bl.) 205–209.

17 Bulle «Immensa aeterni Dei» von Sixtus V., datiert auf den 22. Januar 1588. Text in: Magnum Bullarium Romanum. Bullarum Privilegiorum ac Diplomatum Romanorum Pontificum amplissima collectio. Tomus quartus, Pars quarta. Rom 1747, ND Graz 1965, S. 392–401. Zur Inquisition S. 393, zur Indexkongregation S. 396.

18 ACDF Index Protocolli B, Bl. 405.

19 ACDF Index Diarii 1 (1571–1580), Bl. 42 f.

20 Text in: Magnum Bullarium Romanum, Ser. 2 (Benedicti Papae XIV. Bullarium), Tomus quartus, Rom 1757, ND Graz 1966, S. 115–124. Im folgenden wird zi-

tiert nach der Übersetzung und dem Kommentar von: Paarhammer, Sollicita ac provida, S. 343–361.

21 ACDF Sanctum Officium (künftig: SO) Censurae Librorum 1834. Diese schöne Episode hat meine Mitarbeiterin Sabine Schratz im Archiv entdeckt. Für den Hinweis danke ich ihr herzlich.

22 Alle Zitate aus «Sollicita ac provida» §§ 13, 15, 16–18.

23 Ebd. § 19.

24 Vgl. Index librorum prohibitorum usque ad annum MDCCXI regnante Clemente XI, Rom 1711.

25 Vgl. Index librorum prohibitorum Sanctissimi Domini Nostri Benedicti XIV. Pontificis Maximi jussu recognitus, atque editus, Rom 1758.

26 Rezension von Karl Gödecke, Adolph Freiherr von Knigge, Hannover 1844, in: Historisch-politische Blätter 16 (1845), S. 633–645.

27 Emilio Bonfatti, Il Ritorno di Knigge in Italia. La Traduzione italiana di ‹Über den Umgang mit Menschen›, in: Schlott (Hg.), Wirkungen, S. 359–376, hier S. 360–362. Den Hinweis auf diese Publikation verdanke ich meinem Kollegen Martin Rector vom Seminar für Deutsche Literatur und Sprache an der Universität Hannover.

28 Die Akten zum Fall Knigge finden sich in ACDF Index Atti e Documenti 1 (1802–1820).

29 Vgl. die entsprechende Vorschrift in «Sollicita ac provida» § 8.

30 Gutachten Luigi Gratis o. D.; ACDF Index Atti e Documenti 1 (1802–1820). Danach das Folgende.

31 «Sollicita ac provida» § 18.

32 Die Zitate aus dem Gutachten wurden mit der deutschen Ausgabe (photomechanischer Nachdruck) abgeglichen: Adolph Freiherr von Knigge, Sämtliche Werke. In Zusammenarbeit mit Ernst-Otto Fehn, Manfred Grätz, Gisela von Hanstein und Claus Ritterhoff hg. von Paul Raabe, 24 Bde. Bd. 10: Über den Umgang mit Menschen, Hannover 1796, München u. a. 1992. Im folgenden werden sowohl die im Gutachten angeführte, häufig unterschiedlich zitierte, italienische, als auch die deutsche Belegstelle ausführlich (aufgrund der verwirrenden Einteilung in Teile, Kapitel und Paragraphen) zitiert. Della Condotta I, § 31, S. 18; Knigge, Umgang Teil I, Kap. 1, § 42, S. 82 [96].

33 Della Condotta I, Kap. 19, S. 104 ff.; Knigge, Umgang Teil III, Kap. 4, §§ 1–3, S. 82–91 [620–629].

34 Della Condotta I, § 2, S. 106; Knigge, Umgang Teil III, Kap. 4 [S. 624].

35 Gutachten Prospero Piattis o. D.; ACDF Index Atti e Documenti 1 (1802–1820). Danach das Folgende.

36 Della Condotta I, Kap. 1, § 2, S. 8; Knigge, Umgang Teil I, Kap. 1, § 7, S. 44 [58].

37 Della Condotta I, Kap. 1, § 17, S. 13; Knigge, Umgang Teil I, Kap. 1, § 28, S. 69–71 [83–85], hier S. 70 [84].

38 Della Condotta I, Kap. 3, § 27, S. 79; Knigge, Umgang Teil I, Kap. 3, § 27, S. 209–212 [223–226], hier S. 209 f. [223 f.].

39 Della Condotta I, Kap. 3, § 28, S. 81; Knigge, Umgang Teil I, Kap. 3, § 28, S. 212 f. [226 f.].

40 Della Condotta I, Kap. 3, § 15, S. 58; Knigge, Umgang Teil 1, Kap. 2, § 6, S. 133–135 [147–149], hier S. 135 [149].

41 Della Condotta I, Kap. 6, § 8, S. 112 und § 10, S. 114; Knigge, Umgang Teil II, Kap. 3, § 8, S. 49 f. [301 f.].
42 Della Condotta I, Kap. 8, § 1, S. 141; Knigge, Umgang Teil II, Kap. 5, § 2, S. 97 [349].
43 Della Condotta II, Kap. 14, § 1, S. 58; Knigge, Umgang Teil II, Kap. 11, § 1, S. 205–214 [457–466], hier S. 210 [462].
44 Della Condotta II, Kap. 14, § 2, S. 61; Knigge, Umgang Teil II, Kap. 11, § 2, S. 214–217 [466–469], hier S. 217 [469].
45 Della Condotta II, Kap. 14, § 3, S. 64; Knigge, Umgang Teil II, Kap. 11, § 33, S. 218–222 [470–474], hier S. 220 [472].
46 Della Condotta II, Kap. 14, § 8, S. 92; Knigge, Umgang Teil III, Kap. 1, § 19, S. 36 f. [574 f.].
47 Della Condotta II, Kap. 20, § 7; Knigge, Umgang Teil III, Kap. 5, § 7, S. 108–115 [646–653], hier S. 112 f. [650 f.].
48 Carl Joseph von Hefele, Art.: Drey, in: Wetzer und Welte's Kirchenlexikon, 2. Aufl., Bd. 3 (1884), S. 2066–2069, hier S. 2067.
49 Schreiben Ercole Consalvis an Johann Baptist von Keller vom 27. März 1817; zitiert nach: Max Miller, Professor Dr. Johann Sebastian Drey als württembergischer Bischofskandidat (1822–1827), in: Theologische Quartalschrift 114 (1933), S. 363–405, hier S. 367–369, Anm. 1.
50 Gutachten Olivieris; ACDF SO Censurae Librorum 1816–1817, Nr. 13. Danach das Folgende.
51 Schreiben Raffaele Mazios an Angelo Maria Merenda vom 23. Juni 1817; ACDF SO Censurae Librorum 1816–1817, Nr. 2.
52 Schreiben Christoph Mayers an Pius VII. vom 7. August 1816 (mit zahlreichen Beilagen); Archivio Segreto Vaticano, Vatikanstadt (künftig: ASV) Carte Mazio, Nr. 13. Danach das Folgende.
53 Johann Sebastian Drey, Dissertatio historico theologico originem ac vicissitudines exomologeseos in ecclesia catholica ex documentis ecclesiasticis illustrans. Sectio 1ma quam pro materia disputationis propositiam a Preside Joanne Sebastiano Drey theol. doct. ac. Prof. in Universitate Fridericiana Elvaci die septembris MDCCCXV publice defendent ... theologiae candidati, Elvaci 1815, S. 37 f.
54 Schreiben Paul Dumonts an Raffaele Mazio vom 19. März 1817; ASV Carte Mazio, Nr. 13. Danach das Folgende.
55 Handschriftliche Notiz Raffaele Mazios, die dieser bei der Weiterleitung der Ausarbeitungen Dumonts an den Kardinalstaatssekretär anbrachte; ASV Carte Mazio, Nr. 13.
56 Entwurf Raffaele Mazios für ein Schreiben des Kardinalstaatssekretärs an Johann Baptist von Keller vom 29. März 1817; ASV Carte Mazio, Nr. 12.
57 Entwurf Raffaele Mazios für ein Schreiben des Kardinalstaatssekretärs an Johann Baptist von Keller o. D. [nach dem 19. Juni 1817]; ASV Carte Mazio, Nr. 12. Danach das Folgende.
58 Sentimento o. D. [nach dem 19. Juni 1817]; ASV Carte Mazio, Nr. 13. Danach das Folgende.
59 Bando vom 22. September 1836; ACDF Index Protocolli 112 (1836–1838), Bl. 178. Edition bei: Wolf (Hg.), Bücherverbote, S. 111–113.
60 Gutachten Bighis o. D.; ACDF Index Protocolli 112 (1836–1838), Bl. 195r–198r.

Danach das Folgende. Die in allen drei Gutachten verwendeten Heine-Zitate werden kursiv gesetzt und einzeln nachgewiesen.

61 Heinrich Heine, Sämtliche Schriften, hg. von Klaus Briegleb, 6 Bde. Bd. 3: Über Frankreich, München 1978, S. 206.

62 Ebd. S. 214.

63 Gutachten Palmas o. D. [August 1836]; ACDF Index Protocolli 112 (1836–1838), Bl. 256r–258r. Danach das Folgende.

64 Heinrich Heine, Sämtliche Schriften, hg. von Klaus Briegleb, 6 Bde. Bd. 3: Zur Geschichte der Religion und Philosophie in Deutschland, München 1978, S. 590 f.

65 Ebd. S. 584.

66 Gutachten Graziosis o. D. [August 1836]; ACDF Index Protocolli 112 (1836–1838), Bl. 248r–v und 251r–v. Danach das Folgende.

67 Heinrich Heine, Sämtliche Schriften, hg. von Klaus Briegleb, 6 Bde. Bd. 2: Reisebilder (Reise von München nach Genua), München 1976, S. 346.

68 Ebd. (Die Stadt Lucca), S. 492 f.

69 Ebd. S. 515. Die zweite Satzhälfte ist frei übersetzt.

70 Ebd. (Reise von München nach Genua), S. 353.

71 Beschlußfassung der Konsultorenversammlung, zugleich Sitzungsvorlage für die Kardinalsplenaria vom 12. September 1836; ACDF Index Protocolli 112 (1836–1838), Bl. 188.

72 ACDF Index Diarii 19 (1807–1865), Bl. 58r.

73 Relation über die Sitzung der Kongregation an den Papst [vom 22. September 1836]; ACDF Index Protocolli 112 (1836–1838), Bl. 180r–187r, hier 180r–v.

74 Annali delle Scienze Religiose, compilati dall'Ab. Antonio De Luca, Vol. II, Rom 1836, S. 445–448.

75 Schwedt, Hermes, S. 83 f.

76 Bericht Ostinis an Bernetti vom 13. November 1835; ASV Segreteria di Stato, Esteri Rubr. 247 Busta 407.

77 Metternichs Dépêche Politique Nr. 457 an Lützow vom 23. Januar 1836; Haus-, Hof- und Staatsarchiv (künftig: HHStA) Wien Gesandtschaft Rom – Vatikan II, Fasc. 173.

78 Bericht Lützows an Metternich (Entwurf) über seine Unterredung mit Lambruschini vom 6. Februar 1836; HHStA Wien Gesandtschaft Rom – Vatikan II, Fasc. 173.

79 Beilage zum Bericht Lützows an Metternich vom 13. Februar 1836; HHStA Wien Gesandtschaft Rom – Vatikan II, Fasc. 173.

80 Zirkular Lambruschinis vom 9. Februar 1836; ASV Segreteria di Stato, Rubr. 260 Busta 534.

81 Beilage zum Rapport Politique Nr. 10, Lambruschini an Lützow, vom 6. Februar 1836; HHStA Wien Gesandtschaft Rom – Vatikan II, Fasc. 173.

82 Schreiben des Wiener Nuntius Altieri an den Präfekten der Indexkongregation Mai vom 15. November 1844; ACDF Index Protocolli 114 (1842–1845), Bl. 646 f. Bei den erwähnten Werken von Savonarola und Lenau handelt es sich um: Opere inedite di Fra Girolamo Savonarola, vel alio titulo: Libri cinque dell'Italia, 2 Bde., 1835 anonym von Niccolò Tommasèo herausgegeben und 1837 indiziert; Nicolaus Lenau, Die Albigenser, freie Dichtungen, 1842, am 30. September 1845 indiziert.

83 Franz Hettinger, Aus Welt und Kirche. Bilder und Skizzen. Bd. 1: Rom und Italien, Freiburg i. Br. [6]1911, S. 77.

84 Gutachten Delacroix' o. D.; ACDF Index Protocolli 114 (1842–1845), Bl. 642r–643r. Danach das Folgende.

85 Beschluß der Konsultorenversammlung, zugleich Sitzungsvorlage für die Kardinalsplenaria vom 24. Juli 1845; ACDF Index Protocolli 114 (1842–1845), Bl. 637.

86 ACDF Index Diarii 19 (1807–1865), Bl. 81v–82r.

87 Relation über die Sitzung der Kongregation an den Papst vom 8. August 1845; ACDF Index Protocolli 114 (1842–1845), Bl. 632v–634r.

88 Bando vom 11. August 1845; Archivio di Stato di Roma, Rom (künftig: ASR) Bandi 352. Edition bei: Wolf (Hg.), Bücherverbote, S. 163 f.

89 Bando vom 24. August 1829; ASR Bandi 352. Edition bei: Wolf (Hg.), Bücherverbote, S. 84 f.

90 Augustin Theiner/Johann Anton Theiner, Die Einführung der erzwungenen Ehelosigkeit bei den christlichen Geistlichen und ihre Folgen. Ein Beitrag zur Kirchengeschichte, 2 Bde., Altenburg 1828–1830, Vorwort, datiert: Breslau 30. August 1828.

91 Augustin Theiner, Geschichte der geistlichen Bildungsanstalten, Mainz 1835, S. XLIX.

92 Schreiben Polidoris an Castiglioni vom 20. Februar 1829; ACDF Index Atti e Documenti 3 (1829–1839), Nr. 9.

93 Schreiben van Everbroecks an den Sekretär der Indexkongregation, Alessandro Bardani, vom 10. März 1829; ACDF Index Atti e Documenti 3 (1829–1839), Nr. 10.

94 Schreiben van Everbroecks an Bardani vom 21. März 1829 (Begleitbrief und lateinischer Text der Observationes); ACDF Index Atti e Documenti 3 (1829–1839), Nr. 11 und 12.

95 Schreiben van Everbroecks an Bardani vom 13. April 1829; ACDF Index Atti e Documenti 3 (1829–1839), Nr. 13.

96 Gutachten Polidoris o. D. [vermutlich Juni/Juli 1829]; ACDF Index Protocolli 110 (1828–1829), Bl. 534r–537r. Danach das Folgende. Die von Polidori im Gutachten verwendeten Theiner-Zitate werden kursiv gesetzt.

97 Augustin Theiner, Geschichte der geistlichen Bildungsanstalten, Mainz 1835, S. L.

98 Elenco der Sitzung; ACDF Index Protocolli 110 (1828–1829), Bl. 527r–529v.

99 Ebd.

100 Relation an den Papst vom 24. August 1829; ACDF Index Protocolli 110 (1828–1829), Bl. 527–529. Danach das Folgende.

101 Gedrucktes Gutachten Theiners über die «Œuvres complètes de George Sand», Bde. 11 und 12, Paris 1837, o. D. [30. März 1841]; ACDF Index Protocolli 113 (1838–1841), Bl. 537–539.

102 Elenco der vorbereitenden Sitzung vom 15. März und Beschluß der Konsultorenversammlung vom 30. März 1841; ACDF Index Protocolli 113 (1838–1841), Bl. 449. Bando vom 30. März 1841; ASR Bandi 352. Edition bei: Wolf (Hg.), Bücherverbote, S. 132–134.

103 Vgl. dazu die entsprechenden Dokumente (Dekret, Gutachten, Relation an den Papst); ACDF Index Protocolli 115 (1846–1848).

104 Relation an den Papst vom 3. März 1846; ACDF Index Protocolli 115 (1846–1848), Bl. 3 f., hier 3v.

105 Schreiben Theiners an Degola vom 2. März 1846; ACDF Index Protocolli 115 (1846–1848), Bl. 20 f.
106 Schreiben Theiners an Mai vom 28. September 1845; ACDF Index Protocolli 114 (1842–1845), Bl. 702–704 (Anlage II). Danach das Folgende.
107 Dekret vom 30. September 1845; ACDF Index Protocolli 114 (1842–1845), Bl. 690. Bando vom 30. September 1845; ASR Bandi 352. Edition bei: Wolf (Hg.), Bücherverbote, S. 165 f.
108 Christa Dericum, Ein Papst der Geschichtsschreibung. Leopold von Ranke oder Glanz und Elend des Historismus, in: Damals 20 (1988), S. 278–286.
109 Fuhrmann, Papstgeschichtsschreibung, S. 105 f. und S. 173–175.
110 Bando vom 16. September 1841; Biblioteca Angelica, Rom, Index 1841, S. 427–429 (Anhang). Edition bei: Wolf (Hg.), Bücherverbote, S. 135–137.
111 Relation vom 16. September 1841; ACDF Index Protocolli 113 (1838–1841), Bl. 552r–553r.
112 Handschriftliches Schreiben von Theiner an Degola vom 15. September 1841; ACDF Index Protocolli 113 (1838–1841), Bl. 655–656. Danach das Folgende.
113 Augustin Theiner, Versuche und Bemühungen des heiligen Stuhles in den letzten drei Jahrhunderten, die durch Ketzerei und Schisma von ihm getrennten Völker des Nordens wiederum mit der Kirche zu vereinen. Bd. 1: Schweden und seine Stellung zum heiligen Stuhl unter Johann III., Sigismund III. und Karl IX. Nach geheimen Staatspapieren, Augsburg 1838, S. V–VIII (Vorrede vom 24. Juli 1837).
114 Vgl. die gedruckte Sitzungsvorlage für die Konsultoren vom 13. August 1838; ACDF Index Protocolli 113 (1838–1841), Bl. 13.
115 De Lucas Sondervotum über Ranke vom 23. August 1838; ACDF Index Protocolli 113 (1838–1841), Bl. 131–135. Danach das Folgende.
116 Vgl. die Sitzungseinladung für die Kardinäle vom 27. August 1838; ACDF Index Protocolli 113 (1838–1841), Bl. 13.
117 Vgl. die Relation an den Papst; ACDF Index Protocolli 113 (1838–1841), Bl. 3–11.
118 Vgl. Bando vom 27. August 1838; ACDF Index Protocolli 113 (1838–1841), Bl. 1. Edition bei: Wolf (Hg.), Bücherverbote, S. 122–124.
119 Relation an den Papst; ACDF Protocolli 113 (1838–1841), Bl. 3–11. Danach das Folgende.
120 ACDF Index Diarii 19 (1807–1865), Bl. 62vr.
121 Zecchinellis Gutachten über Ranke o. D. [August 1838]; ACDF Index Protocolli 113 (1838–1841), Bl. 123r–130v, 137r. Danach das Folgende.
122 De Lucas Sondervotum über Ranke vom 23. August 1838; ACDF Index Protocolli 113 (1838–1841), Bl. 131–135. Danach das Folgende.
123 Schreiben Novaros an Macchi vom 12. Juni 1853; ACDF SO Censurae Librorum 1853, Nr. 21 Perugia. Danach das Folgende.
124 Harriet Beecher Stowe, zitiert nach: Kohlhagen, Mann, S. 54.
125 Einige Bemerkungen über das Werk «Onkel Toms Hütte» o. D.; ACDF SO Censurae Librorum 1853, Nr. 21 Perugia. Romanzo «La Capanna dello zio Tom». Danach das Folgende. In den Gutachten finden sich mit Seitenzahlen versehene Zitate aus der italienischen Ausgabe: Harriet Beecher Stowe, Il tugurio dello Zio Tom. Romanzo americano. Prima traduzione italiana. Firenze: Mariani 1852, die nicht nachgewiesen werden konnte. Die entsprechenden deutschen Belegstellen entstammen der Ausgabe: Harriet Beecher Stowe, Onkel Toms Hütte. Auf der Grundlage einer anonymen Übersetzung von 1853 neu erarbeitet von

Susanne Althoetmar-Smarczyk. Mit einem Nachwort und einer Zeittafel von Susanne Opfermann, Düsseldorf/Zürich 2001.

126 Beecher Stowe, Il tugurio dello Zio Tom, S. 309; Beecher Stowe, Onkel Toms Hütte, S. 225.

127 Beecher Stowe, Il tugurio dello Zio Tom, S. 301; Beecher Stowe, Onkel Toms Hütte, S. 24.

128 Beecher Stowe, Il tugurio dello Zio Tom, S. 184; Beecher Stowe, Onkel Toms Hütte, S. 139.

129 Beecher Stowe, Il tugurio dello Zio Tom, S. 481 und S. 486; die entsprechenden Belegstellen wahrscheinlich: Beecher Stowe, Onkel Toms Hütte, S. 340, 342, 344 und S. 349.

130 Beecher Stowe, Il tugurio dello Zio Tom, S. 294; Beecher Stowe, Onkel Toms Hütte, S. 217.

131 Beecher Stowe, Il tugurio dello Zio Tom, S. 192; Beecher Stowe, Onkel Toms Hütte, S. 216.

132 Beecher Stowe, Il tugurio dello Zio Tom, S. 197; Beecher Stowe, Onkel Toms Hütte, S. 147.

133 Beecher Stowe, Il tugurio dello Zio Tom, S. 197; Beecher Stowe, Onkel Toms Hütte, S. 133.

134 Beecher Stowe, Il tugurio dello Zio Tom, S. 369; Beecher Stowe, Onkel Toms Hütte, S. 272.

135 Beecher Stowe, Il tugurio dello Zio Tom, S. 900; Beecher Stowe, Onkel Toms Hütte, S. 498.

136 Gutachten Demartis' vom Juli/August 1853; ACDF Index Protocolli 117 (1852–1853), Bl. 501r–505v; ACDF Index Diarii 19 (1807–1865), Bl. 112. Danach das Folgende.

137 Beecher Stowe, Il tugurio dello Zio Tom, S. 484; Beecher Stowe, Onkel Toms Hütte, S. 350.

138 Beecher Stowe, Il tugurio dello Zio Tom, S. 508; Beecher Stowe, Onkel Toms Hütte, S. 367.

139 Martin Luther, Von der Freiheit eines Christenmenschen. Mit einer kurzen Biographie und einem Nachwort hg. von Ernst Kähler, Stuttgart 1962, S. 130.

140 Konzil von Trient Sessio VI, Canones de iustificatione Can. 9. Lateinisch-deutscher Text, in: Josef Wohlmuth (Hg.), Dekrete der Ökumenischen Konzilien. Bd. 3: Konzilien der Neuzeit, Paderborn 2002, S. 679.

141 Beecher Stowe, Il tugurio dello Zio Tom, S. 188; Beecher Stowe, Onkel Toms Hütte, S. 140.

142 Lutherzitat nach: Werner Georg Kümmel, Einleitung in das Neue Testament, Heidelberg [19]1978, S. 446.

143 Beecher Stowe, Il tugurio dello Zio Tom, S. 682; Beecher Stowe, Onkel Toms Hütte, S. 497.

144 Beschluß der vorbereitenden Konsultorenversammlung vom 27. August 1853; ACDF Index Protocolli 117 (1852–1853), Bl. 481.

145 Beschluß der Kardinalsplenaria vom 5. September 1853; ACDF Index Protocolli 117 (1852–1853), Bl. 481; ACDF Index Diarii 19 (1807–1865), Bl. 112r.

146 Gutachten Fania Da Rignanos vom 23. November 1853; ACDF Index Protocolli 117 (1852–1853), Bl. 533r–543r. Danach das Folgende.

147 Teipel, Versklavung, S. 22 und S. 38 f. Danach das Folgende.

148 Beschluß der Kardinalsplenaria vom 10. Dezember 1853; ACDF Index Protocolli 117 (1852–1853), Bl. 515; ACDF Index Diarii 19 (1807–1865), Bl. 113.

149 Christoph von Schmid, Erinnerungen aus meinem Leben. Neu bearb. von Hubert Schiel, Freiburg i. Br. 1953, S. 100.

150 A. Weber, Art.: Sailer, in: Wetzer und Welte's Kirchenlexikon, 2. Aufl., Bd. 10 (1897), S. 1536–1538, hier S. 1537.

151 Georg Schwaiger, Johann Michael Sailer. Der bayerische Kirchenvater, München/Zürich 1982.

152 Philipp Funk, Von der Aufklärung zur Romantik. Studien zur Vorgeschichte der Münchner Romantik, München 1925, S. IV.

153 Wort des Hl. Vaters zur Feier der Bischof Sailer-Gedenkwoche vom 14. bis 20. Mai 1982, in: Amtsblatt für die Diözese Regensburg Nr. 9 vom 28. Mai 1982, S. 85 f.

154 Zitiert nach B. Lang, Art.: Sailer, in: Lexikon für Theologie und Kirche, 1. Aufl., Bd. 9 (1937), S. 74–76, hier S. 75.

155 Der deutsche Text des Gutachtens Hofbauers ist zu finden bei: Hubert Schiel (Hg.), Johann Michael Sailer. Leben und Briefe, Bd. 1, Regensburg 1948, S. 529 f.

156 Die ersten Auswertungen der im Provinzialarchiv der Redemptoristen in Gars am Inn aufgefundenen Abschrift von Brief und Relatio konnten Barbara Jendrosch 1971 und Otto Weiß 1983 vorlegen; vgl. Barbara Jendrosch, Johann Michael Sailers Lehre vom Gewissen (Studien zur Geschichte der katholischen Moraltheologie 19), Regensburg 1971, S. 205–214; Weiß, Redemptoristen, S. 945–952.

157 Die Edition des Entwurfs bei: Wolf, Fall, S. 355–370. Danach das Folgende.

158 Senestrey an Haringer vom 12. Januar 1865; zitiert nach Weiß, Redemptoristen, S. 931.

159 Ebd. S. 940.

160 Gutachten Schaezlers vom Juli 1873; ACDF SO Stanza Storica N 5-t, Bl. 5–113. Danach das Folgende. Die Edition der einschlägigen Prozeßakten: Wolf, Sailer, S. 67–234.

161 Handschriftliches Protokoll der Konsultorenversammlung vom 17. November 1873; ACDF SO Stanza Storica N 5-t. Danach das Folgende.

162 Schreiben Schaezlers an Bischof Senestrey vom 4. März 1874; Generalatsarchiv der Redemptoristen, Rom, Bestand Höhere Leitung.

163 Eigenhändiges lateinisches Schreiben von Bischof Vinzenz Gasser an Kardinal Patrizi vom 27. Dezember 1873, ACDF SO Stanza Storica N 5-t.

164 Lateinisches Schreiben Bischof Martins an Kardinal Patrizi vom 3. Februar 1874; ACDF SO Stanza Storica N 5-t.

165 ACDF SO Decreta 1874: Der Fall Sailer kommt in den Decreta von 1874 *nicht* vor. Nina hat jene Causa demnach nicht noch einmal vorgelegt, nachdem die Voten der deutschen Bischöfe eingegangen waren.

166 Schreiben Ninas an Vincenzo Leone Sallua vom 29. April 1881; ACDF SO Stanza Storica N 5-t.

167 Eintrag vom 6. Mai 1881; ACDF SO Stanza Storica N 5-t.

168 Karl May, Winnetou. Dritter Band (Karl May's Gesammelte Werke 9), Bamberg 1951, S. 435.

169 Ebd. S. 434.

170 Ebd. S. 435 f.

171 Anonymes Denunziationsschreiben; ACDF Index Protocolli 140 (1910–1911), Nr. 73. Edition des Schreibens: Wolf, Karl May, S. 397–401. Danach das Folgende.

172 A[dolf] Droop, Karl May. Eine Analyse seiner Reise-Erzählungen, Cöln-Weiden 1909, Reprint Bamberg 1993, S. 138.

173 Joachim Mehlhausen/Daniela Dunkel, Art.: Monismus/Monistenbund; in: Theologische Realenzyklopädie 23 (1994), S. 212–219.

174 Maurice Blondel, Geschichte und Dogma, Mainz 1963, S. 1 f.

175 Urteil Essers vom 20. Mai 1910; ACDF Index Diarii 23 (1908–1914), Bl. 99.

176 Hilgers, Index, S. 39.

177 Schreiben Haringers an Kardinal Martinelli vom 21. Dezember 1885; ACDF Index Atti e Documenti 7 (1878–1885), Nr. 405.

178 Ebd. Der Eingang des Schreibens ist auch verzeichnet in ACDF Index Diarii 20 (1866–1889), Bl. 298.

179 Gutachten Haringers für Saccheri vom 29. November 1885; ACDF Index Atti e Documenti 7 (1878–1885), Nr. 407.

180 Schreiben Haringers an Saccheri vom 3. August 1886; ACDF Index Atti e Documenti 7 (1878–1885), Nr. 406.

181 Schreiben Haringers an Kraus vom 18. September 1885; Stadtbibliothek Trier, Nachlaß Kraus, Heft «Haringer».

182 Gutachten Haringers für Saccheri vom 29. November 1885; ACDF Index Atti e Documenti 7 (1878–1885), Nr. 407. Danach das Folgende.

183 Literarische Rundschau 1884 (Nr. 8), S. 236–241, die folgenden Zitate S. 239 und S. 241.

184 Notizie riguardanti il Prof. Reusch; ACDF Index Protocolli IIa–134. Die undatierten «Notizie» sind in zwei leicht variierenden Abschriften von der Hand Saccheris überliefert. Sie dürften aus den Jahren 1887/88 stammen.

185 Literarische Rundschau 1884 (Nr. 8), S. 240.

186 Relation über die Reform des Index vom 6. Dezember 1895; ACDF Index Protocolli IIa–134. Danach das Folgende.

187 Schwedt, Index, S. 299.

188 Ebd. S. 305.

189 Schwedt, Paul VI., S. 45–111, hier S. 53.

190 Hilgers, Index, S. 206.

191 Text des Schemas in: Acta et Documenta Concilio Oecumenico Vaticano II Apparando, Ser. II, Vol. II, Pars III, Rom 1968, S. 842–844.

192 Zitiert nach Norbert Trippen, Josef Kardinal Frings (1887–1978). Bd. 2: Sein Wirken für die Weltkirche und seine letzten Bischofsjahre (Veröffentlichungen der Kommission für Zeitgeschichte. Reihe B 104), Paderborn 2005, S. 384.

193 Codex iuris canonici. Pii X Pontificis Maximi iussu digestus Benedicti Papae XV auctoritate promulgatus, Romae 1917, can. 1395–1405.

194 Schwedt, Paul VI., S. 29 f.

195 Vgl. Herder Korrespondenz 20 (1966), S. 260 f.

196 Acta Apostolicae Sedis 58 (1966), S. 445.

197 Frankfurter Allgemeine Zeitung Nr. 137 vom 16. Juni 1966, S. 3.

198 Die Welt Nr. 138 Ausgabe D vom 16./17. Juni 1966, S. 3.

199 Frankfurter Rundschau Nr. 137 vom 16. Juni 1966, S. 8.

200 Westfälische Nachrichten Nr. 137 vom 16. Juni 1966, S. 8.

201 Kirchenzeitung für das Bistum Hildesheim Nr. 25 vom 19. Juni 1966.
202 Acta Apostolicae Sedis 58 (1966), S. 1186.
203 Nuntius. Sacrae Congregationis pro Doctrina Fidei nutu et cura editus 1 (1967), 52 Seiten.

Literaturhinweise

Prolog
I. Hinter den Mauern des Vatikans

Accademia nazionale dei Lincei/Congregazione per la Dottrina della Fede (Hg.), L'apertura degli archivi del Sant'Uffizio romano (Roma, 22 gennaio 1998), Roma 1998.

Beretta, Francesco, Galilée devant le Tribunal de l'Inquisition. Une relecture des sources, Freiburg i. Ue. 1998.

Beretta, Francesco, Giordano Bruno e l'inquisizione romana. Considerazioni sul processo, in: Bruniana & Campanelliana. Ricerche filosofiche e materiali storico-testuali 7 (2001), S. 15–49.

Cifres, Alejandro, Das historische Archiv der Kongregation für die Glaubenslehre in Rom, in: Historische Zeitschrift 268 (1999), S. 97–106.

De Bujanda, Jesus Martinez, Index de Rome, 1557, 1559, 1564. Les premiers index romains e l'index de Trente (Index des Livres interdits 8), Sherbrooke (Québec) 1990.

De Bujanda, Jesus Martinez, Index librorum prohibitorum 1600–1966 (Index des Livres interdits 11), Sherbrooke (Québec) 2002.

De Bujanda, Jesus Martinez, Thesaurus de la littérature interdite au XVIe siècle. Auteurs, ouvrages, éditions. Avec Addenda et corrigenda (Index des Livres interdits 10), Sherbrooke (Québec) 1996.

Del Col, Andrea/Paolin, Giovanna (Hg.), L'inquisizione romana in Italia nell'età moderna. Archivi, problemi di metodo e nuove ricerche. Atti del seminario internazionale Trieste, 18–20 maggio 1988, Rom 1991.

Fitos, Stephan, Zensur als Mißerfolg. Die Verbreitung indizierter deutscher Druckschriften in der zweiten Hälfte des 16. Jahrhunderts, Frankfurt a. M. 2000.

Fragnito, Gigliola (Hg.), Church, Censorship and Culture in Early Modern Italy, Cambridge 2001.

Fragnito, Gigliola, La Bibbia al rogo. La censura ecclesiastica e i volgarizzamenti della Scrittura (1471–1605), Bologna 1997.

Hilgers, Joseph, Der Index der verbotenen Bücher. In seiner neuen Fassung dargelegt und rechtlich-historisch gewürdigt, Freiburg i. Br. 1904.

Kamen, Henry, Art.: Inquisition, in: Theologische Realenzyklopädie 16 (1987), S. 189–196.

Moos, Peter von, Kirchliche Disziplinierung zwischen Mittelalter und Moderne, in: Zeitschrift für Historische Forschung 27 (2000), S. 75–90.

Paarhammer, Hans, Sollicita ac provida. Neuordnung von Lehrbeanstandung und Bücherzensur in der katholischen Kirche im 18. Jahrhundert, in: André Gabriels/Heinrich Reinhardt (Hg.), Ministerium iustitiae. Festschrift für Heribert Heinemann zur Vollendung des 60. Lebensjahres, Essen 1985.

Prosperi, Adriano, Tribunali della coscienza. Inquisitori, confessori, missionari, Turin 1996.

Reusch, Franz Heinrich, Der Index der verbotenen Bücher. Ein Beitrag zur Kirchen- und Literaturgeschichte, 2 Bände, Bonn 1883–1885.

Schatz, Klaus, Zwischen Säkularisation und Zweitem Vatikanum. Der Weg des deutschen Katholizismus im 19. und 20. Jahrhundert, Frankfurt a. M. 1986.

Scherer, Johann Baptist, Vierhundert Jahre Index Romanus. Ein Gang durch den Friedhof katholischen Geisteslebens nebst einer zeitgemäßen Betrachtung über Autorität und Freiheit, Düsseldorf o. J. [1957].

Schmidt, Peter, Tortur als Routine. Zur Theorie und Praxis der römischen Inquisition in der frühen Neuzeit, in: Peter Burchel/Götz Distelrath/Sven Lembke, Das Quälen des Körpers. Eine historische Anthropologie der Folter, Köln 2000, S. 201–215.

Schwedt, Herman H., Das Archiv der römischen Inquisition und des Index, in: Römische Quartalschrift 93 (1998), S. 267–280.

Schwedt, Herman H., Das römische Urteil über Georg Hermes (1775–1831). Ein Beitrag zur Geschichte der Inquisition im 19. Jahrhundert (Römische Quartalschrift 37. Supplementheft), Rom 1980.

Schwedt, Herman H., Der römische Index der verbotenen Bücher, in: Historisches Jahrbuch 107 (1987), S. 296–314.

Schwedt, Herman H., Die römischen Kongregationen der Inquisition und des Index und die Kirche im Reich (16. und 17. Jahrhundert), in: Römische Quartalschrift 90 (1995), S. 43–73.

Schwerhoff, Gerd, Die Inquisition. Ketzerverfolgung in Mittelalter und Neuzeit, München 2004.

Tedeschi, John, Gli archivi dispersi dell'Inquisizione romana, in: Ders. (Hg.), Il giudice e l'eretico. Studi sull'Inquisizione romana, Milano 1997, S. 25–33, S. 203–221.

Tortarolo, Edoardo, Zensur als Institution und Praxis im Europa der Frühen Neuzeit. Ein Überblick, in: Helmut Zedelmaier/Martin Mulsow (Hg.), Die Praktiken der Gelehrsamkeit in der Frühen Neuzeit (Frühe Neuzeit 64), Tübingen 2001, S. 277–294.

Weidhaas, Peter, Zur Geschichte der Frankfurter Buchmesse, Frankfurt a. M. 2003.

Wolf, Hubert (Hg.), Inquisition – Index – Zensur. Wissenskulturen der Neuzeit im Widerstreit (Römische Inquisition und Indexkongregation 1), Paderborn [2]2003.

Wolf, Hubert (Hg.), Prosopographie von Römischer Inquisition und Indexkongregation 1814–1917, von Herman H. Schwedt unter Mitarbeit von Tobias Lagatz (Römische Inquisition und Indexkongregation. Grundlagenforschung III: 1814–1917), 2 Bände, Paderborn 2005.

Wolf, Hubert (Hg.), Römische Bücherverbote. Edition der Bandi von Inquisition und Indexkongregation 1814–1917, auf der Basis von Vorarbeiten von Herman H. Schwedt bearb. von Judith Schepers und Dominik Burkard (Römische Inquisition und Indexkongregation. Grundlagenforschung I: 1814–1917), Paderborn 2005.

Wolf, Hubert (Hg.), Systematisches Repertorium zur Buchzensur von Römischer Inquisition und Indexkongregation 1814–1917, bearb. von Sabine Schratz, Jan Dirk Busemann und Andreas Pietsch (Römische Inquisition und Indexkongregation. Grundlagenforschung II: 1814–1917), 2 Bände, Paderborn 2005.

Wolf, Hubert, Einleitung 1814–1917. In vier Sprachen (Deutsch, Italienisch, Englisch, Spanisch) (Römische Inquisition und Indexkongregation. Grundlagenforschung: 1814–1917), Paderborn 2005.

Wolf, Hubert, Ketzer oder Kirchenlehrer? Der Tübinger Theologe Johannes von Kuhn (1806–1887) in den kirchenpolitischen Auseinandersetzungen seiner Zeit (Veröffentlichungen der Kommission für Zeitgeschichte. Reihe B 58), Mainz 1992.

Wolf, Hubert, Kontrolle des Wissens. Zensur und Index der verbotenen Bücher, in: Theologische Revue 99 (2003), S. 437–452.

Zedelmaier, Helmut, Das katholische Projekt einer Reinigung der Bücher, in: Wolf Oesterreicher/Gerhard Regn/Winfried Schulze (Hg.), Autorität der Form – Autorisierung – Institutionelle Autorität (Pluralisierung & Autorität 1), Münster 2003, S. 187–203.

II. Im Visier der Glaubenswächter

Der Knigge: Ein Verstoß gegen die guten Manieren?

Adolph Freiherr Knigge (Text und Kritik 130), München 1996.

Fenner, Wolfgang, Knigge, Bode und Weishaupt. Zu Knigges Mitgliedschaft im Illuminatenorden, in: Rector (Hg.), Weltklugheit, S. 83–91.

Graf, Sieglinde, Art.: Illuminaten, in: Theologische Realenzyklopädie 16 (1987), S. 81–84.

Kaeding, Peter, Adolph von Knigge. Begegnungen mit einem freien Herrn, Berlin 1991.

Rector, Martin (Hg.), Zwischen Weltklugheit und Moral. Der Aufklärer Adolph Freiherr Knigge (Das Knigge-Archiv 2), Göttingen 1999.

Schlott, Michael (Hg.), Wirkungen und Wertungen. Adolph Freiherr Knigge im Urteil der Nachwelt (1796–1994). Eine Dokumentensammlung (Das Knigge-Archiv 1), Göttingen 1998.

Stammen, Theo, Adolf von Knigge und die Illuminatenbewegung, in: Walter Müller-Seidel/Wolfgang Riedel (Hg.), Die Weimarer Klassik und ihre Geheimbünde, Würzburg 2003, S. 67–89.

Johann Sebastian Drey: Karriereknick durch Gerüchte?

Hagen, August, Geschichte der Diözese Rottenburg, 3 Bände, Stuttgart 1956–1960.

Kustermann, Abraham Peter, Revision der Theologie – Reform der Kirche. Die Bedeutung des Tübinger Theologen Johann Sebastian Drey (1777–1853) in Geschichte und Gegenwart, Würzburg 1994.

Reinhardt, Rudolph, Die Friedrichs-Universität Ellwangen 1812–1817. Vorgeschichte – Aufstieg – Ende, in: Ellwanger Jahrbuch 27 (1977/78), S. 93–115.

Wolf, Hubert, Angezeigt, doch nicht verurteilt. Zum römischen Schicksal von Johann Sebastian Dreys «Beichtschrift», in: Peter Neuner/Peter Lüning (Hg.), Theologie im Dialog. Festschrift für Harald Wagner, Münster 2004, S. 309–322.

Wolf, Hubert, Vom Fürst-Bischof zum Staats-Knecht. Ellwangen zwischen Reichskirche und Diözese Rottenburg, in: Ellwanger Jahrbuch 39 (2004), S. 49–63.

Heinrich Heine: Gegen die Religion der Freiheit?

Hauschild, Jan-Christoph/Werner, Michael, «Der Zweck des Lebens ist das Leben selbst». Heinrich Heine. Eine Biographie, Köln 1997.
Langewiesche, Dieter, Europa zwischen Restauration und Revolution 1815–1849 (Oldenbourg-Grundriß Geschichte 13), München [3]1993.
Radlik, Ute, Heine in der Zensur der Restaurationsepoche, in: Jost Hermand/Manfred Windfuhr (Hg.), Zur Literatur in der Restaurationsepoche, Stuttgart 1970, S. 460–489.
Wolf, Hubert, Heinrich Heine auf dem Index. Ein literarischer Fall und seine politischen Hintergründe, in: Ferdinand Schlingensiepen/Manfred Windfuhr (Hg.), Heinrich Heine und die Religion. Ein kritischer Rückblick, Düsseldorf 1998, S. 151–169.
Wolf, Hubert/Schopf, Wolfgang, Die Macht der Zensur. Heinrich Heine auf dem Index, Düsseldorf 1998.

Augustin Theiner: Opfer und Täter zugleich?

Burkard, Dominik, Augustin Theiner – ein deutscher Doppelagent in Rom? Oder: Über den Umgang mit Quellen am Beispiel der Rottenburger Bischofswahlen von 1846/47, in: Rottenburger Jahrbuch für Kirchengeschichte 19 (2000), S. 191–251.
Jedin, Hubert, Augustin Theiner. Zum 100. Jahrestag seines Todes am 9. August 1874, in: Archiv für Schlesische Kirchengeschichte 31 (1973), S. 134–176.
Schwedt, Herman H., Augustin Theiner und Pius IX., in: Erwin Gatz (Hg.), Römische Kurie. Kirchliche Finanzen. Vatikanisches Archiv. Studien zu Ehren von Hermann Hoberg (Miscellanea Historiae Pontificiae 46), Band 2, Rom 1979, S. 825–853.
Wesseling, Klaus-Gunther, Art.: Theiner, Augustin, in: Biographisch-Bibliographisches Kirchenlexikon 11 (1996), S. 791–795.
Wolf, Hubert, Augustin Theiner und die Rottenburger Bischofswahl von 1846. Mit einem bislang unbekannten Gutachten des Theologen, in: Archiv für schlesische Kirchengeschichte 47/48 (1989/90), S. 205–218.
Wolf, Hubert, Simul censuratus et censor. Augustin Theiner und die römische Indexkongregation, in: Peter Walter/Hermann Joseph Reudenbach (Hg.), Bücherzensur – Kurie – Katholizismus und Moderne. Festschrift für Herman H. Schwedt (Beiträge zur Kirchen- und Kulturgeschichte 10), Frankfurt a. M. 2000, S. 27–59.
Wolf-Dahm, Barbara, Art.: Theiner, Johann Anton, in: Biographisch-Bibliographisches Kirchenlexikon 11 (1996), S. 795–800.

Rankes Päpste: Dogma oder Geschichte?

Brady, Thomas A., Ranke, Rom und die Reformation. Leopold von Rankes Entdekkung des Katholizismus, in: Jahrbuch des Historischen Kollegs 1999, S. 43–60.
Fuhrmann, Horst, Papstgeschichtsschreibung. Grundlinien und Etappen, in: Arnold Esch/Jens Petersen (Hg.), Geschichte und Geschichtswissenschaft in der Kultur Italiens und Deutschlands. Wissenschaftliches Kolloquium zum hundertjährigen Bestehen des Deutschen Historischen Instituts in Rom (24.–25. Mai 1988), Tübingen 1989, S. 141–191.

Hecht, Ingrid, Leopold von Ranke. Und ich darf es nicht verschweigen ... mit in Deutschland vorhandenen Drucknachweisen der verwendeten Originalbriefe aus Krakau, [Northeim] 2003.

Muhlack, Ulrich, Geschichtswissenschaft im Humanismus und der Aufklärung. Die Vorgeschichte des Historismus, München 1991.

Muhlack, Ulrich, Rankes Päpste auf dem Index und die deutsche Geschichtswissenschaft. Ein Beitrag zur katholischen Geschichtskultur im Deutschland des 19. Jahrhunderts, in: Römische Quartalschrift 96 (2001), S. 163–180.

Schatz, Klaus, Der päpstliche Primat. Seine Geschichte von den Ursprüngen bis zur Gegenwart, Würzburg 1990.

Wolf, Hubert/Burkard, Dominik/Muhlack, Ulrich, Rankes «Päpste» auf dem Index. Dogma und Historie im Widerstreit (Römische Inquisition und Indexkongregation 3), Paderborn 2003.

Onkel Toms Hütte: Revolutionäres Manifest oder gute Lektüre?

Delacampagne, Christian, Die Geschichte der Sklaverei, Düsseldorf 2002.

Hedrick, Joan D., Harriet Beecher-Stowe. A life, New York/Oxford 1994.

Kohlhagen, Norgard, «Sie schreiben wie ein Mann, Madame!» Von der schweigenden Frau zur schreibenden Frau, Frankfurt a. M. 1983, S. 49–57.

Quinn, John E., «Three cheers for the Abolitionist Pope!»: American reaction to Gregory XVI's condemnation of the slave trade, 1840–1860, in: The Catholic Historical Review 90 (2004), S. 67–93.

Teipel, Matthias, Die Versklavung der Schwarzen. Theologische Grundlagen, Auswirkungen und Ansätze ihrer Überwindung, Münster 1999.

Weber, Christoph, Kardinäle und Prälaten in den letzten Jahrzehnten des Kirchenstaates 1846–1878 (Päpste und Papsttum 13), 2 Bände, Stuttgart 1978.

Johann Michael Sailer: Tribunal für einen Toten?

Baumgartner, Konrad (Hg.), Von Aresing bis Regensburg. Festschrift zum 250. Geburtstag von Johann Michael Sailer am 17. November 2001 (Beiträge zur Geschichte des Bistums Regensburg 35), Regensburg 2001.

Hasler, August Bernhard, Pius IX. (1846–1878). Päpstliche Unfehlbarkeit und 1. Vatikanisches Konzil. Dogmatisierung und Durchsetzung einer Ideologie (Päpste und Papsttum 12), 2 Bände, Stuttgart 1977.

Weitlauff, Manfred, Kirche im 19. Jahrhundert, Regensburg 1998.

Weiß, Otto, Die Redemptoristen in Bayern (1790–1909). Ein Beitrag zur Geschichte des Ultramontanismus (Münchener Theologische Studien I. Historische Abteilung 22), St. Ottilien 1983.

Wolf, Hubert, Johann Michael Sailer. Das posthume Inquisitionsverfahren (Römische Inquisition und Indexkongregation 2), Paderborn 2002.

Wolf, Hubert, Der Fall Sailer vor der Inquisition. Eine posthume Anklageschrift gegen den Theologen und Bischof aus dem Jahre 1873, in: Zeitschrift für Kirchengeschichte 101 (1990), S. 344–370.

Wolf, Hubert, Art.: Sailer, Johann Michael, in: Neue Deutsche Biographie 22 (2005), S. 356–357.

Winnetou: Für Katholiken tabu?

Altermatt, Urs, Katholizismus und Moderne. Zur Sozial- und Mentalitätsgeschichte der Schweizer Katholiken im 19. und 20. Jahrhundert, Zürich 1989.
Heermann, Christian, Der Mann, der Old Shatterhand war. Eine Karl-May-Biographie, Berlin 1988.
May, Karl, Mein Leben und Streben, Freiburg i. Br. 1910.
Schmiedt, Helmut, Der Schriftsteller Karl May. Beiträge zu Werk und Wirkung, hg. von Helga Arend, Husum 2000.
Walther, Klaus, Karl May, München 2002.
Wolf, Hubert, Karl May und die Inquisition, in: Dieter Sudhoff (Hg.), Zwischen Himmel und Hölle, Karl May und die Religion, Bamberg 2003, S. 335–440.

Franz Heinrich Reusch: Eine deutsche Indexreform?

Goetz, Leopold Karl, Franz Heinrich Reusch 1825–1900. Eine Darstellung seiner Lebensarbeit, Gotha 1901.
Kraus, Franz Xaver, Tagebücher, hg. von Hubert Schiel, Köln 1957.
Vogels, Heinz-Jürgen, Art.: Reusch, Franz Heinrich, in: Biographisch-Bibliographisches Kirchenlexikon 8 (1994), S. 77–80.
Weber, Christoph, Quellen und Studien zur Kurie und zur vatikanischen Politik unter Leo XIII. Mit Berücksichtigung der Beziehungen des Hl. Stuhles zu den Dreibundmächten (Bibliothek des Deutschen Historischen Instituts in Rom 45), Tübingen 1973.
Wolf, Hubert, Die «deutsche» Indexreform Leos XIII. Oder: Der ausgefallene Fall des Altkatholiken Franz Heinrich Reusch, in: Historische Zeitschrift 272 (2001), S. 63–106.

Epilog: Das Ende des Index

Alberigo, Giuseppe/Wittstadt, Klaus (Hg.), Geschichte des Zweiten Vatikanischen Konzils (1959–1965). Band 3: Das mündige Konzil. Zweite Sitzungsperiode und Intersessio September 1963 – September 1964, Mainz 2002.
Arnold, Claus, Der Beginn des Falles Turmel vor der Indexkongregation (1900/01). Mit Seitenblicken auf Alfred Loisy und einem Gutachten von Laurentius Janssens, in: Peter Walter/Hermann Joseph Reudenbach (Hg.), Bücherzensur – Kurie – Katholizismus und Moderne. Festschrift für Herman H. Schwedt (Beiträge zur Kirchen- und Kulturgeschichte 10), Frankfurt am Main 2000, S. 83–104.
Arnold, Claus, Lamentabili sane exitu (1907). Das Römische Lehramt und die Exegese Alfred Loisys, in: Zeitschrift für Neuere Theologiegeschichte 11 (2004), S. 24–51.
Burkard, Dominik, Häresie und Mythus des 20. Jahrhunderts. Rosenbergs nationalsozialistische Weltanschauung vor dem Tribunal der Römischen Inquisition (Römische Inquisition und Indexkongregation 5), Paderborn 2005.
May, Georg, Die Aufhebung der kirchlichen Bücherverbote, in: Karl Siepen/Joseph Wetzel/Paul Wirth (Hg.), Ecclesia et ius. Festgabe für Audomar Scheuermann, Paderborn 1968, S. 547–571.
Schwedt, Herman H., Der römische Index der verbotenen Bücher, in: Historisches Jahrbuch 107 (1987), S. 296–314.

Schwedt, Herman H., Papst Paul VI. und die Aufhebung des römischen Index der verbotenen Bücher in den Jahren 1965–1966, in: Geschichtsverein für das Bistum Aachen (Hg.), Papst Paul VI. Zur 100. Wiederkehr seines Geburtstages 1897–1997. Vorträge des Studientages am 29. November 1997 in Aachen (Geschichte im Bistum Aachen Beiheft 1), Neustadt a. d. Aisch 1999, S. 45–111.

Weiß, Otto, Der Modernismus in Deutschland. Ein Beitrag zur Theologiegeschichte, Regensburg 1995.

Wolf, Hubert, Pius XI. und die «Zeitirrtümer». Die Initiativen der römischen Inquisition gegen Rassismus und Nationalsozialismus, in: Vierteljahrshefte für Zeitgeschichte 53 (2005), S. 1–42.

Bildnachweis

Seite 28: Bayerische Staatsbibliothek München.

Seite 47: Archivio della Congregazione per la Dottrina della Fede, Vatikanstadt, Sanctum Officium, Censurae Librorum 1834.

Seite 54 und 55: Archivio di Stato di Roma, Collezione dei Bandi II, scatola 354. Su concessione dei Ministero dei Beni e le Attività Culturali, ASR 46/2005.

Seite 245: Archiv des Erzbistums München und Freising, Registratur des Generalvikars, Dispens vom Indexverbot, 1965.

Personenregister